国家出版基金项目
NATIONAL PUBLICATION FOUNDATION

刘大年全集

中国史稿（第四册）
赤门谈史录——论辛亥革命的性质
评近代经学

七

长江出版传媒
湖北人民出版社

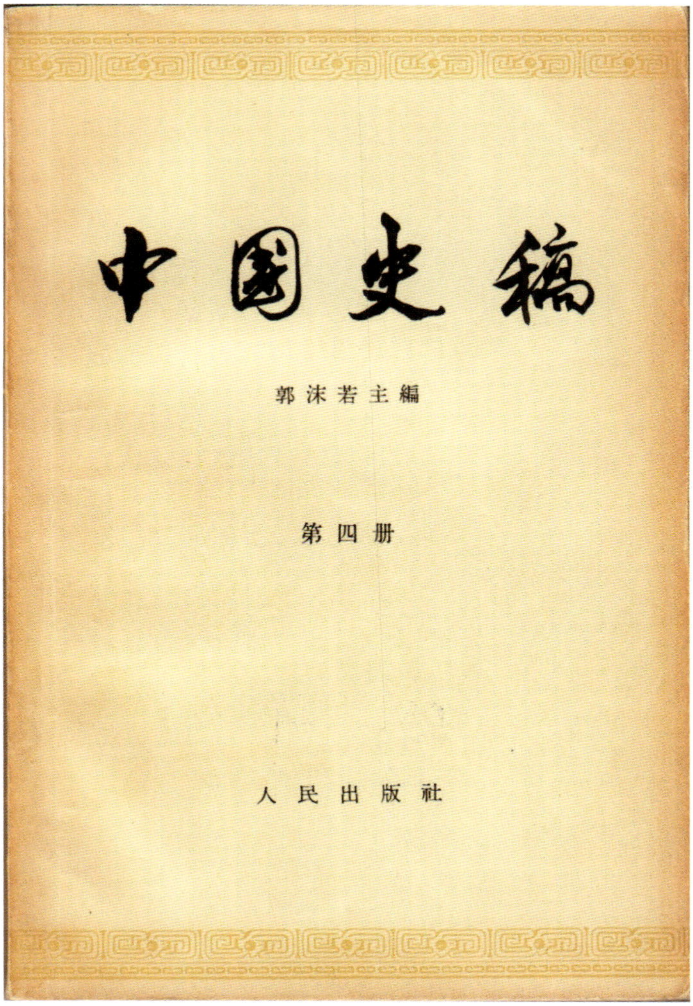

《中国史稿》（第四册）人民出版社 1962 年版书影

《赤门谈史录》人民出版社 1981 年版书影

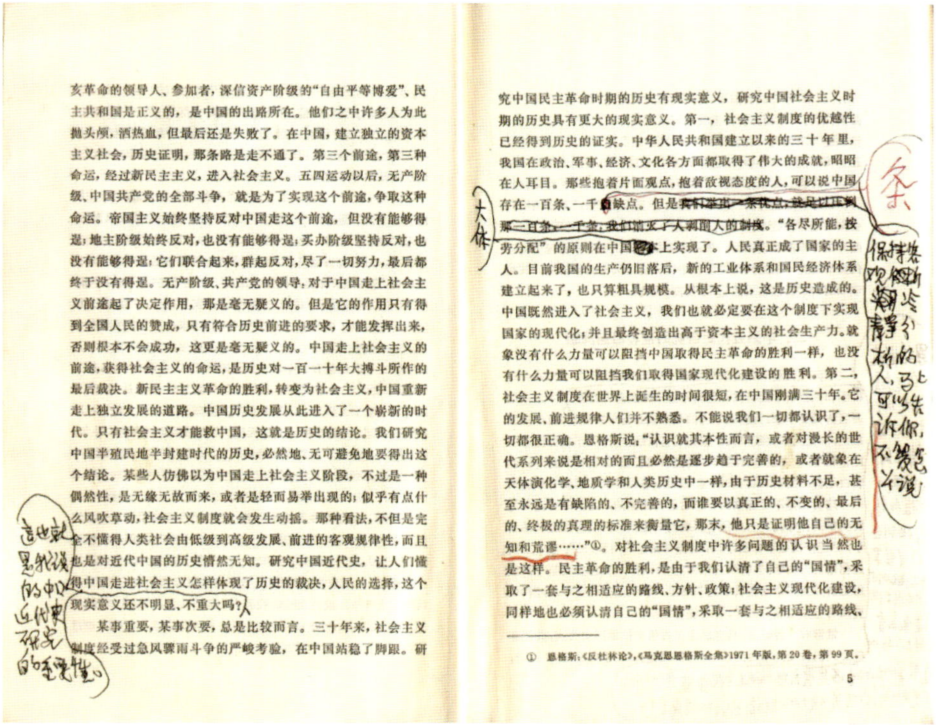

亥革命的领导人、参加者，深信资产阶级的“自由平等博爱”、民主共和国是正义的，是中国的出路所在。他们之中许多人为此抛头颅，洒热血，但最后还是失败了。在中国，建立独立的资本主义社会，历史证明，那条路是走不通了。第三个前途，第三种命运，经过新民主主义，进入社会主义。五四运动以后，无产阶级、中国共产党的全部斗争，就是为了实现这个前途，争取这种命运。帝国主义始终坚持反对中国走这个前途，但没有能够得逞；地主阶级始终反对，也没有能够得逞；买办阶级坚持反对，也没有能够得逞；它们联合起来，群起反对，尽了一切努力，最后都终于没有得逞。无产阶级、共产党的领导，对于中国走上社会主义前途起了决定作用，那是毫无疑义的。但是它的作用只有得到全国人民的赞成，只有符合历史前进的要求，才能发挥出来，否则根本不会成功，这更是毫无疑义的。中国走上社会主义的前途，获得社会主义的命运，是历史对一百一十年大搏斗所作的最后裁决。新民主主义革命的胜利，转变为社会主义，中国重新走上独立发展的道路。中国历史发展从此进入了一个崭新的时代。只有社会主义才能救中国，这就是历史的结论。我们研究中国半殖民地半封建时代的历史，必然地、无可避免地要得出这个结论。某些人仿佛以为中国走上社会主义阶段，不过是一种偶然性，是无缘无故而来，或者是轻而易举出现的；似乎有点什么风吹草动，社会主义制度就会发生动摇。那种看法，不但是完全不懂得人类社会由低级到高级发展、前进的客观规律性，而且也是对近代中国的历史懵然无知。研究中国近代史，让人们懂得中国走进社会主义怎样体现了历史的裁决，人民的选择，这个现实意义还不明显、不重大吗？

某事重要，某事次要，总是比较而言。三十年来，社会主义制度经受过急风骤雨斗争的严峻考验，在中国站稳了脚跟。研究中国民主革命时期的历史有现实意义，研究中国社会主义时期的历史具有更大的现实意义。第一，社会主义制度的优越性已经得到历史的证实。中华人民共和国建立以来的三十年里，我国在政治、军事、经济、文化各方面都取得了伟大的成就，昭昭在人耳目。那些抱着片面观点，抱着敌视态度的人，可以说中国存在一百条、一千条缺点。但是[illegible]。“各尽所能，按劳分配”的原则在中国基本上实现了。人民真正成了国家的主人。目前我国的生产仍旧落后，新的工业体系和国民经济体系建立起来了，也只算粗具规模。从根本上说，这是历史造成的。中国既然进入了社会主义，我们也就必定要在这个制度下实现国家的现代化；并且最终创造出高于资本主义的社会生产力。就象没有什么力量可以阻挡中国取得民主革命的胜利一样，也没有什么力量可以阻挡我们取得国家现代化建设的胜利。第二，社会主义制度在世界上诞生的时间很短，在中国刚满三十年。它的发展、前进规律人们并不熟悉。不能说我们一切都认识了，一切都很正确。恩格斯说：“认识就其本性而言，或者对漫长的世代系列来说是相对的而且必然是逐步趋于完善的，或者就象在天体演化学、地质学和人类历史中一样，由于历史材料不足，甚至永远是有缺陷的、不完善的，而谁要以真正的、不变的、最后的、终极的真理的标准来衡量它，那末，他只是证明他自己的无知和荒谬……”①。对社会主义制度中许多问题的认识当然也是这样。民主革命的胜利，是由于我们认清了自己的“国情”，采取了一套与之相适应的路线、方针、政策；社会主义现代化建设，同样地也必须认清自己的“国情”，采取一套与之相适应的路线、

① 恩格斯：《反杜林论》，《马克思恩格斯全集》1971年版，第20卷，第99页。

《赤门谈史录》作者修改手迹之一

《评近代经学》（《明清论丛》第一辑抽印本）紫禁城出版社 1999 年版书影

编者说明

本卷编入著述三种。

《中国史稿》第四册，为郭沫若主编《中国史稿》的近代史部分，由刘大年负责本册的编写工作。人民出版社1962年10月出版，高等学校范围内发行，前后曾印行数次。现即据此版刊印。

《赤门谈史录——论辛亥革命的性质》，人民出版社1981年7月出版。作者自藏本中有红蓝铅笔及钢笔等对原有文字所作的多处改动，一些词语或段落之旁还有批语。现据作者自藏本刊印。为既保存该书的原貌而又体现作者的改订，此次整理特作如下标识：凡作者予以删除的文字，直接于原文加单删除线；凡作者后来修改的文字，均以方括号加楷体字标识。

《评近代经学》为作者生前的最后一部学术专著。原载朱诚如、王天有主编《明清论丛》第一辑，紫禁城出版社1999年12月出版。经据手稿重新校订后又全文收入《刘大年集》，中国社会科学出版社2000年12月出版。现据校订本刊印。

作者引用的马克思主义经典著作，引文及注释均维持原貌；所引《毛泽东选集》，改用1991年第2版，注释页码也作了相应的变动。

本卷由中国社会科学院近代史研究所研究员姜涛负责编辑校订。

目　录

中国史稿（第四册）

赤门谈史录

附录

评近代经学

中国史稿（第四册）

郭沫若主编

半殖民地半封建社会（上）

《中国史稿》第四册编辑工作说明

本书是郭沫若同志主编的《中国史稿》第四册。《中国史稿》的编辑工作分三组进行。第二组担任近代史部分即全书的第四册。这一册的编辑工作是由刘大年同志负责的。先后参加编写的有中国科学院近代史研究所刘桂五、丁名楠、钱宏、何重仁、樊百川、张振鹍、刘仁达、金宗英等同志；写过部分初稿、提供资料、查对史实的有张玮瑛、王其榘、李瑚、王仲、王明伦、吕一燃及其他同志。

我们在编写过程中，得到有关单位的帮助，从事近代史教学和研究工作的一些同志提供了不少宝贵意见，谨此致谢。

《中国史稿》第四册编写的时间不短，其中有些想法仍然是不成熟的，若干地方写得还很粗糙，史实也可能有错误之处。我们希望继续得到同志们的指教，以便在再版时改正。

中国历史编写组第二组

1962 年 8 月 7 日

第一章　中国遭受外国资本主义奴役的开始，封建经济的破坏，中华民族反侵略战争和农民战争

（1840—1864 年）

第一节　第一次鸦片战争，中国人民反对外国资本主义侵略斗争的开始

严厉的禁烟运动

1840 年爆发了中英第一次鸦片战争，中国历史由此进入了半殖民地半封建社会的时期。

第一次鸦片战争前半个世纪，统治中国的清朝已走上了下坡路。嘉庆（1796—1820）以来，政治腐败、军备废弛、财政拮据的现象逐渐明显。社会财富越来越集中到贵族、官僚、地主和大商人等少数剥削者的手中。土地兼并的情况较前严重。广大的农民和手工业者遭受到日益加重的税捐、地租和高利贷的剥削，阶级矛盾随之激化。白莲教和天地会等民间秘密结社日趋活跃，它们在十八世纪末、十九世纪初，先后发动了几次起义。少数民族地区的起义也经常爆发。这些起义都被清政府镇压下去，汉族和其他各族人民的反抗斗争，仍旧此伏彼起，不断发生。清朝的封建统治已经开始动摇。

正当清朝国势日渐下降的时候，欧美资本主义的发展非常迅速。世界第一个资本主义国家英国，在十八世纪后半期开始工业革命以后，机器工业逐渐代替工场手工业。十九世纪初，英国的工业更以突飞猛进的速度发展起来，开辟新的更大的市场来推销工业品，特别是棉纺织品，成了英国资产阶级的极其迫切的要求。英国在印度的殖民地位巩固以后，更加注视地大物博、人

口众多的中国。它力图打开中国的大门，积极伸展政治、经济侵略势力，奴役和掠夺中国人民。法国和美国的资本主义的发展，都比英国落后，但它们也都抱有侵略中国的野心。

资本主义国家的工业品很难在中国大量销售。当时在中国社会经济中占统治地位的，是小农业和家庭手工业相结合的自然经济。广大农民以一家一户为单位，男耕女织，过着勤劳穷苦的生活。他们的衣着和日用品，绝大部分是靠自己制造的，很少需要到市场上去购买。有时他们还要出卖一部分副业生产品来缴纳繁重的地租和捐税。这种封建的自给自足经济，对西方资本主义工业品的侵入有着顽强的抵抗力。于是以英国为首的西方国家就用毒品鸦片来作为打开中国大门的重要手段。

鸦片贸易是一种原始掠夺性质的贸易，它给英国资产阶级带来了巨大的利益。早期的中英贸易，中国一直居于出超地位，英国每年要运来大量白银弥补贸易逆差。十九世纪二十年代中期起，英国向中国输出的鸦片激增，中国出现入超，英国反而从中国运走越来越多的现银。鸦片贸易就这样为英国资产阶级开辟了大宗财源。鸦片的主要产地是当时的英国殖民地印度。英属印度政府强迫农民种植鸦片，出卖给中国，再拿这笔钱来购买英国货物，使英国工业品在印度市场上增加销路。英属印度政府在鸦片贸易中还取得了巨额税收。英国对华输出鸦片有双重作用：一是开辟中国的市场，二是发展英国在印度的市场。这就使得完成了工业革命，走遍全世界寻找殖民地的英国，必定要坚持对中国的鸦片贸易，竭力破坏中国禁烟。

中国在嘉庆初年开始禁止鸦片入口。英、美等国资产阶级在本国政府支持下，不顾清政府的禁令，贿买清朝官吏，把鸦片偷运到中国。禁烟没有产生任何实际效果。道光（1821—1850）即位后，继续宣布严禁鸦片，但鸦片走私却越发猖獗。十九世纪三十年代，鸦片输入量急剧增加。1830—1833年平均每年高达二万箱以上，价值一千余万元。1836年更超过三万五千箱。这造成了白银大量外流和烟毒的泛滥。据1835年的估计，全国吸食鸦片的人数在二百万以上，流行地区遍及十几省。白银大量外流使银贵钱贱，银价高涨。过去银钱的比价，白银一两换铜钱一千文左右，1830年涨到一千三百多文，1838年竟增加到一千六百多文。农民和手工业者出售自己的产品，得到的是铜钱，他们在缴纳各种捐税时，却要折合成银两，实际负担随着银价的高涨而增加。广大劳动人民的生活受到鸦片输入的直接影响。白银大量外流所造成的银荒，给清政府的统治带来了新的困难，官吏、士兵吸食鸦片又腐蚀了整个统治机器，走私贿赂更造成吏治的败坏。鸦片问题已成了当时统治阶级急切关心的问题。

广大群众对于烟毒泛滥所造成的后果和外国侵略者与清朝一部分官吏的狼狈为奸，早已非常不满，他们坚决要求严禁鸦片。三十年代以后，鸦片问题愈益引起人们的注意，人民群众强烈的禁烟要求，在一部分知识分子和官吏中间得到了反映。清政府内部在鸦片问题上原来存在着主张严禁和弛禁两派，这时双方的争论更加激烈起来。严禁派不满意对禁烟的因循敷衍，要求将贩卖和吸食鸦片的人处以重刑。弛禁派则认为靠严刑重典不能禁止鸦片，与其长此让白银外流，不如弛禁征税，解决财政困难。弛禁派的主张为外国烟贩以及在鸦片贸易中获利的官员们所欢迎。1836 年弛禁派太常寺卿许乃济奏请取消鸦片输入的禁令，准许公开买卖，这个意见立刻遭到了严禁派的反对。1838 年鸿胪寺卿黄爵滋向道光上奏，痛陈鸦片的祸害，指明以往禁烟有名无实是由于官吏的庇护，建议以重治吸食者来抵制鸦片输入。经过中央和地方大吏们多次的讨论，严禁派取得了暂时的胜利。道光下令将许乃济革职，召湖广总督林则徐进京讨论禁烟措施。林则徐（1785—1850），字少穆，福建侯官人，为官清廉，办事认真，具有爱国思想。他在湖广总督任上，雷厉风行地禁烟，收到很好的效果，成为严禁派的领袖。1838 年 12 月，林则徐到北京，道光连续召见多次，最后被任命为钦差大臣，节制广东水师，前往广州查禁鸦片。

严厉禁烟政策的确定，迅速掀起了轰轰烈烈的群众性禁烟运动。许多省份的官员在群众的积极支持下，查缴烟土，严禁吸食和铲除鸦片烟苗。广东是鸦片走私最多的地方。在两广总督邓廷桢的主持下严厉查禁，不限于官府查拿，而且准许民间告发，群众的情绪更加高涨。广州群众一万多人自动集合起来，举行示威，反对外国暴徒干涉中国处决烟贩。1839 年 8 月林则徐到达广州，禁烟运动进入高潮。林则徐到广州后，立即与邓廷桢和广东水师提督关天培等整顿海防，严拿烟贩，惩处受贿买放的水师官弁。他同时晓谕外商呈缴烟土，要他们出具甘结，声明以后不再夹带鸦片。林则徐宣称，“若鸦片一日未绝，本大臣一日不回，誓与此事相始终，断无中止之理”，表示决心禁绝鸦片。

中国严厉禁烟，严重打击了外国烟贩们的利益。英国资产阶级决不甘心放弃鸦片贸易，英国政府代表、驻华商务监督义律亲自出面来破坏林则徐的禁烟措施。他从澳门潜入广州供外国商人居住的洋馆，阻止外商缴烟。林则徐下令停止中英贸易，派兵封锁洋馆。义律看出横蛮抵拒已经不能保护鸦片贸易，便改变作法，命令英商缴烟，保证烟价由英政府赔偿。义律为联合美国一致对华，也劝美国人缴烟，声明烟价同样由英国政府负责赔偿。义律的目的是要使英国政府发动侵略中国的战争。

从 1839 年 4 月下旬到 5 月中旬，英国、美国商人分别呈缴烟土，共计二百数十万斤。6 月 3 日起，林则徐将缴获的烟土全部在虎门海滩当众销毁。虎门销烟是中国禁烟运动的一个胜利，它向全世界表明了中国人民对烟毒的深恶痛绝和反抗外国侵略的坚决意志。近半个世纪以来，越来越严重的鸦片毒害，终于局部地暂时地被阻止住了。

英国发动侵略战争，清政府从组织抵抗到卑屈求和

1839 年 8 月，林则徐命令外商呈缴鸦片的消息传到英国。英国资产阶级中的鸦片利益集团和对华贸易有关的资本家立刻在国内进行活动，在伦敦组成委员会来策动对华战争。10 月 1 日，英国内阁正式作出向中国出兵的决定。1840 年 2 月，英国政府任命懿律和义律为正副全权代表，并任懿律为侵华英军总司令。外交大臣巴麦尊在给义律的训令和致清政府的照会中，提出了一系列的侵略要求，包括赔偿烟价、割让沿海岛屿、开放通商口岸、协定关税、领事裁判权，等等。英国公然为保护可耻的鸦片贸易而派兵侵入中国，并且企图由此取得大批侵略权利，它所进行的是侵略战争，是非正义的战争。

在中国境内，林则徐在销毁烟土后坚持禁绝鸦片，义律则继续破坏禁烟。英商缴烟以后，林则徐下令开放中英贸易，要进口各船出具甘结，保证“永不夹带鸦片，如有带来，一经查出，货尽没官，人即正法”。少数英船愿意具结进口，被义律阻止。1839 年 7 月，英国水手殴毙居民，义律拒不交出凶犯，有意破坏中国的主权。林则徐命令停止供应英人物资，义律竟发动武装挑衅。9 月和 11 月，英国兵船先后在九龙和穿鼻洋面袭击中国水师，经过激战都被击退。这是中英间的前哨战。1840 年 1 月，林则徐奉道光的命令在广州正式封港，断绝中英贸易。

1840 年 6 月，英国战舰和其他船只四十余艘，士兵四千余名到达中国海

面，第一次鸦片战争正式开始，到 1842 年 8 月结束，战争经过三个段落。

懿律率英军到中国后，企图进犯广东。这时林则徐已任两广总督。他一直认真备战，防守严密，并相信“民心可用”，出告示说：“如英夷兵船一进内河，许以人人持刀痛杀。”英军在广东无隙可乘，7 月，北犯福建厦门，又被已调任闽浙总督的邓廷桢督师击退。林则徐、邓廷桢坚持抵抗的态度，博得了人民的拥护，挫败了侵略者的进犯。沿海其他省份的大吏们并不都对英国侵略者有所戒备。不久，英军攻陷浙江定海。8 月，英船又到达天津海口，投递巴麦尊给清政府的照会，并以武力威胁清政府屈服。

在中华民族与外国资本主义侵略者之间的矛盾激化为民族战争和广大群众要求抵抗侵略的强大压力面前，清政府内部分裂为抵抗与妥协两派。一部分坚持禁烟和具有民族自尊心、要求抵御外侮的官员构成抵抗派。林则徐、邓廷桢、关天培等是他们的代表。在坚决反对外国侵略这一点上，抵抗派和广大群众的要求是一致的。一部分原来就反对禁烟或者惧怕对外战争的官员构成妥协派，首席军机大臣穆彰阿、直隶总督琦善、两江总督伊里布等是他们的代表。这一派在清政府中拥有很大的实权。他们在禁烟运动进入高潮和反侵略战争取得胜利时，暂时保持沉默，但一直在伺机活动。定海失守和英船到达天津海口，妥协派就公开出面向道光大进谗言，说“夷兵之来，系由禁烟而起”，并诬指林则徐接受英国国王文书，私自销毁。道光看到英军来势猖獗，又对林则徐等有所怀疑，很快发生动摇。他命令琦善前往天津海口与英人谈判。琦善一接手就主张对敌人妥协，发出英人“船坚炮利”，难以取胜；“且本年即经击退，明岁仍可复来，边衅一开，兵结莫释”等投降论调。他在谈判中竟表示愿意替英国惩办林则徐、邓廷桢，只要英船返回广东，就可满足他们的要求。英船随即折回南方。道光派琦善到广州继续谈判，不久又将林则徐、邓廷桢等革职，抵抗派遭到了严重的打击。琦善到广州后，一反林则徐所为，尽撤戒备。1841 年 1 月初，英军在谈判进行中，突然攻陷沙角、大角炮台，琦善赶紧与义律订立包括割让香港、赔偿烟价、开放广州等条款的《穿鼻草约》，由此结束了战争的第一段落。在此以前，伊里布也在浙江与英军议和。

在战争的第一段落中，双方在军事上互有胜负，中国并非完全处于劣势。中国所进行的是正义的自卫战争，如果坚持抵抗，战胜英国侵略者不是没有可能的。由于清政府中真正掌握实权的并不是抵抗派，战争的第一段落终于以对侵略者妥协而结束。清政府这种对外国侵略者卑屈求和的态度，在广大群众中间引起了普遍的不满，群众反对妥协的斗争日益高涨。浙江镇海曾爆发有一千多人参加的请愿运动，反对伊里布在与英军停战后撤退镇海防兵。有人到官府投递呈词，要求收复定海。当英军宣布根据《穿鼻草约》占领香港的消息传到广州时，舆论大哗，士绅学子聚集学宫，一致要求当局驱逐英军。许多倾向于抵抗派的官员，这时也纷纷呈递奏折，要求罢免琦善，重新起用林则徐、邓廷桢，继续对英作战。道光原来以为只要惩办林则徐、邓廷桢，允许英国在广州照旧通商，英国就会很快交还定海，从此罢兵。不料义律提出了许多无理要求，而且态度蛮横，定海也没有立刻交还，使他感到“天朝”的尊严受到了重大的损伤。道光在广大群众和抵抗派官员要求抵抗的影响下，又倾向主战。1841 年 1 月底，清政府在接得沙角、大角炮台失守的报告后，决定对英宣战，派御前大臣宗室奕山到广州主持战争。而抵抗派领袖林则徐、邓廷桢则一直被排斥，没有重新获得战争的领导权。2 月，奕山尚未到广州，义律先发制人，进攻虎门炮台，关天培率兵死战，琦善不发援兵。关天培一身受伤数十处，还亲自点放大炮，坚守炮台，因寡不敌众，与将士数百人一同壮烈牺牲，虎门炮台失陷。4 月，奕山等大军一万七千多人先后齐集广州。奕山是满洲亲贵，在清政府中权位甚高，有很大的虚骄心，希望侥幸取胜。奕山等人在对外战争中非但不依靠群众，反而极端害怕人民，执行“防民甚于防寇”的方针。5 月 21 日，奕山派军队夜袭英船，获得小胜。第二天，英军开始反扑，经过五天的战斗，城外炮台尽失，中国军队退入城内。27 日，奕山向英军乞和，订立《广州和约》。这是战争的第二段落。

当中国主动出师抵抗侵略的时候，英国国内也正在策划扩大战争。1841 年 4 月，英国内阁接到义律订立《穿鼻草约》的报告，认为得到的权益太少，不予批准。英国政府为了满足本国资产阶级贪得无厌的侵略野心，决定撤换义律，派全权公使璞鼎查来中国进一步扩大战争。在巴麦尊给璞鼎查的训令中特别指出：只有清政府无条件地接受英国所提出的全部要求，才能停止军事行动。8 月，璞鼎查攻陷厦门，战争的第三段落开始。10 月，英军再犯浙江，驻守镇海前线的钦差大臣、两江总督蒙古镶黄旗人裕谦是旗人中少有的抵抗派人物。他在战前集众宣誓，表示决不退却，也不议和，誓与镇海城共存亡。广大官兵在裕谦的激励下士气高涨，斗志昂扬。原来占领定海的英军在 3 月间已经撤走。这时，英军又来进犯，总兵葛云飞、王锡朋、郑国鸿率守军浴血抗战六昼夜，先后殉难，定海再度陷落。英军陷定海后，裕谦坐镇镇海城内，指挥战斗。浙江提督余步云扼守险要，贪生怕死，不战而逃。镇海城失陷，裕谦投水自尽，履行了自己的誓言。不久，宁波又失陷。英军在进犯浙江的同时，两次派兵船侵入台湾。台湾道姚莹和总兵达洪阿等坚持抵抗，得到人民的支持和合作，出现了军民一致抗敌的局面。英国侵占台湾的企图终未得逞。

浙江连失三城，清政府决定第二次出师，派协办大学士皇侄奕经等前往浙江应战，并从江西、湖北、安徽、四川、河南、陕西、甘肃等省调集军队。1842 年 2 月，奕经等到绍兴前线，各省军队也陆续到达。奕经军营中的腐败情况十分惊人。他带着大批亲戚故旧和王公大臣所推荐的随员。这一群人一路上勒索供应，把军营看作利薮，毫无法纪，成天沉醉在酒色歌舞之中。奕经对于如何与敌人作战，并无认真部署。有人向他建议：多招募民间乡勇，分散在宁波、镇海、定海附近，随时随地以小队水陆分扰敌人，等到敌人疲敝时，用大军出击，可以获取全胜。奕经等人和奕山同样惧怕人民，不能实行这个需要在一定程度上依靠人民来作战的方案。3 月，大军从绍兴分几路，冒雨在夜间同时袭击宁波、镇海，因事机不密，英军早有准备，结果大败而回。另一路由乍浦渡海进攻定海的水勇，也未能取胜。英军乘机攻陷慈溪，奕经等逃到杭州，从此主张妥协，不敢再战。清政府的第二次出师作战完全失败。

清政府在战争中的一再失败和所暴露的腐朽脆弱，引起了广大人民的愤恨。庞大的战费以及官吏们的借战争以自肥，加重了人民的负担。当时有人指出："近海之区，借防堵以派费；于征兵之境，借调发以索财；以及道路所经，辄以护送兵差、供给夫马为名，科敛无度。"军队的骚扰直接加深了人民的痛苦，人心摇摇，怨谤四起，人民与封建统治者之间的阶级矛盾激化了。各地小规模的农村骚动越来越多。1842 年初，湖北崇阳县更爆发了以钟人杰为首的会党起义。参加起义的群众达几千人，很快占领崇阳，攻克通城。武昌、汉口都添兵募勇，增强防务，形势十分紧张。这次起义使清政府受到了很大的震动，道光急忙调兵镇压，又命令湖南、江西两省"严密防堵"。湖北的起义被镇压下去以后，各地的骚动继续不断发生。清朝统治者更加担心，如果不立即结束对外战争，很可能出现一个所谓"外患未除，内讧又起"的局面，不可收拾。正在这个时候，浙江巡抚刘韵珂向道光上了一个"十可虑"的奏折，劝他赶快向侵略者妥协。刘韵珂十分强调国内情势不稳，特别提醒道光注意：倘若战争再延长下去，“安保此外不另有不逞之徒，乘机而起”。其他的妥协派官员这时也纷纷活动，竭力主张停战议和。

人民反抗斗争直接危及地主阶级在国内的统治地位，而同意英国提出的通商、赔款、割地等要求，对地主阶级的统治暂时并无严重威胁；因此，清政府宁肯与外国侵略者妥协，谋求和议，结束对外战争。清军在浙江战败后，道光立即派盛京将军耆英带同伊里布到浙江议和。璞鼎查不理睬清政府的求和要求，决定按照预定计划侵入长江。1842年5月攻占乍浦，6月，进攻长江口吴淞炮台，江南提督老将陈化成率部奋起抵抗，死守炮台，力竭牺牲。不久，上海、宝山相继陷敌。英军溯长江攻入镇江，守城旗兵进行了激烈的抵抗。8月，英国兵船到达南京江面，耆英等与璞鼎查在南京议和，第一次鸦片战争结束。

清政府在反侵略的自卫战争中从组织抵抗，到卑屈求和，表明地主阶级在外国资本主义进攻的面前已经不可能也没有力量来保卫中国的独立。

沿海人民自发的反侵略斗争

中国人民富有反抗外来民族压迫的优良传统。第一次鸦片战争期间，东南沿海地区的广大人民，在清政府对英国侵略者进行抵抗的时候，积极支持和配合军队作战。当统治阶级转向屈辱投降时，人民则自发地继续坚持着反侵略斗争。

英国侵略军足迹所到之处，烧杀抢劫，奸淫掳掠，无恶不作。英军在广州大肆抢掠，原来与外国商人进行贸易的“十三行”被洗劫一空；攻陷宁波后抢去大量现银、粮食和绸缎，又掳走大批妇女；在乍浦进行了大屠杀；到上海后，勒索赎城费五十万元，强迫供应物资，还在城内和四郊抢劫；在镇江更是奸淫焚掠，把繁荣的镇江城变成一片瓦砾场。英军的这种残暴行为是和英国政府发动这次战争的侵略性质完全符合的。英国侵略者的滔天罪行，更加激发了中国人民的反抗精神。

广东、福建、浙江、江苏等地人民，对侵略者进行了顽强的斗争。英军攻占福建厦门后，在附近各乡恣意抢劫，遭到了乡民猛烈抵抗。浙江定海、镇海、宁波等地有“黑水党”，经常狙击零星外出的英军。英军侵入长江时，又遇到沿江人民的反抗，太仓、江阴的农民更以竹竿、锄头袭击侵略者。广东最早受到外国侵略，战争在那里持续最久，当地人民的反侵略斗争也最激烈。林则徐在广东主持抗英战争期间，人民纷纷参加他所招募的水勇和当地士绅组织的团练，与军队配合作战。奕山等在广州作战失败后，群众继续自发地进行反侵略斗争。1841 年 5 月 30 日，广州北郊三元里反英斗争进入高潮。这一天，几千人组成的群众抗英队伍，向英军占领的四方炮台进攻，英军除少数留守炮台外，大部分远出迎战。手持刀矛锄耙的农民从四面八方赶来，人数越聚越多，这时，又遇到雷雨，英军不敢作战，仓皇退回。一部分英军被群众包围，他们的火药已被淋湿，枪械无法使用，双方展开了肉搏战。群众人多势众，杀伤敌人不少。31 日，三元里人民将四方炮台团团围困。清朝官员前来代英人说项，英军才得脱围。三元里的抗英斗争，成了中国人民自发地武装起来反抗外国资本主义侵略的第一声，显示了中国人民决不屈服和敢于和敌人斗争的英雄气概。

东南沿海人民的反侵略斗争是自发的分散的斗争。斗争的参加者主要是农民，其次是手工业工人，此外，还有渔民、盐民和社会其他下层群众。斗争的领导者多是地主阶级中的爱国士绅。这些反抗斗争，有的是事前有组织的，如各地的团练义勇等；有的是临时组织的，如广州三元里抗英武装队伍等；而最普遍的则是猝然发生，既无组织，又无准备，人数较少的抵抗活动。战斗所需的器械、经费，也多半由群众自己筹集。

东南沿海人民不屈不挠的反侵略斗争，清楚地昭示给人们：中国人民在外国资本主义一开始侵入中国时，就与封建统治者走着根本不同的道路。统治阶级走的是从组织抵抗到屈辱投降的道路，而人民走的是坚决抵抗的道路。

近代史上第一个不平等条约——《江宁条约》

1842 年 8 月，耆英、伊里布在英国侵略者胁迫下，一字不易地接受了璞鼎查提出的条款，签订了中国近代史上第一个丧权辱国的不平等条约——《江宁条约》。

《江宁条约》共十三款，主要内容有：1. 中国割让香港；2. 向英国赔偿烟价六百万元，商欠三百万元，兵费一千二百万元；3. 开放广州、福州、厦门、宁波、上海等五处为通商口岸，英国在那里可以派驻领事等官；4. 改变向例英商只准与清政府指定的行商进行贸易的规定，英商可以自由与中国商人进行贸易；5. 中国抽收进出口货的税率规定后，不得随意变更；等等。1843 年 10 月，耆英与璞鼎查又签订了《五口通商附粘善后条款》和中英《五口通商章程》。《五口通商章程》在正式签订前，已于 7 月间公布实施。在这两个约章中，英国又取得了领事裁判权和片面的最惠国待遇等特权；同时，中英双方又商定了海关税则，开了中国与外国协议关税的恶例。

中英《江宁条约》签订后，美国和法国又先后压迫中国与它们签订不平等条约。美国在对华鸦片贸易中的地位仅次于英国。两国资产阶级在打开中国门户、压榨中国人民这一点上是完全一致的。中英贸易断绝后，美商帮助英商继续进行对华贸易。战争期间，美国派出舰队到中国为英军声援。美国在英国侵略活动中成了主要帮凶。《江宁条约》签订后，美国第一个跟踪而来，要求与清政府订约。1844 年 2 月，美国代表顾盛一到中国，就施展狡猾手段，坚决不与广州地方官谈判，表示非进京面见皇帝不可；后来更以战争相威胁，逼迫清政府迅速接受他所提出的全部要求。这年 7 月，清政府在美国侵略者的恫吓下，订立了中美《望厦条约》。美国在这个条约中获得了英国在《江宁条约》中夺取的一切特权，并且扩大了领事裁判权的范围，还正式规定中国变更关税税则要与美国领事共同商定，美国兵船可以到中国沿海各港口巡查贸易以及在五口建立教堂、医院等特权。这些都比《江宁条约》更进一步地破坏了中国的主权和独立。顾盛在给美国国务院的报告中说：美国及其他国家必须感谢英国，因为它订立了《江宁条约》，打开了中国的门户。现在，英国及其他国家也要感谢美国，因为美国将这门户打开得更大了。不久，法国也派专使拉萼尼来中国进行讹诈。1844 年 10 月，清政府又与法国签订了《黄埔条约》，法国取得了中英、中美条约中规定的全部特权。后来，法国还强迫清政府取消对天主教的禁令，准许他们在通商口岸自由传教。基督教随后也取得了同样的权利。

通过中英《江宁条约》、中美《望厦条约》和中法《黄埔条约》等一系列的不平等条约，外国资本主义在中国攫取了如下的侵略权益：1. 通商口岸从以往广州一地，增加为五口，外国人在这些通商口岸有居住权；日后侵略者逐渐在各口岸设置租界，作为扩大侵略的据点。2. 外国侵略者取得了协议关税权，使中国的关税税则完全有利于外国商品的进口和对中国土产的掠夺，破坏了中国的关税主权。3. 领事裁判权。外国人在中国违法犯罪，民刑诉讼，都由各该国领事审判处理，中国不能过问。4. 外国兵船可以在中国沿海自由行驶，破坏了中国的领海权。5. 取消天主教禁令，外国在通商口岸可以自由传教。6. 片面的最惠国待遇。中国给一个国家的权利，其他各国都可享受。

鸦片战争是中国遭受外国资本主义奴役的开始，也是中国人民反对外国侵略者的起点。中国社会在战后开始发生根本的变化。战前，中国是一个独立的国家，中国政府可以行使全部主权，不受外国干涉。战后，中国领土主权的完整开始遭到破坏。战前，中国在经济上可以自给自足。战后，中国的门户被打开，从此，封建经济受到外国资本主义越来越猛烈的冲击。战前，中国社会的根本矛盾是封建地主阶级和农民的矛盾；战后，外国资本主义和中华民族的矛盾成为中国社会的另一个根本矛盾，而且随着外国侵略的深入，逐渐成为中国社会各种矛盾中的最主要矛盾。落在中国人民肩上的已经不单是反封建的任务，而是反侵略和反封建的双重任务。这样，鸦片战争就成为一个关键，中国从一个独立国家由此开始成为一个不完全独立的国家，中国的封建社会也由此开始变成半殖民地半封建社会。外国资本主义对中华民族的压迫从此加紧，封建统治阶级与人民的对立也因而加深，中国社会中的阶级斗争出现了前所未有的新的局面。

第二节　第一次鸦片战争以后的社会状况。农民革命的酝酿

四十年代中国社会经济的变化

《江宁条约》和以后的几个不平等条约为外国资本主义打开了侵入中国的大门，中国的社会经济从十九世纪四十年代起发生了新的变化。

西方资本主义国家，主要是英国，在鸦片战争结束以后，立即掀起了一个向中国倾销商品的狂潮。英国资本家以为“只消中国人每人每年需用一顶棉织睡帽，不必更多，那英格兰现有的工厂就已经供给不上了”。他们将大量棉纺织品和其他工业品运到中国来销售。英国输华货物总值，1837—1839年平均每年不到一百万镑，1845 年增加到二百三十九万多镑。主要工业品棉布、棉纱的输华总值，从 1842 年的七十多万镑增长到 1845 年的一百七十多

万镑。

英国资产阶级以为在短时期内就可以把中国变成它的商品市场的幻想，不久就破灭了。涌到中国来的大批商品积压起来，销售不出去。1846 年后，英国对华的商品输出量开始激剧下降，直到五十年代末，才重新稳定上升。四十年代，商品经济在中国广大农村中依旧很不发达，供应内地城市消费的日用品也完全是土货，外国工业品在这些地方简直没有销路。但是，在通商口岸及其附近地区，已经有一部分生活富裕的人开始穿用洋布。上海附近的松江、太仓，本是盛产土布的地区，由于洋纱、洋布的输入，当地的手工纺织业已开始衰退。广州、厦门也出现了类似的现象。手工纺织业是农村中的主要副业，它是中国封建自然经济的重要组成部分，四十年代，在东南沿海地区，已开始受到外国资本主义的破坏。

丝、茶的出口量在四十年代有了飞速的增长。丝在鸦片战争前每年一般只出口几千包，最多也只一万余包，1847 年达到二万二千多包。茶叶在战前每年出口约五千万磅，战后历年增长，到 1846 年超过八千万磅。丝、茶的大量出口刺激了国内丝、茶业的发展。自从上海开辟为商埠后，浙江湖州出产的生丝大量出口，附近各地都纷纷养蚕缫丝，产量激增。湖南、福建、浙江的植茶业都有发展，上海且有茶商在茶店内附设茶厂，专门加工制造适合外国人需要的茶叶。这时中国丝、茶的出口贸易，几乎全部为外国人主要是英国人所操纵，丝、茶贸易的数量和价格受外国商人所左右。中国丝、茶业开始走上了依赖外国资本的道路。

《江宁条约》规定开放广州、福州、厦门、宁波、上海为通商口岸。除广州是旧有以外，其余四口在 1843—1844 年相继开放。外国人陆续在那里开设商行，经营贸易，扩大侵略势力。上海在五口中发展最快，外国侵略者最早在那里划定租界，到四十年代末，已经出现代替广州成为全国对外贸易中心的趋势。香港自被侵占后，英国在那里大事经营，成为侵略中国的重要基地。1849 年葡萄牙殖民主义者驱逐在澳门的中国官吏，拒交地租，强占澳门。中国东南沿海一带已经出现了第一批殖民地、半殖民地性质的城市。

五口开放后，在通商口岸逐渐产生了专门为外国经济侵略服务的买办商人。他们有的直接受雇于外国商行，有的开设行栈，为外国商人推销商品和收购出口货物。早期买办商人主要有以下三个来源：一是原来在广州经营进出口贸易的商人；二是一部分旧式商人，在通商口岸与外国商人贸易往来，逐渐转化为买办商人，其中有不少是丝、茶商人；三是外国资本家直接培植了一批买办，很多是原来的鸦片走私贩子。四十年代时，买办商人的人数还不多，也还没有形成为一种社会势力；不过由于他们的活动，更便利于外国侵略者在中国扩展进出口贸易；他们自己也从中获取厚利，骤然致富。

四十年代，鸦片走私在英、美等国政府的包庇下，较战前有更大规模的发展。香港成了走私的中心，上海和广州是两个最大的鸦片输入口岸。南起广东、北到奉天的许多海口，成了鸦片走私船经常出没的地方。1849 年以后，鸦片每年输入的数量，估计至少在四万箱以上。烟毒泛滥所引起的白银外流、银贵钱贱等老问题，战后更为严重。1845 年后，银价每两高达二千文上下，比战前又有增加。鸦片输入对中国社会经济所起的破坏作用更加显著。

人民反侵略斗争的继续

鸦片战争失败以后，中国人民反对外国侵略者的斗争在通商口岸和香港、澳门等地继续发生。广州的反侵略斗争规模最大，延续的时间最长。三元里抗英斗争结束后，升平社学首先招募义勇，群众报名参加的非常踊跃，后来又成立升平公所。其他社学、公所也相继成立团练。东北路有东平公社，南路有隆平社学和南平社学，等等。各社学间互通声气，升平社学在各乡社学中第一个组织反侵略武装，实力又较雄厚，隐然成为广州各社学的领袖。社学义勇的基本群众是农民，其次是手工业工人和商店店员。鸦片战争结束以后，广东地区的斗争仍相当紧张。当地地主阶级中的爱国士绅，在抵抗外国侵略这一点上与广大群众保持着一致，他们成为社学的领导力量。群众零星自发的反侵略斗争经过社学这一组织聚集成为巨大的势力，参加社学义勇的人数最多时达到十几万人。

社学的抗英武装建立以后，在 1842、1843 年对英国侵略者进行了多次斗争。1844 年，英国企图强租广州河南地区为租界，河南一带人民群起反对，会齐四十八乡三千余人到洋馆抗议示威，绅士发出《河南合堡绅耆公启》，商人发出《告谕英商大略》，一齐警告英人。声势浩大的群众斗争迫使英国不得不放弃强租河南地区，暂时停止了在广州建立租界的活动。

反入城斗争是广州人民在社学成立后规模最大的反侵略斗争。外国商人来中国贸易，一向居住在广州城外洋馆。《江宁条约》签订后，英人要求进广州城居住，绅民一致反对。1846 年 1 月，两广总督耆英在英国公使德庇时威迫下，贴出准许英人入城的告示，并派广州知府与英人密订入城日期。群众撕毁告示，同时张贴了许多揭帖，警告官员如果准许英人入城，“义民将攫官而杀之”。数千群众随即拥进知府衙门，烧毁知府的朝珠公服，耆英被迫将知府撤职，贴出杜绝英人入城的告示。群众的斗争情绪更加高涨，社学贴出揭帖，约期攻击洋馆，德庇时不敢进广州城，只得退回香港。1847 年，德庇时率军舰突入省河，轰击广州城，耆英与英人密约准其两年后入城。1849 年，英国公使文翰带兵船到虎门口外要求履行密约。这时的两广总督徐广缙得社学支持，加以拒绝。第二天，大批英兵船闯入省河，各乡社学群众赶来准备战斗，文翰恐惧，放弃立即入城的要求。广州群众的反入城斗争得到了胜利。

人民反侵略斗争的继续高涨，迫使一部分官吏在对外态度上逐渐由“抑民抚夷”转变到“顺民阻夷”。社学的反英斗争刚开始时，先后任两广总督的祁𡎴、耆英等人污蔑人民反侵略斗争是“游棍、匪徒滋事”。他们想把官的地位摆在人民和外国侵略者之间来“斟酌调停”，而实际的行动则有利于侵略者。这种态度引起了人民的反对，广州有许多揭帖直接攻击政府官吏，说“夷人放肆，无恶不作，皆由官无血性，恬不识羞，以致辱国殃民”。1846 年群众驱逐广州知府的斗争更是对媚外官吏的直接警告。徐广缙对外国侵略者采取了比耆英稍为强硬的态度。徐广缙在给道光的奏折中说明所以采取这种态度的原因是：“婉阻之（指阻英人入城）未必遽开边衅，轻允之必至立启兵端，且阻其进城而有事，则众志成城，尚有爪牙之可恃，许其进城而有事，则人心瓦解，必至内外之交讧。”清政府在人民群众的压力下，不得不阻挡一下外国侵略者，多顺从一点民意，以便躲避人民斗争的锋芒。

英国侵略者在鸦片战争中打败了清政府，胁迫它签订《江宁条约》，满以为从此可以按照自己的心意在中国为所欲为。广州入城问题是英国蓄意制造的。《江宁条约》中并没有英人可以入城的规定。英国所以要坚持入城，就是为了要表示自己所提出的任何要求，中国必须答应。侵略者完全没有料到，他们却遇到了中国人民这个比清政府不知要强大多少倍，而且决不屈服的对手。1849 年文翰强欲进入广州城失败后，他在给英政府的报告中，不得不承认：“附近民众和团勇会坚决抵抗我们入城，结果使我们非用极大的武力不能达到目的。因为他们的抵抗力量比 1841 年第一次抵抗时要强得多。”侵略者慑于中国人民的力量而暂时不敢再提入城要求。

南方几省的农民暴动。洪秀全、冯云山革命活动的开始

十九世纪四十年代,在广东人民继续进行反侵略斗争的同时,全国各地农民反封建的斗争也在发展。鸦片战争以来,清政府为了支付战费和赔款,到处搜刮,吏治日益败坏,政府机构中冗员充斥,贿赂公行,各级官吏重重朘削,额外摊派层出不穷;豪绅地主则结纳官府,力图把自己的负担转嫁到农民身上。残暴腐朽的统治和沉重的封建剥削,逼得农民群众无法忍受,只得走上反抗的道路。仅仅根据《清实录》的记载,在1843—1850年间,群众起义和骚动事件,大小不下七十余起,几乎遍及内地各省。其中有抗捐、抗粮、抗租、饥民暴动等纯经济性的斗争,也有攻占城池、蓄发称王等反清起事。边远地区回、藏、苗、瑶、僮、彝等少数民族的反抗斗争也相继发生。捻党、幅党、白莲教、天地会等许多民间秘密组织积极活动。短短几年间,群众反抗斗争不断兴起,显示了国内阶级矛盾的特别尖锐化,预告了农民革命的大风暴行将来临。

两广地区受到鸦片战争的直接影响,社会动荡特别剧烈。战后大批被解散的壮勇流浪于广东各处,并循西江进入广西。这时,广东、广西一带天灾频仍,成群饥民流离失所,四出逃荒,出现了一幅十分凄惨的流民图,而以广西的情况更为严重。广西、湖南西部又是多民族聚居地区,民族压迫和阶级压迫在这里极为残酷,矛盾也日益尖锐。广州一带人民连绵不断的反侵略斗争在本省和邻近各省散播了反抗斗争的种子,并激荡着这些地区的反封建斗争。所有这一切,使广东、广西、湖南三省成了当时全国阶级斗争最尖锐的地区。

湖南在1843年后就不断爆发规模较大的农民抗租、抗粮的斗争。1847年后起义增多,起义队伍有的转战湖南、广西边境,有的进入广西。广东在1845年时,天地会已十分活跃。1848年广东钦州与广西横州、宾州等地会党联合起义。西江一带船艇水手起义群众也进入广西。广西是边陲省份,清政府鞭长莫及,统治力量比较薄弱。这时,广西天地会山堂林立,各地会众纷纷起事,与官府对抗;湖南、广东起义队伍到广西后,三省反清力量汇合,群众斗争掀起了一个新高潮。

遍布广西、湖南等省的农民起义,由于缺乏统一领导,组织松懈,各自

为战，始终没有形成统一集中的行动，往往是“随起随灭，随灭随起”。洪秀全、冯云山所传播的拜上帝会一开始就表现出了与这些会党不同的特点。拜上帝会有一致的信仰、有比较明确的纲领和严密的组织。他们在广西的活动，恰恰适合起义群众的需要。拜上帝会逐渐把分散的农民起义团聚成了一股革命的洪流。

洪秀全（1814—1864），广东花县人，是一个中农家庭出身的农村知识分子，对于农民的痛苦和要求有较多的了解。从1837年起，洪秀全屡次到广州考秀才不中，1843年应试又落第。鸦片战争失败后，他目睹清政府的腐败无能，受到很大刺激；再加上自己在科场中一再失意，便激起了反抗思想。他回家后，偶然翻阅了一部从前在广州应试时得到的传布基督教的小册子《劝世良言》，从中得到了启示。洪秀全附会书中词句，以天父上帝的次子、天兄耶稣之弟自居，并自称接受了上帝的天命，下凡救世。冯云山是洪秀全的同乡同学，最早参加拜上帝会，成为得力的宣传者和组织者。

洪秀全在创立拜上帝会后不久，打毁村塾中的孔子牌位，引起当地封建势力的不满，失去了塾师的职业。1844年，洪秀全、冯云山辗转到广西贵县传布拜上帝教。不久，洪秀全回花县，冯云山到桂平的紫荆山区进行艰苦的革命工作。1845—1847年间，冯云山在紫荆山区的贫苦农民中建立了拜上帝会的组织，渐次吸收了信徒两三千人。这期间，留在花县的洪秀全写成了《原道救世歌》《原道醒世训》《原道觉世训》等作品，把原始基督教义与中国古代的大同理想以及农民朴素的平等、平均思想结合起来，激发群众走向坚决的斗争。他把地主阶级在精神上统治农民的一切神仙菩萨、妖魔鬼怪总称之为“阎罗妖”，又以一个“天下凡间大共之父”的“皇上帝”和“阎罗妖”对立起来。他号召人民独拜真神皇上帝，击灭阎罗妖，实际上就是号召农民进行反对封建剥削和压迫的斗争。洪秀全又提出了为农民乐于接受的“天下多男人，尽是兄弟之辈，天下多女子，尽是姊妹之群，何得存此疆彼界之私，何可起尔吞我并之念”的朴素平等主张，鼓舞人们为实现“天下一家，共享太平”的理想而奋斗。1847年，洪秀全到达紫荆山与冯云山会合，制定了拜上帝会的各种仪式及十款天条。十款天条的内容是：“崇拜皇上帝，不好拜邪神，不好妄题皇上帝之名，七日礼拜颂赞皇上帝恩德，孝顺父母，不好杀人害人，不好奸邪淫乱，不好偷窃劫抢，不好讲谎话，不好起贪心。”这些宗教仪式和条规，平时是信徒的生活准则，起义时就成为革命纪律。洪秀全、冯云山又派人四出活动，在西起贵县，东到平南、藤县，北至武宣、象州，南达博白、陆川以及广东信宜的广大地区内，不少汉、僮、瑶族人民，参加拜上帝会。拜上帝会成了在广西农民起义中最有吸引力的革命组织。

拜上帝会在发展过程中，同封建势力逐渐展开了斗争。这种斗争最初表现为宗教性的。洪秀全、冯云山等捣毁神庙社坛，在群众中扩大拜上帝会的影响。地主阶级凭借其团练武装，对这些活动实行压制，于是斗争就显著地带上了政治色彩。当时团练与拜上帝会壁垒分明，斗争愈演愈烈，拜上帝会的实力迅速增强。

拜上帝会的成员主要是贫苦农民，矿工、担夫（码头夫）等参加的也不少。这些是太平天国革命的基本群众。此外，还有一些贫苦的农村知识分子和家虽富裕而社会地位较低的人也参加进来。拜上帝会在发展和斗争中逐渐涌现出一批领袖人物，除洪秀全、冯云山外，还有杨秀清、萧朝贵、韦昌辉、石达开等人。杨秀清是广西桂平人，出身极苦，是在紫荆山区种山、打柴烧炭为生的贫农，具有杰出的组织能力。萧朝贵广西武宣人，出身贫农，勇敢刚强。1848 年初，冯云山一度被团练逮捕，洪秀全回广东，拜上帝会一时主持无人，会众发生动摇。杨秀清假托天父下凡降身，萧朝贵假托耶稣下凡降身，分别代天父天兄传言，用以安定群心。洪秀全由广东归来后承认了他们这种代言权。从此杨秀清、萧朝贵的地位在冯云山之上。韦昌辉，广西桂平县人，出身地主家庭，因在地方上不得志，愤而加入拜上帝会，献出全部家产。石达开，广西贵县人，家中富有，怀有大志；又因是客家人，常受土著地主欺凌，参加拜上帝会。韦昌辉、石达开各拥有一部分群众，但他们与拜上帝会关系较浅，在领导集团中地位较低。

1850 年，拜上帝会与地主武装团练的冲突更趋激烈，会众越来越感到需要联合起来进行反抗斗争。这时广西又遇到大饥荒，天地会的起义更为增多，整个广西愈益动荡。拜上帝会起义的时机已经成熟。7 月，洪秀全发布总动员令，各地会众多把财产变卖，男女老幼成群结队向紫荆山金田村进发。一部分会党群众投入拜上帝会，增加了它的力量。11 月各地会众在金田村会集，编制营伍，积极准备起义。

第三节　太平天国革命运动兴起。席卷全国的农民战争

太平天国革命的胜利发展

1851年1月11日，拜上帝会在广西桂平县金田村正式起义，建号太平天国。此后几个月间，太平军转战于桂平、武宣、象州、平南各地，然后经藤县入永安州，于9月间攻克州城。在武宣东乡时，洪秀全已称天王，占领永安后，封杨秀清为东王、萧朝贵为西王、冯云山为南王、韦昌辉为北王、石达开为翼王，明定西王以下各王都受东王节制；同时又订立各种制度，立国规模粗备。

太平军所发动的武装斗争，在清朝方面引起很大的震惊。封建统治者很快就认识到它是广西许多起义势力中最强大的一支力量，调兵遣将，企图尽早把它扼杀在血泊之中。1851年4月，清政府派大学士、军机大臣赛尚阿为钦差大臣，调集湖南、广东等省军队进行镇压。清军对太平军的追击堵截几经失败之后，包围永安城，给太平军造成严重的困难。

1852年4月，太平军自永安突围，大破清军，北上围攻桂林，6月克全州，入湖南。冯云山在全州战死。太平军进入湖南后，占领道州、江华、永明、嘉禾、蓝山、桂阳、郴州等地。这一带天地会很活跃，挖煤工人很多。他们踊跃参加太平军。挖煤工人擅长挖掘地道，太平军把他们组织为土营，在以后的攻城战斗中发挥了很大作用。9月太平军猛攻长沙，萧朝贵战死，长沙久攻不克，转经益阳、岳州，向湖北挺进。这时有许多船户、水手参加太平军，建成水营，全军战斗力进一步增强。1853年1月太平军占领湖北省城武昌，军威更盛。2月，全军顺长江东下，水陆并进，清军望风披靡，不战而溃。太平军克九江，下安庆，取芜湖，3月19日占领南京。太平天国以南京为都城，改称天京，接着又攻下镇江和扬州。

太平天国从金田起义到定都天京，前后只经过两年多一点的时间，军事进展极为迅速。太平军由广西北上途中，以杨秀清、萧朝贵的名义发布《奉天诛妖救世安民谕》《奉天讨胡檄布四方谕》等文告。文告中揭露清朝的罪恶统治，谴责清政府对民间“凡有水旱，略不怜恤”，反而“纵贪官污吏布满天

下，使剥民脂膏”，痛斥清朝统治是“官以贿得，刑以钱免，富儿当权，豪杰绝望”。文告明白揭出太平军起义的目的是“上为上帝报瞒天之仇，下为中国解下首之苦，务期肃清胡氛，同享太平之乐”。这些都比当时其他反清势力对群众有更大的吸引力。太平军所到之处，杀逐官吏、地主、豪绅，焚毁田契债券，对封建统治秩序进行革命的扫荡；同时，又放出狱囚，把财物散给贫民，给劳苦群众带来安慰与希望。太平天国的主张和号召符合广大人民的要求，太平军的实际行动又向群众证明自己是代表被压迫被剥削者的利益的。军行所至，群众竞相欢迎，踊跃加入。太平军在起义之初，连妇女老幼在内，总共不足二万人；到天京后号称一百万，革命队伍迅速壮大。

太平天国在攻下南京以前，没有固定的根据地，攻占的地方都弃而不守。定都天京后，正式建立了一个与清朝封建政权对峙的农民革命政权。敌人不给革命以稳定的时机。1853 年 3、4 月，清朝钦差大臣向荣和琦善督兵在天京城外和扬州附近，分别建立江南大营和江北大营，紧紧监视着天京。各地的地主又纷纷举办团练武装同太平军对抗。这时太平天国的军事斗争仍在向前发展，同时进行了北伐和西征。

1853 年 5 月初，由天官副丞相林凤祥、地官正丞相李开芳等率领太平军二万余人举行北伐。北伐军从扬州出发，经安徽、进河南、渡黄河，转入山西，折而进至直隶。清政府派重兵堵截无效，太平军长驱北上，一度攻到保定附近。10 月底到达静海、独流一带，逼近天津，北京大震。北伐军进攻天津未下，又因人数太少、粮草寒衣不继，转入守势。1854 年初，南下阜城、连镇，等待援军。天京派出的援军进至山东临清，又遇阻退回。李开芳率一部分北伐军由连镇南下接应援军，被清军先后围困于山东高唐与茌平冯官屯。北伐军被截两地，后援不至，又没有重视发动当地群众，成为孤军，处境十分困难。1855 年，清朝蒙古科尔沁亲王僧格林沁所部清军先后攻陷连镇和冯官屯，林凤祥、李开芳被俘殉难，全体将士英勇牺牲。

1853 年 5 月，太平天国派夏官副丞相赖汉英等率军溯长江西征。这一年，西征军占领安庆和安徽广大地区，并一度进占汉口、汉阳。1854 年，太平军再次进军湖北，并分兵攻湖南，北进到湖北随州，西克宜昌，南占领湖南湘潭。太平军在湖南境内与曾国藩湘军展开恶战，遭到挫败，退出湖南、湖北。1855 年初，太平军在石达开指挥下，大败湘军于湖口、九江一带，乘胜西进，三占武昌。11 月，石达开转而向江西进军。江西八府五十多州县望风归附。

经过三年的反复斗争，到1856年上半年，太平天国在长江流域已取得重大胜利。湖北东部，江西、安徽的大部分土地都在它的控制之下。清军江北大营和江南大营也先后被击溃。太平天国在军事上达到了全盛期。

太平天国在与敌人作剧烈的军事斗争的同时，在自己管辖的地区内进行了各方面的改革，建立了自己的军事、政治制度。

太平天国在起义开始时就把群众组织了起来。太平军以军为单位，设军帅、师帅、旅帅、卒长、两司马等分级统率全军，组织相当严密。革命队伍中废除私有财产，各人私产交给“圣库”。战争中缴获的金银财物一律归公。军队中实行大体平均的供给制度，各种供应都由“圣库”按规定发给。军队里还把百工技艺按专长专业组织起来，设立“诸匠营”和“百工衙”，以保证军事需要。这一切对保持军队的战斗纪律、革命队伍的团结和发挥各人所长都起了很好的作用，是革命能迅速胜利发展的一个重要原因。太平天国定都天京后，试图把军队中实行的一套原则和制度推行到整个社会。

1853年太平天国颁布了一个包括政治、经济和社会生活等方面的革命纲领——《天朝田亩制度》。这个纲领规定：县以下设立各级乡官，居民的经济和文化生活都由乡官来组织，乡官的体制、称呼都与军队相同。居民二十五家为一个单位。各家农副业生产所得，除个人消费部分以外，其余都应缴归“国库”。婚丧弥月等额外开支，都由“国库”按定制发给。关于居民的农副业和手工业生产、教育、宗教生活以及国家的司法制度，官吏的保举、升贬、奖惩等等，也都各有条目。《天朝田亩制度》中最重要的内容，是关于土地制度的规定，其中有一段话说：

> 凡天下田，天下人同耕。此处不足，则迁彼处；彼处不足，则迁此处。凡天下田，丰荒相通，此处荒则移彼丰处，以赈此荒处；彼处荒则移此丰处，以赈彼荒处；务使天下共享天父上主皇上帝大福，有田同耕，有饭同食，有衣同穿，有钱同使，无处不均匀，无人不饱暖也。

根据这个原则，文件制定了均分田地的办法：

> 凡田分九等。……分田照人口，不论男妇，算其家人口多寡，

> 人多则分多，人寡则分寡，杂以九等。如一家六人，分三人好田，分三人丑田，好丑各一半。

《天朝田亩制度》集中地表现了太平天国的农民革命性质。它从根本上否定了封建土地所有制，明确规定把土地平分给农民耕种，具有彻底地反对封建制度的意义。农民渴望土地的要求，在太平天国的这个纲领中比过去历史上任何一次农民战争中都反映得更明显、更强烈。在很多的情况下，封建统治秩序受到了严重的打击，很多地主被杀或逃亡，有的庵观寺院的田产被充公，原来耕种这些地主和庵观寺院的土地的农民不再向他们交租。留下来的地主也大多失去了昔日的威风。不少佃农自发地起来斗争，拒绝交纳田租或者少交田租。太平天国征收的税额也比以前有所减轻。这一切都使农民的生活得到不同程度的改善。但是，《天朝田亩制度》所制定的平分土地的办法，给农民的生产和生活所设计的那一套方案，却不切合实际。要在小生产的基础上废除私有制和平均一切社会财富，以求人人平等，这是农民的平均主义思想的表现，是一种空想。太平天国没有没收地主的土地来分给农民。在太平军控制的地区里，有的地方地主阶级势力仍然很大，有的地主还被推为乡官，政权依旧操纵在地主阶级手中，农民的处境很少改变。

太平天国在天京试行了一套管理城市的办法，一度完全废除私有财产，全体居民的生活必需品由“圣库”供给，男女居民也与军队一样分别男行女行，虽夫妻不得同居。男子除参加军队的以外，都要参加生产或在政府机关中服役；女子大致也与男子相同。年老残疾的编入牌尾馆。“诸匠营”“百工衙”这时也推行到天京，把各行业的手工业工人分别组织在有关的营、衙中，从事生产。商业曾一度被废止。这些办法推行不很久就改变了。1855 年初，允许男女匹配，恢复家庭生活，天京居民的生活基本上回复到原状。这表明农民的平均主义的空想，在手工业和商业很发达的城市中，比在农村中更加不可能实现。

妇女是太平天国革命中的一支重要力量。金田起义时，太平军中就有女兵。她们在以后的许多次战役中建立了功勋。太平天国还有女官，妇女也参加社会生产劳动。《天朝田亩制度》中规定妇女与男子同样分得土地。太平天国又推行了禁止娼妓，不准缠足，“凡天下婚姻不论财”等尊重妇女的人格、地位的政策。

从上述的纲领和各种措施中，可以看出太平天国革命对封建社会的制度和思想，进行了猛烈的冲击，给封建统治秩序以严重的破坏。但是农民阶级并不是新的生产力的代表者，它不能建立起一个符合于历史发展的新的社会。太平天国革命逐渐陷于停滞。农民阶级的一些弱点在革命队伍中也表现得越来越明显。建都天京后，革命早期所楬橥的“天下多男人，尽是兄弟之辈，天下多女子，尽是姊妹之群”的反封建的朴素平等思想，逐渐被封建等级观念所代替。从天王到普通士兵之间，有着非常繁复的等级。各级之间的礼制十分严格，不许逾越。在进入城市后，一些领导人物滋长了享乐腐化的倾向。他们在生活起居方面豪华铺张，还沿袭了封建帝王的嫔妃制度，选取民间秀女入宫。领导集团的奢侈腐化和广大士兵以及人民群众在战争时期的艰苦生活相对比，表明他们已经严重地脱离群众。

同时，随着革命形势的发展和革命力量的壮大，有不少地主、商人等剥削阶级分子被卷入革命队伍中来。其中有些是暗藏的清朝奸细，有些是个人野心家，更多的是投机分子。他们以剥削阶级的思想意识和作风来腐蚀太平军，或故意制造矛盾，伺机破坏革命。这些正是反映了地主和农民之间的阶级斗争在太平天国内部日益尖锐化。

太平天国领导集团内部的宗派色彩日益明显，杨秀清、韦昌辉、石达开等都以个人为中心，形成了几个不同的集团，争夺权力的派别斗争逐渐发展。1856 年 9 月领导集团发生了公开的分裂。这一年夏，革命在军事上达到全盛的时候，杨秀清决定进一步夺取洪秀全的最高领导者的地位。他假称天父下凡，逼洪秀全封他为“万岁”。洪秀全立即密召韦昌辉、石达开等带兵回天京杀杨秀清。韦昌辉从江西返回天京，杀杨秀清全家及其亲戚部属男女老幼二万余人，独揽军政大权，在天京造成恐怖局面。石达开从湖北赶回天京，责备韦昌辉不应滥杀无辜，韦昌辉又要杀石达开。石达开逃到安庆起兵讨韦。11 月，天京官兵杀死韦昌辉。洪秀全召石达开回天京辅政，混乱一时的内讧暂告平息。不久，洪秀全对石达开又生猜忌，封其兄洪仁发为安王、洪仁达为福王，以牵制石达开。1857 年 6 月，石达开负气离开天京去独力作战。石达开这时在太平天国军民中有很高的威望，许多人都跟他出走，革命队伍发生了严重的分裂。太平天国领导集团的内讧成了革命由胜利发展走向衰微的转折点。

各地风起云涌的群众起事

太平天国革命的胜利发展，推动了各地反清斗争的迅速高涨，群众起事在太平天国革命直接间接的影响下，风起云涌。太平军经过的地区，封建统治秩序被打乱了，群众纷纷起来进行斗争。另外的一些地区或因清政府将军队调走，统治力量削弱，群众乘机起事；或因清政府为供应军队增加税捐，激起群众反抗。

南方和东南沿海各省先后发生了天地会及其支派的起义。在两广地区，1851 年后，天地会的反清斗争彼落此起。1852 年广西南宁天地会起义，以胡有禄、朱洪英为首领，1854 年占领灌阳，建立升平天国。他们应太平军邀请往天京会合，进入湖南后，被清军击败，胡有禄、朱洪英先后死难，余众继续在广西活动。广东天地会在 1854 年 6 月由陈开领导在佛山起事，李文茂等纷起响应。起义军一度围攻广州城。1855 年主力转入广西，在浔州建立大成国。一部分天地会起义势力由广东北上，经湖南到江西，与石达开统率的西征军汇合。在江苏，太平军占领南京后，会党即纷纷活动，准备响应。1853 年 9 月，上海小刀会首领刘丽川发动起义，占领上海及附近各县，刘丽川自称太平天国招讨大元帅，主动与太平天国寻求联系，但没有结果。1855 年刘丽川战死，起义坚持了十七个月后失败。在福建，1853 年有黄威等所领导的小刀会在厦门一带起义，林俊联合红钱会、黑钱会等在德化一带起义。台湾也有响应福建小刀会的起义。

捻党是长期活动在安徽、河南、山东西南部和江苏北部一带的民间秘密组织。1853 年太平军北伐，捻党乘机纷纷起事。捻军成员大部分是不脱离生产的农民，每当队伍出动时，由首领发出命令，把农民从田野里集合起来，按照事先编好的队别集中。农民放下锄头镰刀，拿起藏在家里的大刀长矛，立刻成为战士。1855 年，各地捻党首领大会于安徽蒙城雉河集，推张洛行为盟主，建国号大汉。第二年，捻军与清军在雉河集进行了激烈的战斗，声威大振。捻军从此成为山东、安徽、河南一带抗清斗争的主力。

贵州是少数民族聚居的区域，又是白莲教活跃的地区。1855 年春，苗族雇农张秀眉在台拱率众起义，一时苗民相从者数万人。这支起义势力迅速发展成为黔东南苗民反清斗争的中心。白莲教支派灯花教乘机发动，以服饰和旗帜的颜色区分为红号、黄号、白号三支起义军。红号势力最大，拥有一万人的队伍，11 月攻入铜仁，远近响应，连克贵州东北部许多州县，震动全省。

云南哀牢山区彝民和云南各地回民也分别在 1853 年和 1856 年先后发动了反清斗争。

1851—1855 年，江苏、浙江、安徽、江西、湖南、湖北、广东、河南、山西、内蒙古、奉天等地还先后爆发了规模大小不等的抗租、抗粮和小股群众起事。清朝统治中心的直隶省也有很多州县发生盐民、游民、饥民的骚动。

各地的群众起事，一般都表现出显著的农民战争的传统和特点。参加斗争的主要是贫苦的农民群众。当时的阶级矛盾非常尖锐，农民斗争的大风暴来势猛烈，有横扫一切之势。卷入起事的群众很复杂，除农民外，还有手工业者、矿工、运输脚夫、小商贩、水手、城市贫民等等。有些地区的小地主有抗粮减赋的要求，也加入了群众斗争的行列。起义团体大多仍以“反清复明”“兴汉灭满”“替天行道”“劫富济贫”等为斗争口号，少数民族地区的起义有的实行了没收地主土地，这些都体现了农民与以清朝统治为代表的地主阶级的对立。这些反抗斗争彼此推动，互相激荡，以太平天国为中心，形成了中国近代史上第一个革命高潮。

咸丰的统治，地主阶级中以曾国藩为中心的反动势力的出现

在全国农民起义的大风暴正要到来的时候，1850 年 2 月清朝道光皇帝死去，第四子奕詝继位，改年号为咸丰（1851—1861）。当时清朝的统治机构差不多已完全腐烂，吏治败坏不堪，财政日益困难，军队更是腐败透顶。这个不满十九岁的年轻皇帝，起初曾想设法挽救清朝统治日益衰落的局面。他接连下诏求言任贤，于 1850 年 12 月罢黜穆彰阿和耆英等病国媚外的旧臣。但是，这些措施都不足以缓和人民对清朝统治的痛恨。太平天国革命的大爆发以及全国范围的群众反清起义，构成了对清政府的严重威胁。竭尽全力镇压国内革命力量，成了咸丰朝一切重要措施的出发点。

清政府为筹措镇压农民革命的经费，尽量向人民搜刮。军费开支急剧增加，漕粮税捐等收入因统治地区缩小，又有减少。入不敷出的情况越来越严重。清政府除实行卖官鬻爵的“捐纳”、苛派勒索的“捐输”以及广铸大钱和滥发钞票等办法以外，又创立厘金制度。1853 年刑部侍郎雷以諴在扬州帮办

军务，为筹措江北大营的军饷，在仙女庙等地创办厘捐。第二年清政府下令在各地推广，后来成为经常的税收制度。厘金以商货为对象，在水陆通商要道和商业繁盛的城镇，设立局、卡，征收货捐。繁重的厘金捐税，再加局卡人员巧立名目，敲诈勒索，弊端无穷，严重地妨碍了商品经济的发展，增加了人民的负担。

太平天国革命兴起后，清军主力绿营兵屡战屡败。清军几次更换统帅，都无法阻挡太平军的胜利发展。在这种情势下，满洲贵族中一部分人，为了保持自己的最高统治地位，主张把更多的权力交给地方上的汉族地主，与他们进一步结合起来，共同镇压农民革命。咸丰积极支持汉族地主在地方上举办团练，先后任命各省在籍官员为团练大臣。从 1854 年起，一直与太平军坚决为敌的湘军，就是在湖南帮办团练的在籍侍郎曾国藩组织起来的。

曾国藩（1811—1872），湖南湘乡人，道光末年官至礼部侍郎，与一些当权的满洲贵族关系密切。他讲求宋学，标榜封建伦常道德，是封建统治秩序的坚决维护者。1853 年曾国藩因丧母在籍，咸丰任命他帮助湖南巡抚督办团练，他开始组织和训练湘军。曾国藩办湘军的方针是实行封建团结，将领主要是湘乡人，其中一部分为曾国藩的至亲密友，其余也大多拜他为师。他们同曾国藩一样是封建卫道者，又都是一些平时在科场上失意的士人，口口声声讲究所谓“忠诚”，骨子里想借军功求取功名富贵。湘军士兵以营官自招为原则，每个营只服从营官一人，造成一种浓厚的封建隶属关系。湘军完全是曾国藩的私人军队，全军只服从曾国藩一人。

1854 年 2 月，湘军水陆两军练成，全军共一万七千余人。曾国藩发布《讨粤匪檄》，号召地主阶级起来对抗太平天国。他以维护封建伦常礼教来反对太平天国朴素的平等观念，以保持封建私有制度来反对太平天国的平均思想。他的反革命说教以反对拜上帝会为幌子，诬蔑太平天国是“窃外夷之绪”，曾经起了一些迷惑作用。湘军在开始与太平军作战时，打过一些胜仗，但接着就在江西遭到惨败。1855 年，太平军大败湘军水师于鄱阳湖，曾国藩骇怕得要投水寻死。1856 年 3 月，太平军再破樟树镇湘军大营，曾国藩仓皇逃入南昌困守。不久，太平天国发生内讧，革命力量削弱，湘军侥幸逃过覆灭的危险，获得了重整力量的机会。

除了曾国藩的湘军以外，许多省份的地主豪绅也都纷纷组织团练，编练乡勇，与太平军对抗。湖北有罗田县的罗勇，江西有南昌的江军和五局练勇，安徽、江苏有张树声、刘铭传、臧纡青等人组织的地主武装。这些反革命武装的主持人都是当地地主阶级中的实力分子。他们威迫和欺骗群众参加他们的团练。太平天国革命直接威胁着他们的阶级利益，这些团练对革命进行疯狂顽抗的程度远超过清政府的正规军队，成为支撑清朝统治的一个重要力量。地主阶级中出现了以曾国藩为中心的反动势力。

虚伪“中立”的外国侵略者

1853 年太平天国革命在长江流域的胜利发展，大大震动了外国侵略者。在太平军浩浩荡荡由武汉蔽江而下时，清朝的江苏地方官吏卑鄙地向外国侵略者去请求援助。英国在华官员这时跃跃欲试，准备以武力来干涉中国革命。由于太平军迅速占领南京，外国侵略者对清朝能否继续存在下去发生了怀疑。英、美、法等国相继宣布“中立”，声称对太平军和清军“两不干预”，借以观望形势，伺机取利。

太平天国定都天京后一个月，英国驻华公使文翰从上海乘军舰来到天京，打着“中立”的幌子向太平军进行刺探和讹诈。他把《江宁条约》的中文本交给太平军，并反复申明要竭力维护其条约特权，特别强调要用武力来保持他们在上海的特权。文翰公然恐吓太平天国，他说：如果太平军触动了他们的特权，“英国亦必采取与十年前抵拒各种侵害之同样手段，施以抵拒；彼时曾将镇江、南京及其附近各城占据，并签订和约”。

如何对付外国资本主义侵略者是中国农民革命所碰到的一个新问题，在这方面，太平天国领袖们完全没有经验。他们对外国侵略者缺乏认识，反而因宗教形式相同而错误地把侵略者当成“洋兄弟”。太平军在答复文翰的照会中，竟准许英国人“自由出入，随意进退，无论协助我天兵歼灭妖敌，或照常经营商业，悉听其便”。但太平天国领袖们在外国侵略者的恫吓面前，丝毫没有软弱的表示。他们告诫英国人说：“尔等如帮助满人，真是大错，但即令助之，亦是无用的。”同时又禁止英国人在中国贩卖鸦片。农民革命在外国资本主义侵略者面前表现了它的反对外国侵略的立场。

从 1853 年 12 月到次年 6 月，法国公使布尔布隆、美国公使麦莲以及英国新任公使包令的代表又先后到天京刺探。他们都继续伪装“中立”，但已日益表露出对太平天国的敌视。

上海小刀会和广东天地会起义后，英、法、美驻上海、广州领事乘机侵犯中国主权，宣布上海租界及广州外国人居住区为中立区，在起义军与清军之间保持“中立”。外国侵略者很快就暴露出了他们的“中立”完全是虚伪的。在上海，英、法当局竭力向小刀会施加压力，逼迫起义者撤出上海城，法国军官还指挥法兵帮助清军攻城。起义失败后，一部分人逃入租界，竟被捕交清军处死。外国侵略者更在“中立”名义下，在上海租界内攫取了一系列特权，使租界成为变相的殖民地；并于 1854 年建立起对上海海关的控制。在广州，外国人暗中把军火、粮食运入城内，卖给困守城内的清军。起义军提出严重抗议，他们置之不理。后来，英国公使竟公开声言，不承认起义军对广州的水上封锁，不许在外国船只附近有战斗行动。最后，英国海军对起义军发起攻击，帮助清军守住广州城。

外国侵略者在太平天国和清政府之间经过一段时间的观望，越来越认识到：要不断获得侵华的新权益，只有向清政府方面去寻求。他们对于鸦片战争以来所夺取的特权和利益早已感到不满足，要求大大增加；为此，从 1854 年开始了所谓修改条约的活动。这一年，《江宁条约》届满十二年，英国借口中美《望厦条约》中有“贸易及海面各款恐不无稍有变通之处，应俟十二年后，两国派员公平酌办”的规定，竟牵强附会，援引最惠国条款，要求全面修改条约。他们的要求是：中国全境开放，至少是长江自由航行；废除进出口货物的内地税；外国公使驻北京；鸦片贸易合法化；准许华工出国，等等。美、法两国支持英国的修约要求。10 月，包令、麦莲及法国公使代表同到大沽口外与清政府交涉，没有结果。1856 年《望厦条约》满十二年，由美国出面再次要求修改条约。当时清政府在农民革命的打击下处境窘迫，但对外国资本主义还心怀疑惧，拒绝了全面修改条约的无理要求。以英国为首的外国侵略者用修改条约的方式不能达到目的，便不惜又一次发动侵略战争，以武力压迫清政府屈服。

第四节　第二次鸦片战争。太平天国失败

第二次鸦片战争，《天津条约》和《北京条约》

1856年，英国向中国发动武装进攻，第二年扩大为英法联军的侵略战争。侵略者发动这次战争的目的是扩大第一次鸦片战争中所得到的权益，这是第一次鸦片战争的继续。

早在1854年，英国侵略分子就已在谈论使用武力来实现其全面修改条约的要求。当时英、法和俄国之间正在进行克里米亚战争，不能分出兵力来侵略中国。1856年3月，克里米亚战争以英、法的胜利而告结束，它们有可能集中力量对中国发动新战争。

英国制造了一个所谓“亚罗”号事件，作为发动战争的借口。1856年10月初，中国水师在广州附近停泊的中国船“亚罗”号上逮捕海盗，英国驻广州领事巴夏礼借口“亚罗”号曾在香港政府领过一张登记证（登记证实际上已经过期），硬说它是一只英国船，并且捏造船上悬有英国国旗，曾被中国兵勇侮辱。他一再向两广总督叶名琛提出照会，要求将被捕者全部送回，并公开道歉。叶名琛最初对巴夏礼的无理要求加以驳斥，后来惧怕事情扩大，采取了妥协的态度。英军却在10月下旬向广州附近各炮台发动进攻，第二次鸦片战争实际上从这时开始。英国政府乘机发动大规模的侵华战争，于1857年春，任命曾任加拿大总督的额尔金为全权专使，率领一支侵略军前来中国。

在“亚罗”号事件以前不久，有所谓马神甫事件。天主教法籍神甫马赖违法到中国内地进行活动，于1856年2月在广西西林被处死。法国政府以此作为口实，任命葛罗为全权大使，并派出一支侵华军队，继英军之后开往中国。

英、法两国结成联合侵华的阵线后，1857年10月额尔金和葛罗在香港会合，不久决定先攻占广州。美国积极支持英、法。11月，美国全权公使列卫廉到达香港，与额尔金、葛罗建立了密切合作的关系。俄国也参加了这个侵略阵线。俄国早已在黑龙江一带扩展势力，克里米亚战争失败后，它向近东扩展的道路受阻，转而积极向远东谋发展。1857年俄国派普提雅廷出使中国，他

先到大沽口向清政府索取利权，遭到拒绝以后，南下与英、法合谋。英、法、美、俄四国实际形成了联合对华的侵略集团。

同年 12 月，英法联军向广州进攻。

当英、法两国发动战争的时候，太平天国与清政府间的斗争正在激烈进行。清朝封建统治者继续以大力对付国内的农民革命，对外不可能采取坚决抵抗的态度；又唯恐在人民中更加丧失自己的威信，不愿在外国侵略者面前完全屈服。清政府处在对外的民族矛盾和国内阶级矛盾都十分尖锐的形势下，对外态度游移不定，束手无策。1857 年 12 月，英法联军攻陷广州，叶名琛被俘。广东巡抚柏贵、广州将军穆克德讷无耻投敌，在以巴夏礼为首的英法三人委员会的严密控制下照旧担任原职，为侵略者维持地方秩序，禁止人民的反抗活动。这成了近代史上外国侵略者在中国所制造的第一个地方傀儡政权。

1858 年 4 月，英、法、美、俄四国使臣到大沽口外，继续对清政府进行军事威胁和施加外交压力。清政府派代表与他们谈判。英、法两国故意在清政府代表是否具有全权的问题上多方挑剔，拖延时间来加紧战争准备。美、俄两使臣则在与清政府进行谈判中，表示愿意充当中国与英、法之间的“调人”，麻痹清政府的警惕。美国专使的行径更加卑鄙。他得知英、法决定在次日发动进攻的消息后，立即训令美国代表中止正在进行的谈判，并要他“丝毫不让中国人知道联军意图”。

5 月 20 日，英法军队发动进攻，陷大沽炮台；随即直扑天津，扬言即将进攻北京。清政府慌作一团，派大学士桂良和吏部尚书花沙纳赶到天津与侵略者议和。6 月下旬，清政府分别与英、法签订《天津条约》，11 月又在上海订立《通商章程善后条约》及《海关税则》。英、法侵略者由此获得的利益，主要有：1. 公使得驻北京；2. 增开牛庄、登州、台湾（台南）、淡水、潮州、琼州、汉口、九江、南京、镇江为通商口岸（后来开埠时，牛庄口岸设在营口，登州口岸设在烟台，潮州口岸设在汕头）；3. 外籍传教士得入内地自由传教；4. 外国人得往内地游历通商；5. 外国商船可以在长江各口往来；6. 鸦片贸易合法化；7. 除丝、茶、鸦片等以外，进出口货物一律按值抽 5% 的关税；外商运洋货到内地，或从内地运土货出口，都按值只纳 2.5% 的子口税，各项内地税全免；8. 清政府邀请英国人帮办海关税务；9. 中国给英国赔款银四百万两，法国二百万两。在中英、中法《天津条约》订立以前，俄、美两国已分别与清政府签订《天津条约》；中俄还订立《瑷珲条约》，将黑龙江以北原属中国的大片土地划归俄国，将乌苏里江以东原属中国的大片土地改由中俄共管。

《天津条约》签订前后，清政府内部在是否全部接受外国侵略者的要求这一点上发生了分歧。以桂良等为首的一派，强调所谓“内匪未净，外患再起，征调既难，军饷不易”，主张迅速批准《天津条约》。以吏部尚书周祖培等为首的另一部分官员则认为一经战败，立刻接受侵略者的全部要求，必然会在人民中间引起更大的不满，使已经遭到农民革命沉重打击的清政府，处境更其危险。这部分人特别害怕外国公使“一入京师，则一切政令，必多牵制”。他们主张拒绝外使驻京等要求，如果外国不答应，应该准备战争，希望在取得某些胜利后，再同外国讲和，可以少答应一些要求。咸丰在左右为难的情况下批准了《天津条约》。1858 年 7 月，英、法两国从天津撤兵后，咸丰逐渐倾向于后一派。他要桂良等利用在上海与侵略者谈判通商章程的时机，交涉对《天津条约》作一些修改，取消公使驻京、开放长江各口以及外国人得在内地游历通商等条款。英、法两国悍然拒绝这个要求。咸丰又命令僧格林沁在大沽一带添兵置炮，重整防务。

1859 年，英公使普鲁斯、法公使布尔布隆、美公使华若翰前来与清政府交换《天津条约》批准书，在 6 月间，到达大沽海口。英、法代表拒绝按照清政府指定的路线从北塘登陆去北京。6 月 25 日，英、法军舰突然向大沽炮台发动攻击，企图由此打开向天津的通路。中国守军被迫还击，奋勇抵抗。英、法兵船多艘被击沉击伤，士兵伤亡四百余人，英国舰队司令贺布也被打伤。当时有美国军舰停泊在附近，美军舰队司令煽动美国士兵的种族主义情绪，帮助英、法军作战，也未能挽救侵略者的失败。英、法军队终于狼狈逃走。8 月，美国公使与清政府代表互换《天津条约》批准书。

大沽战役是清政府的一次重要抵抗行动，而且获得了胜利。但是清政府并没有抵抗到底的决心，反而期望乘胜与英、法进行谈判，对《天津条约》作若干修改。英、法两国则重新发起战争叫嚣，再度任命额尔金和葛罗统率大军到中国作战。

从 1860 年 4 月起，英法联军侵占舟山，并北上集结在大连湾、烟台等地。8 月初，在北塘登陆。清军连战失利，大沽、天津相继失陷。侵略军进而攻占通州，逼近北京。清政府接连派代表与英、法谈判，侵略者的要求层出不穷，谈判破裂。9月下旬，咸丰仓皇逃往热河，命其弟恭亲王奕䜣留守北京。10月，联军攻占圆明园，恣意抢劫，金银珠宝和珍贵文物被掠一空，园内建筑付之一炬。10月下旬，奕䜣出面与英、法代表先后交换《天津条约》批准书并订立《北京条约》，第二次鸦片战争结束。《北京条约》的主要内容为：1. 开天津为商埠；2. 准许华工出国；3. 割九龙司地方给英国；4. 将以前被充公的天主教产发还，准许法国传教士在各省租买田地，建造自便；5.《天津条约》中所规定的对英、法的赔款，都增加为八百万两。11月，中俄又订立了《北京条约》，将中俄共管的乌苏里江以东的大片土地划归俄国。早在1851年，俄国已取得在新疆伊犁和塔尔巴哈台通商的权利，《北京条约》中又增开喀什噶尔为商埠。

在第二次鸦片战争中，凡侵略军所到之处，不论是南方的广东，或北方的京、津一带，广大群众都同仇敌忾，自发地起来反抗外国侵略者。有着反侵略斗争传统的广东人民充分表现了中华民族永不屈服的战斗精神。他们袭击侵略者的据点，击杀单独外出的英、法士兵，一再给敌人以威胁。1858年7月，当地群众曾一度进攻外国侵略者盘踞下的广州城。在第二次鸦片战争的全过程中，人民群众继续坚持着抵抗侵略的路线。

第二次鸦片战争的结果是中国封建统治者再一次向外国资本主义侵略者屈服。这次屈服所造成的后果较第一次鸦片战争更为严重：由于外国公使驻京，侵略者与清朝中央政府开始经常的接触，得以逐渐影响和操纵清政府的活动；大批新口岸开辟以后，外国侵略势力扩展到了沿海各省，并深入到长江中游；有关通商、海关及税率的各种规定，使中国在外国经济侵略面前更加处于无法抵抗的地位；内地传教的各条款成了外国传教士到中国各地进行种种不法活动的护符；鸦片贸易的合法化使这种毒品无限制地流入中国；准许华工出国实际上是准许外国侵略者掠卖人口，运到海外去充当外国资本家的牛马。

叶赫那拉氏，中外反动势力的结合

《北京条约》签订后，英、法军队陆续从北京撤退。清朝统治者起先总担心西方列强侵入中国，将推翻他们的统治，建立新的朝代。这时，奕䜣、桂良等看到条约签订后，联军撤退，侵略者并不触动清朝的封建统治秩序。因此，他们认为今后与外国尽量保持“和睦”，对于维持清朝的统治是有利的。1861 年 1 月，清政府在北京设立总理各国事务衙门，派奕䜣、桂良、文祥等主持。外国侵略者早就希望清政府设立一个外交机构，以便通过它来对清政府进行多方面的控制。奕䜣等掌握了总理衙门以后，与外国侵略者有了更多的交往，而且任命英国人为总税务司，把海关的实权交给他。这很博得外国侵略者的欢心。《北京条约》刚一签字，法、俄两国代表就向奕䜣表示愿意协助清政府镇压农民起义。1861 年 3 月以后，英、法等国分头在北京建立使馆，从这个时期起它们在华的官员就不断通过日常交往对奕䜣等亲外势力加以支持和培植。

清政府当时的实权主要不在奕䜣等一派手中，而是掌握在跟随咸丰逃到热河的怡亲王载垣、郑亲王端华、协办大学士户部尚书肃顺等人手中。这一派人对于外国的疑惧还很深，他们对咸丰有着很大的影响。奕䜣等一再请求咸丰“回銮”，他们竭力劝阻。1861 年 3 月，咸丰在热河病死，子载淳继立，改年号为同治（1862—1874）。载淳年幼，咸丰遗诏命载垣等为赞襄政务王大臣，权位更重。载淳生母叶赫那拉氏被尊为慈禧皇太后。那拉氏（1835—1908）擅长权术，有极强烈的权力欲望，急于想取得实际的最高统治权。她先示意御史奏请皇太后垂帘听政，被载垣等以“本朝无皇太后垂帘故事”驳斥。10 月，奕䜣从北京到热河，那拉氏与他密商发动政变。奕䜣这时在政治上已经得到了外国侵略者的支持，他力言要发动政变，非早日回京不可，并保证回京后外国人不致为难。奕䜣又拉拢当时有重兵驻扎于京、津一带的兵部侍郎胜保与之合作。那拉氏等在 11 月 1 日回到北京，第二天即宣布垂帘听政。以后又将载垣、端华、肃顺分别处死。奕䜣被任命为议政王，并掌管军机处。从此，那拉氏等掌握了清政府的最高统治权。

那拉氏在杀死载垣等人时，特别把他们“不能尽心和议……以致失信于各国”和“总以外国情形反复”、坚决反对“回銮”，列为重大罪状。这不啻表示由那拉氏和奕䜣等人掌权的清政府此后将执行讨好外国侵略者的政策。这个意图的宣告，使外国侵略者感到非常满意。北京政变发生后，普鲁斯立即向英政府报告说：在清政府中“其表现最可能和外国人维持友好关系的那些政治家掌握政权了。……恭亲王及其同僚之操权，乃是对外国人维持友好关系使然”。这时，外国侵略者竭力强调“在这个特别的关头，我们要比我们同中国发生联系的其他任何时期更有必要去支持帝国的现存政府”。

以北京政变为契机，中外反动势力开始走上了彼此结合的道路。这种结合到1862年初，在共同镇压农民起义这一点上进一步具体化。这时清政府无耻地决定向英、法等国“借师助剿”，求助于外国军队来镇压太平天国。西方资产阶级为了支持清朝这个腐朽的封建统治，全部实现《天津条约》《北京条约》中规定的权利，尤其是取得长江一带的利益，便在“助剿”的名义下以中国人民革命事业的绞杀者出场。

后期的太平天国，外国的军事干涉，太平天国失败

太平天国领导集团的内讧和分裂，给革命带来了严重的后果。1856年12月，武昌再度为湘军攻陷。1858年5月九江失守，从此天京以上长江沿岸的主要军事据点仅剩安庆一处。在江苏，1856年清军攻陷扬州，再建江北大营。同一年，清军又重建江南大营，并在1857年攻陷镇江，天京又被围困。到1858年上半年，太平天国在湖北、江西、安徽、江苏所占有的州县，大部分被迫放弃，地区大为缩小。

这时，各地的反清斗争仍处在高涨阶段，国内整个阶级斗争的形势对太平天国非常有利。1856年以后，各地反清斗争不断展开，规模和地区都较前扩大，并且逐渐形成以下几个斗争中心。

广西：大成国仍在发展，原来分散活动的许多支起义队伍大都并入大成国。1857年大成国达到全盛时期，势力遍及广西东南部。后来，李文茂病死，战争逐渐失利，到1861年失败，陈开死难。

贵州：1857年后白莲教各支派起义队伍增至数十万人，占领许多州、县。苗、回、布依、侗族、水族等少数民族起事日益增多。起事群众在最盛时控制了全省近五分之三的地区，并长期围困省城贵阳。

四川、陕西：1859年李永和、蓝朝鼎、蓝朝柱等在云南昭通起义，迅速进入四川，逼近成都。四川各地的反抗斗争纷纷兴起。松潘、建昌等地少数民族的起义接着发生。李、蓝起义军在1861、1862年间与清军奋战，精锐折损，李永和、蓝朝鼎先后战死，四川起事群众逐渐失势。这时陕西又掀起了反清斗争的高潮。1862年太平军一部会合捻军入陕，蓝朝柱部亦从川东进入陕西，本地回民也纷纷起事；各路联成一气，屡次围攻省城。陕西的斗争又推动了甘肃的回民起事。

安徽、河南、山东：捻军首领张洛行于 1857 年率众数万渡淮南下，在霍丘地方与太平军会合，开始了两军的联合作战。1860 年前后，捻军分兵向山东、河南发展。进入山东的捻军曾到达胶东一带，原来活动在山东西部的白莲教支派、运河一带以失业船夫为核心的幅军、西南部的长枪会等更形活跃。群众斗争的烈火几乎燃遍了整个山东省。西征捻军进入河南省后，当地捻众纷起响应，河南、安徽两省的斗争联成一片。河南的白莲教起义群众也与捻军联合作战。以捻军为主力的三省反抗斗争，在北方给了清军重大的打击。

石达开自天京出走以后，率精锐部队十余万人，继续与清军对抗。从 1857 年起，这支大军先后转战于江西、浙江、福建、湖南、广西、湖北、贵州、云南、四川九省。石达开脱离了太平天国根据地，军事上形成流动性作战，政治上对太平天国的典章制度多有更改，引起部下一些人的不满，有些将领于中途率众重返太平天国。1863 年 6 月全军在四川大渡河覆灭，石达开在成都遇害。在前后六年的时间内，这支革命军的坚强战斗不断给清军以打击，对西南几省的反清斗争起了很大的推动作用。

各地的斗争都打击了清朝的统治。有些起义势力直接与太平军发生联系，有的牵制了清军而减轻了对太平军的压力，间接地支援了太平天国革命。

在这种全国反清斗争蓬勃发展的有利形势下，太平天国为扭转内讧后的危局，在军事上做了顽强的努力。这时担负军事重任的是忠王李秀成（1823—1864）和英王陈玉成（1837—1862）。他们出生在广西藤县同一个村庄里。李秀成雇农出身，陈玉成也生长在贫苦的家庭里。他们都是在太平军初起时就参加革命，在长期的革命锻炼中由士兵成长为杰出的统帅。领导集团内讧后，李秀成、陈玉成所率领的两支军队逐渐成为太平天国的支柱。1858 年 9 月，两军联合彻底打垮了清军江北大营，使它从此不能再建；同时打败江南大营的援军，缓和了天京的形势。11 月又大败湘军精锐于庐州三河镇，并迫使围攻安庆的清军狼狈退去，稳定了上游的战局。

这时的太平天国在政治上却没有什么新的起色。洪仁发、洪仁达在天京贪污蠹法，在革命队伍中引起普遍的不满。洪秀全对李秀成等也心存猜忌。1859 年 4 月，洪秀全的族弟洪仁玕由香港来到天京，洪秀全大喜过望。洪仁玕（1822—1864）是拜上帝会最早的信徒之一，最初留在广东家中，1853 年避难到香港，与外国传教士有较多的接触，接受了一些西方资本主义的思想影响。他到天京后，被封为干王，总理太平天国政事。洪仁玕根据自己的学识，提出了带有资本主义色彩的建议——《资政新篇》，其主要内容有：革新政治，设立不受一般官吏节制的“新闻官”和意见箱，尊重社会舆论和听取群众的意见，兴办近代工矿、交通企业，仿造火轮车、轮船，设邮局，提倡开矿山、兴水利、办工厂、开银行等。此外，还主张与外国自由通商，平等往来，办报纸以提倡新风气。洪仁玕企图在太平天国农民革命中实行某些资本主义性质的设施，这在当时是具有进步意义的。这时的中国还没有出现资本主义和资产阶级，还缺少实现这些政策的社会条件和阶级基础。它没有也不可能产生什么实际效果。洪仁玕的当政，仍没有给太平天国带来新的气象。

1860 年，太平天国在军事上有一些新的开展。这年初，李秀成为打破江南大营对天京不断加紧的围困，率精兵间道奇袭杭州，3 月间一举攻克杭州城。江南大营急忙派兵往援。李秀成立刻主动弃守，会合各路太平军猛攻江南大营。5 月，江南大营被击溃，解除了对天京的包围。太平军乘胜东进，连克常州、无锡、苏州、嘉兴等地，并一度围攻上海。此后一年多的时间内，太平军先后攻占浙江省的许多州县。1861 年 11 月克绍兴，12 月占宁波，再克杭州。浙江省和江苏南部几乎都归入太平天国的领域，成了支撑后期太平天国革命的主要根据地。

太平天国占有江、浙地区，在人力物力上得到极大的补充，并且使这些地方发生了显著的变化。太平军义旗所至，清朝的反动地方统治机构迅速解体。太平军在各地令群众推举乡官，建立地方政权，救济难民，颁发田凭、商凭，对坚决抵制革命法令的地主，没收其土地，把田凭发给佃农。这些革命措施，加上农民对地主的自发斗争，在地主阶级的这块“升平乐土”上燃遍了农民革命的熊熊烈火。但是，统治经验极其丰富的地主绅富采用了多种多样的方式对太平天国实行反抗和反攻，封建势力远没有被打垮。因此，后期太平天国在江、浙一带所建立的根据地并不是很巩固的。

太平军东下苏、常时，曾国藩湘军正加紧围攻安庆。1860—1861 年间，陈玉成率军由长江北岸经安徽向湖北进军，李秀成率军出皖南、入江西，转攻湖北。两路大军都是为夺取武汉以解救安庆，可是没有达到目的。1861 年 9 月，安庆陷落，从此上游主要据点尽失，天京失去屏蔽。1860—1861 这两年里，太平天国在江、浙取得很大的胜利，而在安徽则遭到了失败，总的形势并没有好转。

1856—1860年有太平天国与清政府之间的斗争，同时有对外的民族战争——第二次鸦片战争。太平天国对于这次断断续续进行了四年之久的反侵略战争，没有积极的反应；这次战争的结局对太平天国革命却有极大的影响。这几年间，外国资本主义与清朝统治的关系，是由严重的矛盾走向相互结合的过程；而外国侵略者对太平天国的关系，则是从伪装中立走向对革命的武装干涉。1858年，额尔金在签订中英《天津条约》及中英《通商章程善后条约》之后，即亲率兵船，从上海溯长江西上，直达武汉，为开放沿江的通商口岸作准备。这些兵船在经过天京和安庆等地时，屡次向太平军挑衅，制造军事冲突。1860年，当李秀成统率太平军席卷苏、常时，美国人华尔与在上海的官僚、地主、买办勾结，招募外国亡命之徒组成“洋枪队”，在上海附近对抗太平军。太平军两次将“洋枪队”打败，乘胜进至上海近郊。当地清政府官员向英、法侵略者求援。8月，英、法军队出动与太平军作战，阻止了太平军对上海的进攻。《北京条约》签订后不久，英国侵华海军司令贺布等在1861年2—3月间再一次率兵船沿长江上驶，过天京时，派代表往见太平天国当局，明确表示要在太平天国区域行使他们从清政府那里所取得的长江通商等特权，又要求太平军不进攻上海、吴淞百里以内的地区。

太平天国领袖们这时依然对外国侵略者存有幻想。他们以很大的兴趣同接触到的“洋兄弟”讨论宗教教义。洪秀全给额尔金的诏书中称额尔金为“西洋番弟”，把他的到来说成是“兄弟团圆”，要以礼接待，诚恳地表述了对这个英国代表的好意。李秀成在得知外国军队要协助清军坚守上海后，还致书英、美、法公使，冀其“推诚相与”，勿“负耶稣之教，而伤中夏之和”。1861年，陈玉成、李秀成为解救湘军对安庆的围困而进军武汉时，其所以中途折回，原因之一是英国在华官员出面“劝阻”。太平天国还同意在1861年内不进入上海、吴淞百里以内，这也是对侵略者的无理要求的让步。

英国侵略者得寸进尺。1861年底，向太平天国提出悬挂英旗的船只得自由航行于太平天国区域内的河流，太平军不但不得进入上海、吴淞百里以内，也不得进入汉口、九江百里以内等无理要求。太平天国断然加以拒绝。接着，李秀成以攻占杭州的军事优势，在1862年初率军再一次进军上海。华尔的“洋枪队”立即配合清军对太平军进行顽抗。这时正值那拉氏等在北京发动政变后不久，驻扎上海的英、法侵略军大量出动，完全与清军站在一边抵御太平军。浙江的英、法军队也协助清军进攻宁波，法国侵略分子又组织中法混合军（“常捷军”）。中外反动势力为镇压中国农民革命而结成了军事联盟。

1860 年清政府任命曾国藩为两江总督。1861 年 11 月，更授权他统辖江苏、安徽、江西、浙江四省军务，巡抚、提督以下文武官员都归其节制。曾国藩和他所推荐的左宗棠、李鸿章等这些地主阶级中地位越来越重要的新人物都是“借师助剿”的拥护者，成了与外国军队联合一起“会剿”太平军的主持人。左宗棠（1812—1885），湖南湘阴人，出身地主家庭，他先充当湖南巡抚的幕僚，曾竭力支持湘军，后随曾国藩镇压太平军。李鸿章（1823—1901），安徽合肥人，出身官僚地主家庭，是曾国藩的门生。太平军到安徽后，他在家乡办团练，以后投入曾国藩幕府。1862 年初，左宗棠任浙江巡抚，李鸿章署理江苏巡抚。曾国藩部署分三路向太平天国江、浙地区进犯，以他的胞弟江苏布政使曾国荃率嫡系湘军沿江东下，主攻天京；以左宗棠专任浙江军事；以李鸿章援上海，图苏、常。李鸿章仿照湘军营制，在安庆组成以安徽地主为骨干的淮军，乘英国轮船开赴上海。李鸿章到上海后，便与外国干涉军积极合作，在实际上作为麇集在上海的逃亡地主、官僚豪绅、富商买办等一切反动势力的总代表，开始依附于外国，首先是依附英国侵略者，成为与外国资本主义联系最密切的军阀势力。

西方资产阶级以武力支持中国的封建统治者镇压革命人民，充分暴露了资本主义的反动性。中国的地主阶级要借助外国侵略者的力量来挽救其统治，反映了它的腐朽性。太平天国在国内外敌人的联合进攻面前，继续进行着英勇顽强的斗争。1862 年清军在上海附近伙同“洋枪队”改组的“常胜军”及英、法军队攻陷嘉定、青浦等地。李秀成率大军由太仓反攻，连战皆捷，杀死杀伤大量敌人，缴获洋枪洋炮，克复嘉定、青浦。华尔统率的“常胜军”成为常败军，英、法军队亦逃回上海。浙东方面，太平军在宁波激烈抵抗英、法军队的进攻，打死打伤英、法军官多人；在慈溪打死华尔，后来又相继击毙“常捷军”法籍统领和英国海军参将。中国的革命人民在反抗外国干涉军的斗争中表现了不屈不挠的英雄气概。恰在此时，太平军在西线皖北战场接连失利，庐州失陷。陈玉成在寿州被叛徒诱执后，为清军杀害。曾国荃湘军又进围天京。李秀成回师救援，上海中外反革命军队得到喘息的机会。

1862 年 10—11 月间，李秀成回援天京的大军与曾国荃湘军鏖战四十余日，没有取得胜利。中外反革命的联合进攻越来越猖獗。江苏方面，李鸿章与英国势力进一步勾结，1863 年 8 月，“常胜军”统领由英国军官戈登接任，更多的英籍军官参加这支军队。淮军得到洋枪洋炮的武装。淮军与“常胜军”从5月起，联合攻陷太仓、昆山、吴江，进犯苏州。浙江方面，进入浙西的左宗棠湘军在1863年1月占领严州；8月，“常捷军”攻占绍兴，随即与左宗棠联合攻下富阳，进窥杭州。

太平天国的区域越来越狭小，革命到了危急存亡的关头。这时，太平天国内部的危机暴露得越来越明显。洪秀全的保守和迷信发展到荒唐可怕的地步，一切信天不信人，一天天丧失掉一个革命领袖应有的气概。洪仁发、洪仁达在天京搜刮财物，益发肆无忌惮。赏罚不明的情况从天京内讧以来日渐严重。地方将领则互不协调，各自为政。高级将领的变节降敌时有发生。1863年12月苏州太平军一部分将领在戈登、李鸿章的引诱下杀死主将慕王谭绍光，开城降敌，直接加速了太平军江苏战场的瓦解。第二年春，杭州失守，天京形势更加危急。李秀成向洪秀全建议放弃天京，“让城别走”，被洪秀全拒绝。1864年6月初，洪秀全因病死去，长子洪天贵福继位。7月19日天京沦陷，李秀成突围后被俘，在天京就义。洪天贵福走脱，后在江西殉难。

天京的失陷标志着太平天国革命的失败。英勇斗争十余年，在中国历史上规模空前巨大的农民革命终于被中外反革命势力联合绞杀了。太平天国的历史说明：在外国资本主义侵入并同国内的封建统治结成反动同盟的条件下，由农民阶级发动和进行的革命无法战胜中国人民的两大敌人。但是中国农民在太平天国革命中所显示的无比威力，表明了农民不仅是反封建斗争的，并且也是反侵略斗争的主力军。

第五节　第一次鸦片战争后的西藏。新疆、东北的开发

英、法觊觎西藏的活动。农奴主的争夺权利

第一次鸦片战争以后，东南沿海门户逐步被外国侵略者打开。与此同时，英、法等国对西藏地方的侵略活动也日益加紧，力图打开中国西南的后门。

英国自从在印度取得殖民霸权以后，就有侵入西藏地方的野心。十八世纪下半期，几次派人越过不丹潜入西藏地方，希望获得通商权，都没有达到目

的。十九世纪上半期，廓尔喀（尼泊尔）、哲孟雄（锡金）先后遭到了英国的侵略。历史上曾经属于西藏、与新疆毗连的拉达克这时也为英国所控制。从此，英国加紧了对中国西藏地方的侵略活动。

拉达克在十九世纪三十年代被印度北部的锡克人占据。1841 年，锡克人裹胁拉达克人侵入西藏，占据了阿里地区的茹妥、补仁等五个宗。这一年冬，驻藏大臣孟保督调西藏地方军队击败侵入者，收复了失地。1845—1846 年，英国侵入印度北部的旁遮普，镇压当地锡克人的英勇反抗，进而控制了拉达克和克什米尔。克什米尔商人一向在中国西藏地方往来贸易，英国借此要求援例通商和划定中国与印度的这一段边界。英国印度总督派人到边界投信，1847 年英国驻华公使也向两广总督交涉。这时，《江宁条约》签订不久，沿海五口次第开放通商，清政府为防英国又在西藏地方别生枝节，拒绝了它的要求。英国声明通商仍由克什米尔按旧章进行，只要求双方派员划定边界。清政府认为通商既按旧章，可以同意，至于划界一事，双方虽经几次交涉，终未进行。

1855 年发生英国唆使廓尔喀侵入西藏地方的战争。廓尔喀在十九世纪初年被英国战败，此后英国利用廓尔喀宫廷内部矛盾，扶植亲英势力，廓尔喀实际已落入英国势力范围。1842 年后，廓尔喀向中国接连无故索款、索地，提出把后藏的济咙、聂拉木等地三年归廓尔喀管理，十年归中国管理等无理要求，都被清政府严词驳斥。1855 年春，廓尔喀以中国边境地方官员多收税米、阻挡商民为借口，派兵侵入，占据了后藏的济咙、聂拉木、宗喀等地。清政府派驻藏大臣赫特贺到边地谋求和解不成，即命西藏地方军队反攻，又从四川调兵增援，一度夺回聂拉木。1856 年 2 月，战争停止，中国方面在赫特贺主持下，由西藏地方政府与廓尔喀签订和约，主要内容有：免征廓尔喀商人各项捐税，许廓尔喀派高级官员一人驻拉萨等。英国在这个条约中获得了实际的利益，因为豁免从廓尔喀到中国西藏地方的货物进口税，给英国商品输入西藏地方大开方便之门。和约签订后，廓尔喀军队全部撤走。

法国在第一次鸦片战争以后，一再企图通过传教活动向西藏地方伸张势力。1846 年，法国传教士从青海潜入拉萨，被藏族人民发现驱逐。1861 年，在法国的支持下，罗马教皇派主教率领大批传教士，企图根据《天津条约》准许内地自由传教的条款，公开进入拉萨传教，遭到了西藏僧俗官员和人民群众的激烈反对，法国的侵略势力受到遏阻。

正当英、法两国对西藏地方加紧侵略活动的时候，西藏内部农奴主间争夺权利的斗争也越来越激烈。西藏地方政权由达赖喇嘛执掌，但从达赖九世直到达赖十二世都在亲政前后死去或被谋害，政权实际落在摄政的手中。农奴主间争夺权利的斗争主要表现为争夺充当摄政。

1844 年，爆发了驱逐摄政策满林呼图克图（呼图克图即活佛）事件。策满林呼图克图从 1819 年起，在达赖十世、十一世时，一直把持政权。达赖十世死后，群众都怀疑他是被策满林呼图克图害死的。1844 年又有策满林呼图克图谋害达赖十一世未遂的传闻，加以他平时专横跋扈，排除异己，贪污勒索，强夺庄园，引起了广大群众的愤怒，许多农奴主也趁势起来攻击。后来由班禅七世领衔，前、后藏上层喇嘛与贵族联名向清政府控告。清政府褫革了策满林呼图克图所有职衔、名号，抄没了他的财产。1846 年，任热振呼图克图为摄政。

1862 年又爆发已退职的噶伦汪曲结布与热振争夺摄政职位的武装冲突。汪曲结布为哲蚌寺与噶勒丹寺两派势力所拥护，而热振则属于色拉寺一派。1862 年哲蚌寺堪布克扣布施，引起僧众不满，热振已将其革退，但哲蚌寺喇嘛仍借口众心不服，纠众到摄政府吵闹。不久，他们又联合噶勒丹寺喇嘛打开布达拉宫的武器库，取出火炮向摄政府轰击。热振率众回击，失败后逃出拉萨，前往北京控诉。汪曲结布夺得了西藏地方政府的实权。清政府承认既成事实，革去热振呼图克图的职衔、名号，任命汪曲结布代理摄政。清朝中央政府在处理西藏地方农奴主间争权夺利的事件中，采取了将就了事，敷衍苟安的态度，暴露了它在西藏地方的统治力量已经削弱。

新疆、东北的农业开发

中国是一个疆域辽阔的国家，各地区的经济发展很不平衡，当内地各省农业经济已经高度发展时，新疆、东北地区还停留在较低的水平。长期以来，清朝统治者对汉族人民前往少数民族聚居的新疆和东北，限制极严。鸦片战争以前违反禁令进入新疆、东北的汉族人民虽然陆续不断，但在清政府的限制下，这些地区得不到内地人力物力充分支援，大量荒地未能开垦，农业经济难以迅速发展。

十九世纪四五十年代，新疆、东北的状况，开始发生变化。首先，大量农业人口由内地向新疆、东北迁徙。鸦片战争以后，内地农村经济的破产日益严重，再加连年战争，天灾频仍，千百万破产农民流亡载道。这些破产农民中的大部分卷入了反抗斗争的行列，也有不少人突破了清政府的限制，纷纷前往新疆、东北开荒谋生。据清政府的统计，四五十年代，新疆、东北的人口都有增加。新疆的巴里坤、乌鲁木齐地区 1850 年比 1840 年增加了四万余人。奉天境内 1860 年比 1840 年增加六十余万人。其次，清政府的财政日益困难，不得不放松对移民的限制，希望以“开荒济用”来就地解决一部分兵饷。第三，新疆地处边陲，又是民族杂居地区，清政府的统治力量已经开始削弱，反清起事时有发生，而南疆封建主张格尔的后人，留居浩罕，复与外国势力勾结，屡次潜回煽动叛乱。清政府就想以移民开垦来加强对新疆的控制。东北与俄国接壤，清政府对黑龙江、吉林也决定用招民开垦的办法来充实边防力量。这些都促进了新疆、东北地区农业的发展。

清政府特别对新疆的农业开发采取了许多积极措施。四十年代中，道光一再指示新疆地方官员招民开荒，强调在新疆“以开垦为第一要务”；对督办出力和捐资集事的在职官员破格提升。甘肃、陕西、山西、四川等省地方官也印发路票，鼓励农民前往新疆领地耕种。清朝统治者又注意利用当地的劳动力：宣布换防兵丁凡愿携带家属领地垦种的，都准许留居下来；调拨伊犁、乌鲁木齐的一部分流犯挈眷赴南疆开垦；将各地可垦荒地发给当地无业之民耕种，等等。在新疆垦地安户时，每户领地三十或五十亩。清政府又特别减轻到南疆垦荒农民的负担。新疆旧例，民田每亩岁征银五分或细粮八升，伊犁“回屯”不计亩，每户征粮十六石。新垦地亩征粮，北疆多按旧例，南疆叶尔羌、喀什噶尔等地则一律减为每亩五升。

大批农民到新疆和东北从事开垦，在与当地各族人民共同努力下，耕地面积大量增加，农业开发取得了很大的成绩。根据清政府不完全统计数字，四十年代中，新疆乌鲁木齐、伊犁、喀什噶尔及叶尔羌等南北各地，开垦田地共达一百二十余万亩。东北方面，据黑龙江将军呈报，自 1861 年 3 月正式办理放荒，经过十四个月后，呼兰一带已放出十四万余垧。到 1868 年，黑龙江、吉林总计放出荒地六十余万垧，约合七百多万亩，部分土地已经垦种。新疆和东北北部荒地很多，新开垦的田地，只占其中很小一部分，大片土地依然还没有开发，但这终究是一个新变化。

随着荒地的开发，生产技术也有所提高。原来东北北部从事耕作的人不多；新疆农业生产技术也很落后，播种后任其杂草丛生。内地大批农民移来以后，比较先进的生产技术，便在这些地区传播，对当地农业的发展起着很大的推动作用。林则徐到新疆后，大力提倡兴建水利，到各地勘察水源，筹划筑坝开渠。由于林则徐的倡导，伊拉里克等地巨大水利工程相继修成，“坎儿井”的灌溉方法，由内地传入吐鲁番，因地制宜，收效很大。林则徐又把内地人民制作的纺车和织布技术传入吐鲁番，促进了当地纺织手工业的发展。

新疆、东北农业开发开始获得成效时，清朝封建统治阶级对开垦荒地农民的剥削日渐加重，这些地区的农业开发因此受到很大的限制。

第六节　十九世纪中叶的文化和思想

思想和学术

十九世纪中叶，思想和学术方面开始发生两种变化。一种变化是由于封建社会所出现的危机，引起一部分知识分子从脱离实际和崇尚空疏的学风，转向注意研究现实问题；另一种变化是在鸦片战争的刺激下，人们开始注意外国，寻求有关资本主义世界的知识。

康熙至嘉庆期间，清朝的封建文化出现了颇为繁荣的景象，很多重要的思想家、科学家、经学家、史学家和文学家，都在自己的研究领域内，取得了相当高的成就。整理和研究儒家经典的汉学得到特别突出的发展，相继出现了惠栋、戴震、段玉裁、王念孙、王引之等有名的大学者。他们利用自己在文字、音韵等学科方面的成就，对儒家经典和诸子史籍进行了注疏、辨伪、校勘、辑佚等工作，作出不少成绩。这派人埋头于旧纸堆中，不问世事，在学术界形成了一种脱离实际的风气。阐发儒家经典义理的宋学，在清朝没有什么发展，但宋学家在政治上特别得到清朝统治者的优宠。清朝还继承明代的八股取士制度，以朱熹对四书的注释为命题立意的依据，宋学成了一般知识分子猎取功名的工具。宋学家空谈义理，不切实际，使知识分子养成了一种崇尚空疏的气习。

第一次鸦片战争以前，清朝封建统治的危机已经显露，为了克服危机，寻找出路，人们比较多地注意了经世致用之学。许多人对漕运、盐政、河工、吏治和银贵钱贱等问题进行了探讨。从鸦片战争开始，地主阶级中一部分开明知识分子，议论时事，指摘朝政，要求抵抗侵略，反对妥协投降。他们批评清政府的腐朽无能，要求了解西方国家的情况，学习西方国家的某些进步技术，以达到强国御侮的目的。在当时的中国，这是一种进步的思潮。表现在思想和学术方面，这两种变化的主要代表者有龚自珍、包世臣、林则徐、魏源、姚莹等人。

龚自珍（1792—1841），浙江仁和人，出身封建官僚家庭。曾任礼部主事等职，晚年在江苏丹阳书院讲学。他的著作后人汇集为《龚自珍全集》。龚自珍对鸦片战争以前严重的贫富不均现象以及地主阶级和农民的对立，都作过比较深刻的揭露，反映了中国封建社会经济危机和阶级矛盾的日趋严重。他提出过移民实边的建议。在反对外国侵略的斗争中，他曾有过抵抗侵略的主张。

包世臣（1775—1855），安徽泾县人，早年家境贫寒，后来长期做幕僚，著有《安吴四种》等书。包世臣对河工、漕运、盐政、货币、法律等问题都作过不少研究，对清政府的腐败统治屡有抨击。鸦片战争中，他主张坚决抵抗，反对妥协投降，认为三元里人民抗英斗争是义民的“奇功”，主张选用三元里义民充水师弁勇以抵抗英国侵略。他对外国资本主义经济侵略的危害有一定了解，希望清政府采取措施，以图补救。

地主阶级中，对外抵抗派首领林则徐是向西方学习进步技术的开风气者。在对待外国侵略的问题上，他和地主阶级当权派始而盲目虚骄，终于屈辱投降的态度不同。他主张严禁鸦片而不反对正当的中外贸易，要求抵抗侵略但不排斥学习敌人的长处。林则徐曾在广州设立译馆，翻译外国书籍、报纸，了解外国的情况。当时所译《华事夷言》和《四洲志》，引起很多人的注意。

魏源（1794—1857），湖南邵阳人，生于没落地主家庭。第一次鸦片战争时，在裕谦幕府，帮助裕谦抵抗英国侵略者。他著有《圣武记》《海国图志》《古微堂内外集》等。魏源在鸦片战争失败的刺激下，对清朝衰弱和外国强盛的原因作了较多的探索，提出许多强国御侮的办法，中心思想是“师夷之长技以制夷”。为了“制夷”，首先应“洞悉夷情”。魏源批评当权派闭塞无知和拒绝吸取敌人长处的顽固守旧态度，认为在对外战争中，只有对敌人保守自己的机密，没有怕了解敌情的。“制夷”的具体办法是：效法西方，自己设厂制造轮船和枪炮，在这个基础上，进而创办中国的民用工业；学习西方选兵、练兵和养兵的经验，改造军队；变通取士制度，增设水师科，凡能制造战舰、轮船和枪炮、水雷等新式武器的，都作为科甲出身，有熟练驾驶和射击技能的，作为行伍出身。他斥责那些把外国的一切机械制造都说成是“奇技淫巧”而加以排斥的人是不明白“因其所长而用之，即因其所长而制之”的道理。为了使国家强盛，他还要求革除虚伪欺饰、畏难苟安等“人心之积患”。

姚莹（1785—1853），安徽桐城人。第一次鸦片战争时任台湾道，屡次击败英国进犯。《江宁条约》订立后，被诬为“冒功欺罔”，贬官四川，咸丰时署湖南按察使。他的著作，同治年间汇刻为《中复堂全集》。姚莹在鸦片战争前就开始搜购外国书籍。鸦片战争后，他很注意寻求抵抗外国侵略的办法，认为要雪中国之耻，首先需要知道敌人的虚实。因此，他曾对英、法、俄等国的情况，印度、尼泊尔入藏的交通要道，以及喇嘛教、天主教等问题进行了探讨，并希望加强沿海和边疆地区的防务。

十九世纪中叶，中国在学术方面也显出变化。鸦片战争前后，脱离实际的治学态度逐渐有所改变，有些人对正统汉学提出批评。龚自珍认为：考据训诂，只是治学的一个阶梯，不能把它当作治学的终极目的。魏源批评正统汉学使中国人的聪明智慧都用到无用的地方。这一期间，历史学和地理学也开始摆脱乾嘉时代所盛行的繁琐考证的影响。外国历史、地理的研究逐渐为人们所注意。《四洲志》《海国图志》和《瀛寰志略》（徐继畬编）等书，都是较早的叙述外国历史、地理的书籍。鸦片战争的失败，激发了许多学者来记述这次战争的经过，以唤醒人们抵抗外国侵略的意志。《夷氛闻记》（梁廷枏著）、《中西纪事》（夏燮著）等书都属于这一类。魏源著《圣武记》，叙述清朝历史上的所谓“武功”，推求昔盛今衰之理，并筹划防御外国的办法。此外，这一时期对于边疆问题的研究也形成一种新风气。张穆著《蒙古游牧记》，探讨蒙古的界域和前代在这一地区的设施。姚莹著《康辅纪行》，对西藏地区作了较多的考察，注意英国侵略者对西藏的觊觎。何秋涛所著《朔方备乘》，研究了蒙古、新疆和东北地区的历史、地理，并注意了中俄关系问题。

自然科学方面，鸦片战争前后，也出现了一些新的研究成果。郑复光研究光学、算学，著《镜镜诊痴》，说明制造显微镜、取影镜、望远镜的原理和方法；邹伯奇也曾根据自己的研究创造了摄影器。这时，人们还逐渐注意介绍和学习西方自然科学的成就。有名的算学家李善兰，在咸丰、同治年间，与外国人合作，翻译了一些关于代数、几何、微分、积分等数学和物理学、天文学方面的书籍。1862年著名的数学家华蘅芳和中国近代化学的启蒙者徐寿根据外国的文献资料，制造出中国第一部蒸汽机，第二年又造成木壳轮船一艘。

中国这时的学术和思想，同西方各国相比，整整落后了一个社会发展阶段。代表西方资本主义学术思想高度发展成就的德国古典哲学、英国古典政治经济学和法国空想社会主义学说，这时已经成了过时的东西。世界无产阶级的革命导师马克思和恩格斯已经创立了人类最先进的科学——马克思主义。在鸦片战争和太平天国革命时期，马克思和恩格斯站在被侵略被压迫的中国人民方面，对资本主义侵略者作了尖锐的揭露和批评，热烈地歌颂了中国人民的革命斗争，并写下了有关中国社会、历史的经典论著。但在落后的东方，这时还没有接受这种科学理论的社会基础。资本主义对于封建的中国来说，还是先进的。由于民族危机和社会危机的严重威胁，人们开始学习西方资本主义文化，在当时的情况下，还是有积极意义的。

文　学

鸦片战争前后，桐城派古文还很流行。桐城派讲究古文义法，注重典雅，提倡以文学宣扬维护地主阶级利益的纲常伦理。龚自珍当时写的散文和诗歌，与桐城派不同，具有自己的特色。他对清朝的腐朽统治有所揭露，要求摆脱旧的束缚，主张诗歌要平易近人，但在创作实践中并没有做到。

两次鸦片战争中，中国人民进行了反抗外国侵略的英勇斗争，出现了无数保家卫国、奋勇杀敌的事迹。这些激动人心的英雄事迹，在当时的文学中得到了反映。

这类文学作品热情歌颂人民的反侵略斗争，严厉指责英国的侵略暴行和清朝统治者的对外妥协投降。张维屏《三元里》诗描述了群众斗争的雄伟声势，嘲笑了外国侵略者在英勇的中国人民面前那种胆小怕死的丑态。魏源《寰海十章》等诗斥责开门揖盗的卖国者。有许多诗歌和散文，热烈歌颂关天培、陈化成等英勇抗敌、为国捐躯的将士。人们还写了不少纪事诗。贝青乔的《咄咄吟》，根据所见所闻，纪述奕经入浙的情况，真实地描写了战争的经过，揭露清政府在对外战争中的腐朽无能。有的作者以揭露侵略者的血腥罪行，来激励人们的斗志。在这方面，民间揭帖以通俗朴素的语言，愤怒地痛斥侵略者，鼓舞人们起来反抗，富有战斗性和鼓动性。

十九世纪中叶大量反侵略文学作品的出现，反映了中华民族在遭受外国资本主义奴役一开始时，立即表现出来的决不屈服的反抗意志，这种文学作品又反过来推动了中国人民进行不屈不挠、再接再厉的英勇斗争。

太平天国的革命文化

太平天国在进行反封建的军事、政治、经济斗争的同时，对几千年来以儒家思想为中心的封建文化也进行了冲击。

太平天国对于革命队伍中的成员和在它统治地区的广大群众，都经常讲述拜上帝会教义。拜上帝会与西方资本主义国家在中国传播的基督教根本不同。外国传教士用在“上帝”面前一切人都是平等的谎话来掩盖实际生活中的压迫和被压迫、剥削与被剥削的关系，在精神上奴役中国人民、麻痹人民的反抗意志。太平天国的拜上帝会则是鼓舞被压迫被剥削的人民起来进行斗争。太平天国用来进行宗教教育的一部最重要的经典叫作《天条书》，这本书的序言说：拜皇上帝是上天堂享福的大道，而中国“近一二千年则差入鬼路，致被阎罗妖所捉，故今皇上帝哀怜世人，大伸能手，救世人脱魔鬼之手，挽世人回头，复行转当初这条大路”。要人们走上帝的道路，实际上就是走太平天国的革命道路。

太平天国在起义后不久，就开始出版宣传革命的书籍。1853 年建都天京以后，设立镌刻营和刷书衙，大量出版书籍。太平天国的出版物，种类很多，现存的有四十多种。其中记载着拜上帝会教义、革命历史、典章制度、军队的组织和纪律等等。太平天国的若干出版物，在 1853 年以后的版本较初印本有许多重要修改，从这些修改中可以看出太平天国对待封建文化的态度。在修改前的版本中，还保存有浓厚的儒家思想，引述了不少儒家经典。改正本把这些全都删去，偶而有保存下来的，也都改称“古语云”。太平天国还设立删书衙，准备把儒家经典四书五经大加删改，“将其中一切鬼话、妖怪话、妖语、邪语一概删除净尽，只留真话、正话”。这种删改儒家经典的做法，表明太平天国企图根据拜上帝会教义对传统的封建文化进行改造。

太平天国的文学具有自己的特点。它所颁行的《钦定士阶条例》中说："文艺虽微，实关品学，一字一句之末，要必绝乎邪说淫词，而确切于天教真理，以阐发乎新天新地之大观。"这一段话明确规定文学的任务是要为拜上帝会，要为太平天国革命斗争服务。太平天国提倡"文以纪实""朴实明晓"的文风，反对脱离群众、故作深奥的古典文体。民歌型的诗歌在太平天国最为流行，太平天国的许多重要典籍都用诗歌写成，或者其中夹杂了不少诗歌。太平天国的文学有强烈的反封建的革命内容，又广泛采用民间文学的形式，具有劳动人民的本色。

太平天国在金田起义后不久，就废弃旧历，创制新历。太平天国实施的新历叫作"天历"。天历基本上采用阳历，定每年为三百六十六天，一年十二月，单月三十一日，双月三十日。太平天国颁布的历书把旧历书上那些宣传吉凶宜忌、祸福休咎等不合拜上帝会思想的部分全行删去。从1859年开始，又把当年的气候变化、植物生长情况记录下来，附在下一年的历书里，供农民耕作时参考。历书上还记载有各种有关农业的生产知识。

太平天国对传统封建文化所进行的冲击，显示了农民在文化领域中所表现的革命性。但是，太平天国革命运动既然由于没有先进阶级的领导，单靠农民自己的力量，不可能实现任何代替封建制度的新的社会制度，在文化方面自然也不能彻底击溃封建文化。太平天国革命领袖洪秀全向西方寻找真理时，受着阶级的和时代的限制，只能从基督教的原始教义中找到反对传统封建文化的思想武器。这个武器虽然在冲击封建文化方面起了一定的作用，但是它有浓厚的宗教色彩。与西方资本主义有较多接触的洪仁玕，曾经模糊地提出学习某些西方资本主义文化的要求，不过在革命斗争中并没有产生什么实际效果。随着整个革命形势的停滞和衰落，太平天国文化中的宗教迷信越来越严重，而这又正是农民革命的局限性在文化领域中的反映。

第二章　半殖民地半封建制度的形成。中国人民为反对列强的统治和瓜分中国而斗争

（1864—1901 年）

第一节　中外统治者的“和好”局面。群众展开新的反对外国侵略的斗争

太平天国余部和捻军。群众斗争平息地区的农村

太平天国的失败使各地的农民战争失去了重心，全国革命形势趋向低落。南方的太平天国余部，北方的捻军，以及西南、西北的少数民族反清斗争，还继续坚持了一些时候。但是它们的政治号召力和组织力量都不及太平天国，相继遭到了失败。

天京陷落后，在长江以南由侍王李世贤率领的一部分太平军，由江西转战进入福建，1864 年 10 月攻克漳州、汀州等地。他们准备夺取泉州、福州海口，再谋发展。英法侵略者协助清军严密封锁海口，围攻漳州。1865 年，漳州失守，太平军大部败散，李世贤也被部将杀害。汀州的一部分太平军转入广东，攻占嘉应州。第二年，嘉应州又失陷，太平天国在南方的余部全被消灭。

捻军首领张洛行于 1863 年殉难，余部由任化邦、张宗禹等率领，继续在黄河、淮河之间与清军顽强战斗。1864 年，以遵王赖文光为首的太平天国北方余部与捻军合作，赖文光被推为统帅，将部队重新整编，实力大增。1865 年，捻军诱敌穷追，在山东曹州设伏，歼灭清军精锐僧格林沁所部马队，杀死僧格林沁，声威大振。清政府先后任命曾国藩、李鸿章为统帅，率湘、淮军作战。捻军以大规模的运动战连续痛击湘、淮军，使他们在黄河、淮河之

间疲于奔命。但捻军在政治上提不出新的号召，使自己陷于单纯的军事活动；又没有建立比较巩固的根据地，在一个地区内长期流动作战，军队的给养逐渐发生困难。清政府则利用镇压太平天国革命的经验，继续得到外国侵略者的援助，集中主要力量对付捻军。1866 年，赖文光感到在革命形势低落的情况下，有"独立难持，孤立难久"的危险，将捻军分为东西两支。西捻军由张宗禹等率领，自河南进入陕西，希望联结回民反清势力，曾在渭河一带连破陕西巡抚刘蓉所部湘军和左宗棠的援军。东捻军由赖文光、任化邦等率领，继续转战于河南、山东、安徽、湖北一带，数次击灭淮军精锐部队。1867 年，东捻军在山东登莱地区被清军包围。1868 年，东捻军失败，赖文光等先后死难。西捻军驰来救援，被围困于山东境内黄河、运河、徒骇河之间，全军覆没。历时十六年的捻军起义，至此全部失败。

在农民革命失败的地区，重新恢复了地主阶级的统治。逃亡地主纷纷回乡认领土地。一批在镇压农民革命的战争中抢到大量钱财的清朝军官和官僚，在各地大肆购买土地，成为新起的大地主。大部分土地仍旧集中在地主阶级手中。一部分遭受农民革命打击较重的旧的地主，逐渐没落下去。同时由于反革命的血腥屠杀和残酷破坏，造成人口大量减少和土地荒芜。清政府为维持漕粮租赋，不得不招民认垦，准其永以为业。江、浙的某些地区内，从前集中在地主手里的土地，曾有一定程度的分散，自耕农的数目有所增加。

地主阶级统治的恢复和外国资本主义侵略势力的逐渐扩大，使广大农民和手工业者重新回到了黑暗痛苦的深渊。封建剥削也加重了。清政府为了弥补财政亏空，加重厘捐、盐课和其他杂税的征收，这些负担最后也都落到农民身上。农民群众在长期革命战争中遭受中外反动势力残酷镇压以后，暂时还没有力量重新发动大规模的斗争，而随着外国侵略势力的伸展，农村中反对这种新的奴役的斗争，正在逐步兴起。

清政府与外国侵略者暂时"和好"的局面

中国封建统治者与外国侵略势力在共同镇压太平天国的基础上建立的合作关系，在太平天国失败以后，有了进一步的发展。六十年代，清政府与外国侵略者之间，出现了一个暂时的所谓"和好"的局面。

清政府的统治力量，在经过长期的农民战争后，已经大为削弱。地主阶级为了维持封建统治，需要更多地依靠外国势力。从中央当权的奕䜣到地方实力派曾国藩、李鸿章等人，都主张与外国侵略者继续保持“和好”。总理衙门的实际主持者文祥，在他当政的十几年中，对外国侵略者“一以忠信事之”。这些人在对外交涉中，认为除了那些“窒碍最甚”的要求外，其他都可以接受。1870 年曾国藩曾把清朝当时的对外政策和前一个时期作了对比。他说：道光、咸丰两朝“办理夷务，失在朝和夕战，无一定之至计”，而同治以后，由于“守定和议，绝无改更，用能中外相安，十年无事”。曾国藩认为清政府今后对外国侵略者必须继续“坚持一心，曲全邻好”。曾国藩的意见具有很大的代表性。他们把保持中外“和好”看作关系清政府命运的头等重要的大事。

外国侵略者这时也需要暂时保持“和好”。他们根据对中国多年侵略的经验，知道中国人民是不会屈服的，而清政府却很容易被他们吓倒。为了奴役和榨取中国人民，维持这样一个政府对他们是必要的。当时天津、北京条约订立不久，他们从中国夺取到的一系列特权，需要有一段时间才能充分付诸实现。他们正可以在“中外和好”的局面下，按照外国资本主义侵略中国的需要，逐步改造清政府，把它纳入半殖民地的轨道中去。

外国侵略者利用他们把持下的海关，逐步加强对清政府的控制。六十年代，在各国驻华公使支持下，海关总税务司英国人赫德制订了一套由外国侵略者支配的海关制度，在各通商口岸推行。总税务司掌握海关的一切行政、用人等大权，各口岸税务司只对总税务司负责。海关税务司以下的高级职员也全由外国人担任，中国人只能充当一般职员。由于清政府的财政越来越依靠海关收入，赫德越来越为清政府所倚重。总税务司和各口税务司得到了远超过海关范围的职权，成了各侵略国，特别是英国在华利益的代理人。各国对清政府的要求，往往由赫德以总税务司的身份，用“建议”或“劝告”的方式来活动。有时他们也通过各口税务司，用同样方式向地方督抚进行要胁和勒索。

外国侵略者竭力从各方面来扩大他们对清政府的影响。外国公使进驻北京以后，他们力劝清政府派遣公使到各国去，要求清朝皇帝按照西方的礼仪接见他们。经过长期踌躇，清政府终于答应了他们的要求。1866 年，清政府派员随同赫德去英国考察。两年后，又正式委派以刚卸任的美国驻华公使蒲安臣为首，有英国在华官员、海关法籍职员各一人参加的“外交代表团”，去美、英、法、德、俄等国访问。1873年，英、美等六国的外交使节觐见了同治皇帝。这些情况说明清政府正在逐步地使自己能够适应外国侵略者在中国所建立的半殖民地的统治秩序。

六十年代清政府与许多西方国家相继建立了外交、商务关系。普鲁士、丹麦、荷兰、西班牙、比利时、意大利和奥匈帝国先后与中国订立了不平等条约。清政府最初不同意它们派代表到北京订约，其中有些代表是作为英、法公使的客人，被他们邀到北京以后，由于他们的劝说，清政府才同意与这些国家订约的。这样，一切大的小的、新的老的西方资本主义国家都来参与对中国的掠夺。和英、法、美、俄等国家一样，清政府也承认它们享受领事裁判权和片面的最惠国待遇。

"中外和好"的局面，并没有使中国地主阶级对外国侵略势力的疑惧完全消除。随着外国侵略者日益企图夺取新的更多的权利，这种疑惧又渐渐增长起来。从六十年代末起，外国侵略者要求修改条约，向清政府进行了新的勒索。1869年，中英之间重订了条约，但并没有满足侵略者的欲望，英国政府不予批准。它们正在寻找新的借口来进行更大的讹诈。同时，西方资本主义强国已经开始在世界范围内争夺殖民地，中国的边疆地区日益成为它们觊觎的对象。它们逐渐抛弃了"和平"的侵略方式，越来越多地采用战争恐吓，或者两者交互使用，双管齐下地进行对中国的侵略。"中外和好"的局面跟着民族矛盾的上升已经无法维持了。

洋务活动，近代军事工业的建立

六十年代起，地主阶级中一部分人为了镇压太平天国革命，采用了西方资本主义的一些技术，开始制造枪炮、船舰，训练新式军队等洋务活动。太平天国失败后，他们把这种活动作为地主阶级在外国侵略和国内农民革命打击下，进行自救的主要途径，以"求强求富"自相标榜。

地主阶级当权派中最早带有买办倾向的一部分官僚是洋务活动的主持者。代表人物在清朝中央政府有奕䜣，在地方则是以曾国藩、左宗棠、李鸿章为首的地主阶级中的新势力。奕䜣在那拉氏执政后，长时间掌握着清朝中央政府的实权。曾国藩等人在镇压太平天国革命后，被地主阶级吹捧为"中兴名将"，在清政府中的地位蒸蒸日上。他们各自拥有以洋枪、洋炮武装起来的湘、淮军，继续成为清政府镇压各种反抗斗争的主力。他们盘踞直隶、两江等重要省份的总督的职位，成为地方实力派。奕䜣和曾国藩等人逐渐认识到要保持封建主义的统治，必须向西方资本主义学习一些本领。同时，他们在与外国侵略者的交往中，又认识到这些本领是可以学习的，并且还可以得到侵略者的帮助。他们开始要求在旧的封建统治的基础上，增加一些资本主义的皮毛，来稳定封建主义的统治地位。洋务事业正是在地主阶级中的这一部分人的倡导和主持下发展起来的。这一派人被称为洋务派，以区别于地主阶级中与外国资本主义联系较少，盲目排外的守旧派。

从六十年代开始的洋务活动，其主要内容是训练军队，筹设海防，建立新式的海陆军。自 1862 年起，清政府为了镇压各地的人民起义和反抗斗争，先后在天津、上海、广州、福州、武昌等地聘用外国军官、购买枪炮、训练洋枪队。上海、广州等地还先后购置了一些船舰。洋务派开始在各地创办军事工业，制造一部分枪炮和船舰。为了培养洋务人才，北京、上海和广州等地设立了同文馆或西学馆，并开始派遣留学生出国学习。军事工业建立以后，需要的原材料和燃料日渐增多，运输也日益繁忙，于是又在官办和官督商办的名义下，建立了一些民用工矿业和轮船运输业。

在洋务活动中，用力最多的是建立军事工业。早在镇压太平天国的战争中，1861 年曾国藩即在安庆设立军械所。1862 年李鸿章在上海设立洋炮局，第二年再在苏州设洋炮局。左宗棠也曾在杭州试制枪炮和轮船。太平天国失败后，军事工业建立的规模还在继续扩大。1865 年，李鸿章将上海洋炮局大事扩充，成立江南制造总局，制造枪炮和轮船。这是洋务派创办的最大的军械制造厂。同年，李鸿章又将苏州的洋炮局迁移到南京，扩建成为金陵机器局。1866 年，左宗棠在福州创设福建船政局，专门制造轮船，是当时最大的船舶制造厂。1867 年，天津设立机器局，1870 年以后由李鸿章接办加以扩充，规模仅次于江南制造局。七十年代以后，各地设立军火工厂，蔚为风气。西安、兰州、昆明、福州、广州、济南、成都、长沙、吉林、杭州、北京等地相继建成了十余个中小型局厂，制造枪炮、弹药。

洋务派创办的军事工业，完全采用官办的方式。各局、厂的创办费和常年经费都由官款拨充。制造出来的枪炮、弹药和轮船，大部分直接拨发各军和沿海各省，小部分由各省以协饷等名义调换。在局厂内部，由清政府委派官员充当总办。每个局厂等于一个衙门，有许多大小官吏。经营管理上完全是一套腐朽的官僚制度，贪污的现象非常严重。许多工人是由士兵派充的，在局厂内部仍然沿用着军队中的管理制度，工人没有任何自由，处处受官吏的压迫。这种军事工业完全是封建的官办工业。

洋务活动得到地主阶级中一部分知识分子的支持。这部分知识分子具有爱国思想，又初步接触了一些关于资本主义的知识，要求在封建统治制度的基础上实行一些新的设施，希望以此达到地主阶级国家的独立富强。这些人在政治上没有实际力量，但在社会上有一定声望。他们把希望寄托在洋务派身上。有些人还做了洋务派大官僚的幕僚，经办过一些洋务事业。

洋务派兴办洋务事业的办法是“借材异域”，依赖外国。他们训练军队，主要是聘用外国军官，仿行外国操法，使用洋枪、洋炮。建设军事工业，从机器购置、安装、运转，直到生产制造，完全依靠外国工程师。这种办法使洋务事业始终不能摆脱外国人的控制，从而加强了洋务派与外国侵略者之间的联系。地主阶级中的这一派既然把本阶级的自救寄托在依靠外国人的基础上，就只能使自己越来越买办化。

洋务派大官僚在进行洋务活动中分别结成几个集团，把他们举办的洋务事业，看作是本集团的私产。李鸿章以他自己为中心，形成一个淮系集团。他所训练的淮军，除了本集团以外，别人不能指挥。李鸿章调离两江总督以后，历任湖广总督和直隶总督，但江南制造局却始终由他把持，金陵机器局也必须每年将一部分枪炮弹药拨归淮军。湘系分别以曾国藩、左宗棠为中心，各自控制一部分军队，形成两个集团。曾国藩较早死去，兴办的洋务事业也较少。左宗棠在闽浙总督任内设立的福建船政局，在他调任陕甘总督后，继续控制在他手中。由于湘系兴办的洋务事业不如淮系多，实力也就不及淮系。洋务活动实际上成了这些洋务派大官僚扩大本集团势力的手段。

各地的“教案”，群众展开新的反对外国侵略的斗争

《天津条约》和《北京条约》签订以后，外国传教士深入内地，到处设立教堂，为非作歹，使人民群众直接受到奴役和迫害。中国人民反对外国侵略的斗争逐渐以反对外国教会的形式广泛展开。

早在第一次鸦片战争前后，外国传教士在中国披着宗教外衣，进行侵略活动，已经引起一部分人士的揭发和反对。第二次鸦片战争以后，外国教会

和传教士利用《天津条约》和《北京条约》关于准许入内地自由传教的规定，更加猖獗，到处肆虐。

外国教会和传教士在中国的罪行是罄竹难书的。他们首先借口中法《北京条约》规定发还过去被没收的天主教堂，在各地强指会馆、庙宇、官衙和民宅为当年教堂，逼令归还。同时，他们又利用《北京条约》中文约本上有“在各省置买田产建造自便”的条文，到处强占土地，硬立田契。1860 年起，江苏、江西、湖北、四川、直隶、山东、山西、陕西、河南、奉天、广东等省都发生了所谓“还堂案”和霸占田产案。英国教士在福州圈占公地，美国教士在登州强租民产，法国教士在呼兰强买土地，横蛮逞凶，枪杀原主。

各国驻中国公使竭力支持外国传教士的为非作恶、到处破坏中国主权的活动。外国公使在北京要求撤换维护教会不力的封疆大吏，有些传教士自己捏造官阶头衔，与各省督抚抗衡。在山东，外国传教士自称巡抚，要中国地方官吏听从他的指示。贵州的法国教士要求撤换不顺从教会意志的中国官吏，甚至擅自出示“谕令”，自居督抚之上。各地教堂经常包揽词讼，破坏中国司法权。外国传教士以条约为护符，深入中国内地，搜集各种情报。凡有关当地的政治、军事、经济、历史、地理以及人情风俗等资料，他们都多方进行搜集，报告本国。外国教会实际上成为侵略者的谍报机关。

外国教会在中国设立的教堂，吸收了大批地痞、流氓、恶霸入教。这些败类在教会的包庇下，鱼肉乡民，残杀良善，奸淫妇女，强索财物，无恶不作。

外国教会和外国传教士在中国的城市和乡村做尽了坏事，不但贫苦人民受其压迫奴役，引起广大群众的极度愤怒，许多地主富绅也因田产房宅被教会霸占，愤懑不平。一些地方官吏和士绅的统治地位也因外国教会和教士到处干涉地方行政、包揽词讼等，受到严重损害。外国教会诋毁儒家学说，又引起一部分知识分子的怨愤。中国各阶层人民和部分中央、地方官吏和士绅，群思驱逐外国教会侵略势力。一些地主阶级所组织的团、局等，这时在反教会斗争中起着组织作用。从六十年代开始，中国人民广泛发动了反对外国教会和外国传教士的斗争，成为整个反侵略斗争的一个重要组成部分。

1861—1862 年，贵州掀起了一次影响很大的反对法国教会的斗争。贵州绅民与官吏合作，捣毁教堂，逮捕教士、教民多人，处以死刑。这次斗争声势很大，震动全国。参加者除了广大下层群众以外，还包括巡抚、提督等地方大吏和士绅。法国公使向清政府大施压力，要求将提督等官员处死。清政府既慑于群众声势，“虑激事端”，又觉得以封疆大吏为洋教士抵命，有伤国体。它一方面同意对群众进行镇压，另一方面又坚持只许赔款，不能抵命。交涉经年，直至1863年在英、法公使的战争恫吓下，清政府终于将与这次反教会斗争有关的官吏分别予以革职或发配新疆的处分。

反教会斗争很快在湖南、江西、四川等省同时发动。1862年，湖南士绅发布公檄，号召驱逐天主教士。江西官绅接到檄文，立即大量翻印，遍贴南昌城内外通衢。湖南、江西许多地区的群众纷纷拆毁教堂，焚毁教民房屋。自1864年起，四川彭水、酉阳等县相继发生群众与士绅捣毁教堂、捉拿教民勒令出教的事件。在六十年代，西起西藏，东到台湾，北达直隶，南至两广，群众反教会斗争遍及十七个省区。

面对着中国人民的普遍反抗，外国侵略者除压迫清政府屈服以外，并派军舰到处威胁、镇压。清政府害怕和局决裂，连饬地方官吏迅速结案。外国侵略者的这种武装镇压和清政府的屈从外国，更加激起群众的愤怒。1870年，终于爆发震动中外的“天津教案”，把反教会斗争推向高潮。

1870年6月，天津天主教育婴堂有婴儿三四十人死亡，群众怀疑他们是被虐杀的，又传闻教堂在各地迷拐幼孩，群集教堂责问外国传教士。法国领事丰大业蛮横无理，以手枪威胁中国官吏镇压群众，并向天津知县开枪，击伤随从。群众义愤填膺，立即将丰大业殴毙。随后，天津居民又鸣锣聚众万余人，抢出育婴堂幼儿，焚毁法、英、美等国教堂及领事馆，打死外国教士、商人和官员等二十人。

天津教案发生后，英、美、法、意等国调派军舰到天津、烟台海口，对清政府进行武力恫吓。清政府急忙派直隶总督曾国藩到天津查办。曾国藩到天津后，竭力讨好外国侵略者，任意判处二十人死罪，二十五人充军，天津知府、知县发配边疆，赔款五十余万两，并派使节到法国道歉。这种处理办法，立即引起各地群众的强烈反对，连清政府中也有不少人指责曾国藩是“强人就案”，“杀民以谢敌”。直隶、山东、江苏、江西、广东等省数月间纷纷发生反对教会的骚动和暴动。清政府改派湖广总督李鸿章为直隶总督负责处理。他和曾国藩一样，还是以屠杀人民结案。

外国侵略者的武力恐吓和清政府的横暴镇压，并没有使中国人民屈服。天津人民为了纪念死难烈士，把天津反教会斗争的故事，编成唱本，刻成版画，在群众中广泛宣传。中国人民反对外国教会和外国传教士的斗争此后仍此起彼伏地进行着。

第二节　六十至八十年代的西南、西北各民族

少数民族的反清斗争

西南、西北地区少数民族众多，社会经济发展不平衡。一般与汉族杂居地区，少数民族人民与汉族人民遭受同样的压迫和剥削；在少数民族聚居地区，不少民族内部存在着更为沉重的阶级压迫。贵州苗族内部有不少土目、通事，新疆南部维吾尔等族内部有许多王公、伯克。清政府依靠他们作为统治的爪牙。这些民族上层分子则依仗官府的势力，压迫和剥削人民群众，派差、征税往往比汉族地区更加苛酷。贵州、云南的一些汉族地主又对苗、彝等族人民进行重利盘剥，从他们手中夺取越来越多的土地。太平天国革命爆发后，西南、西北各省筹捐助饷，剥削更重。清政府长期以来实行民族歧视政策，苗族地区屯军设卡，回民犯法加等科罪，各地回汉争讼，往往“护汉抑回”。甘肃省宁夏一路，回民杀汉民抵死，汉民杀回民偿银了事。云南永昌汉族地主仇杀回民，官吏甚至先给印结，许以事后不加究问。太平天国革命的胜利发展，削弱了清朝的统治，少数民族人民纷起响应，反清起义遍及云南、贵州、陕西、甘肃、新疆等省区。太平天国失败后，少数民族人民仍然坚持着大规模的反清斗争。

贵州苗族人民在张秀眉领导下，从 1855 年起义后，一直坚持反封建反压迫的斗争。苗族起义军团结侗族、水族、布依族、回族人民，活动在贵州东部、南部大部分地区，和以汉民为主体的号军、教军，互相呼应。苗军所到之处，对苗、汉地主、豪绅，坚决予以打击。他们把清政府在苗区中心专为镇压苗民而修建的许多城堡，夷为平地；把清军以“屯垦”为名所霸占的土地都夺了回来，分给农民耕种。1859 年，太平军石达开部进入贵州，苗军、号军、教军的势力更盛。清军困守贵阳，一筹莫展。太平天国革命失败后，清政府有了较多的力量来镇压西南少数民族起义。1867 年湘军一部到贵州，他

们拥有洋枪洋炮，残酷屠杀起义人民。第二年，湘军攻占了号军根据地龙泉荆竹园和湄潭偏刀水，号军损失几尽。不久教军也失败，苗族起义军陷于孤立。1869 年，湘军进攻苗族起义军的中心台拱。起义军大破清军，取得了一次很大的胜利，但孤军作战，局面愈来愈困难。次年台拱失守，张秀眉率余众退入深山，坚持战斗。1872 年，张秀眉被俘遇害，贵州各族人民坚持了十八年的反清起义失败。

云南哀牢山区彝族起义开始于 1853 年。1856 年在弥渡建立了以李文学、王泰阶等人为首的政权。李文学是彝族雇农。王泰阶，汉人，自幼做佣工，曾参加过太平军。起义军提出了“铲尽满清赃官，杀绝汉家庄主”的口号，规定“庶民原耕庄主之田，悉归庶民所有，免租薄赋，按岁所获，课赋二成，荒不纳”。起义军势力所到之处，没收地主土地，分给农民耕种，又没收地主的盐井、铁矿，改为公营。李文学、王泰阶等执行“不别彝汉、彝汉同利”的政策，并注意团结其他少数民族，深得当地各族人民的拥戴。汉、回、苗、傈僳、傣、白、哈尼等族人民陆续加入起义队伍。彝民起义逐渐汇聚成为哀牢山区各族人民联合进行的反封建反压迫斗争。哀牢山北距大理不远，彝族起义军和大理回民起义军声势相连，互为犄角。1856 年起，他们屡次配合作战，打败清军。彝族起义军的根据地不断发展壮大，到 1868 年控制了哀牢山北段大部分地区，生产逐步发展，铁工具、武器等都能自己制造。1870 年，清军对彝族起义军疯狂进攻，王泰阶战死。1872 年，李文学率兵三千援助大理回军抵抗清军，又被擒牺牲。余部在艰苦的环境里坚持战斗，英勇不屈，1876 年，哀牢山彝民起义最后失败。

云南回民起义爆发于 1856 年。回族在云南与汉族杂居错处，散布很广。1854 年，回汉豪绅争夺楚雄石羊银矿发生械斗。清朝官吏只图取利，不断曲直，汉强则助汉，回强则助回，械斗愈演愈烈。1856 年，冲突扩大，清朝官吏诬指回民作乱，在省城昆明大批屠杀回民，激起回民剧烈的反抗。姚州、蒙化、新兴、建水、澂江、昆阳等地回民纷纷起义。不久汇合成两支，一支以马德新、马如龙为首，活动在云南东部、南部地区；一支以杜文秀为首，活动在云南西部。

东部、南部起义军的领导权从一开始就掌握在上层分子手里，他们没有领导回民坚持斗争的要求，各有自己的打算。1861 年，马如龙率众包围昆明，次年，接受清朝“招抚”，马如龙得到总兵的官职，马德新被封为“二品伯克滇南回回总掌教”，昆明实际控制在他们手中。马德新自己没有掌握多少武装，但利用他的宗教地位，能够操纵一部分回军首领。他表面上投降清政府，暗中却图谋纠合各地回军割据地方。清政府新任云贵总督潘铎不满马如龙、马德新的专横，乘马如龙率兵外出的机会，暗行调兵，企图消灭他们的势力。1863 年春，事机泄露，马德新急将云南东部马荣领导的一股回军设法调入昆明。马荣杀死潘铎，马德新自行护理总督。不久，马如龙回昆明逐走马荣，掌握更多的实权，成了清政府镇压人民的得力工具。

云南西部的回民起义军在杜文秀领导下，1856 年攻克大理，建立了政权，势力逐步扩展到云南西部大部分州县。大理政权实行了整顿吏治、严肃军纪、减轻赋税、保护贸易等一系列安定社会秩序和扶助生产的措施。杜文秀又提出“不分回汉、一体保护”的口号。大理政权的法令规定：“族分三教（汉、回及其他民族），各有根本，各行其是，既同营干事，均宜一视同仁，不准互相凌虐。”许多汉民和白、彝、傣、纳西、景颇等族人民都陆续加入反清斗争的行列。有的回民军队伍里汉民占十之七八，回民占十之二三。云南回民的反抗斗争是清政府民族歧视政策的刺激直接引起的。大理政权成分复杂，有一部分士绅和商人参加，杜文秀还任命原来的清朝官吏担任职务。1867 年，杜文秀派大军包围昆明，久攻不下。1869 年清军各路发动反攻，杜文秀军主力大部溃散，大理政权从此据守云南西部，无力进攻。

大理政权的存在和发展，引起了英、法侵略者的注意。1868 年，法国、英国侵略者各以探路为名，分别由越南和缅甸到达大理和腾越。法国侵略者在大理受到冷遇，活动没有结果，以后就专力帮助清政府，供应清军大批军火，借此取得探查红河航路的便利。英国在缅甸的殖民当局与大理政权建立联系，卖给大理军火武器，并在缅甸八莫设立政治代表处，蓄意对大理政权进行笼络。1871 年，杜文秀的部属中有人前往伦敦乞援。英国驻北京公使鉴于大理政权日趋衰微，公开支持这个政权不会得到利益，力阻英国政府与大理使者正式交涉。1872 年，清军攻陷大理，杜文秀服毒自杀。次年，清军继陷腾越等地，云南回民反清斗争最后失败。

从 1862 年起，陕西、甘肃两省的回民也先后发动了大规模的反清斗争。两省回族人民久受清政府的压迫、歧视和汉族地主的欺凌。1862 年太平军一部和四川农民起义军蓝朝柱部先后进入陕西。华州、大荔、渭南、高陵、临潼等地回民乘势纷纷起事，建立了十八大营，屡次围攻省城西安。1863 年，清军发动反攻，回民军在大荔、渭南的主要根据地先后都被清军攻破。次年，太平军从陕西回救天京，蓝朝柱部失败，陕西的反清斗争受到挫折，回民军主力大部退入甘肃。在陕西回民反清斗争的影响下，从1863年起，甘肃回民也展开大规模的反清活动，金积堡、河州、肃州形成为三个起事的中心。这些反清斗争的领导者多半是回族上层分子，有些人煽动狭隘的民族情绪，屠杀汉民，带有浓厚的封建色彩。1866年西捻军攻入陕西，与陕、甘回民军互相呼应，清政府急忙派左宗棠率领湘军入陕镇压。1868年捻军失败以后，左宗棠全力进攻回民军。1870年金积堡首先被攻破，1872年河州回军投降，次年肃州也被攻破。清军在镇压陕甘回民起义时，大量杀死回民，汉族人民反对清军的屠杀暴行。1865年，甘肃萧河城回民缴械投降，一百六十余庄汉民联合具保，清军将领不得不停止对回民的杀戮。

新疆回、维吾尔等族人民的反清起事，1864年首先在库车爆发，南北各城纷纷响应。库车、乌鲁木齐、喀什噶尔、伊犁等地反清政权林立，其中以阿訇妥明为首的乌鲁木齐政权和以金相印为首的喀什噶尔政权的势力较大。这些政权都掌握在封建主手里，他们彼此互相争斗，对人民的统治十分暴虐。金相印久攻喀什噶尔汉城不下，请求中亚细亚浩罕汗国派兵援助。1865年浩罕派阿古柏率兵侵入新疆。阿古柏当时任浩罕的陆军司令，贪婪残暴，野心很大。阿古柏到新疆后，扩张势力，1867年，号称“哲德沙尔（七城）汗国”，自立为汗。1870年占领了乌鲁木齐，天山南北路大部分地区都为他所统治。阿古柏任意夺取农民的土地，征收名目繁多的重税，又订出种种压迫和奴役人民的制度和法令。阿古柏的统治只符合南疆少数封建主的利益，而使新疆各族人民陷入痛苦的深渊。

英国积极扶持阿古柏，1870年英国代表团到喀什噶尔，给予阿古柏大批军械。当时土耳其苏丹对信仰伊斯兰教的中亚各族统治阶级具有宗教影响和政治影响。在英国的指使下，1873年土耳其苏丹封阿古柏为天山南路一带地方的“艾米尔”，意思是统治这个地区的国王。阿古柏又从土耳其得到军事援助，承认土耳其为上国。第二年，英国与阿古柏订立条约，承认阿古柏的“艾米尔”地位，阿古柏给予英国通商、驻使和领事裁判权等等特权。阿古柏完全成为英国侵略者的工具。这时俄国也想在新疆扩张势力，与英国竞争。1871年，俄国出兵占领伊犁。

阿古柏的残暴统治，遭到新疆各族人民的反对。1876年左宗棠出兵新疆，各族人民拿起武器到处与清军夹击阿古柏的军队。阿古柏迅速失败，第二年穷蹙自杀。1878 年初，全疆收复，英国割裂我国领土的阴谋遭到可耻的失败。

少数民族地区的经济和文化

云南、贵州各族人民十几年的反清斗争，迫使清政府不得不对人民作一定程度的让步。起义被镇压以后，清政府取消贵州苗族聚居的台拱、清江等六厅粮赋，云南全省钱粮从 1874 年起蠲免十年。贵州苗族、云南哀牢山彝族起义地区的土地，虽然重新被地主夺去，但土地集中程度大为降低，彝族地区的地主且被迫减低地租。云南铜矿业在地方经济中占很重要的地位，1856 年以后，几乎全部停顿，这时清政府竭力设法恢复。由于起义时期战斗和生产的需要，苗族人民的冶铁技术有很大发展，学会使用水力鼓风机代替手拉风箱，用简单机械开采铁矿。哀牢山彝族人民也学会了炼铁和制造铁工具的技术。这些都为当地生产力进一步发展创造了有利的条件。不久，彝族人民又学会了汉族的造纸技术，哀牢山彝区初次出现了造纸作坊。

七八十年代新疆、甘肃等西北少数民族地区得到进一步的开发。清政府在新疆原只设伊犁将军等治理军事，巴里坤、乌鲁木齐地区民政由甘肃管辖，其余地方的民政由蒙古、维吾尔等族的王公、伯克分别治理。1884 年新疆正式建省，设置巡抚。哈密回王和蒙古各部王公的权力仍旧保持，吐鲁番王和各城伯克管理民政的权力都被取消，改设州县。在这以前清政府只是取消了伯克的世袭权利，改为官府任命，但是伯克仍然有一定数目的“养廉”地亩和佃役户。伯克制度取消以后，伯克的“养廉”地亩分别由官招佃。旧日伯克统治下“按丁计征”的田赋制度，陆续改为“按亩计征”，丁多地少的农民，负担得到减轻。新疆建省使内地与新疆的联系更加密切，为新疆各族人民与内地人民，主要是汉族人民的联系创造了更加有利的条件。新疆建省也加强了清朝中央政府在那里的统治力量，削弱了维吾尔等少数民族封建主的势力，减少了外国侵略者利用民族上层分子制造分裂活动的机会。

七八十年代，新疆、甘肃的生产事业在汉、回、维吾尔等各族人民共同努力下，得到恢复和发展。水利建设在西北农业生产中具有很大的重要性，这时，恢复了被破坏的旧渠道，并且开辟了一些新渠道。修复旧渠、开辟新渠都是艰巨的工程。甘肃狄道抹邦河引水工程，仅开凿一条宽一丈六尺、长七十里的灌溉渠道，就用工五十余万，火药两千六百多石。在耕作技术方面，铺沙是适合西北地区的一种改良土壤的好办法，最初只实行于兰州以北的秦王川一带。这时，积极在甘肃推广，大批碱地化为良田。蚕桑事业在新疆南部原有很好的基础，后来遭到严重破坏。阿古柏叛乱政权消灭以后，清政府在哈密、吐鲁番、库车、阿克苏等地设立了蚕桑局，专从浙江湖州运来蚕具、蚕种和良种桑秧，招来技艺娴熟的汉族工人，向维吾尔等族人民传授植桑、养蚕、缫丝、织造的技术。新疆的蚕桑事业获得很大的发展。清政府又在乌鲁木齐、西宁设立书局，印销《棉书》《种棉十要》《日用杂字》和经史书籍，对于传播汉族人民先进生产技术和少数民族人民学习汉文，学习祖国历史文化知识，提供了不少的便利。

第三节　资本主义近代工业的出现。早期的中国工人阶级

中国的资本主义工业

中国在陷入半殖民地的过程中，由于外国资本主义的侵略，刺激了中国的社会经济，使它发生了变化，为中国资本主义工业的产生造成了某些客观的条件和可能。从十九世纪六七十年代开始，在中国逐渐出现了一批近代工业，产生了微弱的资本主义。

这时，外国资本主义侵略势力已经由东南沿海地区，扩大到以长江流域为主的广大内地。洋布在沿海沿江地区开始大量销行，洋纱因价格低廉而有逐渐代替土纱织布的趋势。其他某些洋货也开始有较多的输入，日益排挤着同类土货。中国的自给自足经济开始在这些地区遭到无法抗拒的破坏，城乡商品经济有了较大的发展，这就给资本主义造成了商品的市场。外国机器产品排挤和代替中国手工业产品的结果，使大量农民和手工业者破产，又给资本主义造成了劳动力的市场。

原来在中国封建社会内部孕育着的资本主义萌芽，远没有发展到直接向近代工业过渡的阶段。在外国资本主义侵入以后，大部分遭到破产和没落，一部分依附外国资本，成了为外国商人掠夺中国原料服务的加工手工业，只有

一小部分保持下来或稍微有些发展。外国资本主义利用从中国夺取的特权竭力阻碍中国发展独立的资本主义。封建守旧势力反对任何的改革和新事物的出现。中国的资本主义近代工业，不可能从原来的资本主义萌芽直接发展起来。

最早在中国境内创办新式工业的是一些在通商口岸的外国商人。从十九世纪四十年代起，他们逐渐在那里建立了一些为进出口贸易服务的船舶修造厂、出口品加工厂以及主要为当地外国人服务的企业，等等。这一类企业在六十年代末和七十年代初，大约有三十余个，其中较大的有资本数十万元到一百万元。中国最早的近代工业是洋务派创办的近代军事工业。这种近代军事工业掌握在清政府手里，生产直接供应军队的军火，不是一般商品。它不是中国的资本主义近代工业。但是这种近代工业的建立，使中国出现了一批最早的技术人员和技术工人，为中国的资本主义近代工业准备了技术条件。而外国人在华设立的工厂，又给中国带来了资本主义的经营方式，它的巨大利润吸引着人们对近代工业的投资。这些近代工业在生产上，往往需要有其他生产部门的配合。这一切，对中国资本主义近代工业的产生起着促进的作用。

从十九世纪六十年代末和七十年代初开始，一部分官僚、地主和商人直接投资于近代工业，产生了中国的资本主义。

中国较大的资本主义近代工业是从洋务派创办民用工业开始的。当时封建官僚和地主中的守旧势力很大，竭力反对在各地兴办近代工业。只有洋务派大官僚因为是清政府中的实力派，能借兴办洋务事业的便利，获得皇帝的批准，并取得兴办工业的某些特权。这些洋务派大官僚在建立了军事工业以后，为了供应生产所需的原料和燃料，又看到经营民用工业和新式交通运输业可以获得巨额利润，便开始创办资本主义工矿业和交通运输业。他们为了便于自己投资，广招股份，又能保证自己对于这些企业的控制，在创办这种资本主义近代工业时，除了继续采取官办的经营方式外，主要采用了官督商办的形式；在稍晚的时候，在少数个别企业中还实行了官商合办的方式。投资这类企业的除了洋务派大官僚以外，主要是一些与他们有联系的官僚、地主和买办。有一些缺乏政治势力的地主和商人，希望在他们创办近代工业时得到洋务派大官僚的庇护，对这些企业也投入了一部分资金。

洋务派兴办的资本主义近代企业，从七十年代开始，到八十年代中，大约有十几个，其中重要的有：1872 年李鸿章在上海创立轮船招商局，1882 年资本达二百万两，是这一类企业中兴办最早，规模最大的一个。1875 年福建船政大臣沈葆桢在台湾创办基隆煤矿，1881 年产煤量曾达到五万四千吨。1876 年李鸿章创办开平煤矿，1882 年资本达一百二十万两，1884 年起年产量在二十万吨以上，是洋务派所办采矿业中最有成绩的大矿。1876 年李鸿章开始在上海筹设织布局，几经波折，直到 1890 年才建成开工。1877 年左宗棠在兰州筹设织呢局，1880 年开工，投资官款三十万两。1881 年李鸿章开办热河平泉州铜矿，共集资本二十余万两，等等。

洋务派所主持的这些资本主义近代企业，同他们所举办的军事工业一样，有着很大的买办性和封建性。洋务派在这时尽管已经办了一些规模较大的厂矿，但制造机器的工厂却一个也没有，所需的机器和一些重要的设备都靠外国进口。各个厂矿在生产运转方面也主要依靠外国技术人员来主持。这些企业的实际创办人和经理人又往往都是大买办，他们掌握着企业的经营大权。洋务派所主持的企业，不论官办或是官督商办，都与军事工业一样成了一个大衙门。他们在这些企业中任意安插私人，担任总办、帮办、坐办、提调等职务，把持一切。这些企业中的普通的投资者，对企业的经营情况，根本无权过问。洋务派大官僚又凭借自己的政治势力，使其经营的企业处于优越的地位。中国早期资本主义企业中的最大部分为这些逐渐买办化的洋务派官僚集团牢牢地控制着，这就严重地阻碍了民族资本的成长。

民族资本主义工业的产生有两种情况。一种情况是在洋务派大官僚的庇护下，由一部分中小官僚、地主、商人兴办了一些商办性质的近代工矿业。这些官僚、地主、商人大都缺乏政治势力，为了便于投资，在创办企业时，不得不投靠洋务派大官僚，采用了官督商办的名义和形式。在这些企业中，有的也有洋务派大官僚的投资，但实际经营权则掌握在企业经办人手里。随着这种官督商办企业的发展，一些官僚、地主、商人，又在洋务派大官僚的支持下，取得地方官吏的批准，在稍晚的时间创办了一些纯粹是商办形式的近代工矿业。

另一种情况是一部分与外国商人来往较多的官僚、地主和商人，在通商口岸及其附近地区创设的商办工业。它们大都是依附于外国在华工厂的修配工业或出口货物的加工工业。这类企业的出现大约在六十年代，到七十年代后逐渐增多起来。它们和上述由企业经办人掌握的官督商办企业和商办企业，都是中国早期的民族资本。

中国民族资本主义的近代企业，到八十年代，先后创办了约四五十个，数量较多，但规模一般都很小。范围主要包括缫丝、印刷、机器修造、制茶等部门。较著名的有：1872年在广东南海设立的继昌隆缫丝厂，1874年在香港设立的循环日报，1877年的安徽池州煤矿，1878年在天津设立的贻来牟机器磨坊，1880年上海的恒昌祥机器厂，1881年在上海设立的公和永丝厂，1882年在上海设立的同文书局和均昌船厂，在徐州开办的利国驿煤铁矿，等等。

中国民族资本主义是在本国日益陷入半殖民地的过程中产生的。它不可能得到顺利的发展。外国资本主义强迫中国订立了不平等条约，开辟通商口岸，控制中国的海关和对外贸易，因此它们能够在中国大量地推销商品和收购原料，这使中国的民族资本主义工业在原料供应和产品市场方面受到了巨大的压力。清政府日益加重厘捐和其他杂税的征收，更增加了民族工业的沉重负担。外资在华设立的企业和洋务派所控制的企业，又都凭借它们在政治上的优越地位，成了中国民族工业的直接竞争者。中国民族资本主义在外国资本主义和本国封建主义的重重压迫和束缚下，从它产生之日起，注定了只能沿着曲折的道路缓慢地前进。这就使中国民族资本主义和外国资本主义、本国封建主义之间有很大的矛盾。不少民族工业为了不致破产，求得发展，又在许多方面依赖外国资本主义和本国封建主义。有些企业引进外资，或聘用外国人做经理，挂上外商的招牌。有些企业请求加入官款，或使用官督商办的名义，乞求官府的庇护。至于在产品的销售和原料的收购上，依赖外国资本或本国封建势力，更是普遍的现象。这又使中国民族资本主义和外国资本主义、本国封建主义有着千丝万缕的联系。

伴随资本主义近代工业的产生，出现了中国的资产阶级。由于中国的近代工业在产生时，就有着洋务派所主办的官办，官督商办企业与民间的商办企业两种性质不同的企业，中国资产阶级一开始便出现了两个不同的部分。一部分包括控制官办和某些官督商办企业的洋务派大官僚，及实际负责经营这些企业的大买办。这一时期的规模较大的新式工业都控制在他们手中，是早期的大资产阶级。从他们经营资本主义近代工业这点来看，他们是资产阶级，与守旧的封建官僚和地主有矛盾，也不愿外国人在中国设立与他们所经营的同类企业。但他们同时又是封建大地主、大官僚或大买办。再加他们所经营的企业中，有着很大的买办性和封建性，这些人日益与外国资本主义、本国封建主义紧密地结合在一起，成了阻碍中国社会发展、阻碍中国民族资本主义成长的反动的阶级。

另一部分资本家包括商办企业的兴办人和投资者，以及一些因缺乏政治势力、在官督商办名义下经营企业的厂矿主。在这时期，他们虽然比前一部分人举办了较多的企业，但规模都很小。这些企业的资本额，最多的不过一二十万两，一般是三五万两，甚至少到只有几千两的，他们的实力远不如前者。这些人在兴办和发展自己企业的过程中，处处受到外国资本主义和本国封建主义的压迫和束缚，与它们有很大的矛盾。他们有反对外国资本主义和本国封建主义的要求，有反对洋务派控制新式工业的要求，是早期的民族资产阶级。但是，他们在经营企业的活动中，又对外国资本主义、本国封建主义有着一定程度的依赖。他们自己也往往在农村中保有土地，对农民依然进行封建剥削；或则仍旧兼是买办。这些人与外国资本主义、本国封建主义有或多或少的联系。因此，中国的民族资产阶级在产生时，就成为一个带有两重性的阶级，先天地具有软弱的特点。

中国资本主义近代工业的出现，标志着一种新的生产方式——资本主义在中国的产生。外国资本主义为了侵略的必要，破坏了中国的封建社会，把中国变成半殖民地，但却因此给中国资本主义的产生造成了某些客观条件和可能，违反着外国侵略者的本意，在中国产生了它的对立物——中国的民族工业，民族资产阶级和近代工人阶级。

早期的工业无产阶级

近代工业在中国的出现，使中国产生了第一批近代产业工人。

中国近代产业工人，最早出现的是通商口岸的码头工人和外国轮船上的海员。外国在中国设立工厂，又产生了一批工厂工人。后来又在洋务派所举办的军事工业中，和稍晚的中国资本主义近代工业中，产生了更多的产业工人。因此，中国的近代产业工人，不仅是伴随中国资本主义近代工业而产生，而且是伴随外国资本主义在中国直接经营企业而产生，中国工业无产阶级的历史要早于中国资产阶级。

中国近代产业工人，如果从四十年代外国在通商口岸开始设立码头时算起，到八十年代中，已经有四十年的历史。在这四十年间，中国近代产业工人的人数，除了码头工人无法统计以外，逐渐增加到四万至四万五千人左右。

其中在外国资本经营的工业、航运业中的工人约二万人，在近代军事工业中的工人约七千余人，在中国资本主义近代工矿业和航运业中的工人约一万七千余人。这个数字还很小，但却表明一种新型的雇佣工人——近代产业工人的出现。

中国近代产业工人是在中国走上半殖民地半封建社会的过程中出现的。他们不仅受着本国资产阶级的压迫和剥削，并且还受外国资产阶级和本国封建势力的压迫和剥削。中国工人所受的这三重压迫和剥削，其严重性和残酷性，在世界上是很少有的。工人的工资，多的不及外国工人的二分之一或三分之一，少的不及十分之一，一般只有十分之一二。工作时间却很长，一般每日十一个小时，多的十二三个小时，也有多到十八小时的，很少在十小时以下。加上工人的工资常被资方、工头、把头等任意拖欠，借故罚款克扣，工作时间随意延长，工人的实际情况比表面的现象还要悲惨。至于劳动条件，更是极其恶劣。机器大多年久失修，又缺乏必要的安全设备，工伤事故经常发生。特别在采矿业中，工人生命时刻受着死亡的威胁。资本家对于伤亡事故，根本谈不上什么抚恤，往往只出很少的一点钱，有的甚至完全不出。不仅如此，在这些厂矿中还保持着极落后的封建压迫制度。工头、把头可以任意打骂、处罚工人。在某些官办和官督商办企业里，还设有刑庭，驻有军警，随时对工人施用刑罚和进行镇压。工人连最低限度的自由都没有。

中国工人阶级很早便开始了反抗斗争。1879 年，上海发生了耶松船厂工人反对工头克扣工资的罢工，祥生船厂工人举行反对外国监工殴打工人的罢工。1882 年开平煤矿直隶籍工人举行要求与广东籍工人同工同酬的罢工。1883 年上海江南制造局工人举行反对增加工作量的斗争。

中国工人阶级一开始就具有反抗压迫和剥削的斗争积极性，表明它是一个在中国社会中新生的革命阶级。但是，这时工人还刚从破产的农民和手工业者转化过来，在他们身上，农民和手工业者的分散性和狭隘性的特点，短时间内还不可能完全消除。资本家更竭力保存和维持厂矿中的封建势力，作为他们压迫和剥削工人的工具。封建行帮还在工人中间有着控制力量，旧式的秘密结社和拜把的活动还很普遍。所有这些都说明这时的中国工人阶级还处在幼年时期。

第四节　中国边疆地区的危机。中法战争

各邻近国家的殖民地化，边疆地区的危机

十九世纪七十年代以后，世界资本主义开始了由自由竞争阶段向垄断阶段的过渡。资本主义列强为了争夺原料和市场，为了开辟资本输出的场所，夺取殖民地、分割世界领土的斗争日益尖锐起来。远东是资本主义国家激烈争夺的重要地区之一。在这个地区进行角逐的，除了原有的英、法、美、俄等国，还有后起的军国主义日本和德国。在这些国家加紧侵略下，琉球、朝鲜、越南、缅甸等中国邻邦逐渐沦为外国资本主义的殖民地，中国的边疆地区出现了严重的危机。

中国与朝鲜、越南、琉球等国有悠久的经济、文化联系。清朝统治者与这些国家的统治者之间存在着一种封建的不平等关系，清朝皇帝要这些国家的国王接受"册封"，并定期派人到北京"朝贡"。这种关系在清朝以前的中国和一些邻近国家之间就存在过，而在清朝初期又重新建立。到了外国资本主义侵入中国和邻近国家的时候，中国人民和这些国家的人民都面临着遭受外国资本主义奴役的命运。他们在反对共同敌人的斗争中，利害攸关，相互支援。清政府在邻近国家的统治者要求给予援助的情形下，也不能不有所行动。

从七十年代起，清政府在对外关系上碰到许多复杂的问题。1875 年初同治死去，载湉继位，改元光绪（1875—1908）。载湉年幼，仍由那拉氏垂帘听政。当时在清政府中负责外交事务的总理衙门，往往把一些重要的对外交涉，交由直隶总督、北洋大臣李鸿章办理。李鸿章走的是投降主义路线，他总是以中国军备落后，海防空虚，必须"徐图自强"为借口，主张对外妥协退让。民族矛盾一天天激化的事实却常常逼得清朝统治者不得不对外国侵略进行某些抵抗。

邻近国家中第一个完全丧失独立的是琉球。1872 年，日本要挟琉球国王接受藩王的封号。1874 年，日本以琉球船民曾在台湾遭难为借口，发兵侵入台湾。当时日本实行改良主义的明治维新才不过几年，是一个刚刚兴起的资本

主义国家，本身还缺乏实力，它敢于对中国的领土发动武装侵略，是同美国的支持分不开的。美国对台湾早有野心，1867 年一度派军舰向台湾侵袭，被当地高山族人民打退。此后美国不断怂恿日本的侵略活动。1874 年 5 月，日本侵略军在琅𤩝登陆，对当地居民实行了残酷的烧杀劫掠，高山族居民奋起抵抗，清政府派福建船政大臣沈葆桢带兵到台湾部署防务，制止了日本的侵略。10 月，中日两国签订《北京专约》，限期日军从台湾撤退。日本利用《北京专约》上有台湾居民“曾将日本国属民等妄为加害”字样，作为清政府承认琉球是日本属国的依据。第二年它强迫琉球断绝同中国间的一切关系，1879 年竟以武力吞并琉球。琉球为保全自己的独立，派人向清政府恳切求救，清政府与日本进行了一些交涉，却完全没有效果。琉球从此并于日本，成了日本向中国进行侵略的军事基地。

日本还积极在朝鲜扩大侵略势力，1876 年强迫朝鲜订立《江华条约》。这是资本主义侵略者强加于朝鲜的第一个不平等条约。随后美、英、德、俄、法等国相继与朝鲜订约，在朝鲜争夺权利。资本主义列强特别是日本在朝鲜扩大侵略势力，日益威胁着中国东北地区的安全。

琉球被吞并后中国与日本办理交涉时，中俄间正在进行关于伊犁问题的交涉。左宗棠进军新疆，摧毁阿古柏势力以后，清政府派崇厚去俄国交涉收回伊犁。1879 年崇厚在俄国擅自签订了一个丧失大批权利和土地的条约。消息传来，在国内引起强烈的不满。清政府派曾纪泽去俄国重新交涉，1881 年 2 月双方在圣彼得堡重订条约。中国收回了伊犁，而霍尔果斯河以西原属中国的地方却划归俄国所有。中俄间原有由恰克图经张家口、通州到天津的陆路通商路线，这时中国又为俄商开辟了由新疆到嘉峪关的陆路贸易。

在中国的东南、东北、西北各边疆地区发生不同程度的危机的同时，由于英国侵略缅甸、法国侵略越南，中国西南边境的危机也已出现，云南地区直接受到威胁。

1874 年，英国派遣拥有武装的探路队，企图由缅甸进入中国云南。北京英国使馆派职员马嘉理到云南迎接。云南人民出于对侵略者的义愤，在中缅边境上打死了马嘉理，迫使探路队退回缅甸。英国企图乘机满足它在 1869 年修改条约时未能实现的侵略野心，利用这次事件向中国提出广泛的侵略要求，并一再以断绝外交关系、增派军舰来华等手段对清政府实行恫吓。1876 年 9 月，清政府终于被迫与英国订立《烟台条约》，主要内容为：1. 增辟宜昌、芜湖、温州、北海四处为通商口岸；2．凡遇内地各省地方或通商口岸有涉及英人生命财产的案件，英国可派员“观审”，这使英国得以进一步侵犯中国的司法权；3．租界内免收洋货厘金；4．洋货运入内地，不论华商洋商，都只纳子口税，全免各项内地税；5．英国得派官员调查滇缅边界贸易情况；6．英国得派员从北京出发经甘肃、青海，或经四川，前往西藏，转赴印度，也可派员由印度进入西藏。这些规定不仅表现了英国侵略中国边疆地区的野心，而且在许多方面扩大了《天津条约》《北京条约》所规定的特权。

法国在侵占越南南部以后，1873 年 11 月，出兵进攻河内一带，越南军民起而抵抗，越南政府招刘永福带领黑旗军助越抗法。黑旗军原是五十年代开始在广西活动的农民反清武装力量，失败后流亡到中越边境，开辟山林，聚众耕牧。这时，应越南政府的要求，参加了抵抗法国侵略越南的战争。黑旗军在支援邻国人民的斗争中，不怕牺牲，勇猛奋战，12 月在河内附近打死法国侵越军统兵官，取得了很大的胜利。越南国王授刘永福三宣副提督之职。1882 年，法国再度向越南北部发动侵略，第二年 5 月，黑旗军又一次在河内附近打死法国统兵官，给敌人以有力打击。清政府应越南政府的请求，加强了在越南北部清军的防御力量，并就制止法国扩大侵略的问题同法国进行谈判。法国在谈判中采取敷衍态度，同时加紧进行侵越战争。1883 年 8 月法国迫使越南封建统治者屈服，订立《顺化条约》，把越南变成为法国的“保护国”。由于中越之间有唇齿相依的关系，法国占领越南，中国的西南边境就完全暴露在法国侵略者面前。中法之间关系更加紧张起来。

中法战争

法国迫使越南签订《顺化条约》后，立即把侵略的矛头指向中国。当时在法国执政的是以“温和共和党”的茹费理为首的内阁。这个党所代表的是法国大金融资本家的利益。茹费理是一个狂热的殖民主义者，在他领导下的法国政府执行着竭力向海外扩张的侵略政策。它不仅要清政府承认法国对越南的殖民统治，撤出在越南北部的中国军队，还要中国开放云南边界，以便法国的侵略势力能够从越南北部伸入中国。法国为逼使清政府屈服，不断发出对华作战的叫嚣。

清政府原来力求避免因越南问题同法国发生战争。中国驻法公使曾纪泽与法国政府之间，以及实际负责办理对外交涉的李鸿章与法国驻华代表之间，断断续续进行了多次谈判。李鸿章高唱对法妥协，而清政府中相当多的官吏则越来越要求对法抵抗。这种要求反映了广大人民对法国侵略越南的愤慨和对本国西南边境的深刻不安。当时刘永福成了人们普遍称颂的英雄人物，黑旗军抗法胜利的事迹广泛传播。清朝统治阶级中也有越来越多的人重视黑旗军这一支抗法力量，甚至有人“万里请缨”，从北京去越南与刘永福联络，鼓励他的反侵略斗争。清政府外受法国的逼迫，内受群众反侵略要求的推动，在对法态度上转趋强硬。1883 年 10—11 月间，清政府命令在越南的清军守卫阵地，准备抗击进犯之敌；同时传谕奖励刘永福。黑旗军本来是同清朝统治者相对立的，如今清政府愿意与黑旗军共同进行抗法斗争，表明法国侵略者与中华民族之间的矛盾已经非常尖锐。1883 年 12 月，法军在越南山西向清军和黑旗军联合防守的阵地发动进攻，中法战争从此开始。这个战争在中国方面是阻止法国吞并越南、保卫中国边境的正义战争。抵抗法国，反对侵略，中越两国人民的利益是一致的。

中法战争经过两个阶段。第一阶段从 1883 年 12 月到 1884 年 5 月，战争主要在越南北部红河三角洲内的北宁等地进行。战争发生后，清军前敌将领互不团结，指挥无能，作战连遭失败。清政府因军事上一时失利而惊慌失措，法国又乘胜诱降，清政府从抵抗转向妥协。为了掩饰败绩，云南、广西两省巡抚被撤职。那拉氏乘机黜退奕䜣，更换全部军机大臣，光绪生父醇亲王奕譞实际上执掌大权。1884 年 5 月清政府派李鸿章在天津与法国代表谈判，签订了中法《简明条款》。清政府承认法国对越南的所谓“保护权”，同意在中越边界上开埠通商，声明撤回在越南的中国军队。

法国并没有因此而满足。6 月间，它为迫使中国军队很快撤出越南，在谅山附近挑衅，制造了新的军事冲突。事件发生后，法国政府反而向中国要求巨额赔款。同时，法军积极向中国海面调动，准备扩大战争。8 月，法军进攻台湾的基隆，被守军击退。接着，在侵华海军司令孤拔的指挥下，事先驶入福州马江的大批法国军舰，突然向当地中国海军船舰实行偷袭，中国海军因仓促应战，遭到很大损失。随后法舰撤出闽江口，以全力封锁和进攻台湾。清政府被迫再度进行反抗法国侵略的战争。

中法战争第二阶段从 1884 年 8 月开始后，战争在中国和越南两个战场上进行。中国战场主要在台湾、澎湖地区。10 月法军攻占基隆，向台北进犯。

台湾守军在督办台湾事务大臣刘铭传的指挥下，得到当地民兵的配合和各阶层人民的协助，对法国侵略军进行顽强的抵抗，大败敌军于淡水，并一再击退自基隆进攻台北的法军，粉碎了敌人夺占台北的计划。大陆人民不断冲破敌人的海上封锁线，向台湾运送军械和援军，大力支援了保卫台湾的斗争。1885 年初，法舰侵扰浙江镇海一带，被守军击退。3 月底法军强占澎湖。在越南战场上，战争分东、西两路进行。1885 年初法军在东路一度获胜，2 月战火逼近广西边界。3 月下旬，中、法两国军队在镇南关（今睦南关）进行了关系全局的一战。中国指挥这个战役的是帮办广西军务、年近七十的老将冯子材。两广总督张之洞和钦差办理广东防务的彭玉麟曾积极予以支持。当时法军全力进犯镇南关，中国将士义愤填膺。淮军总兵王孝祺与前敌各将领约定："今无论湘、粤、淮军，宜并受冯公节度。"冯子材团结各军将领，沉着应战，打退敌军的疯狂进攻，转守为攻，重伤法军前敌统帅尼格里，乘胜追击逃敌，收复谅山等地，取得了巨大的胜利。同时西路由云贵总督岑毓英统率的军队和刘永福的黑旗军，也在临洮大败法军。侵略者在中国与越南战场上，都受到严重的打击。

中国人民通过各种形式表现了对法国侵略者的同仇敌忾，并自发地进行了反侵略斗争。法军将战火引到中国本土以后，广东潮州、揭阳、佛山，浙江温州等沿海地区以及云南永北厅，贵州桐梓、遵义等地都先后发生反对外国传教士和焚毁教堂的事件。浙江、广东沿海的一些地方积极防范法国的间谍活动。香港船坞工人拒绝修理法国军舰，其他各行业的中国工人也纷纷发起罢工，反对法国利用香港进行侵略战争。旅居美国、日本、古巴以及新加坡等地的华侨，纷纷捐款回国，支援祖国的抗法斗争。人民群众反对法国侵略者的坚强意志，迫使李鸿章等人的求和活动不敢公然进行。

越南人民在战争期间发动了广泛的反法斗争，不断袭击法国侵略军。越南人民又与中国军队合作抗法。越南北部各阶层人民八九千人编列成营，与西路华军并肩作战。在谅山战斗中，当地人民积极帮助冯子材军队侦察敌军，带路助战。中越两国人民在共同的抗法斗争中结成了深厚的战斗友谊。

镇南关—谅山大捷沉重地打击了法国侵略者的凶焰，使法国政府在国内的处境狼狈不堪。法国人民本来就反对资产阶级发动侵略越南和侵略中国的战争。法国在越南的失败增强了他们反对战争的意志。法国人民立即行动起来，在巴黎举行示威，高呼打倒茹费理等口号。人民的行动促成了发起侵略战争的茹费理内阁的倒台。法国的政治、军事陷于一片混乱中。

镇南关—谅山大捷扭转了整个越南战场的局面，使形势变得对中、越两国有利。但清政府不仅没有组织进一步的斗争，争取更大的胜利，反而在胜利声中屈辱地结束了战争。清政府本来是被迫进行战争的，表面上曾强硬一时，并没有抵抗到底的决心。在战争过程中，法国不断通过各种途径作诱和的试探。英国和美国为了加强对清政府的影响，都一再进行所谓调停活动。英国鉴于战争的延续对自己的在华贸易有所不利，同时也为防止法国在印度支那半岛过分扩展势力，尤其积极干涉，以求战争早日结束。法国的诱和，特别是其他外国侵略者的调停和干涉，使清朝统治者更加倾向妥协。1885 年 2 月，中国在越南战场上一度失利时，清政府在赫德的操纵下，派赫德的亲信、海关税务司英国人金登干为代表，在巴黎与法国进行了秘密的议和谈判。镇南关—谅山大捷的消息传来，清朝统治者反而唱出所谓“乘胜即收”的卖国论调，以求立即议和。这正符合处境困难的法国侵略者的意愿。4 月，双方在巴黎订立《停战协定》，中法战争结束。

巴黎《停战协定》重新肯定天津《简明条款》为有效。这个协定签字后，清政府压抑了前线将士的昂扬斗志，不顾越南人民的恳切挽留，强令在越南的中国军队撤回边界。6 月，中、法代表在天津缔结正式和约，清政府承认法国对越南的殖民统治，同意在云南、广西两省的中越边界开埠通商。这样，法国在战争失败的局势下，得到英国侵略者的帮助，利用清政府的昏庸和怯懦，竟然达到了它发动这次侵略战争的主要目的。

云南、西藏等地区危机的加深，台湾省的国防建设

法国发动侵略中国的战争的同时和稍后一点，日、英等国进一步加紧了对中国的邻近国家及中国边疆地区的侵略。1884 年 12 月，朝鲜发生流血政变。这个政变在一定程度上反映了朝鲜人民要求改革内政和摆脱清政府羁绊的正当愿望，这从政变参加者的活动中可以看出来。政变的发动者对日本侵略势力抱有幻想。日本乘机进行阴谋活动，扩大在朝鲜的侵略势力。这次政变遭到失败，但日本得以利用朝鲜一时的紧张形势和清朝统治者由此产生的严重不安，在第二年 4 月要挟清政府签订有关两国与朝鲜的相互关系的《天津会议专条》。其中规定在朝鲜遇有“变乱重大事件”时，中日两国都可派兵

前往。此后十年间，日本在朝鲜的侵略势力进一步发展起来。

中法战争结束后不久，英国发动了进攻缅甸的战争。1886 年 1 月，英国宣布吞并缅甸北部，将整个缅甸变为殖民地。缅甸北部的官吏与土司，纷纷请求中国援助抗英，清政府因害怕英国势力，不敢加以援助。7 月，英国侵略者迫使清政府订立《缅甸条款》，承认英国占领缅甸。与此同时，英国进一步扩展在哲孟雄的侵略势力，积极修筑道路，准备向中国西藏地区入侵。英国在中国这些邻近国家的侵略活动，大大加剧了中国云南和西藏地区的危机。

法国占领越南、英国占领缅甸以后，结束了历史上长期以来存在于中越、中缅边境上的和平状态，由此产生了所谓边界问题和边境通商问题。1886—1887 年，中法两国代表勘查中越边界，订立了有关边界及通商的条约和章程，其中规定中国开放云南蒙自、广西龙州等处为商埠。1894 年 3 月，中英签订《中缅边界及通商条约》，大致规定了尖高山以南的中缅边界，开辟中缅贸易的路线。云南、广西等省成了英法侵略者互相角逐的地区。

1888 年，英国从它的殖民地印度经过哲孟雄向中国西藏地区发动侵略战争。西藏地方军队抵抗失利，亚东、朗热等隘口失守。清朝中央政府没有领导和增援西藏地方政府所进行的反侵略斗争，却违反全国人民、特别是藏族人民的利益，与英国举行谈判。1890 年，清政府屈从英国的意愿，订立了《藏印条约》，承认哲孟雄归英国"保护"。条约中还规定了中哲的边界。根据这个条约，1893 年中英再订《藏印条款》，清政府同意开放亚东为商埠。英国多年来一直企图侵入中国西藏地区，至此，其侵略计划初步实现。

中法战争结束后，法军自基隆、澎湖撤走。清政府从台湾多次遭到外国资本主义侵略的历史中，越来越认识到这个地区在国防上的重要性，感到必须在台湾、澎湖增强国防力量。早在 1874 年日本侵略台湾的事件结束后，清政府已解除了有关内地人民渡台的一切禁例，并在台湾进行了一些国防建设。1885 年 10 月，清政府决定建台湾为行省，以刘铭传为台湾巡抚。台湾建省后数年间，以巩固国防为主，开展了各方面的建设。主要项目有：修建澎湖、基隆、淡水、安平、旗后各海口炮台，置炮设防，安置水雷；修建制造枪弹和各种炮弹的机器厂，建造军械所；购买轮船，敷设台南、台北、基隆间，台北、淡水间的电报和淡水、福州间，澎湖、安平间的海底电报，修筑由基隆经台北向南延长的铁路；修复中法战争期间被破坏的基隆煤矿等。台湾省的文教事业，这时也有很大发展。这些建设，或者直接增强了台湾的防务，或者有利于台湾地区社会生产力的提高。到九十年代初，台湾的国防建设已有了相当的规模。

把中法战争前后二十年间中国边疆的形势和以前的相对照，可以明显地看到：以前，沿海各省虽已因资本主义的侵略而门户洞开，北部和西北部虽已为俄国开辟了几处贸易地点和几条进入中国内地的陆路通商路线，但那时西藏、云南、广西等西南边疆地区还没有直接受到外国侵略势力的严重威胁；这时，随着中国的西南邻邦逐渐被西方资本主义国家所吞并，这些地区已直接处于外国的侵略之下。日本在并吞琉球和加强在朝鲜的侵略地位以后，积极图谋向中国扩展。资本主义国家以新占领的殖民地为基地，不断向中国推进，中国出现了严重的民族危机。

第五节　八十年代前后中国社会经济的半殖民地化。发展中的资产阶级改良主义思想

外国经济侵略的深入，买办化的官僚、地主和商人

十九世纪八十年代前后，外国经济势力已经伸展到中国的广大地区，渗透到许多重要经济部门。中国社会经济的半殖民地化越来越明显。

商埠是外国资本主义在中国进行经济侵略的重要基地。到九十年代初，外国侵略者强迫中国开辟的商埠共有三十四处。这些商埠不仅分布在沿海各地和长江两岸，也出现于内地和边远地区如甘肃、新疆、蒙古、西藏等地。外国侵略者将大量鸦片和洋货，从国外先运到沿海及沿边的商埠，然后向广大内地推销。同时，它们又低价收买各地的农、矿原料和手工业产品，聚集到商埠，然后掠运出国。在许多商埠里，外国商人还开设了商行、工厂、银行，开始作为对华资本输出的重要据点。

外国侵略者自从取得中国沿海和内河的航行权以后，陆续组织了几个大轮船公司，控制了通商口岸的交通运输事业。1892 年，中国各通商口岸轮船进出口总吨数共约二千八百多万吨，其中属于中国的只有六百多万吨，外国却有二千二百多万吨。我国进出口货物的运输，几乎完全依靠外国轮船，这

给输入外国商品和掠夺中国原料，增加了不少的便利。

由于外国侵略者控制了中国的海关和交通运输业，外国商品输入迅速增加，入超越来越严重。在1880—1884年间，进口货总值每年平均为七千九百余万海关两，出口货总值为七千零八十余万海关两，入超额是八百二十余万海关两。1890—1894年，每年平均进口货总值增到一亿四千二百万海关两，出口货总值增到一亿零七百多万海关两，入超额增到三千四百余万海关两。中国的出口货物，原先以生丝、茶叶、糖类等农产加工制成品为大宗，棉花、毛类、豆类等农产原料出口较少。中法战争后，茶叶、糖类的出口值逐渐降低，生丝有显著增加，而棉花、毛类、豆类等出口量却迅速提高。茶、糖、丝、棉、豆、毛等六种农产品1880—1884年间每年平均出口值，与1890—1894年间相比较，茶叶由三千二百余万海关两降为二千九百余万海关两，糖由三百三十余万海关两降为二百四十余万海关两，丝由一千八百余万海关两增至二千五百余万海关两，棉花由三十余万海关两增至五百余万海关两，豆由十余万海关两增至一百三十余万海关两，毛类由三十余万海关两增至一百七十万海关两。进口的货物中，鸦片仍是大宗，每年进口值保持在二三千万海关两上下，但比重已经逐渐降低。棉布、棉纱等棉纺织品的输入迅速增长，八十年代后期，已经代鸦片而居进口货值的第一位。煤油、钢铁等工业品的进口也在迅速增长。棉布、棉纱、煤油、钢铁这四种工业品1880—1884年间每年平均进口值，与1890—1894年相比较，棉布由一千八百余万海关两增至二千八百余万海关两，棉纱由四百六十余万海关两增至二千零二十余万海关两，煤油由六十八万海关两增为五百六十万海关两，钢铁由一百五十余万海关两增为二百七十余万海关两。中国愈来愈深地被卷入了资本主义的世界市场，日益成为资本主义各国的工业品的销售市场和原料供给地。

八十年代前后，在外国工业品的进一步冲击下，城乡手工业破产的情况，不仅在沿海地区，而且在广大内地也日益明显。由于煤油的输入，四川的白蜡制造业逐渐衰落，植物油的销售在一些地方也受到煤油的排挤。山西、湖南等地生产的土钢土铁，向来供应附近各省，质地良好，这时也因为敌不过外国钢铁的竞争，大部破产。土纱、土布被洋纱、洋布排挤的程度愈来愈深，地区愈来愈广，影响也最大。长江下游和沿海各省已有不少地方停止纺纱，更多的地方用洋纱作经线来织布，纯用土纱织成的布匹，销路愈来愈狭窄，有些地方已经出现停织土布的现象。这些表明中国的自然经济已经遭到显著的破坏。织布业掺用洋纱和部分手工业购用外国原料进行生产的结果，中国城乡手工业开始陷于依赖外国资本主义的境地。

中国的对外贸易早已掌握在外国商人手中。外国商品的日益畅销和农产品的大量输出，到八十年代以后，这些货物的国内市场也逐渐为外国商人所控制。这时外国商人在中国设立的商行已有五百多家，其中像英国的怡和、沙逊、安利，德国的礼和、禅臣等洋行，都是经营进出口贸易的大商行。外国商人操纵市场，任意抬高或降低货物的价格。中国有些较大的商人在外国资本的强大压力下，相继破产。中国的商业资本不得不仰承外国资本的鼻息，变成外国侵略者推销商品和掠夺原料的工具。钱庄本来是供应商业流动资金的旧式金融机构，这时，开始起着外国商人和中国商人之间在金融上的掮客作用。当时上海等地钱庄的流动资本，不少取给于外商银行的信用放款。华商购进洋货和在各地收购原料，都用钱庄发出的庄票来支付。外国资本主义通过钱庄和在各地活动的商人，逐渐在一些商业部门构成了一个商业和高利贷的掠夺网，并通过这个掠夺网把势力进一步伸入到中国的许多地区和其他经济部门。

八十年代前后，外国资本主义对中国的经济侵略，在竭力扩大推销商品和掠夺原料的同时，它们在中国设立的工厂和银行，以及对清政府的借款，也渐渐增多起来，明显地表现出日益注重对华资本输出的趋势。

外国在华的工业投资，这时不仅增设或扩建了一些为进出口贸易服务的船舶修造厂和缫丝、制茶、制糖等原料加工厂，而且还新设造纸、卷烟、印刷等工厂，利用中国丰富的原料和廉价的劳动力，制造工业品在中国销售。外国已有在中国开办矿场、建立纱厂的活动，不过都还没有成功。到 1894 年，外国资本在中国设立的工厂已有八十余家，资本总额估计约为二千八百万元，其中最大的五家各有资本一百多万元。

在银行方面，自从 1848 年英国在上海设立东方银行分行以后，1854 年设立有利银行分行，1857 年设立麦加利银行分行。1864 年又在香港成立了汇丰银行，第二年在上海设立分行。1889 年，德国设立德华银行于上海。1893 年，日本的横滨正金银行在上海设立分行。1894 年，法国的东方汇理银行在香港设立分行。这些银行以英国的汇丰银行的资本最为雄厚。它们在中国经营国际汇兑，发行纸币，成为资本主义各国对中国进行经济侵略的重要机构。它们还贷款给清政府，七十年代有一千二百余万两，八十年代增至二千九百余万两。其中主要是英国资本，也有一部分是德国资本。清政府的海关收入早已为外国所控制，这时又向外国借款，这个政权在财政上对外国资本主义又多了一层依赖关系。

随着外国资本主义侵略的扩大和深入，封建剥削也加重了。原来在太平天国革命后的短暂时期内，江浙某些地区曾经出现过土地占有分散的情形，到八十年代前后，土地又逐渐集中到大地主手中。其他地区的土地集中也在不断发展。外国教会和商人也参与对中国土地的掠夺，霸占大量的土地。封建租额增加了，押租也增多了。江浙一带实行折租，实际租额往往比原来的租额增加一半到一倍以上。中国农民在外国侵略者和本国地主阶级越来越加重的剥削和压迫下，生计日益困难，许多人不得不远离农村，流浪到边远地区和城市谋生糊口。

外国资本主义在中国大力扶植买办势力。买办人数增多，活动范围日益扩大，他们的经济实力越来越增长。外国侵略者不仅在他们设立的商行中，培养了大批为他们推销工业品和收购农业原料的买办，同时还在他们开办的银行、保险公司、轮船公司、工厂中培植了许多买办。六七十年代以后，中国向外国购买军火、船只，从这里又产生了一些买办。以前的买办大部分是由商人转化来的，这时，一部分官僚、地主在与外国侵略者的交往接触中，也越来越买办化。他们在买办活动中获取了大量财富。1880—1894年的十五年间，对外贸易的经纪费用一项，从低以5%计算，便在一亿两以上。著名的如唐廷枢、叶澄衷、盛宣怀，以及宁波方氏家族等买办，都有数十万、数百万以至千万两以上的资财。

有些买办凭借外国侵略势力与洋务派官僚建立了联系，参加了洋务派官僚的政治活动和经济活动。他们有的为洋务派官僚主办企业，有的充当洋务派官僚的幕僚，有的代表洋务派官僚向外国购买军火、接洽借款。不少买办成为洋务事业的经办人，被洋务派官僚保举为政府官吏或者取得官衔。怡和洋行买办唐廷枢，曾为李鸿章创办轮船招商局和开平矿务局等企业。盛宣怀曾代表李鸿章向英、德、俄、美等国洽购军火，后来被李鸿章保举为天津海关道，主持轮船招商局和电报局，权势显赫。买办阶级在经济上有雄厚的实力，在政治上越来越有影响，已经成为一种重要的反动的社会力量。

洋务派大官僚得到买办势力的支持，和外国侵略者的关系更加密切。湘系首领曾国藩、左宗棠相继死去以后，属于湘系的曾国荃和刘坤一，没有兴办过什么重要的新式企业，实力更不如淮系，李鸿章成为全国洋务事业的主持者。他对待外国的侵略活动，一贯主张妥协投降，顺从外国人的意旨。以李鸿章为首的洋务派大官僚日益明显地成为买办势力在政治上的代表。

洋务派大官僚主持下的洋务活动，在中法战争后，又有了新的发展。洋务派竭力宣传中国海军的实力敌不过外国，在中法战争中不得不与法国妥协，要求大量扩充海军。1885 年，清政府成立海军衙门，管理一切与海防有关事宜，派醇亲王奕譞为总理大臣，以李鸿章等为会办，实权操在李鸿章手中。1888 年，李鸿章把他所掌握的海军扩建成为北洋舰队，拥有两艘七千多吨的铁甲舰，七艘三千吨以下的巡洋舰，和其他舰船十余艘，还修建了威海卫军港和旅顺船坞，成为中国最大的一支海军。铁路的正式修筑也在这时开始。1885—1893 年，李鸿章主持修成天津到山海关的铁路。此外，洋务派还兴办了一些工矿企业。

这时的洋务活动，更加依赖外国。在中法战争前，洋务派除了向外国大量购买枪炮船舰外，还拨出一部分款项交由本国局厂制造，这些局厂也曾经有过一些发展。中法战争后，有些洋务派官僚看到购买外国枪炮船舰可以获得大量佣金，逐渐摒弃自己制造的打算，特别是在扩建海军上，更完全采取购买外国船舰的办法。他们在兴办洋务事业中又开始借用外债。外国侵略者为争夺对中国洋务事业的控制权，展开了激烈的竞争。特别是英、德两国夺得了大量的权利。北洋海军教官英、德两国并用，北洋舰队的船舰，分别向英、德两国购买，海防大炮购自英国。北洋陆军教官则聘用德国将弁，练习德国操法。英国还获得天津到山海关铁路的借款权。新兴办的洋务事业大部分控制在外国人手中。

中法战争后，又出现了一个以张之洞为代表的洋务派势力。张之洞（1837—1909），直隶南皮人，1884 年任两广总督，支持抗法战争。1889 年调任湖广总督后，陆续在湖北建立了一批新式工厂。其中主要的有湖北铁政局、汉阳枪炮厂、湖北织布局等。他所主办的工业与英、德侵略势力有密切联系。这时张之洞成为仅次于李鸿章的洋务派大官僚。

到九十年代，买办阶级有了新的发展。洋务派官僚和买办势力已经结合在一起，成为帝国主义、封建主义统治中国的一个重要支柱。

发展中的改良主义思想

七十年代，在一些知识分子中，开始出现一种新的思想动向。这种思想带有资产阶级改良主义的性质。到八十年代，改良主义思想逐渐引起人们的注意，在社会生活中发生了显著的影响。

改良主义思想是在外国侵略越来越加深的情况下逐渐产生和发展起来的。七十年代，具有这种思想的知识分子，多半与洋务派官僚有联系，但又没有实际力量。他们对外国情况有较多的了解，多少接受了些西方资产阶级的思想影响。这些知识分子逐渐认为仅仅依靠船坚炮利和洋务派所办的一些新式企业，并不能使中国富强，要求清政府以西方强国为榜样，作些改革。他们并没有把自己与洋务派明显区别开来，只主张对洋务活动的内容作一些补充或修改。

中法战争的失败以及洋务派更加依靠外国来进行活动，使人们对他们所标榜的“求强求富”发生怀疑，希望寻求新的出路。这时，具有改良主义思想的人显著增多。其中不少是中、小官僚和知识分子，也有投资经营新式企业的人。一些资产阶级改良主义思想家比较明显地在许多问题上对洋务活动提出批评，不满意清政府妨害资本主义发展的政策，还普遍地要求在政治上作一些改革。他们的著作逐渐在知识分子中流传开来，资产阶级改良主义思想开始形成为一种新的社会思潮。

1875 年，郑观应著《易言》。1877 年开始，马建忠陆续写了许多文章，后来汇集为《适可斋记言记行》。1879 年，薛福成著《筹洋刍议》。1883 年，王韬把他在七十年代以来发表的文章辑成《弢园文录外编》。1889 年，宋育仁著《时务论》。1890 年，汤震（后改名汤寿潜）出版《危言》。1891 年，宋恕写成《六斋卑议》。1892 年，郑观应写成《盛世危言》。陈虬作《救时要议》《经世博议》。陈炽的《庸书》大约也在九十年代初完成。

早期改良主义思想的主要内容是：第一，不满于外国对中国的侵略。许多作者都反对不平等条约所规定的某些严重危害中国主权的条款。薛福成认为片面的最惠国待遇和领事裁判权，给中国造成无穷之患，应该设法修改。马建忠指出：由于协定关税，使中国的利源尽为外人所夺，要求实行独立自主的关税政策。改良主义者不满于外国人控制中国海关和外国传教士为非作歹的行为。陈炽批评清政府让赫德长期把持中国海关，使他得以左右中国内政、外交，一旦中英失和，赫德将利用职权，帮助英国灭亡中国。郑观应揭露外国传教士挟制地方官吏，偏袒入教莠民，横行乡里，欺压良善。陈炽认为教案的发生，是外国传教士咎由自取。洋务派官僚希望依靠国际公法和谨守条约来维持和局，改良主义者对此作了批评。郑观应指出西方资本主义国家所标榜的国际公法是强国用来欺压弱小国家的工具，如果国家太弱，虽有国际公法，仍不免隐忍受屈以至灭亡。第二，要求为民族资本主义的发展开辟道路。改良主义者反对清政府限制工商业发展的政策，也批评洋务派所办的新式企业。汤震指出官督商办的开矿事业，是“官有权，商无权”，势必至于商人亏本，官吏发财。改良主义思想家认为西方国家是“以工商立国”，所以国势强盛。他们主张发展商办企业，提倡集资创设股份公司，要求修改关税税则，加重进口税，减轻出口税，废除厘金制度，发展机器生产，设立保护工商业者利益的商会，大力发展民族工商业，与西方国家进行商业竞争。第三，主张实行君主立宪制度。王韬称赞英国的议会制度，称之为“君民共主”，认为实行这种制度便可奠定国家富强的基础。郑观应以为实行君主立宪，议员举自民间，可以使君民之间“权得其平”，是最理想的制度。宋育仁说洋务派想要“盗威福之柄以愚天下”，所以只谈洋务而不谈君主立宪。陈炽抨击封建专制制度，认为只有设立议院、实行君主立宪，才能使全国人民团结一致，共同抵抗外国的侵略。

上面这些作者是从不同的角度发表意见的。他们的思想客观上、大体上反映了早期民族资产阶级的要求。当时这个阶级还极幼弱，对封建势力有很大的依赖性，不愿触动地主阶级的根本利益。资产阶级改良主义者不是站在与封建制度根本对立的立场上。他们一般都把议院看作是咨询机关，并且认为只有官僚、士绅才有资格充当议员。早期的改良主义者中间一部分人和洋务派的界限还不很分明，他们只批评了洋务派的作法，却没有从根本上否定洋务活动。宋育仁等还认为有些企业应该继续实行官督商办。改良主义思想家对外国侵略者也并不主张进行坚决的斗争。他们反对条约特权，但只希望通过交涉，逐渐解决，不敢采取稍为强硬的办法。王韬等竟妄想依靠一些强国以阻遏另一些国家的侵略。由于改良主义思想要求对封建专制制度作某些改革，以抵御外国侵略和便于发展民族工商业，因此，在当时它仍是一种有进步倾向的思想。

群众大规模的反教会斗争

八十年代前后，外国资本主义加紧对中国的侵略，教会势力随着日益扩大。教堂、教士的罪恶活动愈加猖獗，人民群众所受的压迫和欺凌也越来越严重。中国人民反对外国教会的斗争，在天津教案以后，一度趋于低落。中法战争期间重新高涨。战后继续发展，规模越来越大。

1886 年，重庆居民三千多人，捣毁英、法两国教堂，驱逐教士。1887 年，福建福安县三十余乡的青壮年组成义军，提出“为国复仇”的口号，向传教士和教民展开了斗争。接着，各省也发生许多反教会斗争事件。1890—1891 年间，终于爆发了以四川大足、长江中下游和热河朝阳三个地区为中心的大规模反教会斗争的风暴。影响所及，遍达十九个省区。

1890 年，四川大足县爆发大规模反教会的武装斗争。这年 8 月，当地法国教士威胁地方官吏严禁迎神赛会、打伤居民并烧毁教堂附近民房。大足县煤窑纸厂工人、苦力挑贩数百人歃血为盟，竖旗起义。他们散发檄文，痛斥外国教士“无法无天”，指出官吏和士绅“助桀为虐”，号召广大群众起来驱逐外国教士。在大足、铜梁等县数百里之内的群众纷起响应。清政府派兵镇压，起义军与清军作战，坚持到 1892 年失败。

1891 年，长江中下游各省广泛发生了反教会斗争。许多哥老会成员是这些斗争的积极参加者。5 月，江苏扬州五六千人打毁教堂；安徽芜湖万余人大暴动，焚毁教堂，攻打海关，与外国侵略分子和清军英勇搏斗。几个月内，江苏、安徽、浙江、江西、湖北等省几十个城市和广大乡村，凡有外国侵略势力盘踞的地方，几乎都发生暴动。湖南绅民印发大量反教会斗争的宣传品，互立乡约，表示要协力同心，坚决驱逐侵略势力。上海外国租界和徐家汇一带，也出现反教会的揭帖。长江中下游反教会斗争的声威所及，全国震动。在外国侵略者看来，没有一个城市是安全的。英、美、法、俄、德、日、意、比利时、西班牙等九个侵略国家联合向清政府施加压力，英、法等几个国家先后派遣军舰到长江一带示威。清政府除严饬各地官吏加紧武装镇压外，并令各省举办保甲，进行检举压制。

同年 11 月，金丹道教在热河朝阳一带发动武装起义，反对外国教会和本地蒙古王公的压迫。热河、奉天交界地区的群众纷纷参加。一个月之间，起义队伍迅速发展到数万人。清政府派直隶、奉天军队合力镇压，起义军血战两个多月，被清政府镇压下去。

这一时期的反教会斗争，是在六七十年代反教会斗争高潮被外国侵略者和清政府镇压下去以后的新的高涨。原来曾经参加斗争的一些地方官吏和有权势的士绅已经退出行列，有的公然站在反对人民群众斗争的方面。地主阶级中虽然有一部分人继续留在斗争队伍里面，但已不再是重要的力量。反教会斗争越来越成为贫苦群众的反侵略、反压迫的斗争。地主阶级的封建团体一般也不再是发动斗争的组织。斗争的方式，除一般的骚动、拆毁教堂和殴打教士外，出现了具有不小规模的武装斗争。所有这些，构成这一时期反教会斗争的特色，表明人民群众的反侵略斗争，正在一步一步地向更高的阶段发展。

第六节　中日战争。帝国主义瓜分中国的活动

中日战争

1894 年日本发动了侵略朝鲜和侵略中国的战争。

朝鲜是当时远东国际斗争的焦点之一。1885—1886 年间，英俄两国因争夺朝鲜，一时情势紧张，英国且一度强占了巨文岛。朝鲜政府中担任重要职务的美国人，挑拨中朝关系，煽动朝鲜亲美、亲日，力图扩大美日两国的影响。日本曾怂恿清政府加强在朝鲜的地位，以防止俄国占领朝鲜。后来它又利用英俄互相牵制，在美国支持下，积极在朝鲜发展侵略势力，造成了对朝鲜和中国的严重威胁。

十九世纪九十年代初，日本资本主义有了进一步的发展。由于明治维新没有废除封建的土地制度，以及西方列强当时在日本享有协定关税等特权，资本主义的成长受到严重的束缚。直到这时，日本还没有建立起重工业，轻工业中也只有纺织业比较发达。国内群众反对不平等条约、要求民主的斗争日益高涨。日本统治阶级需要转移国内群众的斗争目标，更需要对外扩张，夺取殖民地，因此它非常富有侵略性。日本曾为夺占朝鲜做了长期的准备，这

时正在积极寻找发动侵略战争的借口。

1894 年，朝鲜爆发农民起义。农民起义军在“除暴救民”“逐灭洋倭”等口号下，展开反对封建统治和反对外国侵略者的斗争，占领了全罗道首府全州。朝鲜政府请求清政府派兵协助镇压。清朝封建统治者愿意支持朝鲜统治者，但对日本政府的态度有所顾虑。日本政府玩弄阴谋，一面向清政府表示“贵政府何不速代韩戡（乱）……我政府必无他意”，竭力劝诱清政府出兵；同时设立大本营，秘密下动员令，准备乘机挑起侵略朝鲜、侵略中国的战争。清朝统治者中了日本的诡计，于 6 月初派淮军一千五百人赴朝。日本随即以保护使馆和侨民为名，出兵朝鲜，分踞汉城附近要地，人数远在清军之上。清政府进退失据，建议中日两国军队同时撤离朝鲜，遭到日本的蛮横拒绝。日本外相陆奥宗光反而提出干涉朝鲜内政的无理要求，主张中日两国共同监督朝鲜政府实行改革。这时日本不断增兵朝鲜，蓄意制造紧张气氛，战争一触即发。中国国内的舆论与在朝鲜的清军将领要求清政府增援备战，以实力阻止侵略，驱逐日本势力出朝鲜。直隶总督、北洋大臣李鸿章负责军事，对这些要求，置之不理。他为了保全北洋陆海军实力和保持北洋地盘，避战求和，先后寄希望于俄、英两国公使的调停，对日本步步退让。在调停的希望落空以后，他仍不积极备战，军事上处处陷于被动。

7 月 23 日，日军占领朝鲜王宫。两天后，日本在朝鲜牙山口外丰岛突袭护送运兵赴朝的中国海军。广乙、济远两舰受重创，运兵船高升号被击沉，船上士兵七百余人死难。29 日，在成欢驿的中国陆军受到日军的攻击，双方展开激战，中国军队战败后撤退到平壤。日本不宣而战，偷袭中国在朝鲜的海陆军，从此战争爆发。8 月 1 日，清政府对日本宣战。中国为了阻止日本侵略朝鲜，为了自卫而战，是反侵略的正义的战争。清政府命令李鸿章严饬在朝鲜的军队，迅速进攻，并调集大军增援。李鸿章增派淮军、奉军万余人守平壤。清军抵朝后，聚于平壤城内，各军总统、直隶提督叶志超，毫无斗志，没有积极从事抗击日军的准备。9 月 15 日，日军猛攻平壤，清军分路迎击。总兵左宝贵所部据守北城玄武门，战斗尤为激烈。左宝贵登城指挥，力战阵亡。叶志超贪生怕死，下令迅速弃城逃走，各军随即纷纷溃败。叶志超率部狂奔五百余里，渡鸭绿江退入中国边境。自此结束了朝鲜境内的战争。

朝鲜人民热情欢迎和支持中国军队在朝鲜的抗日斗争。中国援军开到平壤时，当地人民夹道欢迎，争献茶浆慰劳。由成欢驿败退到平壤的军队，沿途人民自动让出房屋，供应食物，热情接待。平壤战败后，朝鲜人民竭力掩护受伤的中国士兵和军官从朝鲜安全归国。流落在朝鲜的中国士兵，积极参加朝鲜人民在全罗一带的抗日斗争。中朝两国人民同遭日本侵略的命运使他们自然地结成了亲密的关系。

平壤战败后两天，海军提督丁汝昌统率的北洋舰队与日本舰队在黄海发生猛烈海战，战斗历五小时。参加作战的中国和日本的军舰各十二艘，双方实力相当。海战开始时，中国方面指挥错乱，北洋舰队遭到日本海军的围攻。中国海军表现了勇敢无畏的精神。致远舰中炮后，管带邓世昌鼓轮猛撞敌舰，中途被水雷击沉。经远舰管带林永升力战牺牲，全船官兵奋战到最后，壮烈死难。黄海大战中，中国损失战舰四艘，日本旗舰松岛等三艘受重创，日舰队先退。李鸿章经此一战以后，为了保存实力，压制海军巡海迎敌的要求，命令北洋舰队躲藏在威海军港内，造成坐困的局面。

在日本进攻、外国侵略者与中华民族矛盾激化和群众要求反抗侵略的压力下，清朝统治集团内部分裂为主战、主和两派。大部分没有实权的文职官员，如翰林、御史等都积极主战。主战的还有受李鸿章系统排挤的湘系军阀官僚和以光绪师傅户部尚书翁同龢为首的帝党官僚。光绪长期受那拉氏压制，不能有所作为，要求改变现状，希望对外一战而胜，出现一个新的局面。主和派主要是李鸿章系统的洋务派以及恭亲王奕䜣等当权的大官僚。他们都害怕战争的结果会损害其利益，情愿对日退让妥协。那拉氏这时名义上已经归政，但仍掌握实权；她一心想保持和局，苟且偷安，继续过她的荒淫奢侈的生活。清朝统治集团内部主战、主和两派的斗争，在形式上又表现为帝党、后党的斗争。主战派在一定程度上反映了广大群众反抗侵略的要求，有相当的声势。而清政府的大权，则主要操在主和派手里。

平壤、黄海两战是甲午战争中影响清政府态度的带有决定性的战役。平壤、黄海战役以前，由于群众反抗日本的情绪高涨，主战派的意见在清政府中占优势，压倒了主和派。主和派的求和言行，遭到严重打击，不敢有所表露。黄海战役以后，他们又活跃起来。9月底，那拉氏任命中法战争期间罢职的奕䜣主持总理衙门。奕䜣主张对日妥协，请求各国公使调停战争。英国在战争初起时，抱观望态度。这时看到中国军事失利，就偏袒日本，主张中国必须对日赔款。清政府愿意接受英国提出的条件。日本当时在军事上接连胜利，野心勃勃，拒绝英国的调停，继续大举进攻。10月下旬，日军分两路侵入中国。一路日军由朝鲜渡鸭绿江，攻占九连城、安东；另一路在辽东半岛东岸庄河县花园口登陆，包抄大连、旅顺。此后一个多月内，日军陆续占领凤凰城、金州、大连、旅顺、海城。旅顺是北洋海军根据地，设有船坞，炮台，军储充足，大连防务亦极巩固。大连守将于日军进攻前逃走，日军不攻而取。旅顺守军在总兵徐邦道领导下奋勇抵抗，激战三日，旅顺陷落。日军攻占旅顺，大量屠杀中国人民。日本接连攻占上述军事重镇和要地，辽沈震动，辽西告警，渤海湾门户被打开，日本的侵略势焰大张。

前方军事失败，主和派更加急切谋求妥协。10月底到11月初，奕䜣出面请求美国单独调停或与英、俄、德、法等国联合调停中日战争。11月中，清政府又派天津海关税务司去日本乞和。美国在战争期间，表面上宣布中立，暗中却支持日本，企图在日本战败中国后，从中取利。这时美国看到日本军事上接连获胜，清政府又急于求和，在征得日本同意后，示意清政府派代表赴日议和。清政府完全听从美国，12月下旬正式派出户部侍郎张荫桓等为议和代表，美国推荐素以亲日著称的前国务卿科士达为顾问，操纵和谈。

全国人民对清政府在军事上的失败和卑屈求和，极为愤慨。清朝统治阶级内部主战派又重新抬头。当主和派积极进行求和活动时，御史安维峻上奏，请杀李鸿章，指出议和就是卖国。他攻击那拉氏说："和议出自皇太后……皇太后既归政皇上，若仍遇事牵制，将何以上对祖宗，下对天下臣民。"主战派官僚这类言论，是广大群众反对屈辱投降，要求坚持作战的反映。那拉氏在这种压力下，不得不暂时敷衍主战派，清政府在发表张荫桓等为议和代表后，不久又任命湘系首领刘坤一为钦差大臣，指挥关内外军事。1895年1月，张荫桓等去日本前，路过上海，上海人民纷纷抗议，匿名揭帖遍布通衢，要求继续抗战。张荫桓等人也承认人心思奋，同仇敌忾。

日本政府一面答应清政府派使求和，一面继续发动进攻。1895年1月，日本陆军在山东荣成湾登陆，包围威海卫，日本海军封锁威海卫，北洋舰队陷于港内，腹背受敌。2月北洋海军舰船全部损失。3月关外日军攻占牛庄、营口，越过辽河侵占田庄台，主战派用作最后一试的湘军闻风溃逃。同时，日海军又攻陷澎湖。从此主战派不再反对议和，清政府向日本完全屈服。

中国人民在甲午中日战争中，对日本侵略者进行了坚决的抵抗。当战火燃烧到中国境内时，东北人民自发地起来与敌人战斗。岫岩人民与日军相持很久，用抬枪打死打伤敌人。辽阳州知州徐庆璋支持群众组织民团，协同清军扼守险要，连续击退敌军，日军不敢占领辽阳。奉天东边道一带民团收复宽甸城，打击了日军的气焰。清军中广大的士兵和下级军官以及坚贞勇敢的将领如左宝贵、邓世昌等，洒热血，抛头颅，与敌人进行了坚强不屈的斗争。只是由于腐朽的封建官僚制度和李鸿章失败主义的指导，无法改变失败的结局。

甲午战争的失败，宣告了洋务派“求强求富”活动的破产。李鸿章等洋务派官僚，从六十年代开始，三十多年来，先后建立新式陆海军，设立军事工业，开办民用工业，表面上盛极一时。他们大事吹嘘，标榜这样就能够使中国渐臻于富强。中日战争期间李鸿章指挥的北洋陆军，一败涂地，北洋海军全军覆没。经营多年、花费巨资的旅顺、威海军港，轻易地沦于敌手。洋务事业的腐朽性，全部、充分暴露出来，人们不再相信它有什么实效了。著名的改良主义者康有为说洋务派主办的事业“徒糜巨款，无救危败”，实际上也是替洋务派的活动做了总结。洋务派路线的破产，证明地主阶级学习西方资本主义的皮毛并不能使它得到自救。人们以为洋务活动可以使中国富强起来的一点幻想，也由此消失。

《马关条约》、反对割让台湾的斗争

中日战争中国战败，清政府被迫求和，日本拒绝与张荫桓等进行谈判，指定李鸿章为议和代表。1895 年 4 月李鸿章在日本马关签订和约，主要内容为：1. 清政府承认朝鲜完全“自主”，实际上是默认日本对朝鲜的控制；2. 中国割让辽东半岛、台湾、澎湖列岛；3. 赔偿日本军费银二万万两；4. 日本臣民得在中国通商口岸任便从事各项工艺制造，又得将各项机器任便装运进口；日本在中国制造的货物，与进口货物一样，免征一切杂捐，并享受在内地设栈寄存的优待；5. 开放沙市、重庆、苏州、杭州为商埠，日船得沿内河驶入以上各口。根据《马关条约》，第二年又订立中日《通商行船条约》，承认日本在华享有领事裁判权和片面的最惠国待遇。美国在议和过程中，压迫清政府接受日方条件，催促清政府及早批准条约。俄国因日本占领辽东半岛于己不利，纠合法、德两国进行干涉，结果中国以银三千万两向日本“赎回”辽东半岛。

《马关条约》标志着外国资本主义对中国的侵略进入了一个新的时期。条约中规定准许外国在华设厂，符合西方资本主义国家对华输出资本的迫切要求。它所起的作用是严重阻遏中国资本主义的发展。中国大片土地的割让，直接助长了列强分割中国领土的野心。中日战争的结局改变了远东国际形势。日本占领了中国的台湾，控制了朝鲜，成为侵略中国的主要国家之一。日本从中国勒索到的巨额赔款，加速了它向帝国主义转化的进程。

《马关条约》规定割让台湾，全国人民在获悉割台消息以后，痛心疾首，对清政府的卖国勾当恨入骨髓。全国在北京应试的举人康有为等一千三百余人举行了有名的公车上书，反对割地，主张迁都抗战。清朝中央和地方官吏反对割地的封章电奏，陆续不绝。其中有人责问清政府说，台湾“何罪何辜，沦为异域”。这些都反映了广大人民坚决反对割台的意志。

割台噩耗传到台湾后，全台人民义愤填膺。1895 年 4 月 20 日，台北鸣锣罢市，抗议清政府的卖国罪行，宣告饷银不准运出，制造局不准停工，台湾税收应全部留供抗击日军之用。正在北京会试的台湾籍举人，联合上书都察院力争，反对割台。台湾绅民致电清政府，坚决反对割地求和。台湾人民曾发出檄文说，只要碰到李鸿章等卖国贼，一定把他们杀死，以谢天地祖宗。他们抱定“桑梓之地，义与存亡”的决心，准备对侵略者进行坚决的斗争。

清政府决心如期割让台湾，一面派李鸿章的儿子李经方为割台大臣，前往台湾办理割台手续，一面命令台湾巡抚掩护台湾官吏逃走。李经方不敢在台湾登陆，美国顾问科士达献计在基隆口外日舰上，向日方交出割台清单，台湾就这样为清政府所出卖。

5 月底，日军在基隆东北登陆，台湾巡抚按照清政府指示，将大小官员运往大陆，台北不战而陷。台湾人民拥护台南守将刘永福领导抗日。刘永福是中法战争中的名将，在人民群众中享有威望。大陆人民在精神上和物质上积极支援刘永福抗日，台湾军民团结在刘永福周围，奋勇作战。6 月中旬日军由台北向南进攻，先后在新竹、台中、彰化、云林一带遭到激烈的抵抗，伤亡很重。8 月底台湾军民保卫彰化的战斗，是与侵台日军主力近卫师团进行的一次规模最大的搏战。参加这次战斗的刘永福亲军七星队全部壮烈牺牲，重要将领吴彭年、义民军首领吴汤兴等英勇战死。10 月，日本增调援军，在布袋和枋寮登陆，配合近卫师团作战，三路进攻台南，情势更加危急。清政府竟严密封锁海口，断绝大陆对台湾的一切接济。刘永福孤立作战，弹尽援绝，战败后退回大陆。10 月下旬英国教士带引日军进城，台南失陷。日本在侵占台湾过程中，遭到台湾军民的严重打击，伤亡三万余人。台南陷落后，台湾人民仍不断进行反抗。此后五十年间，台湾人民反对日本占领台湾的斗争，从未停止过。

帝国主义瓜分中国的局势

中日战争和《马关条约》在侵华列强的营垒中引起普遍的震动，大大加速了它们激烈争夺中国的步骤。英、美、法、德、俄、日等国都争先恐后地夺取侵华利权，迅速形成了列强瓜分中国的局势。这些国家对中国的加紧侵略是与当时世界资本主义由自由竞争进入到垄断阶段这一发展进程相联系的。

帝国主义对中国的经济侵略在中日战争后的几年内，有很大的扩展。列强除了更多地在中国倾销商品和掠夺原料以外，竞相加强对中国的投资。英国早已垄断了中国的航运业。日本这时积极发展中国沿海及长江航业，企图与英国争锋抗衡。外国资本取得在华设厂的特权后，纷纷开办工矿企业。资力雄厚的英国怡和、老公茂，美国的鸿源，德国的瑞记等纱厂都在这时建成。外国在华银行是各国对华输出资本的主要工具，除原有的英、德、日各银行外，俄国的华俄道胜银行和法国的东方汇理银行也在中国建立分行。这些银行激烈争夺对中国的铁路、矿山的投资和对清政府的贷款。1895—1898 年间，清政府为支付对日巨额赔款，以关税、厘金作抵押，先后向俄法和英德两个垄断资本集团借款达三万万两。这些借款不只是利率高，折扣大（有的竟为八三折扣），规定借款不得提前或一次还清，并且还附有政治条件。在英德两国借款合同内还规定借款偿还期内，中国海关总税务司职位一直由英国人充任。帝国主义正在形成对中国财政经济的垄断和控制。

中日战争后，英、法、俄等国开始在中国西南和东北地区分别建立独占地位。在西南，1895 年法国夺占中国云南边境上的若干地方，迫使清政府增开云南的河口、思茅为商埠，取得在广东、广西、云南三省开矿的优先权；1897 年英国夺去了中缅边境上原属中国的一些土地，强行取得在南碗三角地（猛卯三角地）的“永租权”，迫使清政府开放西江，开辟广东三水、广西梧州等地为商埠。在东北，1896 年俄国在中俄共同防止日本侵略的幌子下，引诱清政府订立中俄密约，获得在黑龙江、吉林境内修筑中东铁路的权利，后来还窃取了对这条铁路沿线地段的经营管理权以及铁路沿线地区开采煤矿、采伐木材等权利。1897 年 11 月，德国借口传教士在山东曹州被杀，派兵在胶州湾登陆，由此激起了帝国主义列强夺取中国沿海港口和划分势力范围的狂潮。从 1898 年 2 月到 1898 年 10 月，德国租借了胶州湾，取得了由胶州湾经潍县、济南到山东边境以及由胶州湾经沂州到济南的铁路修筑权，并且获得铁路沿线三十里以内地区的开矿权以及供应山东省各项工程所需要的人员、资本和器材的优先权。俄国租借了旅顺、大连，获得了中东铁路支线（由哈尔滨到大连、旅顺）的修筑权，并规定中国不能将此路经过地区的铁路修筑权让与别国。法国租借了广州湾，取得滇越铁路的修筑权；前一年，法国曾强迫清政府宣布海南岛不割让与他国，这时，又迫使清政府声明与越南邻近的广东、广西及云南不割让给他国。英国租借了九龙半岛和威海卫，取得了南京至上海，苏州、杭州至宁波和奉天中后所到新民屯等铁路的修筑权，迫使清政府宣布长江沿岸各省以及广东、云南不割让与他国。日本迫使清政府声明福建省不割让与他国。比利时、美国也先后掠夺到芦汉铁路和粤汉铁路的修筑权。从 1895 年 6 月到 1898 年 11 月，英、俄、德、比、法、美等国共掠夺了将近一万九千里的铁路利权。此外英国还夺取了开采四川全省，山西盂县、平定州、泽州、潞安，河南省黄河以北地区矿产的权利和开采朝阳煤矿的权利。法国取得了四川灌县、犍为、威远、綦江、合州、巴县煤铁开采权。俄国获得了新疆全省金矿开采权。

帝国主义为划分势力范围，在相互之间进行争夺与妥协。1896 年，英、法两国成立协议，规定在四川、云南两省已经取得和将来得到的一切权利，由英、法两国共同享受。1898 年，英、德订立协定，规定天津到山东南境的铁路，由德国建筑，山东南境到镇江对岸的铁路，由英国修建。1899 年英、俄又成立协议，承认长江流域各省为英国势力范围，长城以北地区为俄国势力范围，宣布彼此不在对方的势力范围内向清政府索取铁路修筑权，不直接间接妨碍对方的利益。这样，通过清政府对某一国家宣布某些特定地区不割让与他国，以及列强相互之间的协议，东北成为俄国的势力范围，山东成为德国的势力范围，长江流域各省成为英国的势力范围，福建成为日本的势力范围，广东、广西、云南成为英、法两国的势力范围。

英、法、德、俄、日各帝国主义疯狂地夺取中国沿海港口，争夺路矿权利，分割势力范围的时候，美国正忙于准备和从事对西班牙的帝国主义战争，对中国的侵略落后了一步，没有在中国取得势力范围。美国对西班牙的战争结束后，夺取关岛和菲律宾为殖民地，加强它在远东的侵略地位，在西太平洋建立了侵略中国的基地。1899 年 9 月和 11 月，美国国务卿海约翰分别向英、德、俄、法、日、意等国政府提出了关于对华“门户开放”政策的通牒。它承认各国在华的势力范围和它们已经得到的路矿等特权，同时要求列强在租借地和势力范围内，在征收铁路运费、港口税方面，不实行对他国商民不利的差别待遇，在港口装卸的一切货物，由中国政府按条约税则规定征税。美国这个政策要列强开放在华租借地和势力范围，使它享有均等的贸易机会。英国在其他列强日益加剧的竞争下，感到自己在华的传统的优势地位相对削弱，首先支持美国的主张，其他帝国主义也表示接受。美国所提出的“门户开放”政策使帝国主义各国结成了侵略中国的同盟。九十年代初，美国工业生产总值已超过英、德两国的总和，垄断资产阶级急于向外扩张。确定“门户开放”政策，是美国帝国主义加紧侵略中国的一个重要步骤。

帝国主义在中日战争后几年内的疯狂争夺，使中国出现了一幅怵目惊心的图景。狂妄的殖民主义分子把中国称为奄奄一息的国家，他们发出一片“中国在瓦解中”的叫嚣。帝国主义列强正在磨牙欲噬，瓜分的大祸，迫在眉睫。

孙中山的政治活动，群众反侵略反压迫的浪潮

清政府的腐败无能和它向外国侵略者屈辱投降的面目，在中日战争和签订《马关条约》的过程中，彻底暴露出来了。战后帝国主义列强对中国侵略的加紧，瓜分局势的形成，使中华民族遭到空前严重的危机。以孙中山为代表的少数民族资产阶级和小资产阶级分子，开始要求以革命手段来推翻清政府的统治，企图建立资产阶级共和国。

孙中山（1866—1925），名文，字逸仙，广东香山县人，出身于中农家庭。孙中山幼年曾向往于太平天国革命，后来到过檀香山受西方资本主义教育。回国后在广州、香港学医，1892 年起在澳门、广州开业行医，结识了一些对清朝统治不满的青年和会党分子，开始了政治活动。

中日战争以前，孙中山还不是一个革命的民主主义者。1894 年在战争期间，他曾投书李鸿章，希望由清政府来实行一些资本主义的改革和措施，所表现的还是改良主义思想。这次投书遭到李鸿章的拒绝，孙中山从此比较坚定地走上革命的道路。

1894 年冬，孙中山到檀香山，在华侨中联合了二十多个经营小商店和小农场的反满人士，组成中国最早的资产阶级革命团体——兴中会。第二年初，孙中山回到香港后，与在香港组织辅仁文社的杨衢云等合作，联合香港、广州一带的反满人士和会党力量，在 1895 年 2 月成立兴中会。兴中会在会章中揭发了帝国主义侵略所造成的瓜分危机，斥责了清政府统治的黑暗和腐败，在会员誓词中提出“驱除鞑虏，恢复中华，创立合众政府”的口号，这成了中国资产阶级革命的第一个纲领。

兴中会成立后，立即筹备在广州举行武装起义，经过半年准备，预定在 10 月举事。由于内部步调的不一致和叛徒的告密，起义尚未公开发动就被清政府破坏。孙中山等人先后逃亡国外。

兴中会的成立和在广州准备起义，标志了中国资产阶级进行革命活动的开始。这时中国资本主义还很微弱，国内资产阶级革命的社会基础极其薄弱，孙中山主要是在海外华侨中间进行活动，在国内还未产生重大的影响。

广大人民群众以农民为主、包括城市下层群众，则以自发的行动掀起了反对帝国主义侵略、反对封建压迫的新浪潮。

中日战争结束后，清政府为了支付巨额赔款，增收盐、茶、糖、烟、酒各税，加重厘金，对人民横征暴敛，大事搜刮。各地群众的反抗斗争迅速开展起来。抗租、抗捐、抢米的风潮先后席卷了直隶、湖北、江苏、浙江、四川等十几个省份。不少地方发生武装暴动。参加的人数，从数百、数千到二三万人；活动范围，小则一两县，大则好几个州县。1895 年开始的甘肃回民暴动，参加者有数十万人。1898 年安徽涡阳等县的暴动，由二三百人在一二十天内迅速发展到二万余人，震动了江苏、安徽、山东、河南四省。

群众斗争的锋芒都直接间接指向外国侵略者，反击帝国主义侵略和瓜分中国的阴谋活动。反教会斗争仍然是这时期人民群众反对帝国主义侵略所普遍采用的形式。1895 年 5 月，《马关条约》签订后不久，成都到处流传外国人要攻占四川，爆发了较大规模的反教会斗争，嘉定、叙州、新津等地闻风响应，打毁教堂七十余处。8 月，福建古田的秘密结社——斋教，发动群众焚毁教堂，杀死英国教士等十几人，远近震动。1896 到 1897 年间，湖南、湖北、四川、江西、江苏、贵州、山东等省数十州县的群众反教会斗争，此起彼伏。1897 年德国侵占胶州湾后，瓜分危机日益严重，群众反帝斗争更加汹涌澎湃，全国几乎没有一省不发生打毁教堂、杀死教士的事件。武装斗争比中日战争前更加增多。1898 年广西天地会和四川大足县爆发的武装起义，声势都很浩大。前者一度攻占浔州、郁林、博白、贵县等府州县城，后者在四川、湖北两省得到广泛响应。广西天地会、四川大足起义群众曾发出檄文，声明他们起兵的宗旨是为了驱逐外国侵略者，雪国耻，要求官民一致对外，并以反对不反对外国侵略者作为朋友或敌人的界线。四川、湖北的反教会斗争中，还出现了“顺清灭洋”“保清灭洋”等口号。

群众反对帝国主义的斗争在被列强强占的租界、租借地和铁路附近开展起来。1898 年 7 月，法国强行扩展上海租界，拆毁四明公所，上海居民立即举行大规模的罢市罢工，法国的侵略活动不得不暂时收敛。同年，俄国强占金州，当地人民进行了英勇的反抗，终于使俄军退出金州城。1899 年，山东高密人民阻止德国修筑铁路，与德军展开武装斗争，逼使铁路一度停工。为反对英国租借九龙半岛和法国租借广州湾，两地人民各组织几千人的武装，与英法侵略军展开了激烈的战斗。威海卫人民也进行了抗捐抗税的斗争。

十九世纪末年，由于帝国主义对中国的疯狂侵略，中国人民的反侵略斗争越来越广泛，越来越激烈。斗争的情况和趋势表明：当时中华民族与帝国主义的矛盾急剧上升，民族危机空前严重，反帝斗争的大风暴正在迅速兴起。

第七节　1898 年资产阶级改良派的维新运动

近代中国第一个思想解放的潮流，资产阶级改良主义思想与封建主义思想的论战

中日战争的惨痛失败和帝国主义瓜分中国的严重危机，促使了人们的觉醒，救亡图存成了当时最紧迫的要求。1898 年，资产阶级改良派发动了一个变法图强的维新运动。

中日战争后，人们把发展工业当作挽救危亡的手段，更多的官僚、地主和商人投资创办新式企业，中国出现了一个兴办工业的浪潮。1895—1898 年间，中国商办纺织、缫丝、面粉等轻工业和煤、铁等采矿业，有显著的发展。新创立的商办厂矿有五十余家，资本近一千二百万元，官办、官商合办企业

只有八家，资本总额四百余万元。商办企业的投资数字几乎相当于官办、官商合办企业的三倍。民族资本主义在帝国主义和封建主义双重压迫的困难条件下，争得了一些发展。民族资产阶级势力逐渐成长起来，他们要求建立一个符合于他们利益的政权，在中国迅速发展资本主义以挽救空前严重的民族危机。当时中国民族资产阶级中较有力量的是刚从官僚、地主、富商转化而来的那个部分。他们属于民族资产阶级的上层，同帝国主义和封建势力保持着较多的联系。改良派主要代表这部分人的要求，他们自然地选择了改良主义的变法维新的道路。

七八十年代出现的改良主义思想，在中日战争以后有了新的发展，并从一种社会思潮变成了带有一定群众性的政治运动。领导这个运动的是以康有为、梁启超、谭嗣同、严复等为代表的资产阶级改良派。他们多数是出身于官僚地主家庭的知识分子，接受了西方资产阶级思想的影响，有的自己还举办近代工业或与近代工业资产者有些联系。康有为（1858—1927），号长素，广东南海人，幼年受严格的儒家教育，后来浏览过一些外国书籍的译本。1888年他开始上书光绪，请求变法。1895年，他又领导了反对签订《马关条约》的公车上书，成为当时一个著名的改良主义思想家和政治活动家。康有为把今文经学的学说和他所接触到的资产阶级民主思想结合起来，创立了维新变法的理论。他所撰著的《新学伪经考》，打击了顽固派“恪守祖训”的思想，《孔子改制考》论证了政治制度应该随时因革的道理，对维新运动起了思想指导的作用。梁启超（1873—1929），字卓如，广东新会人，是康有为的学生和得力助手。他和资产阶级分子有些联系，所写《变法通议》等文，阐述了中国需要变法的必要性，在当时有很大影响。谭嗣同（1865—1898），字复生，湖南浏阳人，曾与人在湖南筹办新式企业，著有《仁学》一书，主张冲决一切封建网罗，对封建制度进行了有力的批判。严复（1853—1921），字几道，福建侯官人，曾留学英国，对西方资产阶级社会政治学说有较多的了解。甲午战争后，他所翻译的赫胥黎的《天演论》和他所写的论文，在传播欧洲资产阶级思想和宣传维新变法方面起了不小的作用。

康有为在公车上书没有结果后，又连续上书光绪，反复说明他的变法主张，希望清政府改变专制政体，实行君主立宪；奖励民间兴办新式工业，发展民族资本主义；取消八股取士制度，提倡学习西方资产阶级文化。康有为认为只有实现这些主张，才能把中国从日益严重的民族危机中挽救出来。清政府中以那拉氏为首的顽固派坚决维护一切反动落后的东西，反对任何改革。康有为几次上书都遭到他们的压制。此后，改良派加紧了对官僚、地主和广大知识分子的宣传活动，开始在这些人中做一些组织工作。这种宣传、组织工作，以成立学会、出版报纸和兴办学堂的方式在各地开展起来。1895 年 8 月，康有为等在北京出版《中外纪闻》，组织强学会，11 月又在上海成立强学会，第二年 1 月出版《强学报》。反动势力不允许改良派公开宣传维新变法，不久，强学会即被封禁，《中外纪闻》和《强学报》也都被迫停刊。

强学会虽被封禁，改良派却给议论时政的风气打开了局面。1896 年起，各地成立的学会和出版的报纸，逐渐增多。这一年，上海创办《时务报》《苏报》，成立农学会。1897 年澳门出版《知新报》，长沙出版《湘学新报》，天津出版《国闻报》，桂林成立圣学会，长沙成立南学会，苏州成立苏学会，北京成立知耻学会、西学会，许多地方还成立不缠足会。这时各地也开办了不少学堂，长沙时务学堂尤为著名。德国强占胶州湾后，改良派深感亡国无日，奔走呼号，要求人们组织起来，发愤救亡。1898 年 4 月，康有为、梁启超等在北京组成保国会，订立会章，提出“保国、保种、保教”的口号，官僚、知识分子参加的很多，不少富商大贾也列名会籍。1896—1898 年间，各地学会、学堂、报馆，纷纷兴起，多至三百余所，分布地区主要在江苏、湖南、直隶、广东等省，其中绝大部分都是宣传维新变法思想的，对广大知识分子发生了重大的影响。

改良派的变法主张是和封建统治阶级的利益对立的。这种主张的广泛传播，必然和封建势力发生尖锐的矛盾。洋务派在维护封建专制制度这一点上与顽固派结合起来，他们共同反对改良派，在奏折、书刊和书院讲坛上，对维新变法思想进行凶猛的攻击。改良派和顽固派、洋务派在思想领域内展开了激烈的斗争。北京、湖南、上海等地的改良派特别活跃，反动势力也很猖獗，论战在那里最为激烈。他们论战的主题大致有三个：

第一，要不要变法，要不要改变封建专制制度的问题。顽固派与洋务派根据“天不变，道亦不变”的根本观点，反对变法，反对改变封建专制制度。顽固派坚持“祖宗之法不可变”，洋务派只主张改变一些枝节问题。他们认为专制制度深合圣人治国之道，改变这种制度，就是祸乱国家。

改良派根据进化论，提出“变者，古今之公理”的观点和“天不变，道亦不变”的观点相对立。梁启超认为天地间的一切都在随时变化中，如果停止变化，“则天地人类并时而息”。康有为宣称人类社会是按照今文经学的三世学说，即“据乱”“升平”“太平”的进化规律发展变化的。改良派用清朝改变前朝法制和清朝又屡次改变自已的法制等具体事实驳斥了顽固派的“祖宗之法不可变”的说法。康有为进一步认为：作为国家政治制度的法，是用以保护国家疆土的。现在祖宗创设的法已经不能保护祖宗开辟的疆土，而且将使国家走向灭亡。空守祖法毫无意义，为守祖法而舍弃国家疆土更是轻重倒置。康有为也批评了洋务派只主张改变一些枝节问题的做法。他认为清朝的统治已经是粪墙、朽木，千疮百孔，必须以开创的精神进行全面变革，洋务派徒事弥补，不改变封建专制制度，是“根本不净，百事皆非”。改良派用进化论的观点驳斥顽固派和洋务派的不变论，是有进步意义的，但他们只要求逐渐进化，反对革命，认为“普大地杀戮变乱之惨，未有若近世革命之祸酷者”。这又使他们和人民群众的革命运动站在对立的地位。

第二，要不要兴民权、设议院、实行君主立宪的问题。顽固派和洋务派对这个问题的看法是一致的。他们认为实行这种制度，使民有权而君无权，不合君为臣纲的纲常伦理，是离经叛道。“用夷变夏”，其结果将使犯上作乱者日多，陷国家于大乱。

改良派和顽固派、洋务派的观点相反，他们认为“能兴民权者，断无可亡之理”，只有设议院，实行君主立宪，“合举国四万万人之身为一体，合四万万人之心为一心”，才能无敌于天下。但改良派对民权的要求有很大局限性，认为欲兴民权，宜先兴绅权。这表明他们只要求封建统治者对民族资产阶级上层开放政权，并不想在中国建立以资产阶级为主体的政权。改良派对于实行君主立宪是离经叛道，“用夷变夏”等指责，采取了为自己辩护的态度。多数改良派在论战中不敢直接攻击封建纲常伦理，他们附会古代经籍，说明民权、议院和君主立宪是符合孔子之道的。康有为甚至认为“民主之大公，尤为孔子所愿望”，把孔子打扮成为一个改良主义的政治家，为维新变法寻找理论根据。梁启超等人的文章中还试图证明中国古代的圣君贤王，早已设置类似议院的机构来治理国家，汉代的议郎已具有西方国家中议会议员的性质，实行君主立宪并不是“用夷变夏”。

第三，要不要废除八股取士的科举制度，要不要提倡新学、提倡西学的问题。顽固派坚持八股取士的科举制度，维护旧学、中学，排斥新学、西学。洋务派主张“旧学为体，新学为用”，基本精神和顽固派并无区别。他们都反对宣传和学习西方资产阶级的社会政治学说。

改良派反对八股取士的科举制度，认为这是一种愚民政策，只能使人脱离实际，闭塞聪明，不可能培养出有用的人才。严复批评八股取士是“谬种流传”，有锢闭智慧、败坏心术和助长游手好闲等三大害，而其中任何一害都足以灭亡中国。因之，他们特别重视废除八股取士制度，把它列为维新变法的重要内容之一。改良派对旧学、中学也作了一些批判。严复认为宋学、汉学、词章之学，无用无实，无补于国家的危亡，都应束之高阁。他批评洋务派仅袭西方资本主义的皮毛而排斥西学，是“盗西法之虚声，而沿中土之实弊”。改良派认为西方资本主义国家之所以富强，“不在炮械军器，而在穷理劝学”。他们主张在中国普及教育，要求设立新式学堂，学习西方自然科学和社会政治学说，希望通过这种办法，造就人才，挽救危亡局势。

这次论战是资产阶级思想和封建主义思想第一次正面交锋。改良派在论战中反复说明了要救国，只有维新，要维新，只有学外国的道理。他们批判了封建专制制度，提出了君主立宪的要求，初步介绍了西方进化论和民主思想。民权、进化的理论开始在中国传播开来，若干知识分子开始摆脱一些封建思想的束缚。在清朝专制政府的统治下，人民不敢议论时政，公开批评清政府。现在有不少人鼓吹变法，在报纸上和学会、学堂里公开讨论和宣传民权、进化等学说，这是近代中国第一次思想解放的潮流。

百日维新

迫在眉睫的瓜分危机，全国沸腾的救亡热潮和日益发展的维新运动，使清朝统治者不能不考虑如何应付这个局面。

清政府中真正掌握着最高统治权的那拉氏，在顽固派和洋务派的支持下，坚决反对维新变法。顽固派甚至有“宁可亡国，不可变法”的论调。中日战争期间，那拉氏一意主和，非常不得人心；战后，她表面上给光绪一些权力，对改良派的维新运动采取暂时容忍的态度。光绪害怕中国一旦被帝国主义瓜分，清朝的“江山社稷”不保，一再表示“欲救中国”，“不能为亡国之君”，力谋发愤图强。翁同龢等帝党官僚不满意那拉氏对光绪的控制，企图与改良派联合，为光绪争取实权。经过翁同龢等人的推荐，改良派的首领康有为等逐渐得到与光绪接近的机会。

1897年11月，德国强占胶州湾，康有为在北京立即上书，说明列强瓜分中国，即在目前，若不及时变法，革旧图新，“恐皇上与诸臣求为长安布衣而不可得矣”。光绪得书大为感动，非常赏识康有为的胆识，准备亲自召见，询问变法事宜。恭亲王奕䜣借口皇帝接见小臣，不合清朝旧制，加以阻挠。光绪改令康有为条陈所见。1898年1月，康有为上“应诏统筹全局折”，提出变法纲领三条：第一，大集群臣，诏定国是，就是要求光绪正式宣布实行变法，希望依靠皇帝的权力来推行维新新政，不许顽固派、洋务派进行阻挠。第二，设立上书所，接受士民上书，各级官吏都可以向皇帝上奏折，从中选拔人才。改良派想通过这种方式，进入政府。第三，开制度局，重定章程，就是要通盘改革政权机关。其办法是一切新政由制度局总其纲，下设十二局分别推行。道、县设民政局、民政分局创办新政，民政分局会同地方绅士实行地方自治。康有为的变法纲领是符合资产阶级利益的政治纲领。1898年6月11日，光绪颁布明定国是上谕，接受改良派的政治纲领，决心次第实行。

明定国是上谕颁布后四天，6月15日那拉氏即强迫光绪撤去翁同龢的军机大臣等一切职务，勒令回籍，派亲信协办大学士、兵部尚书荣禄署理直隶总督，统率北洋军队，控制北京。改良派得到颁发上谕的权力，顽固派则控制了军政大权，紧握屠刀，待机而动。光绪不顾那拉氏和顽固派的威胁，第二天命康有为任总理衙门章京，并许其专折奏事。改良派从6月到9月，积极推行新政，通过光绪，颁布了大批维新变法的诏令。

改良派所推行的新政，比较重要的有：1. 在中央设立铁路矿务总局、农工商总局，各省设商务局，推动工商业的发展；提倡商办各种实业，允许私人兴办兵工厂；组织商会、农会等民间团体。2. 裁撤詹事府、通政司等旧衙门，裁撤督抚同城的湖北、广东、云南三省巡抚及东河总督，裁撤冗员，裁减绿营，删订各衙门办事则例，许官民上书言事。3. 废除八股，改试策论；取消各地书院、淫祠，改设各种专科及中、小学堂，在北京设京师大学堂；设立译局，翻译外国书籍；准许自由创立报馆、学会；奖励新发明，等等。

顽固派、洋务派竭力破坏新政，各省督抚中只有一个湖南巡抚陈宝箴支持变法。洋务派督抚刘坤一等推宕敷衍，借词塞责。荣禄等顽固派督抚更干脆置之不理。有的军机大臣甚至说：“开制度局，是废我军机也，我宁忤旨而已，必不可开。”湖南还发生公开聚众到南学会哄闹，殴打《湘报》主笔等事件。在顽固派和洋务派的阻挠下，维新上谕大多成了一纸空文，没有实效。9

月初，礼部尚书怀塔布、许应骙等无理阻挠部员上书，公开反对新政。光绪下令将礼部满汉尚书、侍郎等六人全部革职。接着，光绪任命谭嗣同、杨锐、刘光第、林旭为四品卿衔军机章京，参预新政。这是百日维新中光绪亲自决定的一次人事上的最大的变动，给反动势力一个有力的打击。此后，光绪又接受改良派要求开制度局，全面改革政权机关的建议，准备开懋勤殿，讨论各项制度。

改良派在百日维新中，的确作了一些改革，制定了不少有利于发展资本主义的政策，给了人民一定程度的言论、出版、结社的自由。这些改革深受民族资产阶级和开明地主的拥护，对广大青年知识分子也起了很大的鼓舞作用。气息奄奄的中国出现了一点生机。在这个过程中，改良派的弱点暴露得非常清楚。他们对帝国主义抱有幻想，希望在实行变法时得到某些帝国主义国家的支持。当时英、美、日等国和沙俄有矛盾，沙俄支持那拉氏，英、美、日想拉拢光绪和改良派以对抗沙俄。维新运动期间，英、美等国的帝国主义分子，以赞助变法的姿态，乘机加紧活动。英国传教士李提摩太和改良派尤为接近。日本也有人和改良派进行联络，前任首相伊藤博文还乘机到中国进行活动。英、日帝国主义分子又大肆宣传沙俄对中国的严重威胁，表示愿意帮助中国变法，使中国成为富强的国家，共同抵制沙俄势力在东方的发展。改良派相信帝国主义分子的这些谎言，把日本当成唇齿之邦，把英国看作“救人之国”，主张与英、日结成联盟，幻想利用这些帝国主义国家的支持，实现维新变法，达到救亡图存的目的。改良派依靠帝国主义实行变法的主张得不到人民的同情，反而给封建势力以反击的口实。改良派对旧势力不敢作坚决的斗争。康有为在光绪宣布变法以前，曾竭力主张罢斥守旧习故、年老疲惫的官吏。后来他感到反动势力的压力，面见光绪时就说：“请皇上勿去旧衙门，而惟增置新衙门，勿黜革旧大臣，而惟渐擢小臣。”改良派原有设议院的要求，也因反动势力太大，而没有付诸实行。改良派只注意争取光绪，而不去发动群众参加维新变法运动。就是活跃一时的组织学会的活动，后来也逐渐停止。没有广大群众的支持，维新运动就不会有力量。反动势力看透了改良派这些弱点，迅速地发动反动政变。

那拉氏的反动政变

反对维新运动的势力都集结在那拉氏的周围。这种势力中有各色各样的人。裁撤大批衙门、淘汰冗员和裁减绿营的规定，使许多腐朽官僚吏胥和将弁士兵发生失业恐慌。废八股，取消各地书院、淫祠，使八股文人、和尚、道士以及把持书院、淫祠的土豪劣绅痛恨入骨。发布稍晚的准旗人自谋生计的上谕，引起了久惯寄生生活的旗人的极端反对。地主阶级顽固派和体现买办阶级利益的洋务派是这种反动势力中最有实力的部分。

9月初，光绪撤换礼部堂官，任命谭嗣同等为军机章京后，斗争更加激烈。怀塔布等顽固派大臣得到那拉氏的默许，赴天津与荣禄密谋政变。荣禄调集军队进驻天津和长辛店，并派专人到北京和庆亲王奕劻进行联系。京、津一带盛传荣禄在那拉氏和光绪预定10月间赴天津阅兵时，将以武力强迫光绪退位。光绪感到事机危迫，连续给康有为等人密谕，要他们速筹办法。改良派不要群众，毫无实力，在这紧急关头，想借袁世凯的兵力，诛杀荣禄，作最后挣扎。袁世凯（1859—1916），河南项城人，1895年在天津小站编练新建陆军，后曾参加强学会，进行投机。这时，他任直隶按察使，统领新建陆军，是荣禄的亲信。光绪接受改良派的建议，召袁世凯进京，命他以侍郎候补，专办练兵事务。谭嗣同把杀荣禄的计划告知袁世凯后，袁世凯一面假装答应，一面立即向荣禄告密。9月21日，那拉氏和荣禄发动政变，囚禁光绪。那拉氏宣布“训政”，下令大捕改良派人士。

政变前不久，改良派曾建议光绪任命李提摩太为顾问，还有人主张留伊藤博文为“客卿”，以争取英、日等国的支持。在政变的当天，他们还幻想英、美、日等帝国主义会出面帮助，派人分头到三国公使馆联系，没有结果，幻想终成泡影。康有为和梁启超在英国和日本帮助下，分别逃往香港和日本。谭嗣同在政变发生后，积极设法营救光绪。很多人劝他逃往日本，他说：“各国变法无不从流血而成，今中国未闻有因变法而流血者，此国之所以不昌也。有之，请自嗣同始。”9月28日，谭嗣同、杨锐、刘光第、林旭、杨深秀和康广仁等同时被害，是为戊戌六君子。许多拥护新政的官吏陆续被革职或放逐。维新新政除京师大学堂以外，先后被全部废止。

资产阶级改良派发起的维新变法运动的失败，宣布了改良主义的破产。维新运动所要解决的问题，一个是挽救民族危亡的问题，一个是发展资本主义的问题。改良派认为不必正面反对帝国主义，就可以顺便地解决民族危亡的问题。照他们的认识，帝国主义侵略中国，阴谋实行瓜分，是由于中国不能自强。只要中国向西方学习，实现资本主义的改革，“示之以可以自振，可以自保之机，则其谋可立戢，而其祸可立弭”。在如何实现资本主义改革的问题上，他们反对引起社会巨大变动的革命，认为只要由一个封建皇帝自上而下地进行这种改革，就可使中国变成资本主义式的强国。他们完全脱离以农民为主的广大人民群众，甚至把革命群众叫作“乱民”“会匪”，而把维新变法当作抵制人民群众革命运动的手段。这样，使他们在遭到反动势力反击时，完全处于软弱无力的境地，不得不陷于失败。维新运动失败的历史，证明了企图用改良主义的方法来使中国走上独立富强的道路，是根本行不通的。

第八节　1900 年的义和团运动

震动全国的义和团运动

资产阶级改良派发起的维新运动失败后两年，爆发了以农民为主体的轰轰烈烈的义和团反帝爱国运动。这个运动是帝国主义侵略加深、民族灾难空前严重的产物，是中日战争以后中国人民反侵略、反瓜分斗争发展的顶点，也是长期以来彼伏此起、遍及全国的群众反教会斗争的一个总汇合。

义和团反帝爱国斗争最早在山东发动。义和团是以民间流行的操演拳术的结社和信奉白莲教的群众为基础而发展起来的，参加的群众主要是农民和手工业者，一部分有浓厚的神秘主义色彩，另一部分则并无宗教迷信。山东有大小教堂一千多处，分布全省，外国传教士和本国教民，经常倚势欺人，为非作恶。在甲午战争中，山东遭到日军的蹂躏。1897 年德国强占胶州湾后，对附近地区，“动因细故，称兵压胁”。群众在日常生活中时刻感受到帝国主义的压力，对侵略者切齿痛恨。1898 年，山东各地反对外国侵略的斗争逐渐高涨。冠县义和团将境内天主堂焚毁；日照义和团发动反对德国传教士的斗争。1899 年，义和团在恩县、平原一带武装起义，高唐、茌平等州县群众响应，山东西北部义和团成百成千，结成大队小队，四出毁教堂，逐教士，屡次击败前来镇压的清军。直隶南部的故城、东光、景州一带农民，也到处设立拳厂，展开反教会斗争。义和团没有统一的组织和一致的号令。他们在各地的自发斗争造成了巨大的声势。长期以来分散的群众反对外国侵略的斗争，迅猛地汇合为一股势不可挡的洪流。

外国侵略者对义和团运动的发展非常恐惧。1899 年 11 月起，美国不断单独或者联合英、法、德等国要挟清政府严厉镇压义和团。后来，它们竟压迫清政府撤换山东巡抚毓贤，以袁世凯接替。袁世凯大量屠杀革命人民来取悦外国侵略者。他到济南后，依靠带来的新建军七千人和后来扩充的步骑炮兵二十营，纠合地方武装，残酷镇压义和团。他还命令全省官员，拿获拳民，立刻就地正法。义和团一部分留在山东坚持斗争，一部分在 1900 年初进入直隶。

山东义和团到直隶，与当地义和团会合，势力更为扩大。义和团反侵略斗争的正义性和严格的纪律，得到广大群众的支持和同情。他们“争为投钱输粟”，很多人踊跃加入义和团。1900 年 5 月间，义和团占领涿州城，破坏芦汉铁路，逼近北京。这时，天津附近的义和团也纷纷活动，积极准备进入天津城。

义和团在山东、直隶的迅速发展，表明这时中国人民反对外国侵略者的斗争已经进入高潮。早在 1898 年，义和团就提出了“扶清灭洋”的口号。这个口号正是反映了帝国主义与中华民族的矛盾已成为当时最主要矛盾，而封建主义与人民大众的矛盾暂时地降到了次要和服从的地位。山东地方官员就在这一年建议清政府“改拳勇为民团”，“将拳民列诸民团之内，听其自卫身家，守望相助”。1899 年毓贤在镇压义和团失败后，承认义和团为民间团练，允许它公开活动。参加义和团运动的群众的成分由此变得复杂起来。被卷进来的有害怕新思想、新事物的守旧士绅，与教会有矛盾的地主和官吏等等。这些分子在农民队伍里竭力煽动单纯排外的情绪，企图把反对帝国主义的斗争引导到不妨害封建统治者的利益而又能发泄他们的怨愤的道路上去。

义和团在直隶境内迅速发展的过程中，外国公使督促清政府不断调军队镇压，这时清政府与外国侵略者之间存在着一定程度的矛盾。戊戌政变后，顽固派把持中央政权，对英、日等国允许康有为、梁启超等在国外继续活动和不同意废光绪的计划，心怀猜忌。清政府没有完全按照帝国主义的意旨行事，对义和团的进攻时松时紧。1900 年 5 月，义和团进抵北京、天津附近，群众的革命斗争已直接威胁到清政府的心脏，清朝统治有立刻被推翻的危险。在这样一种局势面前，清政府中一部分顽固派官员主张暂时承认义和团合法，加以控制利用，使自己躲避开革命群众的打击。军机大臣、顺天府尹赵舒翘向那拉氏建议说："拳会蔓延，诛不胜诛，不如抚而用之，统以将帅，编入行伍"，以便"因势利导"，"缓急可恃"。6 月那拉氏派协办大学士刚毅等去涿州观察义和团的态度。刚毅回报也认为对义和团，只宜"抚"，不宜"剿"。这时北京城内已多处设立拳厂，练习拳棒。清政府在经过几度密议后，决定承认义和团合法，默许京外义和团入京。京内外拳民结合后，声势更大，几天之内，居民加入义和团的达十余万人。许多宫内太监、满汉士兵也纷纷加入，董福祥的武卫后军大部分参加义和团。义和团在北京城内焚毁教堂，把守王公大臣的住宅，北京城实际上已为义和团所掌握。不久，义和团又进入天津城。在天津开狱放囚，在府、县大堂设立神坛，在城内划界管辖，各城门、各官衙都由团众看守。天津城也处于义和团控制之下。

义和团运动在北方的大爆发，特别在进入北京、天津以后，在全国范围内引起了强烈的反响。直隶全省几乎都卷入反教会斗争。宣化、顺德、河间、大名、保定等府群众纷纷攻打教堂，驱逐教士、教民，远近震动。山西省四五十个州县义和团展开活动，拆毁教堂七八十处。东北义和团的反抗斗争，于 7 月间发动，烧教堂、拆毁奉天开原到海城间铁路五百多里。内蒙古广大蒙、汉、回民参加了反帝斗争，西部地区于 7、8 月间进入高潮，托克托、萨拉齐的义和团势力最大，他们与深沟高垒、拥有精锐武器的教堂武装作战。一部分清军也投入战斗。山东义和团拆毁曹州府属的大小教堂，焚毁潍县、乐陵、临清等地的英、美、法国教堂。浙江 8 月间白旗党、斋教起义，攻破江山、常山、开化县城；衢州、台州、绍兴教堂被焚毁。四川大邑反教会斗争爆发后，川南大震。崇庆、灌县、郫县等地先后继起，綦江且有义和团的活动。江西全省拆毁法、英、美、德等国教堂三十九处。云南拆毁昆明教堂，个旧矿工聚众七八万人，快枪数千杆，准备抵抗法国侵略。湖北、河南、湖南、陕西、安徽、福建、广东都发生烧教堂、逐教士的斗争。江苏、广西、甘肃出现义和团的揭帖。在短短几个月内，北起黑龙江南至广东，东自江浙西到陕甘、云南，掀起了汹涌澎湃的反对帝国主义的怒潮。它们与义和团相呼应，有的更直接采用了义和团的旗号。义和团反帝爱国运动迅速在全国形成了中国近代史上第二次的革命高潮。

八国联军的武装进攻和义和团的抵抗

声势浩大的义和团反帝爱国运动，使帝国主义在华的侵略势力遭受严重的威胁。帝国主义列强决定亲自出兵镇压义和团。1900 年 6 月，英、德、俄、法、美、日、意、奥等八国组成的侵略军二千多名，在英国海军中将西摩指挥下，由天津向北京进攻。这时，各国军舰三十多艘群集大沽口外，并不断要求从国内调遣大量军队前来增援。

英勇的义和团对帝国主义侵略者进行了坚强的抵抗，击退了西摩侵略军的进犯。他们拆毁铁路，沿途狙击敌人，阻止侵略军向前推进。6 月 13 日起，义和团与侵略军在落垡、廊坊等地展开血战。义和团手执刀、矛等原始武器，甚至赤手空拳，与使用新式武器的敌人搏斗，前仆后继，狠狠地打击外国侵略者。西摩侵略军遭到痛击，无法前进，18 日被迫沿运河向天津败走。他们一路上又遭到义和团和清军的追击、堵截，死伤近四百人，一个多星期后丧魂落魄地逃回天津租界。帝国主义的武装进攻，进一步激起了中国人民的反抗。北京方面，外国使馆卫兵屡次向义和团挑衅，任意开枪，引起了群众和清军士兵的公愤，日本使馆书记生杉山彬和德国公使克林德先后被杀。义和团和董福祥统率的清军于 20 日开始围攻各国使馆。6 月 17 日各国海军夺占大沽炮台，天津义和团与聂士成统率的清军猛烈围攻租界，后来，张德成、曹福田等率团众数万人前来增援。他们夜以继日，浴血苦战，给侵略者以沉重的打击。

清政府本来企图以安抚的办法来控制义和团，躲过群众的革命锋芒，但它却无法控制人民反对帝国主义的怒火。现在，一方面是帝国主义直接出兵进行干涉，一方面是人民的反侵略斗争，因帝国主义的武装进攻而更加高涨。义和团控制了北京城，其势力甚至达到宫廷之内。如果清政府对于帝国主义公开有妥协的表示，它的统治将立刻被激怒了的人民所推倒。那拉氏这时又接到谎报，说列强将要勒令她归政，这激起了她对外国的愤恨。6 月 21 日，清政府向各国宣战，命令各省督抚招民成团，借御外侮。清政府在宣战“上谕”中慷慨激昂地说：“与其苟且图存，贻羞万古，孰若大张挞伐，一决雌雄！”但隔了四天，它在答复两广总督李鸿章等强烈反对对外作战的上谕中说，“此次之变，事机杂出，均非意料所及，朝廷慎重邦交，从不肯轻于开衅”，并称赞李鸿章等人的主张是“老成谋国之道”。清政府的宣战是对义和团的一场欺骗，由它自己揭穿了。

清政府在对外作战的幌子下，进一步对义和团实行欺骗和控制。那拉氏发放粳米二万石、银十万两给北京义和团，并称誉义和团为义民。刚毅等人被任命统率义和团。他们制定的团规中规定各处义和团要服从总团领导，俘获敌人和武器一律交给官府；团众“应与官军联成一家”；官军欺压团众，必须禀告清军统领办理，不得自行反抗等等。又规定违背上述所谓“团规”的，就是假团，照“匪徒”办理，格杀不论。许多义和团就被指为“假团”而惨遭屠杀。与这同时，清政府积极与帝国主义谋求妥协。6 月 29 日，清政府通知驻外使节继续留在各国，向驻在国政府解释，“中国即不自量，亦何至与各国同时开衅，并何至恃乱民以与各国开衅”，并且保证对于义和团将“设法相机自行惩办”。7 月 3 日，清政府向俄、英、日三国政府乞情，并请求它们向各国疏通，结束战争。不久，它又下令将到期外债，照旧解还；指示直隶总督和顺天府尹，调查被杀的外国人以及他们“损失”的财产，准备“抚恤”和“赔偿”。清政府的目的是以对内镇压人民的反抗来求得帝国主义的谅解，最后保住自己的统治地位。这说明反对帝国主义的义和团运动，实质上是和封建统治者相对立的，封建统治者不可能真正支持人民的爱国运动。

东南沿海各省督抚，拒绝执行清政府的宣战命令。两广总督李鸿章、湖广总督张之洞、两江总督刘坤一相约把接到的宣战谕旨加以扣留，不让清政府已下令宣战的消息透漏出去。李鸿章宣称 6 月 21 日招团御侮的谕旨是“矫诏”，决不奉行。刘坤一、张之洞会奏说，“沿江一带只有会匪、盐枭”，“并无拳会之党可招”。山东巡抚袁世凯说：“山东拳民……精壮者多已争赴京津效力”，留下的尽是些老弱，“不堪驱策”。在英国为首的帝国主义策动下，6 月 26 日，大买办盛宣怀代表刘坤一、张之洞与上海各国领事，商定所谓《东南互保章程》，规定“上海租界归各国公同保护，长江及苏杭内地均归各督抚保护，两不相扰”。以刘坤一、张之洞为首的反动势力直接与帝国主义相联合，共同镇压境内人民的反帝斗争。清政府在接到他们实行“东南互保”的报告时，认为刘坤一等人的意见与清政府“正复相同”，同意他们的做法。东南督抚的这些行动，表面上与清政府有抵触，实际上却是一致的。

1900 年 6 月 23 日，各国侵略军数千人由大沽到达天津租界，接着向天津城发动进攻，遭到了义和团和清军的抵抗。清政府曾密令天津等地将领，要他们在作战时，把义和团放在最前线，作为清军“前驱”，以遂其借刀杀人、消灭义和团的毒计。天津地方官员执行了这一密令，大大削弱了守卫力量，天津城于7月14日失陷。天津失陷后，清政府更急于投降。那拉氏这时派人去外国使馆慰问，表示愿意对杉山彬和克林德被杀事道歉、惩凶和赔款。8月4日，英、法、日、俄、美、意、奥等国联军约两万人，从天津出发向北京进犯。义和团和部分清军坚决抗击。但清政府于7日正式任命李鸿章为议和全权代表，向侵略者乞和。前线清军将领更无斗志，只有义和团坚持抵抗。14日，侵略军占领北京，那拉氏等仓皇逃走。9月，清朝统治者在流亡途中发布命令，公开出卖义和团，称义和团为“匪”，通令官兵实力剿办，要做到斩尽杀绝。以后，各地官员对义和团大砍大杀。直隶涿州、静海、雄县、河间一带义和团受到清军的残暴屠杀。京津、京保、津榆沿线及东北的义和团，更遭到清军和侵略军的联合镇压。震动全国的义和团反帝爱国运动，在帝国主义的血腥残杀和清政府的欺骗、出卖下失败了。

帝国主义侵略军是穿着军服的有组织的匪徒。天津、北京和他们所到的其他地区，烧杀、抢劫、奸淫，无恶不作。从天津到北京，军行所过的村庄，都被破坏。联军攻占北京后，纵兵大掠三日，历代文物和民间财产，惨遭洗劫。京、津曾设坛练拳的地方，不论官衙、民居，一律烧毁。只要被侵略者指为是义和团的人，立即被他们杀死。许多妇女遭到污辱，老少亦难幸免。侵略军在天津成立都统衙门，进行殖民统治；在北京划界分区，实行军事占领。

当帝国主义列强共同出兵镇压义和团时，沙俄企图乘机单独占领东北。7月间，奉天境内广泛掀起反帝斗争。沙俄军队即以保护正在修建中的中东铁路为名，分两路大举入侵。奉天义和团配合清军抵抗。南路俄军于8到10月间攻陷盖平、营口、牛庄。北路俄军先后占领黑龙江、吉林和沈阳。东北全境几乎都被俄军控制。

帝国主义占领北京后，派兵四出扩大侵略。9到11月间，侵略军陆续占领津榆线芦台、秦皇岛、山海关等地。10月，英、法、德、意侵略军分两路从天津、北京出发，占领保定，后来又南下攻占正定、井陉。占据天津的联军，南下骚扰，直到山东边境。11月，德、意侵略军，由北京出长城，进犯宣化、张家口一带。凡联军所到之处，都遭到当地义和团群众的继续抵抗。

义和团运动中的资产阶级各派系

资产阶级各派系，不论是改良派或者革命派，对义和团一致采取反对态度，竭力诬蔑和攻击义和团，把它看成是祸国殃民的根源。改良派首领康有为将义和团看作洪水猛兽，比之为“蛇、豕”，称之为“拳贼”。改良派的报纸《中外日报》破口大骂，声嘶力竭地叫嚷对义和团“必宜剿，必不宜抚，宜急剿，必不宜缓”。资产阶级革命派也把义和团说成是应该剿灭的“奸民”和“匪徒”。软弱的中国资产阶级害怕劳动群众的阶级斗争，又被貌似强大的帝国主义所吓倒，夸大帝国主义力量，看不见人民群众的力量。照它们看来，中外力量对比是“万不当一”，义和团反帝斗争只会造成大局糜烂，不能有什么前途。《中外日报》发表社论主张要反帝只有在中国强盛以后，具备了“自强之本，而后可以胜人”，实际上取消殖民地、半殖民地人民的反侵略、反压迫的斗争。

在义和团运动高涨期间，资产阶级各派系利用清政府遭到沉重打击而极度削弱的有利情势，进行活动，企图达到各自的政治目的。

康有为在戊戌变法失败后，逃亡国外，成立保皇会，号召拥戴光绪，反对革命。义和团运动发生后，康有为等认为推倒那拉氏使光绪当权的机会到来。康有为写信给各地保皇会，要它们“助外人攻团匪以救上（指光绪）”，企图依靠英国势力，在南方成立国会，组织政府。另一改良派首领唐才常接受康有为指使，创设自立会，组织自立军，起兵“勤王”。他们联络长江会党和水师营兵，预定8月9日在汉口、大通、新堤等五处同时举事。自立军有日本人参预密谋，军械来自日本，指挥起义的总机关设在汉口英租界内。自立军计划拥护张之洞在两湖“独立”，张之洞不表示态度。8月9日大通自立军如期起兵，因孤立无援失败。张之洞从观望形势到决意对自立军下毒手，8月21日得到英国领事的同意，搜查自立军总部。唐才常等死难。新堤自立军闻变起事。武昌、麻城、沙市等十余处会党起兵，湖北崇阳、监利，湖南湘潭、沅州等地会党响应，先后为清政府所镇压。湖北、湖南两省地方官吏乘机大捕维新人士，被杀害者达二三百人。

义和团运动期间，孙中山领导的兴中会积极准备武装起义。在英国影响下，兴中会一度有意拥护李鸿章在广东成立“独立”政府。当时日本企图乘机占领福建，答应供给兴中会武器，允许孙中山在台湾活动。孙中山派人在广东发动起义，自己到台湾筹备军械，等待起义军到厦门，渡海接应。1900年10月初，兴中会领导会党，在惠州三洲田袭击清军，起义军一度发展到二万人。这时帝国主义八国联军已进入北京，列强互相牵制。日本感到割取中国领土的阴谋不可能实现，并且它对革命党人在台湾活动又有很大戒心，改变主意，对兴中会不再接济军械，并禁止兴中会在台湾活动。起义军血战半个月以上，士气极旺，终因弹尽援绝，被迫解散。资产阶级革命派要求中国独立和富强，但他们的这些活动说明对帝国主义抱有不切实际的幻想。

《辛丑条约》

八国联军占领北京后，帝国主义列强对于如何从中国攫取最大的侵略利益，各有打算。沙俄企图乘机把东北占为己有。它故意讨好清政府，主张立即撤退各国在北京的占领军，开始议和，以便取得清政府对它强占东北的承认。德国在联军占领北京后，继续派遣大批军队、战舰来华。德国将领瓦德西任联军统帅，计划攻占烟台，进一步控制山东。德国提出要议和必须首先惩办那拉氏，企图恫吓清政府，取得更多利权。英国不承认李鸿章的议和代表资格，不主张立即开始议和。法国支持沙俄主张。日本同意与李鸿章议和，但反对撤军。许多互相对立的意见一时无法调和。早在1900年7月间，正当义和团反帝运动处于高潮时，美国就曾提出第二次“门户开放”政策通牒，虚伪地主张“保持中国的领土和行政完整”。其目的是防止别国占领更多的地盘，并借以笼络清朝统治者和欺骗中国人民。10月，美国这个政策为其他各国所接受，帝国主义列强对中国的基本政策达到了共同的结论：继续维持那拉氏为首的清政府的统治，形式上保持中国的“领土与行政完整”，实质上对中国建立帝国主义列强的共管。12月底，它们提出《议和大纲》十二条，强迫清政府接受，后来又据此订立详细条款，这就是1901年9月正式签字的《辛丑条约》。这个条约是帝国主义列强对中国人民的沉重枷锁，也是清朝封建统治者给自己立下的卖身契。

《辛丑条约》的主要内容有：1. 清政府向帝国主义列强道歉。2. 列强强迫清政府承认附和义和团的错误，惩罚擅敢得罪帝国主义的官员。中央王大臣、地方巡抚、布政使以下被监禁、流放、处死的百余人。3. 列强向中国进行骇人听闻的勒索，赔款银四亿五千万两，分三十九年还清。各地督抚与外国教士议定的地方性赔款约二千万两还不在其内。中国主要税收海关税和盐税都被帝国主义指定专供偿还赔款之用，通商口岸常关，归海关管理。4. 拆毁大沽炮台，允许外国军队在北京及京榆铁路沿线十二处驻扎；在北京东交民巷一带设使馆区，界内不准中国人居住。5. 永远禁止中国人成立或加入反帝性质的各种组织，违者处死刑。地方官对辖区内发生的“排外事件”，如不及时弹压惩办，“立即革职，永不叙用”。这个条约进一步加强帝国主义对中国的统治，保持了清朝统治者的权位。那拉氏对这个条约非常满意。在批准《议和大纲》以后，表示此后要“量中华之物力，结与国之欢心”，决心忠顺不二地充当帝国主义的奴才。地主阶级从此完全投降了帝国主义，清政府彻底变成帝国主义统治中国的工具。

义和团运动以前，狂妄的帝国主义分子吹嘘只要有一万名现代化装备的侵略军，就能够横行全中国。他们一再发出瓜分中国的叫嚣，而实际上也开始行动了。义和团的顽强斗争，教训了侵略者，打破了列强瓜分中国的迷梦。八国联军统帅瓦德西招供，如果德国并吞山东，必定遭到中国人民的强烈反抗，将使德国的军费支出激增，财政濒临破产。他说：“无论欧美、日本各国皆无此脑力与兵力，可以统治此天下生灵四分之一”，“故瓜分一事，实为下策”。英人赫德当时也一再为侵略者献计，主张扶植清政府，以华治华，反复表示瓜分中国的办法行不通，它只会激起中国人民永不停止的反抗。义和团正是以阻止帝国主义瓜分的不可磨灭的功绩而载入史册的。

义和团运动爆发的消息刚传到德国，德国社会民主党机关报《前进报》立即发表评论，强烈谴责帝国主义的侵略行为，热情赞扬中国人民的英勇斗争，指出这是“中国奋起抗击以主子姿态出现的外国剥削者的战争”，“是神圣的民族战争”。“中国在其维护本国领土和民族特点的斗争中，应该得到一切具有政治道德的朋友的同情”。当帝国主义屠杀中国人民，并叫嚷什么中国人“不文明”“敌视白种人”等等，以造谣和谩骂为他们的侵华罪行辩解时，全世界无产阶级的革命导师列宁为中国人民作了义正辞严的驳斥，深刻揭露帝国主义侵略的实质。他说：“是的，中国人民的确憎恶欧洲人，然而他们究竟憎恶哪一种欧洲人呢？并且为什么憎恶呢？中国人并不是憎恶欧洲人民，因为他们之间并无冲突，他们是憎恶欧洲资本家和唯资本家之命是从的欧洲各国政府。那些到中国来只是为了大发横财的人，那些利用自己的所谓文明来进行欺骗、掠夺和镇压的人，那些为了取得贩卖毒害人民的鸦片的权利而同中国作战（1856 年英、法对华的战争）的人，那些用传教的鬼话来掩盖掠夺政策的人，中国人难道能不痛恨他们吗？”列宁和《前进报》对帝国主义的严词斥责和对中国人民的热烈同情，说明国际无产阶级从来就站在中国人民的一边，坚决反对帝国主义的侵略与压迫，支持中国人民的正义斗争，它永远是中国人民的真正朋友。

第九节　十九世纪后半期的科学和文化

自然科学的介绍和学习

十九世纪六十年代以后，随着近代工业的建立和中国资本主义的初步成长，西方自然科学的介绍和学习逐渐开展起来。

鸦片战争后不久，就有人提出学习西方自然科学的主张。但人数不多，影响不大。六十年代，由于创办近代工业的需要，介绍和学习西方自然科学的工作，开始受到重视。1862 年北京设立学习外国语文的同文馆，上海、广州、福州、天津等地陆续设立了许多专门学堂，学习外国语文、科学技术和军事技术。北京同文馆于 1866 年添设了天文算学馆。这类学堂一般都设有自然科学的课程，有些还翻译自然科学的书籍。江南制造局特别设立了专门从事翻译工作的翻译馆。清政府从 1872 年起，屡次派遣学生赴美国或欧洲留学。1887 年，清政府添设算学一科以取士。甲午战争后，资产阶级改良派积极提倡学习自然科学。维新运动期间，各地建立的学堂、学会大部分都学习和宣传西方自然科学，一些旧式书院也随之添设了自然科学课程。此外，外国教会在中国设立的学堂和出版机构，也介绍了一些与基督教根本教义不相抵触的科学技术知识。十九世纪末，各地翻译和辑著的科学技术书籍有一千多种。这时已出现一批具有自然科学知识和近代工业技术的人员。在他们中间，已经有人不仅翻译外国的著作，把西方的科学技术介绍到中国来，并且自己也从事著述。在社会上，学习西方自然科学，开始成为一种风气。

哲学、史学、文学

十九世纪末，资产阶级改良派介绍并宣传了西方资产阶级的哲学和社会政治学说。由于帝国主义瓜分中国的严重民族危机，改良派中如严复等杂糅了达尔文、赫胥黎、斯宾塞的学说，大力宣传“世道必进，后胜于今”“物竞天择，适者生存”等观点。他们要求人们变法图强，“保群进化”。这在当时的历史条件下，有着鼓舞群众发奋救亡的积极意义。但他们认为生物进化的规律也适用于人类社会；宣称社会发展只可逐渐改良，“不可期之以骤”。这实际上是资产阶级改良派为自己的政治观点在自然科学领域里寻找根据。这种观点在一部分知识分子中留下了很坏的影响。

康有为、谭嗣同等接触到一些西方资产阶级思想后，形成了自己的哲学观点。他们试图把西方的哲学思想同儒家或佛家思想夹杂起来，解释历史，解释客观世界。

资产阶级改良派编写了一些历史著作来为他们的政治要求服务。黄遵宪于 1887 年著成《日本国志》，详细地介绍了日本明治维新的历史，希望清政府能根据日本的经验进行变法，曾引起一些人的注意。康有为在维新运动中连续编著《日本明治变政考》《俄罗斯大彼得变政记》《突厥削弱记》《波兰分灭记》和《法国革命记》等书，先后进呈光绪，希望他学习明治和彼得，走变法改良的道路，来挽救瓜分危机，抵制革命运动。

十九世纪末，中国有两种在古代史，尤其是古代文化史的研究上具有极大价值的发现：一种是河南安阳出土的殷商甲骨文，一种是敦煌莫高窟的古代经卷。甲骨文早已出现，但不被重视，1899 年发现是殷商的书契，人们从此大力搜购、拓印，进行研究。同一年又有人在敦煌发现宋朝僧人封存在莫高窟内的经卷、书籍等古代文物。所有这些都是研究古代史和古代文化史的珍贵资料。英、法、日、美等帝国主义国家的文化特务曾先后以最卑鄙的手段将这些资料和其他文物大量劫运到国外。中国的文物遭到很大的破坏和损失。

资产阶级改良派还提出了编汉文文法和实行汉语拼音的主张。马建忠认为西文有规则，容易学习，有利于教育普及。他参照西文文法，用周、秦以后，唐代韩愈以前的诸家文字为例，分析词类，编了一本系统的汉文文法书——

《马氏文通》，于 1898 年出版。宋恕在 1891 年提出汉语拼音的主张，认为中国如果学习日本，实行普及教育，就需要制造切音文字，以便幼童学习。此后有不少人进行这项研究工作。1892—1900 年间，就出现了九种汉语拼音方案。1897 年，康有为等提出文体改革的主张。陈荣衮等陆续发表文章，提倡白话文。1898 年开始，无锡等地都先后有人创办白话文的报纸。

资产阶级改良派也曾注意利用文学来宣传他们的政治观点。他们重视小说，认为小说“入人之深，行世之远，几几出于经史上”。他们还发起所谓“诗界革命”。夏曾佑、梁启超等曾相约以西学的新名词作诗。黄遵宪认为写作诗歌的目的在于表达思想，不必拘泥形式。他在诗歌里，抨击、咒骂封建官绅妥协卖国的丑恶行为，表达了鲜明的爱国思想。

戏剧方面，在这一期间比较活跃的是京剧。元、明以来特别流行的昆曲，乾隆、嘉庆以后，日趋衰落。原来流传在安徽、湖北一带的西皮、二黄等曲调，由徽班带到北京，逐渐演变成一种新的剧种——京剧。同治、光绪年间，最为兴盛。著名的演员兼剧作家汪笑侬，创作了不少剧本。他在戊戌六君子被杀后编成的《党人碑》和在八国联军之役后演出的《哭祖庙》等，都是借题发挥，抨击清朝反动统治的作品。

西方资本主义国家以教会为中心对中国的文化侵略

西方资本主义国家在变中国为半殖民地的过程中，采用了各种各样的侵略手段，除了军事、政治、经济侵略之外，又实行在精神上麻醉中国人民的文化侵略政策。传教、办医院、办学校、办报刊以及吸引留学生等就是这个侵略政策的实施，而教会则是执行这个侵略政策的中心。

鸦片战争后，各国教会纷纷派遣传教士来华，到处建立教会、教堂，进行所谓“布道”工作。十九世纪末，天主教、基督教到中国来的修会、差会约有八十个，属于天主教的会所、大小教堂，仅直隶、山东、山西、河南四省即有四千余处；基督教各差会设立的总堂，全国近五百处。1898 年，美国传教士在中国已经建立一百五十多个教会和八百多处分会。

教会在中国创办了大批学校。十九世纪末，仅直隶、山东、山西、河南四省天主教举办的中、初级学校已有五百余所；1898 年，在中国的美国教会学校达一千一百余所。这时它们开始在中国设立汇文大学和东吴大学等高等学校，并输送中国学生出国留学。1890 年，基督教传教士在上海组织中国教育会，编纂各种教科书。外国教会又在中国设立许多医院，到 1889 年，属于基督教系统的，就有六十多处。

外国传教士和其他一些侵略分子还在中国设立出版机构和报馆，刊印书报杂志。比较重要的出版机构有：1843 年创办的墨海书馆，1878 年成立的圣教书会，1887 年组成的广学会（初称同文书会）。它们通过这类出版机构，在中国翻译、编著和出版了许多自然科学、政治、宗教和其他方面的书籍。外国人在中国创办的报刊中，影响较大的杂志有 1868 年基督教在上海创刊的《万国公报》（原称《教会新闻》）和 1878 年天主教在上海发行的《益闻录》。重要的报纸有 1861 年发刊的《上海新报》，1872 年创刊的《申报》和 1886 年在天津出版的《时报》，等等。

西方国家以教会为中心的文化侵略活动，目的在愚弄广大中国人民和造就为它们服务的洋奴买办。宗教是麻醉人民的鸦片烟。西方传教士向中国人宣传要受苦受难、对一切人容忍的所谓基督精神，企图使中国人永远安于被奴役的地位。西方国家在中国办学校、办报刊、办医院等文化事业，直接间接地宣扬所谓西洋文明。它们向中国人灌输奴化思想，要中国人崇拜西方资本主义国家。它们想这样来使中国人丧失自信心，养成民族自卑感，对中国文化全盘否定，成为帝国主义的精神俘虏。外国教会的欺骗宣传和它们举办各种文化事业的伪善活动，丝毫掩盖不了侵略者的本来面目。广大人民群众是坚持反对帝国主义的斗争的。知识分子中成为洋奴买办的只是极少数。日益严重的民族危机，使大部分知识分子逐渐觉醒起来，走上了反对外国侵略的道路。

第三章　资产阶级领导的革命及其失败。中国资本主义的发展

（1901—1919 年）

第一节　帝国主义与封建势力进一步结合。资产阶级小资产阶级的爱国运动

帝国主义在中国的角逐

《辛丑条约》订立以后，帝国主义在这个不平等条约的基础上加紧侵略中国，奴役和榨取中国人民。他们为了取得更多的权益，彼此间展开激烈的争夺。1902—1903 年，根据《辛丑条约》的规定，英、美、日、德、俄等帝国主义国家与清政府改订税则，英、美、日三国又分别与清政府签订新的通商行船条约。这些条约为帝国主义在中国扩大投资、从事掠夺性贸易以及内河航行提供了新的便利。它们几年前所攫取到的有关修筑铁路等方面的权益，这时积极付诸实现。1901—1905 年间除了俄、德强行直接投资兴建的中东铁路、中东铁路哈尔滨大连支线和胶济铁路已经修成，法国直接经营的滇越铁路正在修筑以外，帝国主义更采取了贷款给清政府筑路而由它们监督管理的办法。正太、沪宁、道清、汴洛等铁路，分别由俄、英、比等国与清政府订立借款行车合同，纷纷开始兴筑。帝国主义加紧了在中国设厂、开矿等活动。在它们对华资本输出中，银行的作用愈来愈明显。继英、德、日、俄、法在中国设立银行之后，美国花旗银行、比利时华比银行等分行，这时也在上海开业。这些新成立的和原有的外国银行，积极扩大经营范围，进一步控制中国的工矿交通事业，垄断中国的财政金融。

帝国主义列强为了加紧夺取中国的权益，积极巩固各自在华的势力范围

并向别国的势力范围内扩展，彼此间展开明争暗斗。德国、日本的侵略势力猛烈地在长江流域扩展，它们成为英国在那里的有力竞争者。英、俄对西藏的争夺，日、美与沙俄在东北的斗争，也都大为尖锐起来。

东北是当时帝国主义在华角逐的焦点。沙俄在义和团运动时期武力侵占东三省后，千方百计地企图加以永久占领。日本早有夺取这一地区的野心。美国积极支持日本侵华，阴谋借助日本而达到插足东北的目的。英、俄在亚洲的长期对立，决定英国站在日本这一面，1902 年 1 月，英日两国缔结反对俄国的军事同盟。当时帝国主义在中国东三省角逐的总形势是英、美、日联合对俄，而以日本为先锋。它们在同沙俄的斗争中，竭力以美国提出的所谓“保持中国的领土和行政完整”等欺骗性口号来掩盖自己的侵略本质。英、美、日三国向清政府施加压力，促使清政府要求俄军撤出东三省。沙俄在 1902 年 4 月与中国订约，同意将俄军分期全部撤回，但在第二年 4 月第二期撤兵时，却又违约不撤。沙俄与其他帝国主义的矛盾愈益激化，1904 年 2 月终于在中国领土上爆发了日俄战争。

日俄战争是列强为争夺中国东北而进行的一场帝国主义战争。战争爆发之前，日本警告清政府，中国必须保持中立，并要清政府加强各地的统治力量，防止人民起来反抗。战争刚发生，美国立即表示要使战争“局部化”，以保障自己的侵华利益，并使清政府能在全国各地镇压人民的“激动与骚乱”。清政府腐朽透顶，不但无力预防战争在本国领土上发生，不能和不敢制止战火的蔓延，甚至置国家主权和人民于不顾，无耻地宣布在战争中严守“中立”，把辽河以东的地区划作战场。清政府重申日、俄两国“均系友邦”，曲意保全同这两个帝国主义侵略者的“邦交”；又屈从日、美帝国主义的意愿，严令各地官吏加强对人民的监视和镇压。在战争期间，日、俄两国军队在东北残杀中国人民，掠劫财物，焚毁房屋，破坏生产，给当地人民带来了无穷的灾难。

日俄战争以俄国的失败而告终，日、俄两国在美国的调停下于 1905 年 9 月在美国朴茨茅斯缔结和约。12 月，日本帝国主义与清政府订立《会议东三省事宜正约》，迫使清朝统治者承认《朴茨茅斯条约》中有关东三省的规定：俄国将旅（顺）大（连）租借地、长春到大连间的铁路（所谓南满铁路），以及与上述租借地、铁路相关的一切权利全部转让给日本。在《附约》中，日本还攫取了直接经管安奉铁路和在鸭绿江右岸采伐木材等权利。清政府并同意在东三省广泛开埠通商。自此以后，沙俄势力退到东三省北部，日本势力侵入东三省南部。在侵略中国的帝国主义列强中，日本的地位越来越重要。

在日、俄等国争夺东三省的同时，英帝国主义积极准备从印度向中国西藏地方入侵。1895年达赖十三世亲政后，在沙俄的拉拢下，有依靠俄国来反对英国侵略的倾向，沙俄在西藏地方的影响日渐增长。英国早有把西藏地方作为它的势力范围的野心，利用俄国侵华的注意力更多地被吸引在东北的时机，1903年12月在西藏地区发动了新的侵华战争。西藏地方军队和藏族人民顽强抗敌。1904年5、6月间，江孜的保卫战尤其英勇壮烈。他们袭击英军营地，展开白刃战，歼灭敌军，夺回宗政府，后来又坚守山上阵地，用火药枪和石块抗击英军，多次打退敌人的进攻。英国的侵略激起了全国人民的愤慨，许多报纸积极声援当地军民的反抗斗争。驻藏大臣有泰没有领导西藏地方的抗英战争。8月，英军侵入拉萨。达赖十三世事先离拉萨经青海北上。9月，英国迫使西藏地方部分官吏签订所谓《拉萨条约》，规定给予英国极广泛的政治、经济特权，包括江孜、噶大克等地开为商埠，对英赔款，拆毁边界至拉萨的防御工事，等等。《拉萨条约》实际上使西藏地方成为英国的势力范围，英国会竭力催促清政府批准。这个条约严重损害中国主权，遭到全国人民，首先是藏族人民的坚决反对。清政府不予承认，派代表与英国重新交涉，1906年4月双方订立《续订藏印条约》。英国取得原来《拉萨条约》中的许多侵略利益，而它分割中国领土西藏的阴谋则遭到失败。

清政府的“新政”，封建统治者被迫对资产阶级的若干让步

清政府出卖义和团和向帝国主义彻底投降，激起了广大人民的无比愤慨，使它的统治面临极大的困难。东南沿海各省督抚在义和团运动时期实行所谓“东南互保”的单独行动，进一步暴露了清朝统治集团内部的矛盾以及中央对地方的控制力量削弱。1901年1月，那拉氏等人到西安，喘息方定，立即发布“变法”上谕说：“世有万古不易之常经，无一成不变之治法……盖不易者，三纲五常，昭然如日星之照世；而可变者，令甲令乙，不妨如琴瑟之改弦。”在这个上谕中清政府表示要力图振作，谋求富强，以此来欺骗人民。此后数年间，清政府在推行“新政”的名义下，陆续实行了一些目的在于稳定和加强清朝统治的所谓“改革”。

练兵筹饷是“新政”的主要内容。1903年开始改军制，准备编练新军，

淘汰绿营。中央成立以庆亲王奕劻为首的练兵处，地方陆续成立以督抚为首的督练公所。各省先后编练新军，直隶总督兼北洋大臣袁世凯对练兵尤为重视。1905 年，练兵处拟定了在全国编练新军三十六镇的庞大计划。同年，清政府又设立巡警部，举办警政。对人民进行压榨、搜刮，是筹饷的唯一手段，各种名目的捐税层出不穷。

清朝封建统治者实行“新政”，具有讨好帝国主义的用意。1901 年 7 月，清政府根据帝国主义的要求，改总理衙门为外务部，班列六部之前。1903—1904 年间，清政府又依照与英、美、日所订立的通商行船条约中的有关条款，在《商标注册暂拟章程》《重订铁路简明章程》和《重订矿务暂行章程》中，对保护外国商标和外国人在筑路、开矿方面的投资，都有明文规定，以便利帝国主义对中国的资本输出。重订矿务章程中还规定不论中国人或外国人，都可集资开矿。这时在清朝中央和地方政府中，出现了以顾问名义干预中国财政、军事等方面事务的外国人，如美国前菲律宾经济调查专员精琦是中央的财政顾问，日本坂西少佐是直隶督练公所的军事顾问等。清朝统治者推行“新政”的过程也就是取得帝国主义欢心、与帝国主义进一步勾结的过程。

清政府把增强军事力量作为继续维持统治的柱石，并努力争取帝国主义的支持，但在统治力量受到严重打击的处境下，不得不对民族资产阶级作一些让步，争取他们的支持。

1901—1905 年间，清政府陆续采取了废八股、废科举、令各省设立学堂、派遣学生出国留学和在中央成立学部管理全国学堂等措施。这些措施在客观上有利于学习自然科学和传播西方资产阶级的社会政治学说，多少适应了当时民族资产阶级在文化方面的某些需要。清政府虽同时颁布了《约束游学章程》和《学堂管理通则》，力图把留学生及国内学生控制在对封建统治有利的范围内，但这些终无法阻挡青年向西方资本主义学习的潮流。1903 年 9 月成立商部，主管范围包括农垦、畜牧、路、矿、工、商等方面。商部成立后就着手制订或重订一系列的规章办法。1903—1904 年相继颁行了《奖励公司章程》《商会简明章程》《接见商会董事章程》《重订铁路简明章程》《重订矿务暂行章程》《公司律》《公司注册试办章程》《商标注册暂拟章程》。清政府在这些规章中宣布了自由发展实业为合法，奖励资本家兴办企业，承担了保护投资者利益的责任。封建统治者并没有向资产阶级开放政权，但给予资本家及其组织——商会得向商部提供意见或建议的机会与权利。

清政府在争取资产阶级时，特别对民族资产阶级上层加以笼络。实业界实力雄厚的张謇等资产阶级的重要代表人物，1904 年被聘为商部的头等顾问。民族资产阶级在清政府推行“新政”的过程中，获得了一些发展经济的有利条件，他们的社会地位得到提高。

资产阶级小资产阶级知识分子爱国运动的兴起。分散的革命团体出现

义和团运动提高了人民的觉悟，推动了中国革命斗争形势的发展。义和团运动以后，清政府为了支付庚子赔款，筹集“新政”经费，大量增捐增税，如增收盐酒茶烟税捐，整理房田契税，清理田赋和陋规归公，等等。这些捐税最后都转嫁在劳动人民身上，加重了人民的负担，促使群众不断进行反抗。

农民的反抗斗争仍然很活跃。农民从义和团被封建统治者出卖的事实中得到沉痛的教训，直隶中部和南部起义农民提出“反清灭洋”和“扫清灭洋”的口号，四川巴县一带群众发出“灭清剿洋兴汉”的号召，湖南邵阳出现大汉灭洋军。这时，农民群众已经感觉到要反对外国侵略势力，同时要反对清政府的统治。义和团失败以后的几年间，农村反对外国教会的斗争、抗捐抗税和会党起义在全国各省不断发生。广西会党起义从 1903 年持续到 1905 年，声势浩大。僮族等少数民族群众参加了这一斗争。清政府动员了广东、广西、湖南等五省军队，历时两年，才把这次起义镇压下去。城市手工业者和商人被繁苛的摊派困扰，全国许多城镇接连掀起抗捐罢市的斗争。

民族资产阶级反对帝国主义侵略的要求渐渐增长，是这时一个显著的变化。资产阶级小资产阶级知识分子对现状尤其不满，迫切要求新的出路。1901 年以后，由于国内办学堂和出现出国留学，特别是到日本留学的高潮，资产阶级小资产阶级知识分子的队伍迅速增大。1901 年以前自费出国留学的人还很少。1904 年留日学生达到一千三百多人，1906 年至少已有八千人上下。这时在英、美、德、法、俄、比各国也都有中国留学生，自数人至数十人不等。他们身处异国，大多数人痛感祖国的危亡，救国愿望非常强烈。

资产阶级小资产阶级及其知识分子领导和参加的爱国运动日益蓬勃开展。1903 年俄国破坏从东北撤兵的条约，激起爱国人民的愤慨。上海有“拒俄”的集会，日本东京的留学生组织拒俄义勇队，北京、武汉的学生也纷纷抗议。

这一年又传闻广西巡抚王之春出卖利权和请求法军帮助镇压当地会党起义，各地人民群情激昂，提出“拒法”和“驱逐王之春”的口号。1904年湖北、湖南、广东人民要求废除清政府与美国公司先前签订的出卖粤汉铁路的合同。经过斗争，第二年收回粤汉铁路，由三省自行筹款修筑。全国各地要求收回被帝国主义掠夺的路矿利权的运动也渐次开展。

1905年的反美爱国运动是资产阶级发起的一次群众运动。中国人民采取了禁用美货、拒绝通商等手段要求美国停止长期以来排斥和虐待旅美华工的暴行以及废除中美间有关华工的不合理条约。上海、广州、天津、汉口和沿海沿江各省的许多大中小城镇的工商业者踊跃参加。工人、农民、学生、妇女以及城市各阶层居民热烈响应。南洋、日本、美洲、欧洲各地的许多华侨宣布不用美货或捐款支持国内人民的斗争。

民族资产阶级上层中的一部分人，因切身利益与帝国主义发生矛盾，参加了爱国运动，并成为收回利权运动和反美爱国运动的领导者。他们不主张推翻清朝统治，只要求参加政权，寄希望于清政府的改良。民族资产阶级中、下层这时开始走上主张推翻清朝统治的革命的道路。激进的资产阶级小资产阶级知识分子是这一派的代表。1902年和1903年分别在东京和上海成立的青年会、爱国学社，都有一些倾向革命的知识分子参加。清政府竭力压抑和破坏爱国运动，把积极参加爱国活动的人一律看作“叛逆”，迫使许多爱国的人们走向革命。1903年东京留学生中成立的拒俄义勇队，原为反对俄国在东北违约不撤兵而组织起来的，其目的是“拒俄御侮”，要求在清军将领指挥下效命疆场。清朝统治者一面请求日本予以解散，一面命令地方官吏对回国队员“严密查拿”“就地正法”。许多留日学生亲身体验到在清朝统治下爱国无路，异常激愤。他们在拒俄义勇队被迫解散后，立即成立军国民教育会，会员中有一部分人主张把该会宗旨明确地规定为“排满”的“民族主义”。革命派热烈爱国，他们认识到清政府已成为帝国主义统治中国的工具，主张要救国必须首先推翻这样的政府。当时把这个道理论证得最透彻的是革命宣传家留日学生陈天华。陈天华（1875—1905），字星台，湖南新化人。他在1904年出版的《猛回头》和《警世钟》两本通俗小册子中，淋漓尽致地揭穿了清朝统治者只不过是帝国主义的“守土官长”，透彻地阐述了“要想拒洋人，只有讲革命独立，不能讲勤王”的思想。

资产阶级革命派逐渐与改良派区别开来。资产阶级小资产阶级知识分子越来越革命化，开展了革命宣传与组织活动。他们的这些活动促进了资产阶级革命运动的高涨。从此，推动中国历史前进的，已经由农民的自发斗争，开始让位于资产阶级领导的民主革命。

上海和东京是革命知识分子进行宣传活动的两个中心。在这些人中间，涌现出不少卓越的革命宣传家。当时最有影响的，除陈天华以外，还有章炳麟、邹容等人。章炳麟（1869—1936），号太炎，浙江余杭人，是著名的经学家。他在戊戌变法失败以后开始倾向革命。1902 年他在东京留学生中倡议举行“支那亡国二百四十二年纪念会”，以纪念明朝的覆亡，对宣传反清很有影响。他在 1903 年发表的《驳康有为书》一文中，以犀利的文字痛斥康有为所谓“中国只可立宪，不能革命”的谬论。章炳麟指出革命有启迪民智、除旧布新的作用，宣传“合众共和”和“民主”是不可抗拒的时代潮流，明确表述了资产阶级民主革命的观点。邹容（1885—1905），字蔚丹，四川巴县人，曾留学日本。1903 年他在上海发表《革命军》一书。这时，他还不满二十岁，以青年人特有的满腔热情歌颂革命，鼓吹天赋人权，高唱自由平等，主张永远根绝专制的君主政体。书中号召对干预中国革命、反对中国独立的外国人采取敌对态度，并提出建立“中华共和国”的口号。这些同改良派的调子截然不同的革命主张，反映了时代的要求，深深打动了切望改善国家状况的人们的心弦。这些作品深入到全国各地和海外华侨中。湖南、湖北、浙江、江苏各省留日学生创办的《游学译编》、《湖北学生界》（后改名《汉声》）、《浙江潮》、《江苏》，上海出版的《苏报》《童子世界》《中国白话报》《女子世界》等刊物也都流传各地，扩大了爱国和民主革命思想的阵地。清政府对革命宣传多方压制。1903 年在上海勾结帝国主义查封《苏报》，监禁章炳麟和邹容，造成轰动一时的事件。这些反动措施不但没有达到压制革命宣传的目的，反而激起了更多的人对清朝统治的痛恨，扩大了革命的影响。

资产阶级小资产阶级知识分子在积极进行革命宣传的同时，开展了革命组织活动。1904 年接连建立了几个革命小团体。由日本回国的湖南留学生在长沙成立华兴会，提出“驱逐鞑虏、复兴中华”的口号。另一些归国的留日学生在上海与文化教育界爱国人士蔡元培等组织光复会。湖北新军中的革命青年和武汉的一些学生组织科学补习所，以“革命排满”为宗旨。

这些革命小团体是由小资产阶级分子、资产阶级分子及一部分反满的地主分子组成的，成分复杂。其领导人及主要成员是小资产阶级知识分子。这些秘密团体的规模不大，它们的活动范围多限于所在省份或附近地区，又都还没有比较完整的政治纲领。但它们的革命主张基本上代表了小资产阶级和民族资产阶级中下层的要求，都是资产阶级性质的革命团体。它们主要在学校、新军和会党中间进行革命活动，特别重视争取会党的合作。

这些革命小团体在成立后就开始向清朝统治进行冲击。以黄兴为首的华兴会积极准备武装起义。黄兴（1874—1916），字克强，湖南善化人，留学日本时，积极参加爱国运动。他回国组织华兴会后，同湖南哥老会联合，约定1904 年 11 月在长沙发动起义。华兴会并与武汉、江浙的革命者取得了联系。科学补习所原定在湖北响应长沙起义，光复会领导人陶成章在浙江会党中做了呼应华兴会起义的布置，这与历来农民分散孤立地进行起义活动的情况已有不同。长沙起义因计划事先泄露而遭到清政府的破坏，其他各地的响应安排也全盘落空。黄兴等辗转逃往日本，同其他许多革命知识分子都渐渐聚集在孙中山的周围。

孙中山在 1900 年兴中会惠州起义失败后，继续在海外华侨中进行革命活动。他开始与留日学生直接接触，支持他们的爱国和革命行动，并受到这些行动的鼓舞。当时兴中会组织不健全，许多会员被康有为、梁启超的言论所蒙蔽。檀香山等地兴中会无形中遭到了保皇党的破坏。孙中山的革命思想则在不断发展中。1904 年，他对康有为、梁启超一派的保皇言论进行了严厉的驳斥，并提出“驱除鞑虏，恢复中华，建立民国，平均地权”的革命口号。这一年孙中山发表《中国问题的真解决》一文，认为清朝统治“正迅速地走向死亡”，“中国现今正处在一次伟大的民族运动的前夕，只要星星之火就能在政治上造成燎原之势”。兴中会重新活动起来。1905 年初，孙中山到欧洲，在比、德、法各国的中国留学生中建立革命组织。这时他在留学日本及欧美各国的中国革命知识青年中已有很高的威望，而他也正是在这些人身上看到了推进革命事业的新希望。

第二节　资产阶级革命政党同盟会的成立，革命党人的活动

资产阶级革命政党同盟会的成立

1905 年 7 月，孙中山从欧洲到达日本，受到中国留学生和各革命小团体的热烈欢迎。在国内群众日益倾向革命的形势下，孙中山和各革命小团体的领导人都感到有联合起来进行革命的必要。孙中山的资产阶级民主革命思想很快被革命知识分子所接受。8 月 20 日，兴中会、华兴会、光复会等革命小团体的成员在日本东京正式成立了中国同盟会（简称同盟会）。孙中山被推为总理，黄兴等分别负责同盟会总部各部门工作。同盟会通过孙中山提出的革命纲领，11 月在日本东京出版《民报》作为机关刊物，在海外留学生、华侨中间和国内大部分省份陆续建立了革命组织。同盟会成员的社会成分相当广泛，资产阶级小资产阶级知识分子占绝大多数。同盟会包括资产阶级小资产阶级激进派、资产阶级自由派和地主阶级反满派，资产阶级小资产阶级激进派居于领导地位。同盟会的成立，使全国革命力量有了一个中心。它把分散的地方性组织改建成统一的全国性的近代资产阶级革命政党，提出了比较完整的资产阶级民主革命的纲领，这标志着资产阶级领导的民主革命运动进入了高潮。

同盟会是在中国进入半殖民地半封建社会六十多年以后、中国资本主义已初步成长的条件下产生的。二十世纪初年，中国民族工业又有了一些发展，其中以棉纺织、缫丝、面粉、火柴等轻工业发展最快。新兴的民族资产阶级要求摆脱帝国主义、封建主义的束缚，独立自由地发展资本主义。这种愿望在民族资产阶级中、下层表现得尤其强烈。在多次收回利权和广泛抵制美货等爱国运动中，许多城市的中小工商业者都踊跃参加，表现了他们的政治积极性。同盟会所提出的政治主张正是反映了民族资产阶级中、下层的要求，成为他们的政治代表。

同盟会所制定的政治纲领，是比较完整的资产阶级民主革命性质的纲领。《中国同盟会总章》和准备在起义时散发的《军政府宣言》规定以“驱除鞑虏，恢复中华，建立民国，平均地权”等四项为革命宗旨。《宣言》中强调以

“国民革命”推翻清政府，在“国体民生”方面要有所变革，并提出法国资产阶级革命的口号“自由、平等、博爱”作号召。同盟会对它的政纲作了如下的说明：

1．驱除鞑虏，只是驱除残杀和奴役汉人的满族统治者，即推翻“满洲政府”，而不是驱逐满族人民。

2．恢复中华，驱除满族统治者后，归还汉人的“主权”，光复汉“民族的国家”。

3．建立民国，以国民革命建立民国政府，国民一律平等，都有参政权，总统由国民公选，议会由民选议员组成，制定《中华民国宪法》，人人共守。

4．平均地权，要核定全国地价，现有的地价归原主所有，革命后因社会进步所增加的地价，归国家所有，由国民共享，做到“家给人足”。

孙中山把政纲中的民主革命主张概括为民族主义、民权主义、民生主义，并在《民报》发刊词中强调指出：“今者中国以千年专制之毒而不解，异族残之，外邦逼之，民族主义、民权主义殆不可以须臾缓。而民生主义，欧美所虑积重难返者，中国独受病未深而去之易……睹其祸害于未萌，诚可举政治革命、社会革命毕其功于一役。”

同盟会政纲中所提出的“平均地权”，具有为资本主义发展开辟道路的意义。革命派对于如何解决土地问题，主张通过核定地价和向地主收买土地，不赞成农民“夺富人之田为己有”。这实际上是惧怕农民群众用革命暴力来摧毁封建统治的根基。革命派看到了欧美资本主义社会的腐朽没落，无产阶级革命正在兴起，又试图把“平均地权”作为预防中国将来发生社会主义革命的方案。这个纲领只是接触到土地问题而没有提出正确的解决办法。它不能够满足农民群众对于土地的迫切要求。这表明了中国资产阶级不可能真正领导民主革命的主力军农民从事反封建的斗争。

同盟会政纲中最突出的是反满问题，没有明确提出反对帝国主义侵略以实现民族独立的口号。革命派认为“独立”和“救亡”的关键在于“革命排满”，至于“排外”则“今无所用”。同盟会预拟的军政府《对外宣言》和《民报》第三号发表的对外政策都表示：承认清政府与帝国主义订立的一切不平等条约，照旧偿付清政府的外债，承认外国侵略者在中国享有的特权，对帝国主义只要求在革命发生后不援助清政府。同盟会并宣称他们当使国民在革命时不发生“妨害”列强的行动。革命派企图不正面反对帝国主义而实现民族独立。

同盟会缺乏一个彻底的反对帝国主义和封建主义的斗争纲领，对于群众又不敢充分信赖，害怕群众斗争超出它所划定的“革命排满”的范围。但是同盟会在纲领中坚决主张用革命暴力来推翻清政府，推翻君主专制政体，要求建立独立富强的资产阶级民主共和国，这对于迫切要求民族独立、民主权利、幸福生活的中国人民来说，是有很大的鼓舞作用和吸引力的。因此这个纲领不但受到资产阶级、小资产阶级的拥护，也受到广大人民群众的拥护，对推动当时革命运动有重大的意义。

近代中国第二个思想解放潮流，革命派和改良派的斗争

同盟会成立后，积极开展宣传活动。在《民报》发刊词中，孙中山宣称要将资产阶级革命派有关民族、民权、民生问题的主张，“灌输于人心，而化为常识”。《民报》在宣传三民主义和解释同盟会纲领的文章中，强调“排满”的民族主义。这种思想成了《民报》和其他革命刊物宣传的中心。《民报》上发表的文章还包括声援殖民地民族革命运动的时评，介绍十八世纪法国资产阶级革命、1905年俄国革命及欧美各种社会政治学说，等等。在歌颂俄国革命的文章中，着重指出君主立宪的虚伪性，号召中国人民以俄国革命为榜样，立即采取革命行动。《民报》发行后受到国内许多青年知识分子的欢迎，多次重印，仍供不应求。各省留学生以革命党人为骨干，在东京先后出版十多种杂志。著名的有《四川》《云南》《洞庭波》《河南》《晋声》《夏声》等刊物。这些刊物大多以浅显的文字宣传革命，揭露清政府卖国殃民的罪恶，提倡自办实业，要求收回路矿利权，反对帝国主义侵略中国边疆省区，受到爱国人民的欢迎。革命党人在国内外秘密和公开发行的报刊、书籍不下一百二三十种。上海、广州、武汉、北京、天津、福州、长春、贵阳、桂林、开封等大中城市，都有日报出版。许多秘密书刊在资产阶级小资产阶级知识分子中间广泛流传，成了传播革命思想的有力武器。

《民报》创刊以前，梁启超在日本横滨主办的《新民丛报》，在国内风行一时。这个刊物发表了大量歌颂君主立宪、诋毁革命的文章，以抵制正在高涨起来的民主革命思潮，成为改良派的喉舌。革命派对改良派的反革命宣传予以猛烈的反击。双方由此展开了激烈的论战。同盟会在《民报》第三号上发表

号外，题名《民报与新民丛报辩驳之纲领》，列举了双方在十二个问题上的根本分歧。其中主要几项是："《民报》主共和，《新民丛报》主专制"；"《民报》以政府恶劣，故望国民之革命，《新民丛报》以国民恶劣，故望政府以专制"；"《民报》以为革命所以求共和，《新民丛报》以为革命反以得专制"；"《民报》鉴于世界前途，知社会问题必须解决，故提倡社会主义，《新民丛报》以为社会主义不过煽动乞丐流民之具"。此后，《民报》陆续刊登专文，对改良派的反革命论点逐条痛加驳斥。革命派与改良派在国外各地的二十多种报刊全部投入了论战。《民报》和《新民丛报》成为双方进行思想斗争的主要堡垒。要不要革命，要不要实行民主政治，要不要改变土地制度是论战的中心问题。

第一，关于要不要革命的问题。

改良派制造种种理由反对革命派的民族革命、政治革命。梁启超为清政府的民族歧视和民族压迫百般辩解，宣称汉人的法律地位和实际地位同满人已经平等，没有必要进行民族革命。他又诡称自己向来主张政治革命，但说政治革命的"正当"方针应该是"劝告"政府改良政治，"要求"政府实行立宪，决不是举行暴动。改良派认为革命派所进行的民族革命、政治革命，势必引起"下等社会"武装暴动，破坏社会秩序，而且可能引起列强的干涉，招致瓜分。他们说："爱国"绝不应当革命。

革命派针对改良派反对革命的诡辩作了义正词严的驳斥。革命派列举历史事实，作为清政府施行民族压迫的证明，反驳改良派竭力为清政府作掩饰的种种说法。他们揭露改良派所谓"爱国"不应当革命这一论点的实质是爱清政府，爱充当"洋奴"的卖国政府，根本不是真正爱中国；清政府是一个甘心卖国的政府，不把这个卖国政府推翻，中国将被它完全断送，因此，要爱国就应当革命。他们进一步揭穿改良派所谓"正当"的政治革命，实际是站在维护清政府的立场上反对革命。他们明确表达了应当以武力推翻清政府的主张，表示自己完全能够掌握革命局势的发展，毋须惧怕外国对中国革命的干涉。革命派在论战中给人民指出了一个斗争方向，只有推翻清政府，才能脱离民族压迫、专制压迫，才能拯救国家民族的危亡。

第二，关于要不要实行民主政治的问题。

改良派为了替清政府的专制统治作辩护，说是不好的人民才"造出"不好的政府，政府去其专制压力，没有好人民还是造不出好政府来。今天指责政府专制、恶劣的人，应该明白一切责任首先在人民本身而不在政府。他们叫嚷民主立宪在中国决不可行，因为人民没有作共和国民的资格，也没有实行民主政治的能力，如果一定要去做，必然使政府不成为政府，国家不成为国家，结果非“亡国”不可。他们甚至认为中国在目前连实施君主立宪的资格都不够，勉强实行起来也会“弊胜于利”，唯一正确的办法是先行十年开明专制作为进入君主立宪的过渡。

革命派在民主政治问题上对改良派作了针锋相对的论争。革命派明确指出人民应享有直接的民权，君主专制政体固然要反对，君主立宪同样也要反对，从根本上驳斥了改良派反对民主政治的论点。他们还阐明了立宪和革命不可分开的关系，列举欧洲一些国家的历史来证明不革命即不能立宪。他们根据事实对清政府所谓预备立宪作了深刻的分析，指出这不过是“牢笼”人民和抵制革命的一种手段，进一步戳穿了改良派拥护立宪和要求开明专制，完全是帮助清政府愚弄人民，巩固其“野蛮专制政体”的骗术。他们借用西方资产阶级的“天赋人权”学说作理论根据，驳倒了改良派所谓人民没有实行民主政治的能力和不具备共和国民资格等说法。他们又说革命使人民解脱专制压迫的痛苦，在共和政府下，人民会逐渐养成能完全实行民主政治的能力，使中国臻于独立富强。相反地，不推翻君主专制政体，不实行民主政治，其结果必然像清政府那样腐败无能，把中国弄得国弱民贫，受人欺凌，面临亡国灭种的危险。革命派的结论：只有“兴民权，改民主”，中国才有出路，而改良派反对共和，实为“中国之罪人！”

第三，关于要不要改变封建土地制度的问题。

改良派对革命派主张“土地国有”大肆攻击。梁启超竭力为地主土地所有制辩护，说中国社会经济制度基本上是良好的，有一些缺点也只须稍加“补苴”就够了。地主占有土地，有利于社会“勤勉殖富”，是“正义”的权利，应当得到保护和发展。他攻击革命派的“土地国有”政策是危害“国本”，是煽动“下等社会”革命；又说这个主张一出，“莠民”一定会闻风影从，起而攘夺富人的田地，逞凶作乱，荼毒四方。他甚至表示对其他问题尚可让步，如果定要在革命中解决土地问题，则宁死也不能“寸毫”相让。他厉声叫嚣：谁敢主张“土地国有”与他种革命同时并行，全国人可共诛此“逆子”“罪人”！

革命派严厉驳斥梁启超对“土地国有”的种种污蔑，指出作为生产要素的土地是不应当私有的，少数地主垄断土地有种种弊害。他们说：地主依靠土地，徒手坐食，不给社会生利反而分利，对社会生产是不利的。地主垄断土地，迫使农民充当佃户，对他们进行种种剥削压迫，在社会上造成地主有权和农民无权的不平等现象。不改变地主土地所有制，将来地主兼大资本家，其弊害更不可胜言。革命派强调指出，中国社会经济制度决不如改良派所说的，只要稍加“补苴”就能解决问题，而是必须改革土地制度。实行“土地国有”政策，人民才能脱离地主强权的压迫，社会生产事业才能迅速发展。《民报》中有的文章指责改良派反对“土地国有”政策，是只知有“豪富”而不知有“贫民”，主张没收豪富田地；并认为革命必须依靠“佃民”，贫苦农民应该奋起争取政治的经济的平等权利。

经过1905—1907年的大论战，革命派彻底揭露了改良派站在清政府方面反对革命的实质，使许多知识分子从改良主义思想的束缚下解放出来。过去有些人以为中国应该效法日本明治维新、俄国彼得变法，走改良主义的道路，现在知道救亡图存非革命不可，开始站到革命的旗帜下面来。孙中山说：同盟会成立后“不期年而加盟者已逾万人，支部则亦先后成立于各省，从此革命风潮一日千丈，其进步之速，有出人意表者矣”。1906年，《新民丛报》说：“数年以来，革命论盛行于中国，今则得法理论、政治论以为之羽翼，其旗帜益鲜明，其壁垒益森严，其势力益磅礴而郁积，下至贩夫走卒，莫不口谈革命而身行破坏。”改良派也无法否认这次论战促使革命形势的蓬勃发展。

革命派在理论战线上击败改良派，取得思想领导权，获得了一个重大的胜利。论战中所有主要问题的争论，归根到底都不能不和当时民主革命的首要问题，即要不要反对帝国主义和要不要群众革命运动直接联系起来。正是在这两个问题上，革命派对改良派的责难没有作出正面的答复，而采取回避问题的态度。在答复改良派所谓革命必招瓜分这个问题时，革命派天真地说：中国革命是反对封建专制，申张民权，完全合乎世界各国潮流，革命后独立自主，列强不会再来侵略中国。他们主张“改良”群众暴动，去其“排外”性质，以免“自取干涉”。在答复改良派所谓革命会引起“内乱”这个问题时，革命派认为：革命是极简单的事情，只要用单纯的军事暴动，短时间内就可以推倒清政府；只要注意内部的调和，进行有“秩序的革命”，本着建设“民国”的目的，就不会发生内乱。自信是全民代表的革命派，并不准备依靠农民群众这支民主革命的主力军，反而要限制群众的革命运动。革命派在政纲中不敢明确提出反帝反封建的任务，在与改良派的论战中又不敢正视这些问题。这充分反映了中国民族资产阶级的软弱性。

各地革命党人的活动

同盟会成立后，中国资产阶级民主革命运动日趋高涨。1906 年 12 月初，在江西萍乡，湖南浏阳、醴陵爆发会党、矿工的武装起义。同盟会员参加了起义活动。起义军发布的中华国民军起义檄文，提出了以同盟会政纲为内容的革命号召。各路起义军在几天内遍布附近几县，占据了许多重要市镇，屡次击败清军，形成很大声势。清政府调集数省军队进行镇压，起义军在分散的情况下抗击敌军，到月中先后被各个击破。策应起义的一部分同盟会会员和两湖一些革命党人先后被逮捕杀害。这次起义扩大了同盟会在群众中的政治影响，增加了同盟会领导群众进行武装起义的信心。革命党人纷纷到各地联络会党、新军，发动武装暴动。1907 年掀起了武装起义的高潮。7 月，光复会会员徐锡麟在安庆举行暴动，击毙安徽巡抚。女革命家同盟会会员秋瑾在绍兴联络浙江会党，准备响应。徐锡麟没有联系群众，仓促起事，失败被害。秋瑾因事泄也壮烈牺牲。这一年，同盟会先后发动了潮州黄岗之役、惠州七女湖之役、钦州防城之役和镇南关之役。1908 年有钦廉上思之役和云南河口之役。1910 年有广州之役。同盟会发动的这些起义，在经济上得到海外华侨的大力支持，许多华侨志士回国参加了武装起义。

这些起义有的是当地人民群众自发的反抗斗争已经爆发，同盟会派人前往领导，并用金钱和军火予以援助的。潮州、惠州、防城各役都是这样。有的是同盟会联络清政府新军举行暴动，广州之役就是以新军为主力发动的。有的是同盟会组织少数敢死队，武装夺取一个战略据点。河口之役就是孙中山招集数百名会党群众进行的。后两种起义都是单纯的军事冒险，与当地群众没有联系。前一种起义有群众支持，同盟会只是通过会党与群众发生联系，没有在会党和群众中间进行深入的思想教育与组织工作。起义一时轰轰烈烈，终以不能持久而失败。

同盟会并没有从多次的失败中，吸取到应该在群众中进行艰苦的革命工作的教训，一些领导人反而因此轻视人民自发的反抗斗争。有的人公开宣称会党和自发的群众起义队伍简直不中用，太无战斗力，认为只要利用新军起来暴动就行了。有的人宁愿去刺杀统治阶级中的重要人物，认为非这样做不足以克服反革命阻力和振奋人心。他们愈来愈倾向于单纯的军事冒险或从事暗杀活动。

同盟会是各个革命小团体联合组成的，组织并不十分严密，内部存在思想分歧。武装起义屡遭挫折，逐渐发生派别活动和组织分裂。孙中山、黄兴等主要负责人把精力集中在组织华南地区的武装起义，同盟会总部统一的领导趋于涣散。1907 年，一些同盟会会员联络各地逃亡到日本的会党首领成立共进会。他们仍保持着同盟会的革命宗旨，却把政纲中的“平均地权”改为“平均人权”，去迁就会党中出身地主阶级或与地主阶级有密切联系的上层分子。共进会成立后，长江中上游的会党秘密反满活动有较大的开展，而它放弃了“平均地权”的主张，又不利于发动广大的农民群众。前光复会领导人陶成章等并公开表示与孙中山意见分歧。他们反对孙中山的领导，认为分散的地方起义徒然“丧民费财”，达不到一举覆清的目的。1908 年陶成章等在海外开始重建光复会。原属华兴会的宋教仁等，对孙中山等人只在华南组织起义，不重视长江流域的革命活动，也越来越不满。作为资产阶级革命派领导中心的同盟会，在思想上组织上已无力进行统一的领导。

1906 年后，一些同盟会会员和其他革命分子在各地建立起许多新的革命小团体。重要的有湖北日知会、陕西同盟堂、贵州自治学社，等等。这些团体深入群众中做了不少工作，发挥了很大的作用。

日知会成立较早，本来是公开的群众阅报机关。以刘静庵为首的一些革命知识分子利用这个机关宣传革命思想，进行秘密组织工作。1906 年，日知会与同盟会建立了联系，很多会员参加了同盟会。他们印刷大量革命宣传品，散发湖北各地；分赴渡口、茶肆，演说革命大义；设立学校，培养革命人才；发动革命党人到新军中去充当士兵。日知会经过深入的群众工作，与湖北的新军、会党、学生建立了密切的联系，革命组织迅速发展。日知会组织比较严密，遭到严重破坏后，会员们仍然在湖北各地建立许多小团体，如武汉阅报社、湖北军队同盟会、沔阳众进会、黄州明德社等，继续进行革命活动。1908 年，由湖北军队同盟会改组的群治学社是其中最有力量的团体。另一部分会员随新军驻守各省或边疆地区，他们在各地进行革命工作，散布革命影响。

同盟会会员井勿幕等在原籍陕西宣传革命，开办印书局和学堂，翻印和散布革命宣传品，兴办畜牧场等企业，与各阶层人士建立广泛的联系。陕西哥老会的势力很大，还有“刀客”的组织。1906年，井勿幕联合这些团体，按照哥老会的组织形式，建立革命的秘密组织同盟堂。从此，陕西不少府县都有革命党人在活动，与清政府展开了公开的和秘密的斗争。

贵州革命党人在1909年组织的自治学社，在当地学堂、军队和会党中进行了长期的宣传和组织工作。此外，直隶、湖南、广西、浙江、江苏、云南、四川、东三省及其他省份的革命党人，也在军队和会党中进行活动，成立各种革命团体。各省的革命小团体，大多拥护并争取同盟会的领导，一些团体的主要骨干或全体成员加入同盟会。

1905年以后，各地人民自发的反侵略、反压迫的浪潮也日益高涨。据不完全的统计，1905年各地人民自发的反抗斗争共计九十余次，1906年骤增到一百六十余次，1907年又增加到一百九十余次。这一时期群众斗争的参加者范围更广了。过去绝大多数是农民的反抗斗争，这时除了农民的反抗斗争以外，广大的城市手工业者、中小商人、小业主和工人的反抗斗争越来越多。在1905年的九十多次反抗斗争中，商人罢市有二十九次，手工业工人和产业工人罢工有十次。这显示出各阶层人民正在日益革命化。同盟会和其他革命党人的宣传活动，以及他们发动的武装起义，鼓舞了各阶层人民积极投入革命斗争的热情。

第三节　清政府的“预备立宪”。革命形势的跃进

清政府抵制革命的“预备立宪”，君主立宪派的请愿活动

1905年以后，革命形势蓬勃发展，清政府的所谓“新政”完全失去了欺骗作用。日俄战争期间，国内以上海为中心，开始掀起一片“立宪救国”的呼声。一些民族资产阶级上层的政治代表认为“俄以专制败，日以立宪胜”，要求清政府实行立宪，以便他们自己获得参预国家政权的机会。在清朝统治阶级内部，一些权势颇大的地方督抚，也想利用立宪以保持和扩大自己的权力。清政府为了抵制革命，拉拢资产阶级上层，加强中央集权，企图以“预备立宪”作幌子，安稳渡过革命风暴。

1905 年，清政府派遣满洲贵族载泽为首的五大臣出国考察宪政。第二年，载泽等回国密陈：实行君主立宪可以缓和人民的革命情绪，削弱革命党在人民群众中的影响，达到“皇位永固”的目的。他们还举 1905 年俄国革命时期的沙皇政府为例，说明立宪可以作为对付人民的一种以退为进的手段。他们说：沙皇政府当时迫于形势，允许立宪，近来正在筹集外债，编练新军，重新恢复了政府的权威，以前所允许的让步，并没有完全实行。他们又认为立宪应先从改革官制入手，这样做可以把地方财政、军事大权收归中央，避免督抚权力过重，尾大不掉。清政府采纳了这些意见，于 1906 年 9 月下诏仿行宪政，派载泽等人拟订新官制，并饬设专门机构筹划“预备立宪”。

清政府利用官制改革来削减督抚的权力，首先遭到参与官制会议的直隶总督兼北洋大臣袁世凯的反对，其他各省督抚又明阻暗抗。结果暂舍地方官制不谈而先议订中央官制。11 月，清政府公布中央官制，除变更某些部的名称外，增设至十一部。在新任命的外务部总理大臣、会办大臣及各部尚书中，满族七名，汉族五名，蒙族一名。一些重要的部，如外务、陆军、度支和农工商等，都操在满人手中。满人在中央政府占有压倒优势，汉族官僚大为失望。不久，清政府又将袁世凯掌握的北洋四镇军队改归陆军部直接统辖，开始推行中央集权政策。1907 年，清政府公布地方官制。陆军部直接委派督练公所军事参议官，以渐次吸收各省督抚的军权。度支部后来又派清理财政监督官，企图吸收各省督抚的财权。这一年，清政府又以明升暗降的办法，把当时权势最大的汉族官僚袁世凯和湖广总督张之洞内调为军机大臣。满洲贵族与汉族地主官僚的关系从此更加紧张。

清政府为了拉拢民族资产阶级，农工商部在 1907 年修改《奖励公司章程》和新订《华商办理农工商实业爵赏章程》。前一章程规定，凡集股自二十万至一百万元以上者，准授该部各等议员；集股自二百万至二千万元以上者，准授该部各等顾问官；集股在一千万元以上者，还分别授予其子孙三代以世袭顾问官或议员。后一章程规定：凡个人投资实业在一千六百万至二千万元以上者，以二百万元为差第，分赏一二三等子爵；投资一千万元至一千四百万元之间者，以二百万元为差第，分赏一二三等男爵；投资在一千万元以下者，也分别给予奖赏。资产阶级上层分子中，有不少人都兼有政府授予的官阶职衔。

1907 年秋，清政府宣布在中央筹设资政院，在各省筹设咨议局，作为中央和地方的咨询机关，准备将来改为国会和地方议会。1908—1909年间，清政府又先后颁布《各省咨议局章程》《咨议局议员选举章程》和《资政院院章》等。

改良派在清政府下诏"预备立宪"后，欢欣若狂。国外的保皇会以为有机可乘，立即活跃起来，准备回国参加政治活动。国内拥护君主立宪的人纷纷成立团体，准备参预政权。这两部分人的阶级基础相同，都是民族资产阶级上层的政治代表。他们是资产阶级改良主义者，其主要成员在戊戌变法时期是维新派，现在是君主立宪派。他们都反对革命，主张君主立宪。国内的立宪派因康有为、梁启超被那拉氏恨之入骨，不便与保皇会公开建立联系，彼此暗通声气。

康有为等于1907年2月在海外改保皇会为国民宪政会。他们为了争取合法地位，在事先商订国民宪政会的纲领中提出"尊崇皇室，扩张民权"，并拟推皇族成员载沣、载泽为正、副总裁。国民宪政会成立后，在海外华侨中间展开活动。7月，梁启超在日本成立政闻社，发布宣言说："对于皇室，绝无干犯尊严之心"，"对于国家，绝无扰紊治安之举"，希望以此乞求清政府给他们在国内活动的自由。政闻社社员在国内开始进行宣传工作，并吸收各地资产阶级化的地主士绅和小官僚参加。10月，政闻社鼓动南洋华侨及国内士绅上书都察院代奏，要求早日召开议院。1908年7月，政闻社社员联合士绅电奏：请定三年内开国会。清政府加以"图谋不轨"的罪名，命各省查禁政闻社，缉捕该社社员。政闻社从此不敢在国内公开活动。

国内的立宪派于1906—1907年在各地成立类似政党的团体，公开进行活动。江、浙组成预备立宪公会，湖北组成宪政筹备会，湖南组成宪政公会，广东组成自治会。其他各地也有类似的团体成立。参加这些团体的多数是工厂主、铁路股东和资产阶级化的地主士绅等。立宪派首领往往是中央农工商部的顾问、议员，又和地方督抚关系密切，是各省商务、农务、教育总会的主持者或路矿公司的总理、协理。他们筹办的近代工矿企业，可以得到政府批准，享有某些特许权利，获得较多的发展。预备立宪公会的首领张謇，到1907年时创办和参加投资的企业有二十五个，包括纺织、交通、农牧、渔盐等部门，资本共达九百余万元。他又是农工商部的头等顾问官，和历任两江总督有极密切的关系，在创办和经营近代企业时，得到他们的支持。他在苏北创办的垦牧公司占有大量土地，实际是在资本主义的外壳下，保持对农民的封建剥削。他的家族又是在南通一带地方占有大量土地的地主。其他一些著名的立宪派首领，如汤寿潜、汤化龙、谭延闿等人，在经营和投资企业方面远不如张謇，但许多方面的情况也大致相类似。立宪派惧怕革命风暴，特别仇视下层群众起来革命，宁愿维护清政府的统治，以免社会旧秩序受到破坏而损及既得利益。他们企图用叩头请愿的方式要求清政府实行立宪，以阻止革命的发展，同时为自己取得参预政权的机会。

1907 年，江苏、浙江两省人民为反对英国强迫清政府出卖苏浙路权，发起反英运动。江、浙两省的立宪派利用人民的爱国热忱，号召群众捐款赎路，并派代表到北京，向清政府请愿。时值江、浙一带发生旱灾，抢米风潮严重。清政府深恐反英运动更加扩大，稍作让步，允许苏浙铁路商办。这给了立宪派很大的鼓舞，以为“叩阍”请愿，既可以限制人民革命活动，又可以争得一些权利。同年，山西、河南的立宪派为争回本省矿权，与英国福公司展开斗争。直隶、山东、河南三省的立宪派为津镇（津浦）铁路操纵于英、德两国手中，利权丧失，联合要求收回自办。1908 年，奉天、山东、云南、广西等省又相继发生收回利权运动。

1908 年 6 月，预备立宪公会在上海发起请愿运动。各省立宪派代表于 7、8 月间向清政府呈递速开国会请愿书。清政府在 8、9 月间宣布预备立宪以九年为期，颁布《钦定宪法大纲》。这个大纲共二十三条，其中十四条规定君主享有至高无上的权力，而有关“臣民”权利与义务的九条，除规定当兵、纳税等义务外，人民实际上并无真正的权利可言。清政府开始暴露了名为立宪，实为集权的意图。

《钦定宪法大纲》颁布后不久，光绪和那拉氏在 11 月间相继死去。溥仪继承帝位，改元宣统（1909—1911）。溥仪年幼，其父摄政王载沣监国，积极推行由皇族独揽国家大权的政策。载沣执政一个多月以后，罢斥汉族大官僚袁世凯，在满洲贵族与一部分汉族官僚之间造成明显的裂痕。清政府为了掩饰皇族集权，下诏重申“预备立宪”的决心，命各省切实筹办宪政，又将公开阻挠“预备立宪”的封疆大吏免职。经过这番做作以后，载沣宣布自任代理大元帅，任命他的弟弟载洵为海军大臣、载涛为军咨大臣（即参谋总长）。弟兄三人总揽军事大权。清政府又加紧对各省督抚在军权、财权等方面的限制，更引起汉族官僚的普遍不满。皇族集权也使君主立宪派对清政府的“预备立宪”产生了种种怀疑。

各省咨议局于1909年10月正式成立，立宪派许多代表人物经督抚遴选为议员。他们利用咨议局的合法地位，联合发起立宪请愿运动。12月，江苏咨议局议长张謇召集十六省咨议局代表在上海开会，决定成立国会请愿同志会，约定在清政府未答应速开国会以前决不解散。各省咨议局代表于1910年聚集北京进行三次大请愿。1月，十六省咨议局代表上速开国会请愿书，遍访王公大臣请求赞助。清政府坚持召开国会须俟九年预备期满，拒绝了立宪派的第一次请愿。6月，立宪派联合海外华侨团体和各省商会、政团的代表，在北京组成国会请愿代表团，进行第二次请愿。他们到处演说鼓吹立宪，向清政府连续上书十次，请求召开国会，又都遭到拒绝。10月，立宪派发动第三次请愿。在这次请愿中，与各省代表采取同一步调的，还有这时在北京正式成立的资政院的多数议员和大部分省份的督抚。资政院通过决议案，各督抚也联电军机处，相继提出速开国会和设立责任内阁的要求。清政府迫不得已，允许缩短"预备立宪"的期限，提前在1913年召开国会，在国会召开前两年先成立新内阁；同时下令遣散各地请愿代表。这时，属于预备立宪公会的一些江、浙咨议局代表不敢坚持要求，其他各省代表准备继续请愿。12月，清政府先后拒绝资政院、顺直咨议局呈请设立责任内阁与明年召开国会的要求，责成京内有关衙门速将东三省请愿代表押送回籍。奉天、直隶、四川等省学生受立宪派鼓动，纷纷罢课，散发传单，组织请愿团体，要求速开国会。1911年1月，清政府对请愿活动加以"聚众要挟"的罪名，命京内外各地官吏对请愿活动"严行禁止"，"随时弹压"。天津国会请愿学界同志会负责人被发遣新疆。各地请愿活动被迫停止，聚集在北京的各省代表纷纷失望散去。5月，清政府颁布新订内阁官制，裁撤军机处等机构。摄政王载沣任命奕劻为总理大臣，成立新内阁。在总理、协理大臣和各部尚书十三人中，满族九人，汉族四人，而九名满人中皇族又占七人。这个内阁被称为"皇族内阁"。清政府的军政大权都落到皇族手中，"预备立宪"的骗局至此完全戳穿。有一些资产阶级分子，在历次请愿过程中对清政府感到绝望，他们先后抛弃了要求立宪的幻想，对革命活动开始表示同情和支持。

帝国主义激烈争夺中国和清政府大量出卖权利

日俄战争以后，帝国主义在华势力发生了新的变化。日、美两国之间的矛盾这时变得突出起来。日本在旅大地区设置了进行殖民统治的关东都督府，竭力巩固和扩展在东三省南部的独占势力。在日本的侵略活动中，经营铁路占有非常重要的地位，1906 年组成南满铁道会社。日本除已取得南满铁路和安奉铁路的经营管理权外，1907 年又强行取得新（民）奉（天）铁路辽河以东一段及吉（林）长（春）铁路的贷款权。同一年，日本又制造所谓“间岛问题”，蓄意侵占吉林省延吉地区。美国原来企图通过支持日本以达到在东三省扩展侵略势力的目的。日俄战争期间，它积极向日本洽商收买南满铁路，没有成功。此后，美国和日本在东三省的斗争日益尖锐。1907 年清政府在东三省改制，设总督、巡抚。首任奉天巡抚为袁世凯心腹、留美学生唐绍仪。美国乘机拉拢，提出修筑新（民）法（库）铁路计划作为与南满铁路对抗的第一步。这个计划又因日本反对而失败。英国与日本早已有同盟关系，1907 年英俄关系也有改善。同一年，日、俄订立协定，共同排斥美国在东三省发展势力；法国与日本缔结条约，承认日本在东三省的特殊地位，美国处境孤立。1908 年 11 月，美国与日本签订罗脱高平协定，双方暂时妥协。

1909 年，美国新总统塔夫脱上台，推行“金元外交”政策。美国垄断资本积极在中国进行活动，取得了投资于东三省的锦（州）瑷（珲）铁路的权利，并企图向俄国收买中东铁路。美国政府又在 11—12 月间，分头向英、法、德、俄、日及清政府提出“关于满洲铁路中立化”的建议，其目的是利用各国资本对东三省铁路进行共同投资和管理，以排挤日、俄的独占势力。美国这些活动遭到日、俄两国的强烈反对，美国插足东三省的图谋又告失败。

美国垄断资本在东三省积极活动的同时，又在长江流域与英、法、德等国争夺川汉、粤汉铁路的贷款权。1909 年 6 月，清政府与英、法、德三国垄断资本联合组成的银行团订立《湖北、湖南两省境内粤汉铁路、鄂境川汉铁路借款草合同》。接着，美国政府即强行要求参加这一贷款，1910 年，三国银行团同意美国参加。这四个国家的银行团进而签订共同承担和平均分配对中国所有铁路贷款的协定，三国银行团变为四国银行团。10 月，美国银行团从清政府取得币制改革及兴办东三省实业的贷款权。不久，美国把这一贷款权利让与四国银行团，企图利用四国的力量，共同对付日、俄两国，以便自己在东三省扩展势力。1911 年 4 月，清政府与四国银行团签订一千万英镑的《币制实业借款合同》。“皇族内阁”成立后，立即宣布铁路国有政策，下谕将全国商办铁路干线收归国有。5 月，邮传部与四国银行团签订《粤汉、川汉铁路借款合同》。这个合同规定：借款总额为六百万英镑，以两湖厘金盐税收入作担保，四国银行团享有两湖境内粤汉、川汉铁路的修筑权，以及该路在延展时继续贷款修筑的优先权。清政府为了换取帝国主义的贷款，用来维持皇族集权，假借国有名义强夺商办粤汉、川汉铁路，将这两条重要干线置于帝国主义控制之下。清政府大量出卖权利的行为，激起爱国人民强烈的抗议和反对。

民主革命潮流的高涨

1910 年前后，群众自发的反抗斗争，革命党人的起义活动，以及资产阶级发起的收回利权运动，都进一步开展起来，全国革命潮流日益高涨。

自发的人民反抗斗争迅速增多，据初步统计，1909 年的人民反抗斗争有一百三十余次，到 1910 年骤增至二百九十余次。各省普遍爆发抗捐、抢米的斗争，长江下游和两湖一带在 1910 年发生的抢米风潮有五十余次之多。湖南长沙的抢米风潮和山东莱阳的抗捐斗争，参加的群众都有几万人。1910 年 4 月，湖南富绅及中外商人乘灾荒囤粮居奇。长沙城乡饥民要求官府减价粜米，遭到镇压，死伤数十人。饥民奋起与清军搏斗，烧毁湖南巡抚衙门、税局、官钱局和大清银行，并将外国领事住宅、洋行、邮局、教堂等尽行捣毁。清政府被迫让步，允许平粜。莱阳抗捐斗争是清朝官吏增加苛捐杂税引起的。1910 年 5 月，莱阳乡间联庄会要求清算被官绅侵吞的备荒积谷，用来度荒和支付捐税。清朝官吏拒绝群众要求，拘押他们的代表。群众起来反抗，围困莱阳县城。经过几次激烈战斗，起义群众被清军驱散，退往海阳、荣城一带继续斗争。其余各地规模大小不等的反抗斗争，参加的群众动辄数百数千，并往往由一般骚动发展为武装抵抗。

人民大众的反抗斗争汹涌澎湃，同盟会没有去切实领导群众的活动。许多革命党人企图以单纯的军事斗争来推翻清政府的统治。孙中山在 1909—1910 年连续写信给一些同盟会会员，要他们利用时机发动起义。1910 年 11 月，他到槟榔屿召集同盟会一些主要负责人举行会议，决定以全力在广州发动起义。

1911 年 4 月 27 日，广州爆发起义。这次起义经过半年的筹划，从海外华侨募集巨款，购运大批枪械炸弹，在城内设立几十个秘密机关；从各省调集大批优秀骨干，并组成有工农群众参加的一支数百名的“选锋”（先锋队、敢死队），担负发难的重任；同时联络新军、防营和会党武装以备响应，通知各省革命党人相机发动。这是同盟会成立以来准备最充分的一次起义。参加者的社会成分非常广泛，还有许多海外华侨。他们痛恨清政府专制卖国的统治，感到祖国面临灭亡的危险，认为“革命不可一日缓”，抱定“虽百死而不辞”的决心，纷纷从各地赶来准备参加起义。由于事前走漏消息，起义计划作了改变。在实力来不及集中的情况下，一部分革命党人出于爱国激情的驱使，冒死犯难，毅然起义。他们分几路发动进攻，其中以黄兴为首的一百数十名革命党人在攻破两广总督衙门后，与大队清军展开激烈巷战。许多革命党人在一昼夜苦战中壮烈牺牲，一部分人被捕后英勇就义。广州人民不顾生命危险，把殉难烈士中七十二人的尸骨营葬于城郊黄花岗。在起义的第二天，顺德、南海两县的会党纷起响应，数日后也先后被清军击散。这次起义使清政府的统治受到一次沉重的打击，烈士们慷慨捐躯、从容就义的英雄气概，更加振奋了全国人民的反抗意志。

同盟会在这次起义中丧失大批重要骨干，它的领导力量大大削弱。黄兴等因失败而一度灰心，著名的革命活动家赵声也忧愤死去。但各地的革命党人，在群众日益倾向革命的形势下，他们在1911年广州起义前后迅速扩展革命组织，壮大了革命力量。陕西同盟会在渭北十余县建立了分会，全省会员由数十人增加到千余人。革命党人与西安清军中哥老会首领、渭北一带“刀客”歃血为盟，已经汇合成一支实力强大的反清力量。湖北革命党人于1911年1月在武昌将振武学社扩大改组为文学社，半年后人数由一千左右迅速增加到三千以上，其中绝大多数是新军士兵。两湖的共进会联络会党，在新军中发展会员，也拥有相当强大的实力。其他一些省份的革命力量在不同程度上也都有所增长。不少省份都在积极筹划起义。

1909年后，资产阶级发起的收回利权运动也日趋激烈。这一年，山东各界赎回德国占有的茅山等五处矿产。四川赎回江北厅煤矿的英国股份。安徽路矿公会联合各界成立铜官山煤矿抵制会，要求收回铜官山矿权，废除清政府与英国签订的卖矿协定。奉天人民反对日本改筑安奉铁路，掀起抵制日货运动。湖北、湖南、广东、四川等省人民反对清政府向英、德、法等国借款，要求两湖境内粤汉、川汉铁路仍归商办。1910年，湖北商办粤汉、川汉铁路公司成立；云南人民继续要求赎回法国修建的滇越铁路。同年云南各地设立保矿会，要求收回英、法侵占的五府二州厅矿山权利。1911 年废除原订矿约。山东、湖北分别从德、法两国赎回一些矿区。当时成立的企业公司纷纷提出不收洋股、不借洋款和不得将股票转售外人等口号。

清政府的铁路国有政策，遭到了群众的坚决反对。粤汉、川汉铁路是经过四省人民长期斗争才改归商办的。四省各设铁路公司，历年来筹集资金共四千余万两。广东全是商股，其余三省不仅有一部分商股，还有用各种捐税征集的“民股”。四川、湖南并按亩收租作股，这种“租股”在两省股款中又占很大比重。这样，不仅富商、地主出过股本，农民也缴过租谷。租捐由官府代征，农民小户还受到催逼鞭挞以至拘押监禁的痛苦。而征集的铁路资金，又被揽权的官吏绅商恣意挥霍或挪用侵吞，铁路修筑进展很慢，早已引起群众的愤懑。清政府宣布铁路国有，公然向帝国主义出卖路权，人民更加不能容忍这种卖国勾当，许多绅商也因铁路国有直接侵犯了他们的切身利益，于是在四省迅速掀起了有广泛群众基础的保路运动。

保路运动先是由立宪派控制的。1911 年 5—7 月间，立宪派士绅和上层资产阶级分子利用咨议局和铁路股东会发起保路斗争。在借款合同签订的第三天，湖南绅商聚集咨议局开会，对清政府借债卖路丧失国权的行为痛加指责，并散发传单，成立保路团体，各界参加者万余人。湖北咨议局召开数千人大会，群情愤激，高呼救国口号，有断指痛哭以表示反抗决心的。湖北进京请愿代表并在邮传部门外绝食三天，要求收回成命。广东召开粤路公司股东大会，议决继续商办，设立保路机构。两广总督出示取消股东商办决议案，市民以拒用官发纸币、挤兑现银相对抗。四川各府州县遍设保路同志会，参加者数十万人。成都等地立宪派要市民供奉光绪帝牌位，并抄录谕旨中“庶政公诸舆论”“川路准归商办”两句话，贴在牌位的两旁，作为争路的合法根据。清政府命令各省严禁保路运动。代咨议局上折奏请维持商办和暂缓接收铁路的督抚，受到严旨申斥或免职处分。各省陆续派往北京的请愿代表被监视、拘押或解回原籍。许多原来要求商办的立宪派分子，在清政府压力下，同意铁路可以由政府自办；有人主张以商民股款作为路股，允许各省商民有稽核铁路收支的权力；有人主张争款不争路，要求不提用铁路公司存款，并全部发还民间股本，不以路权作为向外国借款的抵押。清政府不许人民过问路权，坚持借用外债，对于铁路股金，根据不同情况，有的允给国家股票，有的许以部分或全部发还现金。同时，命各省迅速查明各项股款情况，按照偿还办法，“实力奉行”，如有违抗，则“严拏首要，尽法惩办”。两湖许多绅商终于被迫妥协。广东一部分坚持商办的绅商，被迫逃往香港继续抗争。四川大多数绅商已表示接受处理办法，后来因清政府派员强行接收宜昌铁路公司，又不得不继续力争。他们揭露借款合同的丧权辱国，鼓舞了群众的斗争情绪，保路运动日益激烈。他们又极力想把群众斗争限制在所谓“文明争路”的范围内。各省立宪派这时既要防止革命潮流的高涨，又要利用当前群众斗争的声势，迫使清政府向他们开放政权，接连提出改组“皇族内阁”的要求。咨议局联合会、直省咨议局议员先后奏称：“亲贵不宜充任内阁总理”；“皇族内阁不合君主立宪公理，失臣民立宪之希望，仍请另行组织，以重宪政而固国本”。清政府断然拒绝他们的要求，宣称：“黜陟百司，系君上大权”，在《钦定宪法大纲》已经载明，“议员不得干预”。

在立宪派要求另组内阁以挽回人心的同时，群众保路斗争正突破请愿运动的限制，迅速地向前发展。各地群众自发地反对清政府统治，他们纷传“某日焚某署，某日攻某城”的消息。湖南长沙、株洲工人万余人举行罢工示威，遍贴揭帖。湖北宜昌筑路工人数千与清军发生武装冲突，打死清军二十多人。湖南学生罢课，抗议清政府卖路。留日学生举行集会，提出“路存与存，路亡与亡”的口号。旅美广东籍华侨开会通过决议：“粤路股银，皆人民血汗，当执定成案，有劫夺商路者，格杀无论。”清政府以“格杀无论”对付人民，人民也以“格杀无论”对待卖国贼。

人民争路风潮以四川最为激烈。8月，成都举行数万人的保路大会，散发传单，号召罢市、罢课、停纳捐税以示抗议，各地人民闻风纷纷响应。立宪派已经无法控制保路运动的发展。四川各地的哥老会乘机公开活动。早与哥老会有联系的同盟会、共进会把保路风潮引向革命运动。9月，保路风潮扩展为全省抗粮抗捐，群众暴动接连发生。四川总督赵尔丰在成都逮捕保路同志会和川路股东会的负责人，并枪杀请愿群众数十名，造成流血大惨案。同盟会会员龙鸣剑等和哥老会组成保路同志军进围成都，转战各地，攻占州县。吴永珊、王天杰于9月25日在荣县宣布独立，建立革命政权。保路运动发展成为武装起义，猛烈冲击清政府在四川的统治。

四川保路运动的迅速发展，全国动荡不安，革命有一触即发之势。清政府忽而派大员入川宣慰，忽而调军队进川剿办，陷入极端混乱状态。革命党人这时受到四川保路斗争的鼓舞，在各省积极准备起义。上海、香港等地革命党人所办报纸，纷纷发表文章，痛斥清政府的卖国行为，报导各地人民反抗的消息。汉口《大江报》刊登《大乱者救中国之药石也》的社论，号召人民起来革命。7月底，宋教仁等在上海成立同盟会中部总会。这个组织虽自称仍“奉东京本会为主体”，实际上却独树一帜，公开表示脱离孙中山的领导。同盟会中部总会在长江流域开展革命活动，对促进革命形势的日益高涨起着一定的作用。在四川保路运动发展为武装斗争后，同盟会的一些领导人，看到起义的良机已经到来，都主张由革命力量充实的武汉方面首先发动，其他有准备的省份同时响应。在清政府全力应付四川保路运动的时候，湖北新军中的文学社和共进会等革命团体乘机发动武昌起义，辛亥革命爆发。

第四节　1911 年的资产阶级革命及其失败

武昌起义、各省响应，中华民国临时政府的成立

1911 年 10 月 10 日，武昌起义爆发。起义的领导者是和同盟会有联系的文学社和共进会。它们在湖北新军和会党中间曾经进行了长期的革命宣传和组织工作。湖北新军共约一万五千多人，参加文学社和共进会及与革命组织有联系的士兵约六千左右。文学社领导人蒋翊武、刘复基和共进会领导人孙武等在起义前半个月组成了统一的领导机关，准备发动起义。10 月 9 日，起义领导机关遭到破坏。刘复基等被逮捕杀害，蒋翊武等逃出武昌，分散隐匿起来。湖广总督瑞澂大肆搜捕革命党人，武昌形势非常紧张。10 日夜间，革命热情高涨的新军士兵，自发地起来攻占湖广总督衙门，瑞澂等清朝官员仓皇潜逃。革命士兵一夜之间占领武昌，两三天内先后占领汉阳、汉口，革命在武汉首先取得了胜利。

武昌起义胜利后，革命在没有领导的情况下继续向前发展。起义的士兵群众首先遇到的是如何建立革命政权的问题。他们没有觉悟到应当把政权掌握在自己手里，反而认为需要社会上有资望的人出来组织政府，号召群众。10 月 11 日，革命党人邀请立宪派士绅和地方官僚商议推举领导人，他们接受立宪派的提议，把一个曾经亲手杀害起义士兵的清军协统黎元洪找来当都督。参

加起义的一些骨干分子组成谋略处，议定成立湖北军政府等事项。次日，他们邀请湖北咨议局议长、立宪派首领汤化龙出任政事部长，并推定军政府各部人选。黎元洪被迫做都督，对诸事一概不愿闻问。汤化龙表面宣称对革命“自当尽死效命”，暗中却电告清政府说：“化龙决不从逆。”革命党人为了处理当前急务，由谋略处负起军政府的实际领导责任。

湖北军政府成立后，立即宣布：国号为中华民国，主权属于人民，废除清朝皇帝的年号。军政府又陆续发布许多文告，在号召各省起义的檄文中，对人民群众反抗封建压迫和剥削的斗争，表示了极大的同情和支持；号召各地会党发动起义，推翻清政府的统治。豁免捐税布告中规定，永远裁撤除海关以外的税关和取消除盐、烟、酒、糖等税捐以外的所有统捐，免征本年和历年积欠的田赋，免缴除供地方所用以外的杂捐。这些措施进一步激发了群众的革命热情，促进革命运动更快地向前发展。湖北军政府扩充革命武装，预定增募四协。城乡人民踊跃参加，五天内即告足额，而四乡农民前来报名的仍源源不绝。10 月 17 日起，这些未经训练的新军在迎击进犯汉口的清军时，作战非常勇敢，几次把清军打得大败。不久，革命党人又占领宜昌、沙市、荆州、监利等地。在革命军与清军作战中，武汉工农群众手持刀斧扁担前来助战，奋勇杀敌。宜昌川汉铁路工人增援武昌革命军，组织决死队，冲锋陷阵。市民群众捐献食物极为踊跃。人民每闻捷报，奔走相告，张灯结彩，热烈庆祝。光化江湖会起义，进占襄阳，附近谷城、南漳、枣阳等县四起响应，革命浪潮激荡整个湖北省。

在革命迅速胜利发展的形势下，黎元洪、汤化龙等旧官僚和立宪派分子看到革命有成功的可能，便进行投机活动。汤化龙等拟定了一个《中华民国军政府条例》，于 10 月 17 日公布执行。革命党人的谋略处被取消。都督黎元洪兼总司令，政事部长汤化龙兼法制局长。大批立宪派分子和旧官僚分任要职。军政府的实权完全掌握在以黎元洪、汤化龙为首的官僚政客集团手中。立宪派和清朝旧官僚在窃取湖北军政府的领导后，积极从革命内部来控制革命的发展，使它尽可能带上温和的色彩。他们借口维持社会秩序，严禁下层人民自发的反封建斗争，以军政府名义通告省内各州县官绅赶办团练，防止农民暴动，并派遣军队镇压会党武装。他们又利用一切机会破坏文学社和共进会的关系，分化和打击革命党人。

这时，革命在全国范围内飞跃发展。武昌起义后一个多月的时间内，革命党人在各省积极发动新军、会党起义，下层群众更到处掀起自发斗争，革命潮流汹涌澎湃。到 11 月下旬，全国二十四个省区中已有十四省宣布脱离清政府独立。广大农村中反封建斗争的风暴更加激烈。卷入这个斗争的包括农民、工人、手工业者、城市贫民和会党群众。江苏常熟、江阴、无锡三县交界地区爆发了农民武装暴动，他们烧毁恶霸地主的房屋，竖立革命大都督旗帜，传帖聚众，地主豪绅纷纷逃窜。手工业工人和会党在扬州起义，成立军政府，通告“三年不完粮，诸捐杂税全免”。广东顺德等县农民拆毁豪绅住宅，包围局所衙署，勒缴饷械，组成各路民军，逼临省城。湖南衡州、嘉禾、醴陵、澧州等十几个州县的会党和农民先后起义，围攻县署，杀逐官吏豪绅。陕西自咸阳直到凤翔、陇州，数百里地区内到处发生戮官劫狱等暴动，会党、“刀客”和农民所组织的武装，长期与清军搏斗。四川农民反抗清军和地主武装的战斗，在各州县如火如荼地猛烈展开。其余如江西、安徽、广西、山东、山西、福建、贵州、云南等省无不发生规模大小不等的群众起义。一些尚未独立的省份，群众起义相继爆发。河南嵩县、洛阳一带地方，有大批民军占据四乡重要市镇和清军作战，声势浩大。奉天辽阳、辽中、凤凰、庄河、复州等地的民军在短期内都有迅速发展。临近京畿的雄县民军竖起北洋革命军大旗。甘肃、新疆、内蒙古等省区也相继发生民变或会党起义。武昌起义后，各省纷纷独立和席卷全国的群众自发斗争，汇合成了中国资产阶级民主革命的高潮。

资产阶级革命派在推动这次革命迅速走向高潮中起了很大的作用。散在各地的同盟会会员、直接或间接和同盟会有联系的各地革命小团体，在武昌起义后都在当地立即领导或积极发动起义，促使革命形势在全国范围内蓬勃发展。同盟会领导人原来设想以单纯的军事暴动在一个地方成功以后，其他地方发动军队响应起义，然后一面组织军队进攻北京，一面传檄而定天下，迅速把革命“有秩序”地扩展到全国。武昌起义后的情形与这种设想大不相同。在一个短时期内，全国绝大部分省份接连发生起义，群众的自发斗争又非常广泛和猛烈。同盟会对于这种新形势，事先毫无准备，提不出把革命推向前进的统一的行动步骤。同盟会本身这时又缺乏统一的领导。孙中山在武昌起义后还远在国外，国内的一些领导人，又彼此不合作，主要是资产阶级小资产阶级激进派、资产阶级自由派和地主阶级反满派行动不一致。资产阶级革命派在革命高潮来临时，既缺乏思想上和组织上的坚强领导，更没有统一的行动步骤，这就无法把这次革命真正领导起来。

资产阶级立宪派这时在革命形势不断高涨的强大压力面前，迅速把自己打扮成共和制度的拥护者。他们宣称自己也赞成推翻清朝统治，利用他们在各省咨议局中的地位，自封为“合法”的人民代表，钻进革命内部来夺取权力，控制革命局势的发展。立宪派始终没有忘记他们同革命派在政治上的分歧，竭力拉拢有实力的旧官僚、旧军阀，结成反抗革命派的联盟，排斥革命派。革命派对于立宪派的这种阴谋完全缺乏警惕，反而因为立宪派也表示赞成革命、赞成共和而模糊了自己和立宪派的政治界线，这就更加便利了立宪派篡夺革命政权。在武昌起义后十二天，革命党人焦达峰、陈作新，在长沙率领新军起义响应，建立由革命党人组成的湖南军政府，焦达峰、陈作新任正、副都督。以湖南咨议局议长谭延闿为首的立宪派立刻对这个革命政权发动攻击。他们联合一部分没有参加起义的清军军官要求参加革命政府。焦达峰等对立宪派妥协，把民政大权让给立宪派。随后，谭延闿暗中煽动一部分反革命武装，实行政变，残杀焦达峰、陈作新等人，并镇压会党武装。谭延闿自任都督，湖南军政府完全由立宪派控制。云南革命党人于10月下旬分别在腾越和昆明两地发动起义。以同盟会会员为首建立的腾越政权，联合会党和少数民族组成腾越革命军，东下进取大理；而参加昆明起义被推为云南军政府都督的蔡锷，素与立宪派气味相投，庇护并重用旧官僚，派遣军队往援大理官绅。腾越方面被迫妥协，取消滇西军都督称号，接受蔡锷等提出的镇压起义会党首领和解散群众武装等条件。蔡锷等控制省内局势后，又派兵进入川黔，支援贵州立宪派篡夺革命政权，并在四川南部消灭革命党人领导的武装。11月初上海起义爆发，江苏立宪派分子联合绅商要求巡抚程德全立即在苏州宣布独立，改称都督。12月2日江浙革命联军攻克南京，立宪派为了进一步控制局势的发展，设法使他们拥立的都督由苏州迁往南京。宋教仁等从上海到南京劝说革命党人与立宪派妥协。其他一些独立省份的情况虽各有不同，但立宪派在革命政权机关中也都乘机取得了大小不等的权力。

清政府在突然爆发的革命面前，惊惶失措，武昌失守的消息传到北京后，仓猝派陆军大臣荫昌率领北洋军队赴武汉作战。北洋军队将领多数是袁世凯的心腹，不听荫昌指挥。10月14日，清政府只得重新起用两年前罢官隐居河南彰德的袁世凯，任命他为湖广总督来镇压革命。大地主大买办的政治代表袁世凯想乘机取得大权，称病不出。27日，清政府因前线清军屡败，湖南、陕西、江西又相继起义，任命袁世凯为钦差大臣，节制湖北水陆各军。袁世凯提出召开国会、组织责任内阁、授予他军事全权并供应充足的军费等条件。清政府中当权的皇室亲贵不愿答应这些条件，迟疑不决。这时，全国革命形势突飞猛进，南方宣布独立的省份不断增多，北方山西爆发起义，驻直隶滦州的清军将领提出召开国会的要求，并与保定清军准备采取联合军事行动。资政院也奏请取消皇族内阁、建立责任内阁、颁布宪法，胁迫清政府实行立宪。清政府完全孤立了，不得不进一步依靠袁世凯。11 月初，清政府取消皇族内阁，任命袁世凯为内阁总理大臣，批准公布宪法信条十九条，表示愿意实行立宪。接受清政府任命为钦差大臣、在湖北指挥清军作战的袁世凯，立即加紧对革命的军事进攻，占领汉口。袁世凯北上组阁。月底清军又攻陷汉阳，武昌形势吃紧。袁世凯不想攻占武昌，企图利用在武昌的革命政权来威胁清政府给予他更大的权力，并且为了分化革命党人，屡次向武昌方面进行停战议和的试探。黎元洪等乘战争失利，竭力主张妥协，革命党人孙武等随声附和。12 月初双方达成局部停战协议，革命军据守武昌，清军据守汉口、汉阳，隔长江形成南北对峙的局面。

当革命军在武汉方面失利时，江浙革命联军攻克南京，革命重心由湖北移到长江下游。12 月 10 日起，各省都督府代表齐集南京举行会议，商讨组织临时中央政府。25 日，孙中山回国。孙中山在全国人民中有很高的威信，各省代表会议选举他为中华民国临时大总统。1912 年 1 月 1 日，孙中山在南京宣誓就职。各省代表会议续选黎元洪为副总统，并通过孙中山所提出的国务员名单。中华民国临时政府正式建立。28 日又成立临时参议院，由各省代表会议代表充任参议员。

以孙中山为首的南京临时政府是资产阶级民主革命的产物。这个政府包括革命派、立宪派和旧官僚三种政治势力。革命派在政府中居于领导地位。立宪派和旧官僚担任内政、实业、交通等部总长，拥有相当大的实力。在作为立法机关的临时参议院中，不少参议员是立宪派分子，他们有力量牵制临时政府。独立各省的地方政府多数为立宪派和旧官僚所操纵，孙中山身为南京临时政府总统，对它们事实上并不能行使中央政府的权力。南京临时政府的这些情况，正是资产阶级革命派软弱的表现。这个政府受到帝国主义和袁世凯等中外反革命的联合进攻时，不得不被迫步步退却。

帝国主义破坏中国革命和袁世凯窃取政权

辛亥革命打破了帝国主义利用清政府统治和奴役中国人民的美梦。武昌起义爆发后，英国公使朱尔典立即通知英国驻华海军司令，要他尽力给湖广总督以一切援助。英、美、日、德、法等国匆忙调动军舰驶赴长江中游一带，数日间集中在武汉江面的有十多艘，日夜升火待命，威胁革命军。德国军舰并一度向革命军开炮轰击。但当时帝国主义列强正忙于准备重新瓜分世界殖民地的战争，或多或少地被牵住手脚，一时不能对中国革命进行大规模的武装干涉。英国还考虑到公开站在清政府方面与革命军为敌，有丧失在长江流域的巨大侵略权益的危险。美国主张一旦革命势力威胁到帝国主义在华的根本利益时，由列强联合进行军事干涉。它反对在华已确立“势力范围”的列强采取单独行动，以免它们乘机扩大势力，妨碍美国在中国的侵略利益。日本原想利用时机进行武力干涉以掠夺最大的权益，它的企图遭到了其他列强的反对，不敢贸然单独行动。革命形势在全国范围内的迅速发展，清政府的统治已经摇摇欲坠，更使帝国主义感到公开进行武装干涉已很难达到目的。它们决定宣布“严守中立”，准备在“中立”的幌子下，找到有利的时机来破坏中国革命。

袁世凯的再度起用，帝国主义起了很大作用。早在武昌起义后的第二天，四国银行团的美国代表就在北京倡言：“如果清朝获得像袁世凯那样强有力的人的襄助，叛乱自得平息。”美国驻华公使并在外交团的会议上，正式提出促使清政府起用袁世凯的主张，得到了各国公使的一致同意。当时，在北京的帝国主义分子竭力制造除非起用袁世凯，否则清政府将无法收拾局面的空气。等到清政府起用袁世凯，不久又任命他组织所谓责任内阁，而袁世凯还在从湖北来北京的途中时，朱尔典已经迫不及待地向英国外交部建议全力支持袁世凯。英国政府复电说：“我们对袁世凯怀有极友好的感情和尊敬。……这样的政府将获得我们所能给予的一切外交援助。”袁世凯组阁以后不久，美国公使在 11 月下旬的一次外交团会议上，提出“保障袁世凯的地位，并给以便宜行事的机会”的建议。各国公使表示赞同，并推定外交团团长英国公使朱尔典与袁世凯商谈采取行动的方法。摄政王载沣随即被迫下台，袁世凯大权独揽。英、美等帝国主义更加紧实行支持袁世凯来破坏中国革命的政策。

帝国主义和袁世凯破坏中国革命是通过所谓和平谈判来进行的。11 月 27 日，袁世凯攻陷汉阳后，朱尔典立即电令汉口英领事出面“调停”，向武昌方面提议停战。12 月中旬，南北和谈由汉口移到上海进行。北京各国公使举行会议，决定采取一致行动，迫使革命方面妥协。英、美、法、日、德、俄六国驻上海总领事，在和谈开始后，往晤南北双方首席代表伍廷芳、唐绍仪，提出要他们“尽速成立和解，停止现行冲突”的照会。革命派在和谈中，受到帝国主义的种种压力，向袁世凯作了最大的让步。他们同意把政权让给袁世凯，条件是袁世凯承认共和，逼迫清朝皇帝退位。袁世凯取得政权，就是保持大地主大买办阶级的专政，保持帝国主义在中国的统治地位。

革命方面向袁世凯妥协，与混进革命队伍的立宪派的活动有很大关系。立宪派唯恐革命继续发展会触动自己的阶级利益，想倚靠旧统治阶级中的所谓有力人物，把动荡的时局迅速平定下来。受到帝国主义的支持，拥有实力的袁世凯，这时就成了他们心目中最理想的人物。当袁世凯已经被清政府任命为内阁总理大臣，还在湖北指挥作战时，立宪派所控制的湖北军政府中一些首脑分子，就把希望寄托在袁世凯身上。他们写信向袁世凯表示：如能“共扶大义”，则“将来民国总统选举时，第一任之中华共和大总统，公固不难从容猎取”。袁世凯组织责任内阁，取得了清朝的军政大权。这时在立宪派的眼中，袁世凯的力量是更大了。各省代表会议在立宪派的影响下，决定推迟临时大总统的选举，虚位以待袁世凯反正。所谓南北议和也正是在这个前提下进行的。各省代表会议在选举孙中山为临时大总统时，又决定请孙中山致电袁世凯，表示如果袁世凯承认共和，孙中山当即辞职。立宪派首领张謇给袁世凯的密电说：“甲日满退，乙日拥公，东南诸方一切通过。……愿公奋其英略，旦夕之间，戡定大局。”表示他们是坚决拥护袁世凯的。

南京临时政府成立，孙中山就任临时大总统，袁世凯对革命方面是否真心愿意让出政权，发生怀疑。他立刻造成谈判决裂的形势，胁迫南京临时政府对他彻底妥协。1912 年 1 月 1 日，袁世凯指使他的部将冯国璋、段祺瑞等联名通电，声称：“若以少数意见采用共和政体，必誓死抵抗。”前方的军事形势一时趋于紧张。帝国主义也以军事行动恫吓南京临时政府。英、日、美、德各国军舰一直集中在长江，俄军在东北北部窥伺，日军在东北南部、内蒙古东部，虎视眈眈。帝国主义列强对于革命派屡次要求他们承认南京临时政府，一概置之不理。外国报纸甚至公然威胁说：如果和谈破裂，革命派“实尸其咎”。竭力制造战争重起，列强就要进行干涉的空气。立宪派更在南京临时政府内部多方宣传，若不立即对袁世凯全盘让步，就会遭致帝国主义的干涉，仿佛就有亡国灭种的危险。

南京临时政府受到了帝国主义和袁世凯从外面来的种种压迫，资产阶级立宪派又在革命阵营内部竭力加重这种压力，而资产阶级革命派自身的许多弱点，在这时也暴露得更加清楚。资产阶级革命派从来就对帝国主义的侵略本质缺乏认识，在革命起来后还幻想它们可能会帮助中国革命。武昌起义后，湖北军政府向帝国主义宣告：承认它们在中国的一切既得权益；并且还说革命“无丝毫排外之性质”。南京临时政府成立后，又正式发表对外宣言，重申对于帝国主义在中国的一切既得权益，全部予以承认。宣言甚至呼吁列强帮助中国革命，它说：“深望各国既表同情于先，更笃友谊于后，提携亲爱，视前有加。……且协助吾人，俾种种大计，终得底定。”资产阶级革命派完全看不到帝国主义除了用武力干涉以外，还会采取许多阴险毒辣的手段来破坏革命。革命派又不敢发动群众彻底反对封建主义。南京临时政府表示要扫尽专制之流毒，确立资产阶级共和国，却不去触动封建统治势力的根基。在它所宣布的施政方针中，避开土地问题不谈，反而要求群众停止革命活动，自纳于所谓秩序范围之中，否则即将“依法惩治”。革命派掌握政权的省份，人民群众的革命斗争不但得不到鼓励，反而遭到防范和镇压。以革命派为首的广东、江西等省军政府，对于农民向地主豪绅展开的斗争，动辄以“行动越轨”为名，派遣军队前往镇压；对于人民自动组织的武装，往往诬以“假冒革命党”或其他罪名，加以杀逐或解散收编。资产阶级革命派在革命中抛弃了人民群众，甚至在自己上台后就立刻站在群众的对面，来反对群众的革命运动。这就使他们自己在帝国主义和国内反动派的进攻面前，处于孤立无援的境地。再加上这时革命党的许多上层分子，已经与立宪派和旧官僚沆瀣一气，组成政客集团，准备从袁世凯政权分享一杯残羹，他们对孙中山施加压力。以孙中山为首的南京临时政府，不得不向帝国主义走狗袁世凯妥协。

1912年1月22日，孙中山再度发表声明，表示只要清帝退位，袁世凯宣布绝对赞成共和，即向临时参议院推荐袁世凯为临时大总统。袁世凯得到孙中山让位的确切保证后，逼迫清帝退位。当清朝的一些满蒙贵族反对清帝退位时，他又指使原来通电反对共和政体的那批部将，以段祺瑞为首，再次发表通电，要求立刻同意采取共和政体，否则将带兵入京。清政府在全国革命力量的打击下，岌岌不可终日。2月12日，清朝皇帝终于接受中华民国对皇室的优待条件，正式退位。随同统治中国二百六十多年的清朝的垮台，两千多年来的君主专制政体也最后结束。

2月13日，袁世凯向临时政府正式声明赞成共和，孙中山向临时参议院辞职。15日，临时参议院选举袁世凯为临时大总统，不久又重选黎元洪为副总统。美、英、法、德等国公使在袁世凯攫取总统职位后纷纷登门祝贺，并向袁世凯政府接洽借款，先以垫款帮助解决财政困难。美国国会还特别通过一项“祝贺”中国“共和政体告成”的议案，由驻中国各地的美国领事馆大量散发来欺骗中国人民。孙中山在辞职时提出定都南京、新总统须到南京就职和必须遵守《临时约法》等三个条件，想以此对袁世凯加些限制。袁世凯的实力在北方，他借口北方秩序亟需维持，拒绝南下。孙中山又派专使北上迎接，袁世凯表面上欢迎专使，暗中却密令亲信部队于2月底在北京、天津、保定等地制造暴乱，四出放火抢劫。帝国主义为了支持袁世凯，又因《辛丑条约》规定他们在北京至山海关铁路沿线驻军，临时政府设在北京比设在南京更容易控制，也反对迁都南京。3月初，外交团开会决定派出军队在北京城内巡逻示威。日、英、俄、德各国分别从旅顺、香港、哈尔滨、青岛等地增调军队来北京，总数达三千人；美国也从菲律宾调兵前来，这就使局势更加紧张。立宪派、旧官僚又出来同袁世凯相呼应。黎元洪通电说：“舍南京不至乱，舍北京必至亡。”孙中山只得再一次妥协。3月10日，袁世凯在北京就职。次日，南京临时政府公布《中华民国临时约法》。4月1日，孙中山正式解除临时大总统职务。临时参议院随后决议政府和该院迁往北京。南京成立留守府，由前临时政府陆军部长黄兴负责。资产阶级共和国和南京临时政府至此一同夭折。

孙中山领导的南京临时政府在历史上只是昙花一现，这个政府曾经颁布许多有利于民主政治和资本主义发展的法令。在保护人民权利方面，命令各官厅焚毁刑具，停止刑讯；取消清律中对于各类所谓“贱民”的一些特别限制；通令保护华侨，严禁贩卖华工，禁止买卖人口，废除奴婢卖身契约和一切主奴名分。在革除社会恶习方面，禁止种植和吸食鸦片，禁止赌博、蓄辫、缠足等。在发展实业方面，宣布政府振兴实业的方针，颁布了一些保护工商业的规章和措施。临时政府鼓励人们兴办实业，奖励华侨在国内投资，并曾协助维持一些有实际困难的企业公司，等等。南京临时政府颁布的《临时约法》，更有重大的意义。《临时约法》规定：中华民国主权属于国民全体；人民一律享有言论、出版、集会、结社的自由，有请愿、选举和被选举等项权利。它具有资产阶级共和国宪法的性质，是中国历史上的创举。以孙中山为首的资产阶级革命派在辛亥革命中建立了南京临时政府，颁布了《临时约法》，使民主共和国的观念从此深入人心，对于鼓舞后来的人民革命斗争，起着一定的积极作用。

辛亥革命时期的蒙古和西藏

辛亥革命时期，蒙古和西藏等边疆少数民族地区的局势发生了不同的变化。

内蒙古在辛亥革命前，已有少数蒙族知识分子，接受资产阶级革命思想影响，参加同盟会。他们与汉族会员一起，在绥远的驻军、会党和知识分子中间进行革命活动。武昌起义后，归绥、陶林、丰镇、包头等地革命群众纷起响应。1912 年 1 月，山西革命军进入绥远。当地革命力量在山西革命军的帮助下，占领包头，成立政权，与清军展开斗争。

外蒙古地区的蒙族人民长期遭受清政府、王公活佛、内地高利贷商人和外国资本的剥削掠夺，生活极度贫困。人民群众分散、自发的起义斗争，时有发生。1910 年，清政府在外蒙古实行“新政”，设立练兵、开垦等机构，大量征派经费，人民负担加重。有些政治上的改革又触动了王公、活佛等上层统治集团的特权和利益，遭到他们的反对。1911 年 7 月，外蒙古王公、活佛为维护自己的特权和转移人民的斗争目标，在库伦密谋“独立”，暗中派遣代表前往俄国请求援助。辛亥革命爆发前后，沙俄政府陆续供给外蒙古王公枪支、弹药，并派遣军队进入库伦。1911 年 12 月 1 日，外蒙古封建主在沙俄政府的支持下，宣布“独立”，奉哲布尊丹巴活佛组织“独立政府”。孙中山等人多次去电，劝告他们不要依靠外国，取消所谓独立，没有结果。1912 年 7 月，沙俄政府又一次与日本签订密约，延长 1907 年日俄密约所定双方势力范围的分界线，进一步划分彼此在内蒙古的势力范围。不久，沙俄与英国也就彼此在外蒙古和西藏地方的侵略活动取得相互谅解。11 月，沙俄政府与外蒙古当局签订所谓《俄蒙条约》，规定：俄国“扶助”外蒙古“自治”，帮助外蒙古练兵，不准中国中央政府军队进入外蒙古地方，等等。同时并签订所谓

《俄蒙商务章程》，取得广泛的特权。沙俄政府这种破坏中国主权的侵略行为，激起中国人民的愤慨。袁世凯政府不顾人民的反对，与沙俄妥协，1913 年 11 月，签订《中俄声明》。这个声明承认外蒙古“自治”，实际上是承认沙俄在外蒙古的控制地位。

外蒙古宣布“独立”不久，黑龙江呼伦贝尔地区的巴尔虎等旗封建上层分子也得到沙俄的支持，占领呼伦、胪滨等地，宣布“独立”。1915 年 11 月，袁世凯再次屈从沙俄政府，签订中俄《呼伦条约》，划呼伦贝尔为特别区域。

1906 年，中英订立《续订藏印条约》后，英国在西藏的侵略势力日益深入。1907 年，清政府在西藏开始施行“新政”，准备改革地方政府机构，筹练新军。这些措施遭到西藏上层统治集团的反对。1908 年，达赖十三世来到北京。英国乘机竭力笼络，达赖十三世转而与英国渐趋接近。1909 年末，达赖十三世返回拉萨。第二年春，他率领一部分西藏地方政府官员逃入印度，完全落入英国侵略者掌中。武昌起义后不久，英国驻印度总督暗助饷械，唆使达赖十三世派遣亲信潜回西藏，组织军队，策动各地发动叛乱，阴谋使西藏地方脱离中国。亲英分子这种背叛祖国的分裂活动，立刻遭到藏族人民以及很大一部分上层喇嘛和贵族，包括班禅额尔德尼九世等的坚决反对。驻扎西藏的中央军队在人民的支援下坚持抵抗叛军。英国看到它的阴谋无法实现，直接出面用威胁利诱的手段，先后迫使帕里、江孜、日喀则等地中央军队解除武装，撤出西藏地方。1912 年 9 月，拉萨驻军也被迫撤退，许多喇嘛不顾危险，相随而行，表现了西藏地方各阶层人民热爱祖国，反对分裂的决心。达赖十三世率领亲英分子返回拉萨后，爱国分子遭到横暴的打击，藏族人民处于水深火热之中。这一年 6 月，北京政府命令四川都督进兵平乱。英国公然宣称，如果中国中央政府军队继续前进，英国将不承认中华民国，并将“以实力助藏独立”。英国又借口护商，派兵进入拉萨。袁世凯屈服于帝国主义的压力，命令军队停止前进，转而采取妥协的方式，来解决西藏地方政府与中央政府的关系问题。

藏族人民坚决要求祖国统一。中央军队停止前进后，西藏地方政府经过新疆都督等与中央政府联系。英国急忙胁迫袁世凯同意举行所谓“中英藏会议”。会议于 1913 年 10 月间在印度西姆拉召开。英国代表为扩大侵略中国的范围，杜撰了内藏、外藏的说法，提出了等于把西藏地方从中国分割出去，而实际上由英国统治的条约草案。1914 年 7 月，英国勾结由卖国分子充当的西藏地方代表私自签订了所谓《西姆拉条约》。中国政府代表拒绝在这个条约上签字，并正式声明：凡英国同西藏地方政府本日或他日所签订的条约或类似的文件，中国政府一概不能承认。会议宣告破裂。英国企图把西藏地方从中国割裂出去，变成它的殖民地的阴谋，又一次遭到了破产。会议期间，英国背着中国中央政府同西藏地方代表秘密换文，捏造了一条所谓划定中印东段边界的“麦克马洪线”，显然是非法的、无效的。至于所谓《西姆拉条约》，以后的历届中国政府也从未承认过。

第五节 1912 年后资产阶级各派系的活动。日本帝国主义利用第一次世界大战加紧侵略中国

资产阶级的派系活动，“二次革命”

袁世凯窃取政权以后，原来资产阶级革命派中的一些领导人，企图依靠《临时约法》来实现欧美式的资产阶级民主政治。他们在这个范围内继续与袁世凯进行着斗争。

辛亥革命推翻了君主专制制度，建立了中华民国，许多革命党人都认为革命已经成功。可是，革命力量的真正策源地——广大的农村在辛亥革命中没有发生变动。封建土地所有制丝毫没有被触动，地主豪绅依然掌握着绝对的统治权，农民在革命后没有得到什么实际利益，他们仍旧在帝国主义和封建主义的压迫剥削下，过着痛苦的生活。辛亥革命也没有破坏几千年来一直压在人民头上的地主阶级专政的机器——封建官僚政治机构。这种情况正便利于大地主买办继续实行他们的反动统治。他们的政治代表袁世凯就在中华民国这个招牌下，一步一步地实现他的独裁统治。

1912 年 3 月，袁世凯正式就任临时大总统以后，继续发展他的势力。当时同盟会在南方几个省份掌握着政权，在临时参议院中也还有相当大的力量。这些都是袁世凯建立独裁统治的障碍，他准备加以扫除。这时《临时约法》刚刚颁布，要求实行民主政治的空气还很浓厚。袁世凯不敢公然脱离民主政治的轨道进行活动，只能采取欺骗手段来逐渐实现其目的。他在就任临时大

总统的誓辞中，虚伪地表示："深愿竭其能力，发扬共和之精神，涤荡专制之瑕秽，谨守宪法。"接着袁世凯又任命已经加入同盟会的唐绍仪为国务总理，并一再宣称遵守《临时约法》，拥护民主制度。社会上出现了许多政治团体，一时显得非常活跃，其中主要的有原来的同盟会和新成立的共和党。

同盟会在辛亥革命以后，由秘密变为公开，一些立宪派分子和旧官僚参加进来。同盟会主张实行责任内阁制，并颁布政纲九条：1. "完成行政统一，促进地方自治"；2. "实行种族同化"；3. "采用国家社会政策"；4. "普及义务教育"；5. "主张男女平权"；6. "厉行征兵制度"；7. "整理财政，厘定税制"；8. "力谋国际平等"；9. "注意移民开垦事业"。同盟会的政纲虽然多少还保留一些资产阶级民主主义的色彩，但比起秘密时期的革命纲领来已经倒退了一大步。所谓"完成行政统一，促进地方自治"，就是在拥护袁世凯的政治统一的前提下，保存同盟会在地方上的实力和地位。"平均地权""土地国有""实行民生主义"等等，改变为毫无内容的所谓"采用国家社会政策"。孙中山在辞去临时大总统后，声称愿意以在野的身份发展实业，对同盟会的活动实际上已很少过问。黄兴遣散南京临时政府的军队，自动撤销南京留守府，表示诚心拥护袁世凯。同盟会这时的实际负责人宋教仁主张扩大同盟会的势力，以从事议会斗争。他的口号是"朝野合作""新旧势力合作"，力谋与袁世凯妥协。同盟会拥护袁世凯而希望实行责任内阁和地方自治，以分袁世凯的权力，在妥协中还有斗争。

原来的立宪派张謇、汤化龙和旧官僚黎元洪等为了对抗同盟会，联合一部分由同盟会分化出来的人和其他的政治团体，在 1912 年 5 月组成共和党，推黎元洪为理事长。它的政纲是：1. "保持全国统一，采用国家主义"；2. "以国家权力扶植国民进步"；3. "应世界之大势，以平和实利立国"。其实就是拥护袁世凯集中权力统一全国，反对同盟会要求实行责任内阁和地方自治。他们自称为"政府与党"，亦步亦趋地追随袁世凯，只要求分一杯羹。

袁世凯建立独裁统治是从破坏《临时约法》中所规定的责任内阁制入手的。唐绍仪内阁于 1912 年 3 月成立，其阁员有半数是同盟会会员，被称为"同盟会中心内阁"，但实权操在袁派官僚手中。唐内阁成立后，经常遭到袁世凯和共和党的联合压迫。6 月，袁世凯公然破坏《临时约法》中关于总统颁布命令须经国务员副署的规定。唐内阁成立不到三个月就不得不辞职了。袁世凯破坏责任内阁事件并没有引起同盟会的警惕，他们反而认为要真正实行责任内阁制，必须组成一个在议会中占绝对多数议席的“强健而良善”的政党。8 月，在宋教仁等人的积极活动下，同盟会联合四个由立宪派、旧官僚组成的政治团体，建立国民党。国民党发表纲领五条：1.“促进政治统一”；2.“发展地方自治”；3.“厉行种族同化”；4.“采用民生政策”；5.“维持国际和平”。国民党的纲领比同盟会公开以后的纲领又倒退一步，民主主义的色彩更加暗淡，妥协成了国民党的特色。一部分同盟会会员不满意宋教仁的妥协路线，不愿意参加国民党，有的甚至为同盟会的革命传统完全被抛弃而痛哭。国民党成立后，吸收了更多的军阀官僚政客参加，表面上声势浩大，成为参议院中的第一大党，但实际上越来越成为完全脱离人民群众的官僚政客集团。国民党名义上推孙中山为理事长，但实权操在妥协派首领宋教仁手中。袁世凯看到国民党在临时参议院中有很大的实力，对国民党大施骗术。8、9 月间，孙中山、黄兴先后接受袁世凯的邀请到北京，袁世凯表面上尊重他们，称之为“革命元勋”，对孙中山的任何主张，甚至对于“耕者有其田”的主张，都表示赞同。这样更增加了国民党对袁世凯的幻想。9 月，袁世凯任命其亲信赵秉钧组阁，经过黄兴的疏通，得到临时参议院中多数的同意。内阁完全成为袁世凯的御用行政机关。

1912 年 12 月举行第一次国会选举。选举结果，国民党在国会中获得了压倒其他党派的多数议席。宋教仁以为这是用合法的斗争取得政权的机会，自己以候补国务总理自居，声称要以国会的多数党资格组阁。他遍游湖南、湖北、江西、安徽、江苏等省，到处演说，批评时政，发表政见。袁世凯看到宋教仁等积极活动，准备组成国民党内阁来分割他的权力，1913 年 3 月派人在上海刺死宋教仁。

宋教仁被刺以后，袁世凯还装模作样，命令江苏官吏“穷究主名，务得确情，按法严办”。“穷究”的结果，暴露了指使行刺的并不是旁人，而正是袁世凯自己。一时全国哗然，都以为是骇人听闻的事。孙中山早先还以为“欲治民国”，“袁总统适足当之”。现在他看清了袁世凯的真面目，认为“非去袁世凯不可”，号召国民党人立即兴师讨袁。但国民党领导人之间意见分歧。黄兴、陈其美等对武力讨袁没有信心，对于宋案，主张静待法律解决。广东都督胡汉民正在与陈炯明争夺广东地盘，无暇考虑反袁问题。安徽都督柏文蔚准备向袁世凯妥协。湖南都督谭延闿持观望态度。只有江西都督李烈钧和其他一些人同意孙中山的主张。大部分国民党议员为了留恋名位，主张联合其他党派，从事“法律倒袁”，反对武力讨袁。涣散无力的国民党，不可能坚决进行反袁斗争。

袁世凯在宋案的真相大白以后，秘密下动员令，决心用武力消灭国民党在南方几省中的实力。帝国主义在袁世凯与国民党斗争激化的时机，大力支持袁世凯。早在袁世凯就任临时大总统的时候，原来的美、英、德、法四国银行团邀请日、俄两国参加，扩大为六国银行团，共同对袁世凯政府接洽贷款。六国银行团在给袁世凯的大贷款没有商妥以前，几次垫款以维持袁世凯政府。后来，美国因为在六国银行团中没有取得领导地位，同时无法通过银行团达到在东北投资的目的，退出了银行团。1913 年 4 月，宋案发生后不久，袁世凯政府与英、法、德、日、俄五国银行团签订《善后借款合同》，借款二千五百万镑，以盐税收入为抵押。合同规定中国政府要聘请外国人协助管理盐税征收事务。中国征收盐税的机构从此与海关一样，为帝国主义所控制。美国虽没有参加“善后借款”，但也选择这个时候承认中华民国，它是最早正式承认袁世凯政府的帝国主义国家，在政治上给袁世凯大力支持。袁世凯得到了帝国主义的支持，胆量立即大起来。他一面指使共和党及另外一些党派联合组成进步党以对抗国民党，并以金钱收买一部分国民党议员；一面借口李烈钧、柏文蔚、胡汉民等通电反对“善后借款”，以不服从中央的罪名，于6月间宣布撤免三人职务。北洋军队纷纷南下，国民党的领导人不能不起而应战。李烈钧在 7 月发表讨袁通电，组织讨袁军。黄兴到南京宣布讨袁。上海、安徽、广东、福建、湖南、重庆等地也先后举兵讨袁，宣布独立。国民党的“二次革命”见诸行动。

袁世凯的军队已分别集结在九江、南京附近，实力大大超过国民党。独立各省之间在军事上缺乏统一指挥，这就给了袁世凯以各个击败的机会。不久，江西湖口被袁军攻占，8 月，南昌也相继失陷。由于一部分讨袁军被袁世凯收买叛变，9 月，南京又为袁军所夺。前后不过两个月的时间，各地讨袁军完全战败。南方各省的国民党势力被袁世凯摧毁，孙中山、黄兴再一次逃亡到日本，“二次革命”失败。

袁世凯用武力镇压“二次革命”时，他并没有驱逐国会中的国民党议员，反而宣布要尊重议员的权利。其目的是想暂时保存国会，用来选举他作正式总统。大部分国民党议员利禄熏心，看不透袁世凯的真正意图，继续留在北京与进步党合作，共同制定宪法。袁世凯为了避免进步党与国民党议员联合，于1913年7月任命和进步党有密切关系的熊希龄为内阁总理，拉拢进步党人组织内阁。进步党首脑梁启超、张謇以“第一流人才”资格入阁，于是号称“第一流人才与第一流经验的内阁”，或称为进步党内阁。事实上，这个内阁的重要职位仍多为袁派官僚所把持。

袁世凯想早日做正式总统，指使他的党徒在国会中提议先选举总统，后制定宪法。进步党为了讨好袁世凯，同意了他们的要求。国民党议员附和进步党，也赞成先选总统。10月，北京国会投票选举总统，袁世凯派军警数千人，号称“公民团”，从早到晚包围议院，强迫议员选袁世凯为大总统，否则选举人不能出议院一步。这些国会议员不得不忍饥挨饿，一天内连续投票三次，最后才选出了袁世凯为大总统。第二天，国会又选举黎元洪为副总统。英、法、俄、日、德继美国后承认袁世凯政府，表示一致支持袁世凯。

袁世凯做了正式总统，立即向《临时约法》和国会发动进攻。他说《临时约法》对总统的权力限制过多，要求在宪法制定之前修改《临时约法》，增加总统的紧急命令权和财政紧急处分权。他唆使在各省的爪牙反对国会制定的《宪法草案》，要求解散国会。

11月，袁世凯制造假证件，说国民党议员与讨袁军有过联系，下令解散国民党，并撤销国民党议员资格，追缴国民党议员证书、证章，使国会不足法定人数，无法开会。12月，袁世凯召开由各省官吏代表组成的政治会议，以篡夺国会的职权。1914年1月，他又正式解散国会。

袁世凯解散国民党、解散国会的命令都得到国务总理熊希龄的副署。一部分国民党和进步党的议员反对解散国会，熊希龄还替袁世凯辩护。进步党在袁世凯走向独裁的过程中，起着帮凶的作用，但到1914年2月，袁世凯不再需要这个工具，所谓“第一流人才”的进步党内阁也被他一脚踢开。

3月，袁世凯召开约法会议，另行制订新约法。5月，废除《临时约法》，公布《中华民国约法》，改责任内阁制为总统制；取消国务院，设立政事堂于总统府，政事堂以国务卿为首脑；又设立参政院代行立法机关的权力，参政则由总统任命。6月，各省都督改称为将军。袁世凯已把自己的权力扩大到最大限度，彻底变成独裁者了。辛亥革命以后所建立的各项民主制度完全被破坏，所剩下的只有中华民国一个空名。袁世凯还要去掉这个空名，登上皇帝的宝座。

日本在大战期间加紧侵略中国，反袁的护国运动，袁世凯政权的覆灭

1914年8月，第一次世界大战爆发，帝国主义各国开始了重新瓜分殖民地的强盗战争。日本宣布参加英、法、俄等国组成的协约国集团，对德、奥等国组成的同盟国集团宣战。它并以此为借口，派军队在山东半岛登陆，占领胶济铁路沿线和青岛，取代了德帝国主义在山东的侵略地位。日本乘欧洲列强全力应付大战的时机，企图独占中国。

日本特务组织黑龙会，在第一次世界大战爆发后不久，就提出了一个灭亡中国的恶毒计划。黑龙会向日本政府建议：乘此时机，完全控制中国。他们认为袁世凯的统治并不巩固，而且袁世凯与日本又若即若离；因此，在支持袁世凯的同时，应该扶植其他各派势力，在必要时，另行物色一个忠实于日本的走狗来代替袁世凯。日本政府大体上接受了这个计划。它一面支持袁世凯的帝制阴谋，换取袁世凯出卖更多的权益；一面又与各派反袁势力保持密切联系，使互相牵制，于中取利，并准备在必要的时候，就抛弃袁世凯，另换新的工具。

1915年1月，日本政府向袁世凯提出灭亡中国的二十一条要求。二十一条分为五大项：1．承认日本继承德国在山东享有的一切权利，并加以扩大；2．旅顺、大连的租借期限及南满、安奉两铁路的期限都延长到九十九年，并承认日本在东三省南部及内蒙古东部的特殊权利；3．汉冶萍公司改为中日合办，附近矿山未经公司同意，不准他人开采；4．中国沿海港湾、岛屿不得租借或割让给他国；5．中国政府聘用日人为政治、财政、军事顾问，中国警政及兵工厂由中日合办，将武昌与九江、南昌，南昌与杭州，南昌与潮州间等铁路的建造权让给日本，日本在福建有投资筑路和开矿的优先权。袁世凯看到在大战时期欧洲帝国主义列强在华势力相对减弱，日本势力迅速扩张，只有取得日本的支持，才可以进行帝制活动；于是，他派外交部次长亲日派曹汝霖与日本代表秘密谈判。经过几个月的交涉，日本以最后通牒的方式，迫使袁世凯于5月9日接受除第五项以外的全部要求。

袁世凯在接受日本提出的要求以后，积极进行帝制活动。6月，北京盛传袁世凯即将称帝。8月，袁世凯的宪法顾问美国人古德诺发表文章，说中国人民知识程度太低，只适合于君主制，不适合于共和制。袁世凯的党徒从此

公开从事恢复帝制的活动。他们组成筹安会，以研究“共和政治得失”为名，鼓吹帝制。有人要求解散筹安会，袁世凯表示可以让“学者舆论自由研究”。各省袁派官僚、军阀纷纷派代表到北京请愿，要求改变民主政体为君主政体。一时形形色色的请愿团体大批出现，买办官僚梁士诒等乘机组织全国请愿联合会，策划帝制活动。10月初，参政院在请愿联合会的催促下，议决以国民代表大会来决定是否改行君主政体。袁世凯的亲信操纵选举，在短短的十几天内，各省的所谓代表都已选出，接着又在当地举行投票。11月中，各省投票告竣，全部同意改行君主政体，并以同样的词句委托参政院为总代表，推戴袁世凯为“中华帝国皇帝”。从参政院决定选举国民代表到各省投票推戴袁世凯为皇帝，只有一个多月的时间。12月11日，参政院向袁世凯上书劝进，袁世凯表示“谦让”。参政院于当天再次集会，决定二次劝进，当晚再上推戴书。第二天，袁世凯接受推戴书。不久，宣布将中华民国五年改为“洪宪”元年，积极布置正式登极的丑剧。

人民群众对于袁世凯的黑暗统治非常不满。在袁世凯统治期间，人民的负担继续加重，官吏贪污横暴。各地人民不断发生反抗斗争。1912—1915年间，湖北、河南、直隶、山东、山西、奉天等省都先后爆发了反对验契清丈或抗捐抗税的斗争。1912年在河南发生的群众武装反抗，曾经扩大到湖北、安徽、陕西、甘肃等省的许多城镇和乡村，卷入了大批的农民和其他的下层群众。“二次革命”后，某些国民党人曾经想利用它来继续进行反袁斗争。袁世凯接受二十一条的消息泄露以后，全国人民立即掀起大规模的爱国运动。工商业者发动抵制日货，工人举行罢工，学生散布传单，发表文章，到处集会演讲，反对日本侵略。这些群众运动都遭到袁世凯的残酷镇压。到袁世凯公开筹备帝制时，一些原来拥护共和制度，渴望中国统一，但把希望寄托在袁世凯身上的人，这时看到袁世凯竟然要恢复君主专制制度，也起来反对他了。反袁已成为全国人民的共同要求。

国民党被袁世凯非法解散以后，孙中山于1914年7月在日本另行组织中华革命党，声明“以实行民权、民生两主义为宗旨”，“以扫除专制政治、建设完全民国为目的”，准备继续进行武装斗争。中华革命党在孙中山的领导下，力图重新举起资产阶级革命的旗帜；但它既提不出反帝的口号，与广大人民更缺乏联系。加入这个党的人要立誓约，按指印，绝对服从孙中山。党员分为“首义党员”“协助党员”和“普通党员”三种，在起义以后到宪法颁布的时期内，首义党员有参政执政的优先权利，协助党员有选举权和被选举权，普通党员只有选举权。至于广大人民则在政治上什么权利都没有。中华革命党的这种做法，主观上是想要接受过去革命失败的经验教训。孙中山认为，辛亥革命后的同盟会和以后的国民党，都因为滥收党员，混进了许多投机分子，以致内部涣散；在南京临时政府和“二次革命”时，许多同盟会会员和国民党人又都不听从他的指挥，因而一再遭到失败。中华革命党只注意于把入党宣誓等形式，规定得非常严格，使自己成为一个狭隘的秘密小团体，结果在群众中更加孤立。在袁世凯称帝时，中华革命党在各地联络军队，组织暴动，或进行暗杀，成为反袁斗争中最坚决的力量。但是，他们没有积极发动群众进行斗争，只是单纯的军事冒险，以致不断失败。中华革命党并没有把全国的反袁力量领导起来。

以黄兴为首的另一部分国民党人组成欧事研究会。他们与进步党很接近。在反对二十一条时，欧事研究会主张停止（反袁）革命，一致对外。在袁世凯称帝时，他们又联合原来的国民党议员和进步党进行反袁活动。欧事研究会在西南有些实力，但由于他们在反袁问题上出尔反尔，没有固定的政治方向，在群众中影响不大。

进步党本来是袁世凯的追随者，在帝制运动开始进行时，他们还希望袁世凯实行开明专制。梁启超发表《异哉所谓国体问题者》一文，要求袁世凯以共和之名，行专制之实。袁世凯坚决要称帝，他们看出这样必然会遭到广大群众的激烈反对，出现一个“全国鼎沸”的局面。他们深恐在袁世凯倒台之后，政权被中华革命党夺取，决定抢先一步把反袁斗争的领导权掌握在自己手里。接近进步党的军人蔡锷与梁启超等密商后，到云南去联合和欧事研究会有联系的军人及旧国民党议员共同发动反袁。在云南的一部分下级军官和反袁的国民党军人李烈钧等正在策划反袁斗争。云南将军唐继尧则模棱两可。蔡锷到云南后，积极联络各派反袁势力，答应保留唐继尧地位，组成护国军。1915 年 12 月 25 日，云南宣布独立，护国军分三路向四川、贵州、广西进兵，由进步党起领导作用的护国战争迅速开展起来。1916 年 1 月，护国军进入贵阳，贵州宣布独立。

袁世凯听到云南宣布独立的消息，赶紧派兵镇压，并积极争取帝国主义对它更有力的支持。日本在袁世凯筹备称帝时，就打算抛弃袁世凯，另行寻找充当日本统治中国的新工具。1915 年 10 月下旬，它一面联合英、俄两国，警告袁世凯不要立即改变政体，一面支持进步党、中华革命党和其他势力的反袁活动，又拉拢袁世凯手下有实力的将领段祺瑞。11、12月，日本又联合英、法、俄等国两次提出警告。云南宣布独立后，日本看到中国人民反袁的声势高涨，拒绝已经商定的袁世凯的特使去日本访问。英国虽曾支持袁世凯称帝，但后来态度并不积极。只有美国不但以所谓不干涉中国内政为借口，拒绝参加以日本为首的反对袁世凯称帝的活动，并且在财政上继续帮助袁世凯，但也无法挽救袁世凯的覆灭。1916年2、3月间，蔡锷率领的护国军在四川占领叙、泸等地，贵州的护国军又进入湘西、川南。这时，广西宣布独立，四川、湖南、广东等省也都有不稳现象。江苏将军冯国璋联合江西、浙江、山东、湖南等省将军联名征求其他各省共同要求取消帝制的密电，又落到袁世凯手中。袁世凯知道他的内外支柱都不可靠，3月22日，不得不宣布撤销帝制。但他仍以大总统名义任命徐世昌为国务卿，段祺瑞为参谋总长，希望保持权位。袁世凯从接受推戴书到撤销帝制，只有三个多月的时间。

护国军声明袁世凯的称帝，犯了背叛民国的大罪，不能再当总统；大总统一职应由副总统黎元洪继任。4、5月间，广东、浙江、陕西等省又相继宣布独立。云南等独立省份联名电促袁世凯辞职。梁启超等进步党人联合欧事研究会和独立省份的军人，在广东肇庆组成以唐继尧为首的军务院，发表宣言，不承认袁世凯为总统，声明在袁世凯未去职前，由军务院指挥全国军事，继续进行讨袁战争。

袁世凯本来想依靠他的北洋军队，维持总统地位。但事实并不如他所想象的那样。冯国璋与西南各独立省份建立了联系，以调停双方争执为名，抬高自己的地位。段祺瑞则效法辛亥革命时期袁世凯对付清朝的办法，迫使袁世凯交出更多的权力，由他组织拥有大权的所谓“责任内阁”。袁世凯手下实力最大的两员部将都在设法分割他的权力，企图继承他的位置。四川、湖南两省也于5月宣布独立。这两省的将军本来是袁世凯的忠实走狗，这时也背叛了他。6月初，这个窃国大盗在全国人民的唾骂声中死去。

袁世凯的黑暗统治虽然覆灭，北京政府的实权却依然操在北洋军阀段祺瑞手里。南方的军务院又为富于妥协性的进步党所控制，准备与段祺瑞合作。中华革命党在护国运动时期只落得充当了反袁斗争的配角，影响不大。因此，中国并未出现新的局面，统治中国的仍旧是代表大地主大买办的军阀政权。

第六节　北洋军阀的统治。南方的护法运动，南北对峙和妥协

军阀的割据

袁世凯死后，帝国主义列强失去了共同统治中国的总工具，都各自积极寻找和培养自己得力的走狗，扩张势力。在帝国主义列强激烈争夺下，中国出现了各派军阀割据和互相火并的局面。

在北洋军阀系统中，隐然存在着以段祺瑞为首的皖系军阀和以冯国璋为首的直系军阀两个主要的派别。等到袁世凯死后，两派的分裂就逐渐表面化。皖系军阀得到日本帝国主义的支持，势力日渐扩张，盘踞北京政府，控制安徽、陕西、山东、浙江、福建等省。皖系一再利用中央政府的权力，排斥异己，扩大自己的地盘。它在各派军阀中势力最大。直系的主要地盘有江苏、江西、湖北三省。它占据长江流域的富庶地区，又得到英、美帝国主义的支持，实力仅次于皖系。直系军阀经常联合其他亲英、美势力来对抗皖系。在东北，以张作霖为首的奉系军阀，于护国战争时，乘机驱逐袁世凯在奉天的势力，以后又逐渐在吉林、黑龙江两省扩展地盘。它在日本帝国主义的扶植下，成为在直、皖两系之间举足轻重的势力。除此以外，还有山西的阎锡山、徐州一带的张勋等等较小的军阀。他们割据着一个省或者几十个县的地盘，虽都不是北洋军阀的嫡系，但与北洋军阀有联系。当时，全国除西南六省外，几乎都直接、间接地处在北洋军阀的控制之下。

广东、广西、云南、四川、贵州、湖南等省，也处于军阀的统治之下。其中最大的军阀势力是以唐继尧为首的滇系和以陆荣廷为首的桂系。滇系军阀占有云南、贵州两省地方，护国战争时乘机向四川扩张势力，与四川军阀发生冲突。以后，段祺瑞又从中挑拨，军阀混战在四川更加激烈。桂系军阀在护国战争时，驱逐了广东军阀龙济光，占据了两广的地盘，实力增大。滇、桂两系军阀都接近北方的直系，附属于亲英、美势力。

各派军阀占据大小不等的地盘，投靠不同的帝国主义，都是大地主大买办和一切反动势力的代表。不少军阀同时又是大地主、大资本家。皖系军阀段祺瑞在东北占有大片土地，他又是龙烟煤铁矿公司和几个机器煤矿的大股东。

直系军阀冯国璋在直隶夹山、遵化、兴隆沟拥有金矿三处，在苏北与张謇合办盐垦公司，占地达七十五万亩。奉系军阀张作霖在东北有田一百五十万亩，他还出资兴办煤矿。阎锡山在山西除了有大量土地外，还筹设晋华纱厂，以后又投资于更多的工商企业。张勋在江西投资元兴纺织公司和南昌惠通商业银行，并且还在苏北设立垦殖公司。安徽督军倪嗣冲是天津裕元纱厂的大股东，又是宿县烈山煤矿的主办人，他在安徽占有的土地七八万亩。段祺瑞的亲信徐树铮是北京化学工业社和天津裕津制革有限公司的董事。其他不少大小军阀也有类似的情况。在袁世凯政权覆灭后，中国正是在这样一批大小军阀的割据下陷入了长期分裂和纷争的局面。

段祺瑞控制下的北京政府，南方的护法运动

1916年6月，副总统黎元洪继任大总统，恢复《临时约法》和国会，重新任命段祺瑞为国务总理。各省的将军改称督军。梁启超为了使独立各省早日与北京段祺瑞政府合作，促使唐继尧等人宣布取消军务院。8月，国会恢复会议，追认段祺瑞为国务总理，并通过他所提出的内阁阁员名单。内阁主要由旧官僚和进步党组成，实权操在段祺瑞手中。

国会恢复后立即着手制定宪法。在国会中，旧国民党议员和进步党议员人数最多，彼此对立。旧国民党议员中一部分人组织宪政商榷会，通称商榷系，进行活动。商榷系内部又分为几个小派系，意见常不一致。中华革命党见商榷系在国会中人数不少，又都是旧国民党员，派人到北京与他们建立联系。进步党也改名宪法研究会，通称研究系，是一个善于玩弄手段的政客集团。在制宪问题上商榷系在中华革命党的影响下，主张以《临时约法》为宪法基础，并将各省的权力以及与中央的关系明文载入宪法，不得随意变动，目的是保持与他们还有一定联系的西南各省的势力。研究系则竭力反对，目的是加强段祺瑞政府的中央集权。

以段祺瑞为首的皖系军阀和以梁启超为首的研究系很快合流。段祺瑞由于得到日本帝国主义的支持，急于在中国建立独裁政权。他和袁世凯一样也因为《临时约法》妨碍他实现个人野心，于是利用研究系政客反对以《临时约法》为基础制定宪法。

总统黎元洪和非皖系军阀为保持实力和对抗皖系，在制宪问题上都表示

支持商榷系的意见。1916年12月，国会开会讨论制宪问题，研究系与商榷系两派议员发生激烈争执。研究系议员通电乞助于皖系军阀。皖系军阀们联合一部分议员组成宪法促成会，以对抗商榷系，并发表通电，向黎元洪和非皖系势力施加压力。

皖系气焰嚣张，表明日本帝国主义在华势力的扩展，这就引起了英、美特别是美帝国主义的注意。英、美两国大力支持以新当选的副总统冯国璋为首的直系军阀作为对抗日本的工具。直、皖两系的斗争在中国要不要参加第一次世界大战的问题上爆发出来。1917年2月，德国宣布将以潜艇无限制封锁海面。美国随即与德国绝交，要求中国与它采取一致行动。3月，国会众议院、参议院表决通过与德国绝交。日本和美国都想操纵中国的参战，以加强对中国的控制。日本派人与段祺瑞、梁启超等秘密接洽。段祺瑞企图以参战名义得到日本的借款，扩大皖系势力，积极主张参战。美国看到日本积极活动，又示意中国毋须对德宣战。冯国璋通电反对参战。其他直系军阀和直系地盘中的商业团体也跟着通电反对。由商榷系分化出来的政学系也附和直系，主张保持中立。4月，段祺瑞在北京召集各省督军开军事会议，将名为参战，实为扩大本系势力的计谋告诉皖系督军，组成以皖系军阀为骨干的督军团，胁迫国会和黎元洪同意参战。

1917年5月，众议院讨论宣战案，政学系议员在直系军阀授意下，与商榷系议员都表示反对参战。段祺瑞效法袁世凯的故技，指使军警二三千人组成所谓“公民请愿团”“五族请愿团”等包围众议院，殴辱议员，威胁他们立即通过参战案。段祺瑞这一横暴行为激起了议员们的愤慨，众议院一度停止开会，内阁中非皖系阁员相率辞职。众议院作出暂不讨论宣战案，俟新内阁成立后再议的决定。段祺瑞恼羞成怒，联合研究系议员，唆使督军团呈请总统黎元洪解散国会。这时，段祺瑞向日本借款一亿日元，允许日本控制兵工厂和训练中国军队的消息被揭露。段祺瑞的卖国行为更激起全国人民的反对。黎元洪得到舆论的支持和亲英、美势力的赞助，下令免去段祺瑞国务总理的职务。

段祺瑞决心以武力来继续把持中央政权，唆使督军团反对黎元洪。皖系与奉系督军都通电宣布独立，并准备进兵北京。段祺瑞企图在天津组织临时政府，没有成功，于6月初设立“各省军务总参谋处”。研究系首脑梁启超、汤化龙等向段祺瑞献计，利用安徽督军张勋来打击反对参战势力。张勋一向以主张清朝复辟出名，他和皖系军阀经常互相利用。段祺瑞暗中支持张勋推翻民国，以达到驱逐黎元洪和解散国会的目的。日本也参加了段祺瑞的这一阴谋，帮助张勋进行复辟活动。

1917 年 6 月中旬，张勋以调停黎元洪、段祺瑞之间的争执为名，先威胁黎元洪解散国会，随即拥兵入北京，逼令黎元洪去职。7 月，张勋拥溥仪复辟，恢复清朝旧制，改民国六年为宣统九年。黎元洪逃到东交民巷使馆区，电令副总统兼江苏督军冯国璋代行总统职权，重新任命段祺瑞为国务总理，讨伐张勋。段祺瑞见驱逐黎元洪、解散国会的阴谋全部成功，立即转过来宣布反对复辟。段祺瑞自任讨逆军总司令，以梁启超、汤化龙为参赞，进攻北京，赶走张勋。复辟仅十一天即被扑灭。经过这次事变，亲日派的势力大为扩张。

段祺瑞又一次以国务总理的名义掌握中央政府大权，组成以皖系、研究系为代表的封建买办官僚内阁。直系军阀的首领冯国璋继任大总统，但在北京政府中的实权远不及段祺瑞。

8 月，段祺瑞政府对德、奥宣战。美国这时已参加第一次世界大战，愿意与日本在中国问题上暂时妥协。11 月，美国国务卿蓝辛与日本特命全权大使石井订立协定。日本再一次同意美国的门户开放政策，美国承认日本在中国有“特殊利益”，这给了日本独占中国的有利机会。段祺瑞政府在参战后，向日本进行大宗借款，组成所谓“参战军”，扩充皖系势力。借款总数估计在五亿日元左右。段祺瑞为了取得这些借款，放手卖国，他承认日本继承德国在山东的侵略权益，将东北的吉长铁路、吉会铁路及所谓满蒙五铁路和吉林、黑龙江两省的金矿、森林抵押给日本。日本并且派遣军官为段祺瑞训练军队，掌握了对“参战军”的指挥权。俄国十月社会主义革命爆发以后，段祺瑞政府又与日本订立反苏的军事协定，允许日本在中国驻兵，在作战时，两国军队须互相“合作”，实际上使日本得以指挥中国军队。

复辟活动被扑灭以后，研究系政客迎合皖系军阀的意愿，认为民国已为张勋复辟所破坏，主张另行成立临时参议院，目的在抛弃旧国会和《临时约法》。这时孙中山认识到在段祺瑞等北洋军阀的统治下，中华民国仍然徒有其名，他明确提出了要打倒假共和、建立真共和的主张，号召拥护《临时约法》，恢复旧国会。1917 年 7 月，孙中山到广州。海军受中华革命党的影响，发表“拥护约法、恢复国会”的宣言，海军舰队接着南下。绝大部分商榷系和政学系的旧国会议员相继到达广州。桂系军阀陆荣廷和滇系军阀唐继尧自知实力不及皖系，想利用孙中山的名义对抗段祺瑞。8 月，孙中山召集非常国会于广州。9 月护法军军政府成立，孙中山任大元帅，以陆荣廷、唐继尧为元帅，与北京段祺瑞政府相对立。孙中山领导的护法运动，在反抗北洋军阀的统治这一点上，博得了人民的同情。但是，护法运动仍旧没有真正动员和组织人民，而是依靠一些地方军阀的力量；它的具体目标只是恢复《临时约法》和重开旧国会，不足以吸引真正向往共和的人民。这样，护法运动就不可能有什么前途。

护法运动兴起后，段祺瑞政府决定对西南各省用兵，以实现"武力统一"的主张。他命令直系军队进入湖南与护法军作战，阴谋消耗双方兵力。冯国璋提出"和平统一"的口号，指示进入湖南的直系军队消极怠战。11 月，在湖南的直系军队竟自动退兵，发表宣言，要求停战。直隶、江苏、湖北、江西等省直系督军又联合通电，主张与护法军军政府和平解决。

在亲英、美的直系军阀与亲日的皖系军阀明争暗斗时，护法军军政府中的亲英、美势力也大肆活动。政学系政客拉拢滇桂两系军阀，共同排斥孙中山。1918 年 1 月，广东、广西、云南、贵州等省军阀在广州组成西南自主各省护法联合会，与孙中山领导的护法军军政府对抗。5 月，孙中山向非常国会辞去大元帅职务。政学系联络商榷系的一部分人操纵非常国会，改组护法军军政府，废元帅制，改为总裁制。孙中山与陆荣廷、唐继尧等七人被推为总裁。护法军军政府事实上为陆荣廷把持。孙中山被迫离开广州，转往上海。护法军军政府成为政学系联合滇桂军阀共同组成的亲英、美的政权，它与直系军阀的关系逐渐密切起来。

段祺瑞为了阻止直系军阀与西南各省的合作，联络奉系军阀张作霖共同压迫冯国璋同意对西南作战，并以扩充地盘为饵，引诱原属直系，而与皖系接近的曹锟进兵西南。曹锟部将吴佩孚攻占湖南长沙等地。但段祺瑞却任命皖系军阀为湖南督军，引起了曹锟、吴佩孚的不满，他们按兵不动。1918 年 8 月，吴佩孚等通电主张和平，反对战争。护法军军政府发表复电，也赞成和平。直系军阀与西南军阀联合反对段祺瑞。段祺瑞在阻止直系军阀与西南各省的合作失败以后，决定转而先打击直系势力。他在重新选举国会议员时，收买大批政客，组成新的反动政客集团安福系，操纵选举。选举结果，新国会中安福系议员占百分之六十以上。9 月，新国会在安福系操纵下选徐世昌为大总统，以冯国璋为首的直系军阀势力被驱逐出中央政府。此后曹锟、吴佩孚与西南军阀建立了更加密切的联系，进一步取得英、美帝国主义的支持，成为直系军阀的新首领，继续与皖系军阀对抗。

在第一次世界大战接近结束时，美国看到日本在战争期间对中国的侵略势力显著增强，亟谋抵制。1918 年 7 月，它向英、法、日三国提议联合组织四国银行团，共同对华投资，各国应将给中国的全部贷款和所获得的各种优先权归银行团共有，不许一国独占。10、11 月间，美国先后向北京政府与护法军军政府分别提出劝告，要各派牺牲成见，速谋统一。英、法两国也指责段祺瑞政府名为参战，实不尽力。在美、英、法三国压力下，日本不得不宣言停止对中国单独贷款，同意美国所提出的南北议和的主张。1919 年 2 月，南北政府代表在上海开始议和，双方代表表面上是讨论恢复旧国会等问题，实际上是商议如何划分地盘和分配四国银行团准备给予的贷款。在这些问题上，彼此争吵不休，谈判陷入时停时续的状态中。

涣散无力的资产阶级政治势力

在帝国主义的操纵下，各派军阀为了争夺地盘，扩张势力，在盘踞的地区，建立了极其蛮横的统治。各地的军阀政府无止境地增加捐税，向人民预征许多年的赋税，发行公债和纸币，对人民进行残酷的剥削和掠夺，甚至公开抢劫。军阀间的混战，给人民带来了无穷的灾难。北京政府所支出的军费，历年都有增加。据估计，1916 年为一亿五千余万元，1918 年达二亿元以上。这两年发生战争的省份有九省之多。黑暗反动的统治，加重了天灾带来的灾害。1916 年，江苏淮河、运河一带发生大水灾，灾区面积达三万多平方里。1917 年，直隶、山东、山西又发生水灾，直隶大部分县份成为灾区。1918 年，湖南、湖北、山东、河南、福建、浙江、江西、广东八个省又有水灾。广大人民在大小军阀统治下过着极端贫苦和毫无权利的生活。

在这个时期，资产阶级在政治上已经涣散无力。许多代表人物成了军阀的走卒；一些继续要求革命的人又提不出任何具有号召力的口号，无法领导人民进行革命斗争。

由进步党演变来的研究系与皖系军阀合流，事事顺从段祺瑞的意志，在人民群众中已经没有什么欺骗作用。研究系终于被皖系军阀所抛弃。在皖系势力控制的新国会中，研究系只有议员十多人，内阁中一个席位都没有，研究系在政治上落到了无足轻重的地位。

由旧国民党演变而来的商榷系分化为三个派别。右派政学系日趋反动，成为直系军阀和西南军阀的附庸，在护法军军政府中与西南军阀合作排斥孙中山。中派益友社人数较多，与政学系联合反对孙中山，后来又与孙中山合作反对政学系，是一个动摇的集团。左派民友社多是中华革命党党员，人少力弱，在孙中山被迫离开护法军军政府时，他们跟随孙中山一起出走，继续拥护孙中山。

孙中山在护法运动失败后，非常痛苦。他看到辛亥革命以后，只是“去一满洲之专制，转生出无数强盗之专制，其为毒之烈，较前尤甚，于是而民愈不聊生矣”。孙中山为了反对军阀的罪恶统治，曾经发动反袁斗争，领导护法运动，一直为保卫民主而奋斗，但都遭到失败。他回到上海以后，悲愤地说：他在护法军军政府中，“艰难支撑一年之久，孑然无助，徒为亲厚所痛，仇雠所快”。

资产阶级革命派的代表孙中山经过几次挫折，并没有灰心，继续在革命的道路上摸索前进。他到上海后，一面发愤著书，开始撰述《孙文学说》一书；一面准备重新组织政党来领导革命。但是究竟怎样才能不蹈国民党和中华革命党的覆辙，孙中山无法解决这个问题。他在与西南军阀决裂之后，又认识到南北军阀所标榜的共和都是假的，“南与北如一丘之貉”，同样是革命的敌人。究竟用什么样的纲领来动员群众，并且把群众组织起来，以推翻军阀统治，完成民主革命的事业，这又是他所无法解决的问题。这些说明中国民族资产阶级已经完全没有能力来领导中国革命了。

第七节　中国资本主义的发展

中国资本主义的进一步发展

辛亥革命以后，民族资产阶级的社会地位和政治地位都有所提高。袁世凯和其后的北洋军阀政府，为了换取资产阶级的支持，先后制定和颁布了《奖励工艺品章程》《工商保息法》《商会法》《商人通例施行细则》《公司条例施行细则》等项法律和法令。这些法律和法令在一定程度上保障了民族工商业的发展，刺激了人们投资和兴办企业的兴趣与热情。辛亥革命后，资产阶级认为清政府被推翻，革命已经成功，发展工商业具备了良好的条件。他们高喊："今兹共和政体建立，喁喁望治之民，可共此运会，建设我新社会，以竞胜争存，而所谓产业革命者，今也其时矣。"各地的工业建设会、实业协会，以及国货维持会等团体纷纷成立。辛亥革命以前的二三年，工商业正处在衰敝萧条的境地，辛亥革命后，中国又出现了一个新的兴办资本主义工业的热潮。

1914年第一次世界大战爆发，欧洲几个主要的帝国主义国家英、法、德、俄正忙于互相厮杀，暂时放松了对中国的压迫，又给中国资本主义的发展造成一个有利的机会。外国商品的输入，在1913年已经达到五亿七千余万海关两，此后直到1918年，经常停留在五亿至六亿海关两之间，1915年并且一度降低到四亿五千余万海关两。外国商船出入口的吨数，在1918年，较战前的1913年，也减少了14%。这样，就使中国民族工业所受外国商品倾销的压力，得到减轻。加上这一时期自然经济的进一步被破坏，对近代工业产品的需求日益增长，给中国民族工业造成一个空前广大的市场。

辛亥革命以后，群众性的反对帝国主义的斗争，特别是反对日本帝国主义在第一次世界大战时期乘机加紧侵略中国的斗争，也推动了民族工商业的发展。1915年，因反对日本侵占胶州湾和强迫中国接受"二十一条"要求，在全国范围内掀起了一个抵制日货运动。"抵制外货、发展实业"以及"实业救国"的口号，一时成了各阶层人民的共同呼声。这些群众性的爱国斗争，有力地支持了民族工业对日本新的经济侵略的抵抗，促进了民族资本主义的发展。

由于上述的这些原因，中国资本主义在辛亥革命以后，尤其是在第一次世界大战期间，有了进一步的发展。发展的速度大大超过过去，时间持续较长，而且方面也较广。在此期间，工业、交通运输业、金融业等等都得到了空前的发展。

近代工业的发展最为显著。中国资本主义近代工业从十九世纪六七十年代开始出现起，到1911年，四五十年间，投资一万元以上的厂矿，先后创办了约七百个，资本一亿三千余万元。截至1911年，除去已经倒闭和被外资吞并的厂矿外，仍然继续经营的约五百个，资本一亿二千余万元。而从1912—1919年，八年之间，建成厂矿四百七十余个，投资近九千五百万元。加上原有企业的扩建增资，新增资本至少有一亿三四千万元。这八年超过了过去的五十年。

轻工业仍是这时期工业发展的中心。在纺织业方面，1911 年全国有华商纱厂二十家，纱锭约五十万枚，资本一千七百万元。1919 年增至三十五家，纱锭六十五万余枚，正在筹备和即将开工的还有二三十家，投资总数约达六千多万元。机器染织厂和针织厂在 1911 年以前不过各有三五家，到 1919 年，较大规模的染织厂有二十余家，针织厂新增了十余家。缫丝厂在 1911 年有二百六十余家，1917 年增至四百六十余家。缫丝车数由十万增至十七万。丝织厂自从 1912 年杭州设立纬成铁机织绸厂以后，很快便在杭州、湖州、苏州和上海发展起来。到 1919 年已有七十余家，并开始使用电力织绸。

面粉工业增长的幅度极大。1911 年全国面粉厂和机器磨坊约有四十家，到 1919 年增至一百二十余家，资本从六百多万元增至约四千五百万元，每昼夜生产面粉的能力，从四万三千余袋增至十八万八千余袋。第一次世界大战期间，中国的面粉畅销英、法、美、俄、日本及东南亚各地。中国对外贸易中面粉一项由战前的入超变为出超，1919 年出超额超过一千万海关两。

火柴工业的发展也很惊人。1911 年全国有火柴厂三十家左右，资本一百八十余万元，到 1919 年增加到近九十家，资本达七百余万元。

此外，毛纺织、碾米、榨油、卷烟、蛋粉、罐头食品、造纸、玻璃、肥皂、制革等轻工业，也有不少发展，都建立了一批新工厂。

重工业在半殖民地国家里是很难得到发展的，但在这一时期，中国重工业也有了一定程度的增长，在钢铁冶炼业中出现了一个自办厂矿的高潮。除了原有的汉冶萍公司在 1914 年新建大冶铁厂以外，先后又兴办了五个钢铁厂。1916 年有龙关（后改名龙烟）铁矿公司成立，资本五百万元，两年后在北京石景山开始了钢铁厂的建厂工程。1917 年上海成立和兴钢铁公司，资本五十万两。1919 年扬子机器公司也在汉口设立炼铁厂。各地这时还兴办了许多采铁的矿场。

在机器制造和修配业方面，1919—1920 年间，上海一地有使用动力的机器厂八十余家，手工机器修造厂四十余家，而 1911 年总共只有三十家。新建的机器制造工厂中，较大的有资本二三十万元。

采煤工业这时期有更多的新公司成立。许多土法小矿也相继采用机器生产，或合并成新式大矿，其中投资最大的达二百万元，旧矿不断增加资本，添设新井，扩大矿区。全国华资机器煤矿的年产量，在1912—1919年间，由八十余万吨增至三百三十余万吨。锑、钨、铅和锰等矿藏的开采这时也有增加。

交通运输方面，轮船航运业在1911年有船约九百只，运输能力约九万吨，到1919年增加到近一千五百只，运输能力达十五万吨。1915年成立中国轮船公司，1919年又有中华航业公司成立，它们的船只航行旧金山、横滨、爪哇等地。此外还设立了许多汽车运输公司。

中国的银行业在第一次世界大战期间也有显著的发展。由于工矿运输等事业的发展，对资金周转的需求日益增加，不少厂矿主也直接投资设立银行。全国华资银行在1911年只有十五家左右，到1919年，包括军阀创设的在内，迅速增至六十余家，实收资本七千七百余万元，全部资产约达五亿元以上。银行在中国金融业中逐渐代替钱庄而占主要地位。

资本主义的迅速发展，扩大了近代工业的分布地区。1911年以前，中国绝大部分工厂集中在沿海沿江少数几个通商口岸，特别是上海、武汉、广州等地。广大内地各省，或者只有少数几个厂矿，或者根本没有。甚至天津、哈尔滨等几个通商口岸，绝大多数都是外资工厂，华资工厂极少。到1919年，除了边远地区外，内地各省差不多都有十几个或几十个近代厂矿建立。同时还有无锡、济南等几个新的工业城市兴起。天津、哈尔滨等地的华资工厂也逐渐占据主要的地位。

资本主义势力在这时期逐渐深入农村，大量工业产品在农村销售，促使了自给自足经济的进一步解体。许多资本家为了保证原料的供应，开始直接在农村建立收购站、加工工厂，并设立各种农产推广站，来扩大工业原料的生产。有些地方的农业生产逐渐走向专门化，变成经济作物区。同时，在农村逐渐兴起了一种依靠工业品作原料的加工手工业。

这一时期的资本主义工业利润率极高。许多公司每年的盈余已经不是资本额的百分之几或百分之十几，而是百分之几十或百分之一百多。不少公司的利润特别惊人。上海申新纺织公司，投资不过三十万元，每年获利数十万，1919年更达一百余万元。无锡振新纱厂，资本只有六十五万元，而1919年获利竟达一百三十万元。同年，宁波和丰纱厂以资本九十万元获利一百四十余万元，无锡业勤纱厂以资本八十万元获利一百一十万元，获利数额都远远超过投资数额。因此，各种工厂的建成率都很高。企业刚刚成立，立即就能获利。这种情形反过来又大大刺激了对工业的投资，一部分利润转化为扩大旧厂或建立新厂的资本。

资本积聚和集中的情形也发生了，拥有较多工厂或巨额资本的大公司逐渐增加。1912 年，资本一百万元以上的大公司约有二十五个，实收资本共约七千万元。1919 年，百万元以上的大公司增至四十三个，实收资本一亿二千余万元。一些巨大的公司和企业集团也随着出现。1911 年以前，几乎没有什么特别巨大的公司。到 1919 年，除了一些拥有数百万元的大公司外，在工业方面还出现了拥有资本一千五百万元的南洋兄弟烟草公司和全部资产达一千二百万元以上的茂新、福新、申新总公司。后者拥有四个纺织厂和十二个面粉厂，其中有四个就是吞并其他企业而来的。在银行方面则出现了像中国、交通、中国通商、浙江兴业、上海商业储蓄、浙江地方实业、金城、盐业、中国实业、广东等拥有数千万元以至上亿元资产的大银行。

这一时期中国资本主义的发展并没有改变半殖民地半封建的特点。第一，近代工业的发展，主要还是在轻工业方面，重工业的基础依然非常薄弱。重工业企业的数量不多，规模一般也不大，主要的是煤铁等采矿冶炼业。制造机器的工业几乎还没有建立，机器设备等仍须依靠从国外输入。第二，在一些主要工业部门的投资总额中，外国资本的比重仍然大大超过本国资本。钢铁生产方面，日本资本直接控制全国生产能力的 25%，又通过贷款等方式控制了 69%。煤的生产，外国资本直接投资以及通过贷款共控制了全国机械采煤量的 75%。轻工业中，外资势力也很庞大。棉纺织业中，外资纺织厂就占有 46% 的纱锭数和 59% 的布机数。这样，中国资本主义的发展依然直接受到外国帝国主义的严重压迫和控制。第三，封建经济在全国经济中仍旧占绝对优势地位。高额的封建地租和高利贷，不仅限制了工业吸收新的资本，而且常常使工业资本反过来转化为购买土地和放高利贷的资金。这一时期，农村中各种垦殖公司虽有发展，但它们实际上是在资本主义外壳下，将土地出租给佃农，进行封建的剥削。同时，在厂矿中，仍旧维持着封建把头和封建式的学徒制等剥削压迫形式。中国资本主义与本国封建主义也仍然保持着又矛盾又依赖的关系。

这个时期，中国资产阶级的两个部分，实力都有增长。买办资产阶级的实力增加得尤其迅速。许多封建军阀、大官僚和大买办在这时对资本主义企业进行了大量投资。他们以帝国主义和军阀政府作靠山，借助政治势力，很快形成一批以大银行为中心的资本集团。在北方一些军阀和官僚以天津、北京为基地，除了占有中国、交通等大银行以外，又新设了金城、盐业、中国实业等银行和一些大的投资公司，控制和兴办了大批企业。在上海一带，兴起了一个所谓“江浙财阀”集团。他们以中国银行上海分行和浙江兴业、上海商业储蓄、浙江地方实业、中国通商等大银行为中心，建立起一批拥有巨额资产的工矿航运企业。在华南以香港、广州为中心，出现了一个经济力量略小于“江浙财阀”集团的所谓“华南财团”。所有这些大资本集团，通过他们所设立的银行、企业以及其他活动，与外国资本在各方面建立了极其密切的联系。有些企业甚至是与外国资本“合办”的。买办资产阶级实力的迅速增长，既便于帝国主义的侵略，又使军阀政府在政治上和财政上得到更多的支持。买办资产阶级与外国帝国主义和本国封建主义更加紧密地结合在一起，它在中国反动统治阶级中的地位越来越重要。

民族资产阶级仍然是一个软弱的阶级。帝国主义和封建主义对它依旧施加沉重的压迫。欧洲帝国主义国家的侵略虽然暂时有所减缓，它们的政治经济势力并未退出；日本和美国的侵略势力迅速扩张，造成对民族资产阶级极大的威胁。军阀的连年内战和繁重的捐税，更加严重地妨碍了民族资产阶级的利益。在这种情况下，民族资产阶级不能不对阻碍它们发展的帝国主义和军阀统治有所反抗。1915 年，民族资产阶级参加了全国反对日本侵略的抵制日货运动。1918 年 4 月，在天津召开的全国商会联合会上，民族资产阶级呼吁停止军阀混战和反对中日密约。1919 年 8 月，上海五十三个商业团体组成的上海商业公团，发表宣言，提出“不纳租税，不运货物”，以反对军阀混战，还主张对操纵军阀混战的帝国主义实行“断绝商务关系”。这些都表明民族资产阶级对帝国主义和封建主义的反抗在逐渐加强。但是，民族资产阶级并不敢对帝国主义和封建主义进行坚决的反抗。他们反对军阀统治和混战的斗争，往往只是限于纸上空文，没有实际行动。显然，民族资产阶级仍然是一个具有很大妥协性的阶级。

日本帝国主义新的经济侵略

第一次世界大战期间，日本垄断资本三井、三菱、安田、住友、大仓等财阀的实力迅速增大。他们乘机加紧对中国进行侵略，竭力扩展在华的独占势力。

第一次世界大战以前，在帝国主义列强对中国的经济侵略中，英国一直居于首位。1914 年，英国对华的投资总额达六亿六千万美元，远远超过其他一切国家。怡和、太古、沙逊等洋行早已成为经营多种企业的巨大垄断资本。汇丰、麦加利等银行通过贷款控制了中国的财政和大批的公私企业。在各个企业部门，铁路、轮船等交通运输业，主要控制在英国资本手中。直隶开滦、河南福中公司等中国最大的煤矿都被英国所占有。英美烟草公司是中国境内最大的烟草公司。英国资本在纺织业中也超过其他各国。第一次世界大战爆发后，英国资本势力在中国的发展处于停滞状态，日本帝国主义却以惊人的速度扩展在华经济侵略势力。日本输华货值，1912 年只有九千多万海关两，到 1919 年便达二亿四千余万海关两，七年之间增长了一倍半。日本对华投资总数，1913 年约四亿九千万日元，到 1919 年便增加到十四亿日元以上，六年之间增长了将近两倍。日本在华商行数目，1912 年为七百多个，1919 年增加到近五千个。七年之间增长了五倍多。

日本这时期对中国的经济侵略，特别着重在资本输出，首先是通过贷款来支持和控制军阀政府，以盗取各种利权。日本对中国军阀政府的贷款，主要是借给北京皖系军阀政府。这种贷款在 1917—1918 年间最多，包括已付未付，总数达六亿多日元。通过这样庞大的贷款，日本不仅攫取开矿、修筑铁路、“合办”企业等特权，而且控制了皖系军阀政府的财政和军事，企图把它变成日本独占中国的工具。

日本在华的企业投资，在 1913—1919 年间，由三亿八千多万日元增到八亿八千多万日元。银行、工业、交通等部门的投资都有增加。原有的企业不断扩大，还增设了许多新的企业。上海、济南、天津、武汉等地，日本的投资大量增加，在东北和青岛，增长尤其迅速。在东北，到 1919 年前后，主要的工厂和公司达二百四十余家，资本约达四亿元左右。青岛在被日本强占以后，到 1919 年，仅资本在百万元以上的日资企业，已达七十家。

日本在华设立的企业，许多是具有垄断性质的。南满铁道会社是日本对中国进行政治、经济侵略的一个巨大组织。除了直接经营各种企业，并拥有庞大的调查研究机构。截至 1919 年，仅其直接经营的事业，投资已近三亿七千万元，此外还在二十余个公司中有大量投资。东洋拓殖会社也从朝鲜把势力扩展到中国东北和直隶、山东等省，资本总额从约一千万元增至五千万元。

金融方面，除早已设立的横滨正金、台湾等银行外，朝鲜银行又成为日本帝国主义侵略中国东北、华北的主要金融机构。工矿方面，棉纺织业的内外棉、日华、上海等纺织公司都是拥有几个纱厂、资本数百万元以至千余万元的大公司。满蒙毛织会社是日本在东北垄断毛纺织的组织，资本一千万元。满洲制粉会社垄断东北的面粉工业，资本三百万元。东亚烟草会社资本二千万元，垄断东北地区的卷烟制造业。抚顺煤矿已成为中国最大的煤矿之一，本溪湖煤矿发展成为拥有七百万元的煤铁采炼公司。山东坊子淄川煤矿，也为日本所占有。

日本侵略者在直接经营各种企业的同时，还与中国的军阀、官僚等组织所谓中日合办企业。这种“合办”企业，到1919年已有一百二十个左右，资本总额达一亿四千万元上下。其中1913年设立的中日实业公司，资本五百万元，1918年设立的中华汇业银行，资本一千万元。日本通过“合办”企业，把它的政治经济侵略势力向多方面伸展。

对华商企业贷款是日本掠夺中国企业的一种毒辣手段。1919年，日资对华商企业的贷款约有一亿八千多万元，接受贷款的不仅有通商口岸的大企业，并且还有远在西南内地的中小企业。由于贷款条件极其苛刻，许多企业逐渐为日资所控制，有的更因此破产，被日资所吞并。

日本帝国主义通过各种方式，利用第一次世界大战的机会，在中国迅速扩展侵略势力。重工业方面，日资几乎控制了中国生铁和铁矿的全部生产，占有了煤矿生产的三分之一。棉纺织业方面，日资企业占全部开工设备的四分之一以上。在其他许多轻工业中，日资企业也占有很大比重。日本在中国的经济扩张，形成对中国资本主义发展的新的巨大压力和障碍。

日本帝国主义在华经济势力的迅速扩张，大大改变了帝国主义国家在华侵略势力的对比。德国已因战争失败而大为削弱。法国则已失去扩大资本输出的能力。英国虽因吞并德国原来在华的企业而有所增长，但进展很慢。只有美国有力量在中国与日本进行争夺。美国在第一次世界大战中发了战争财，许多国家都对它负债。国际资本主义在全世界的剥削中心，已经开始从欧洲转移到美国。美国在中国的经济侵略势力不断增长，在华商行数，在1913—1919年间，由一百三十余个迅速增至三百多个，其中包括新设立的五个银行和两个大投资公司。慎昌洋行已发展成为美国在华推销机器设备的主要经理者。它用高利贷的方式控制了许多华商工厂。但在这一时期，美国在华的经济侵略势力还远不及日本。因此，日本帝国主义在中国的经济侵略势力，与其他帝国主义国家相比较，从1902年的第六位，1914年的第四位，到1919年，一跃而与久居首位的英国势均力敌。英国、日本、美国成了侵略中国的三个最主要的国家。

壮大中的中国工人阶级

中国工人阶级随着中国资本主义的发展，很快壮大起来。工人人数迅速增多。辛亥革命以前，中国近代产业工人约有五十万至六十万人，到1919年，大约已有一百五十万到二百万人。这时，中国近代产业工人，主要集中在矿山、铁路、纱厂、丝厂、卷烟厂、火柴厂及轮船航运业等几个企业部门，和在上海、武汉、天津、青岛、大连、哈尔滨、广州、香港等十几个大城市。在这些企业部门和大城市中，大企业中的工人数又占了全部工人数的极大比重。中国近代产业工人这样高度集中的情况，在世界上是少有的。这使中国工人阶级较早地具有了联合、团结的条件，能够较早地把力量集中起来。

辛亥革命以后，中国工人阶级在经济上和政治上并没有得到任何实际利益。军阀统治时期，工人的生活更加困苦了。这时，物价不断上涨，工人的实际工资日益降低。上海、天津、广州三大城市，1912—1919年间，工人的货币工资一般增加了5%—30%，主要生活品的价格却上涨了33%—59%，加上军阀政府和中外资本家的许多勒索、克扣，工人所得的实际工资，往往不及名义工资的二分之一，甚至不及三分之一。工人阶级在政治上所受到的压迫也越来越严重。军阀政府先后颁布了《暂行新刑律》《治安警察条例》《治安警察法》等法令。这些法令又大大限制了工人的活动，愈益使工人陷入毫无自由权利的境地。中国工人阶级所受外国帝国主义、本国封建主义和资本主义的三重压迫和剥削更加沉重了。这就激起了工人阶级反抗斗争的高涨，从而使中国工人阶级的阶级觉悟得到提高，工人阶级的力量迅速壮大。

工人罢工的次数愈来愈增多。据不完全的统计，从中国第一批近代产业工人出现起，到1911年，大约七十年间，工人先后举行过一百多次罢工。其中1905—1911年为最多，占五十多次，平均每年八次。从1912年1月到1919年5月，七年五个月的时间内，出现了一百三十多次罢工，平均每年达十八次。1916年以后，罢工次数逐年增加的趋势更为显著。1916年罢工次数为十七次，1917 年为二十三次，1918 年增加到三十次。1919 年，仅 1 月到 5 月间，便达十九次。在这几年内，罢工的规模、参加的人数以及斗争的激烈程度，都大大地超过了从前的罢工。

工人阶级为提高工资，缩短工作时间，改善工作条件和反对资本家与工头的压迫，进行了不断的斗争。1915 年 4 月，湖南乾城大王岩煤矿工人因要求增加工资，反对延长劳动时间，举行罢工。他们对军警和地主武装的联合镇压，举行了坚决的抵抗。同年 7 月，苏州全城丝织业工人三千名举行同盟罢工，要求提高工资。1916 年 3 月，北京政府财政部印刷局工人举行罢工，军阀政府派警察镇压，激起了工人的愤慨。他们捣毁印刷局，夺取警察的枪械，进行抵抗。1917 年 3 月，上海商务印书馆印刷工人因厂方无理解雇工人而罢工，中华书局和其他印刷厂工人举行支援罢工。7 月，上海又爆发英美烟厂工人反对减低工资的罢工，参加罢工的工人有三千多人，坚持了三个星期。从 1918 年 4 月至 1919 年 5 月，仅上海一地的纺织厂工人，为要求增加工资，改善待遇，撤换工头等，就发生了三新纱厂的两次罢工、上海第二纱厂的两次罢工、日华纱厂的四次罢工和厚生纱厂数千工人的大罢工。

中国工人阶级在进行经济斗争的同时，也参加了反对帝国主义和反对军阀卖国的政治斗争。1915 年反对日本“二十一条”的抵制日货运动和 1916 年反对法国强占天津老西开的斗争，是这一时期两次大规模的群众性反帝运动。工人阶级不但成了这两次运动中的主力，并且用同盟罢工把斗争推向高潮。在抵制日货运动中，许多地方的工人先后举行了罢工和示威游行，上海所有日资企业中的中国工人，几乎全部参加了这个斗争。抵制日货在工人中间实行得最为坚决和彻底。资产阶级发起的、作为反对日本帝国主义斗争基金的“爱国储金”运动，由于工人的踊跃支持，几天内便达到预定金额的三倍。1916 年，法国为扩展天津法租界，企图侵占老西开地方，北京军阀政府已承认它的要求。天津工人从 11 月 14 日起举行大罢工，组织了“工团”，成立了“工团事务所”，指挥罢工，领导了示威游行。罢工工人以一致行动，坚决粉碎了法帝国主义的分化、破坏活动。这次罢工博得全国各界的同情和声援，北京等地的工人举行了支援罢工。这次罢工坚持了五六个月，法帝国主义最后不得不将老西开地方划为“中法共管”。工人阶级显示了自己是反对帝国主义最坚决的力量。

工人罢工的高涨和在罢工中表现出来的力量，日益引起社会各阶层的注意和重视。外国侵略者和本国反动统治阶级害怕这种力量，屡次派军警来镇压罢工。资产阶级想利用工人斗争来反对帝国主义和封建主义的压迫，又害怕罢工会影响他们的利益，企图控制罢工。在反对日本“二十一条”要求和反对法国侵占天津老西开的运动中，资产阶级积极支持了工人的斗争，并占据着这些斗争的领导地位。此外，他们还曾组织过一些由资产阶级、小资产阶级分子操纵的工会组织。工人阶级则在一次又一次的斗争中，逐渐提高了自己的阶级觉悟。工人群众越来越体会到彼此间有着共同利益，工人在罢工中互相支援和举行同盟罢工，成了这一时期工人运动中开始显示的重要特点。从 1912 年 1 月到 1919 年 4 月，近代产业工人大规模的同盟罢工就有六七次，其他小规模和各地手工业工人的全行业罢工则更多。有许多罢工斗争得到其他厂矿工人的支援或举行同盟罢工而取得胜利。同时，工人在罢工中逐渐感觉到原来的行帮组织已不能适应新的斗争，要求成立近代的工会组织。1912—1913 年间，上海、武汉、广州、香港等地的工人已经开始组织了一些比较原始的工会，在工人福利方面和领导罢工中起过一些作用。这些工会不久都被破坏。1916 年后，又重新成立了一些工会。在 1917 年商务印书馆的罢工中，工会组织还代表工人向资本家提出要求复工条件，其中一条就是规定资本家不得干涉工会的活动。这些情况，都表明中国工人阶级正在迅速成长，由一个自在的阶级走向自为的阶级。

第八节　二十世纪初期的中国文化和思想变迁

欧洲资产阶级政治思想和文化的继续输入

二十世纪初，欧洲资产阶级政治思想和文化的输入，有了很大的发展。在 1899 年以前，西方哲学、社会政治学说以及外国历史等著作，译成汉文的只有六十多种，翻译的小说更少。截至 1904 年止，前者有二百多种，后者有二十几种。到 1911 年，仅翻译出版的小说，就有好几百种。资产阶级、小资产阶级知识分子在他们主办的报刊上，经常登载介绍欧洲资产阶级政治思想和文化的文章。

翻译外国书籍的工作，主要是留学生做的。留学生中以留日的为最多，许多欧美的著作也是从日译本转译过来的。他们所翻译的有欧美资产阶级革命时期的进步著作，有宣传改良主义的著作，还有帝国主义分子的著作。达尔文的《物种由来》、卢梭的《民约论》、孟德斯鸠的《万法精理》、约翰·穆勒的《自由原理》等书的翻译介绍，有很大的影响。这些书中所包含的进化论、天赋人权论和资产阶级共和国的政治方案，成了资产阶级革命派提倡民主政治，反对专制政体，鼓吹革命斗争的重要思想武器。

这时翻译的外国历史著作，与前一时期着重介绍日本明治维新和俄国彼得变政以宣传改良主义不同，主要是介绍西方国家资产阶级革命的历史。英、法等国的革命史，美国、意大利、希腊等国的独立史，占很大比重，成为这一时期翻译外国历史著作的显著特色。

翻译外国小说，最初的目的也在进行政治宣传，灌输民主思想。随后范围日益扩大，俄、英、法、美、德、日等国重要作家的作品，逐渐都有介绍。莎士比亚、迭更斯、巴尔扎克、雨果、普希金、托尔斯泰等人的作品的译本陆续出版。另外还翻译了一些关于教育和科学故事的作品。

西方资产阶级社会政治学说和外国历史著作的介绍和翻译，对广泛传播民主思想、鼓舞革命斗志起了有益的作用。卢梭、孟德斯鸠成了资产阶级、小资产阶级知识分子特别推崇的人物。革命知识分子还从法国革命和美国独立的历史中吸取精神力量。其次，翻译的一些具有学术价值和文学价值的著作，对中国的学术思想和文学创作也发生了一定的影响，但对西方十七八世纪启蒙学者的著作和十九世纪中叶的主要思想家的著作没有进行系统的介绍，翻译的质量一般都不高。在小说方面，对世界著名文学家的作品，只零星地作了一些介绍，他们的重要代表作，翻译得也不多。

这一期间，《民报》和无政府主义者出版的刊物曾分别对马克思、恩格斯的生平和《共产党宣言》《家庭、私有制和国家的起源》作过片断的介绍。由于当时缺乏接受马克思主义思想的社会条件，因此，它在中国还没有引起什么反响。

辛亥革命时期的资产阶级文化

辛亥革命前十年间，在文化战线上，资产阶级并没有建立起一套代替封建文化的资产阶级文化，没有进行反封建的文化革命运动。由于资本主义经济的发展和政治斗争的推动，资产阶级观点也在一些学术领域中得到了不同程度的反映。孙中山关于民族问题、民权问题、民生问题的学说，是这一时期资产阶级革命文化的最有影响的部分。辛亥革命后，他撰写了知难行易的哲学著作。这一著作的基本思想是二元论的思想。在强调革命实践这一点上，知难行易学说有积极意义。经学方面，康有为在资产阶级革命迅速开展起来以后，仍然没有放弃附会今文经学宣传君主立宪，叫嚷只可保皇，不可革命。革命派古文经学家章炳麟对康有为的主张，进行了直接驳斥。他反对康有为附会三世学说来宣传君主立宪，认为孔子并不能预测将来，对经学的任意比附，是对孔子学说的歪曲。章炳麟又根据《春秋》的所谓夷夏之辨，驳斥了宣传满汉不分、反对排满革命的保皇党人的言论，号召人们进行革命斗争，推翻清朝的反动卖国统治。

二十世纪初，中国资产阶级历史学创始人梁启超等用进化论的观点，对封建的历史学进行批评，并提出建立“新史学”的主张。

梁启超于1902—1903年间，陆续发表《中国史界革命案》等史学论文，批评过去的历史书不过是帝王的家谱，是本纪、列传的汇集和历史事实的堆砌；旧史学不能说明社会进化和历史事件的因果关系，不能指出社会发展的趋势。他把数千年来特别重视正统和书法的旧史学家看成是奴性十足的陋儒，以为正统、书法只是封建帝王用来保持其一家一姓统治的一种手段。他认为历史学应该“叙述人群进化之现象而求得其公理公例”，新史学家的任务，在于帮助后人掌握这个公理公例以增进人们的幸福。

章炳麟所提出的破旧史学、立新史学的意见，和梁启超基本一致。他认为：中国旧史书只是记述事实，虽然有些著作也带有分析或评论，但都不能说明社会、政治、法律的发展变化。新的史书需要作者根据重大的历史事变，说明历史的进化情况。

上述主张提出后不久，出现了一些企图吸取西方资产阶级历史观点来解释中国历史的著作。1904年出版的有夏曾佑的《最新中学中国历史教科书》（后改称《中国古代史》），稍晚又有刘师培的《中国历史教科书》。夏曾佑企图在书中说明“古今人群进化之大例”，刘师培也希望通过他的历史著作，使“人群进化之理可以稍明”。他们从唯心主义的观点出发，不可能阐明历史发展的规律，对重大历史问题作出合乎科学的论断。这些作品，只表现了当时历史研究中的一种企图摆脱封建思想束缚的倾向。

小说在这时也出现了一些新的特点。李宝嘉的《官场现形记》、吴沃尧的《二十年目睹之怪现状》和曾朴的《孽海花》等谴责小说，最为有名。谴责小说的作者通过文学创作，对封建统治阶级和外国侵略者的罪恶活动作了不同程度的揭露。《孽海花》中还表现了作者对革命运动的同情。这些小说多是用白话文写成，通俗易懂，为群众所欢迎。

辛亥革命前，革命知识分子有意识地企图通过通俗的诗歌或鼓词等形式，宣传革命思想，有些作品发生过相当的影响。当时还有不少人写了用旧体裁表达新思想的诗词。1909 年底成立的以同盟会会员为中心的文学团体南社，鼓吹革命，出版《南社》杂志，发表过不少很好的革命诗篇。

现代话剧也是这个时期出现的。1907 年，一部分留日学生在东京组织春柳社，把描写美国虐待黑奴的小说《黑奴吁天录》改编成话剧剧本，公开演出，配合了反对美国虐待华工的斗争。此后又有人在上海上演《孽海花》《秋瑾》《徐锡麟》等话剧剧目。1910 年开始，文艺新剧场和新剧同志会等剧团演出的《猛回头》《社会钟》和《热血》等话剧，具有比较完整的话剧演出形式。

新文化运动

辛亥革命失败后，在文化领域内，帝国主义和封建势力相结合，掀起了一股复古尊孔的逆流，提倡保存国粹。外国侵略者在中国的一些代言人纷纷发表尊孔言论。袁世凯政府祭天祀孔，规定读经为中小学必修课，批准祀孔典礼。北京和许多地方成立尊孔团体，孔教会在各地广设支会。康有为并发出“灭国不足计”，而灭孔教“是与灭种同其惨祸”的谬论。在反动势力的庇护下，鬼神迷信之说极其流行。黄色文学和神怪侦探小说也大为兴盛。《中国黑幕大观》和《礼拜六》杂志之类的书刊，充斥市场。帝国主义和封建势力企图以此来抵消辛亥革命在人们思想上的影响，麻痹群众，以巩固他们的反动统治。

广大人民群众对袁世凯、段祺瑞等北洋军阀的统治日益不满，一个新的革命运动正在酝酿。曾经领导辛亥革命、以孙中山为首的中国资产阶级政党，脱离群众，在政治上涣散无力。资产阶级在文化战线上的斗争比在政治战线上表现得更为软弱。一些资产阶级的文化代表在复古尊孔的逆流面前，偃旗息鼓，宣告退却。许多人感到彷徨苦闷，找不到出路。一部分激进民主主义小资产阶级知识分子以陈独秀、李大钊、鲁迅（周树人）为代表，在革命形势推动下，从 1915 年开始，发动了一次比辛亥革命时期猛烈得多的反封建的新文化运动。

陈独秀（1880—1942），字仲甫，安徽怀宁人。辛亥革命前留学日本，主张实行民主革命，反对专制。辛亥革命时，任安徽都督柏文蔚的秘书长。“二次革命”失败后，逃亡日本。李大钊（1888—1927），字守常，河北乐亭人，留学日本。袁世凯窃取辛亥革命的胜利果实后，李大钊在日本秘密进行反袁活动。1915 年日本帝国主义向袁世凯提出“二十一条”，他立刻写文章揭露日本帝国主义的侵略面目，号召全国人民奋起自救。他坚决反对袁世凯恢复帝制，痛斥那些帮助袁世凯称帝的人是“国家之叛逆，国民之公敌”。1916 年回国办报纸，从事著述。鲁迅（1881—1936），字豫才，浙江绍兴人。1902 年留学日本学医，后来认为文艺最能改变国民精神，改学文学。辛亥革命后，一直在教育界工作，对袁世凯的反动统治极为痛恨。

1915 年 9 月，陈独秀创办《青年杂志》。他在创刊号上发表《敬告青年》一文，提出“人权”和“科学”的口号，要求青年自觉奋斗，对陈旧腐朽的东西，要深恶痛绝，竭力排除。《青年杂志》自第二卷起改名为《新青年》。李大钊、鲁迅等人先后成了《新青年》的编辑或主要撰稿人。许多进步知识分子逐渐集合在这个刊物的周围，一个以《新青年》为中心的声势蓬勃的新文化运动从此展开了。

新文化运动的主要内容是提倡“民主”与“科学”。民主是指法兰西式的资产阶级民主政治，科学是指自然科学和看待客观事物的科学观点。当时的激进民主主义者认为辛亥革命并没有在中国建立起真正的民主政治，他们大张旗鼓地宣传资产阶级民主思想，坚决反对专制，希望以此来争取实现名副其实的资产阶级民主共和国。1916 年 2 月，陈独秀发表《吾人最后之觉悟》一文，指出：中国欲求生存，必须抛弃官僚的专制的个人政治，实行自由的自治的国民政治。他号召人们积极干预政治，认为要真正实现民主政治，必须依靠全国大多数人民有政治觉悟，自居于国家主人的地位，不要把实现民主共和的希望寄托在“善良政府、贤人政治”上面。李大钊这时也发表反对专制制度，提倡民主政治的文章。

激进民主主义者在反对专制、提倡民主的同时，积极反对迷信、提倡科学。陈独秀认为“科学之兴，其功不在人权说下，若舟车之有两轮”。当时，在《新青年》杂志上刊载了许多运用自然科学知识来驳斥神鬼迷信的文章。激进民主主义者宣传无神论，多少介绍了一些西方资产阶级唯物主义哲学。

新文化运动反对专制、提倡民主，反对迷信、提倡科学，很快地把斗争的锋芒指向以维护封建专制为基本内容的孔子学说，揭出“打倒孔家店”的大旗。袁世凯的称帝，康有为的反对共和，以及其他反动势力的罪恶活动多是打着孔子的旗号来进行的。进攻了二千年前的孔子，也就向当前的封建政治、封建文化发动了全面的攻击。1916年秋，针对着康有为电请北洋军阀政府尊孔教为国教的活动，陈独秀发表《驳康有为致总统总理书》《孔子之道与现代生活》等文章予以严厉驳斥。他认为孔子之道与共和制度以及现代生活是直接对立的，他从经济生活上说明孔子之道不适于现代社会的个人独立精神，反对以三纲五常为中心的儒家伦理学说。李大钊在1916—1917年之间，也相继发表了《宪法与思想自由》《孔子与宪法》《自然的伦理观与孔子》等反对尊孔的论文。他的看法是：孔子是数千年来封建帝王实行专制统治的护符，儒教对人们思想的束缚比专制帝王加于肉体上的淫威更其严重。今天的时代和过去不同了，人们的道德观念也应该随着时代有所改变。吴虞猛烈攻击封建家族制度，把儒家的伦理学说和封建专制政治、封建家族制度结合在一起加以抨击。他认为儒家以“孝弟二字为二千年来专制政治、家族制度之联结根干”，其为害之烈如同洪水猛兽。《新青年》在反对旧礼教、旧道德的名义下，对妇女解放问题，封建家庭问题进行了热烈的讨论，宣传了男女平等、个性解放的思想。

随着新文化运动的继续发展，《新青年》提出了提倡白话文、打倒文言文，提倡新文学、打倒旧文学的口号。文学方面也出现了一次革命。1917年1月，胡适在《新青年》杂志上发表《文学改良刍议》，提出以白话文代替文言文的意见。胡适的主张，着重于文体形式的改革。陈独秀紧接着发表《文学革命论》，主张“推倒雕琢的阿谀的贵族文学，建设平易的抒情的国民文学”，“推倒陈腐的铺张的古典文学，建设新鲜的立诚的写实文学”，“推倒迂晦的艰涩的山林文学，建设明了的通俗的社会文学”，要求文学不仅在形式上，而且在内容上进行一次革命。《新青年》从四卷一期起改用白话文，采取新式标点符号。一些新体诗也开始在《新青年》上出现。鲁迅是文化革命的主将，他陆续发表短篇小说《狂人日记》和一些犀利的杂文，出色地把反封建旧礼教的革命内容与白话文的形式结合起来，树立了新文学的典范。

从 1915 年开始到 1919 年五四运动以前的新文化运动，是辛亥革命在文化思想领域中的延续，是中国资产阶级文化反对封建文化的一次非常激烈的斗争。由于领导这个新文化运动的激进民主主义者的世界观基本上还是资产阶级世界观，它使运动含有严重的缺点。他们忽视甚至轻视人民群众，把运动只限制在少数知识分子的圈子里。他们虽然实际上在进行着一场激烈的政治斗争，却在一开始就宣称“批评时政，非其旨也”。新文化运动没有普及到群众中去，没有和政治运动紧密结合起来，这就限制了它的实际效果。新文化运动的参加者形式主义地对待文化问题，认为中国文化一切都坏，西洋文化一切都好，要求人们一切都向西方学习。甚至有人提出废除汉字、汉语，不读中国书等极为偏激的主张。这种态度不能正确地对待中国文化遗产，也不能正确解决西方文化与中国文化的关系问题，相反的，它却给人们带来了民族自卑感的恶劣影响。

新文化运动的历史意义是在政治上和思想上给封建主义以前所未有的沉重打击，特别是在知识青年中，起了进一步解脱封建主义束缚的作用。它是在新的历史条件下的又一次思想解放的潮流。这个潮流促使人们加紧追求救国救民的道理，从而给世界无产阶级革命的学说——马克思列宁主义在中国的传播，创造了有利的条件。在十月革命的影响下，这种新文化运动便迅速发展为传播科学社会主义思想的运动。

赤门谈史录

论辛亥革命的性质

说　明

一、《赤门谈史录》是我在日本东京大学研究院讲中国近代史的一束讲稿。东京大学校门叫“赤门”，“谈史录”不用解释。缀合二者作为书名，取其简单明了。

二、讲稿的主要部分是《论辛亥革命的性质》。头一次和末尾一次讲课，曾分别解说研究中国近代史的指导思想等问题。《中国近代史研究的现实意义与指导思想问题》，就是由那些解说组成的。东京中国研究所、早稻田大学、法政大学、东京大学东洋文化研究所等处的朋友，要我介绍中国近代史研究情况，又临时草成《中国近代史研究的现状》一稿。它们有的在刊物上发表过，这次印行，略有增改。《横滨、东京孙中山遗迹访问记》等三篇，或者与讲题有关，或者当时同日本学者有所讨论，附录在后面，用资查考。

三、东京大学前任校长加藤一郎、现任校长向坊隆两位先生倡议邀请中国学者讲学，做了不少工作。我去讲近代史和他们的努力分不开。研究院中国史专业的青年朋友和有关的教授近三十人，在三个月时间里，参加切磋讲求，始终不厌不懈，令人难忘。请让我把这本小书献给研究院的青年朋友和所有关心中日学术文化交流、中日友好的朋友们。

四、中国社会科学院近代史研究所何重仁、王来棣、邹念兹、沈自敏同志，先后为撰拟《论辛亥革命的性质》提供资料；邹念兹同志并翻译所用全部日文材料；齐肇业同志帮助清缮稿件、核对引文、整理注释。谨此致谢。

刘大年

一九八〇年十二月

中国近代史研究的~~现实意义与指导思想问题~~［重要性］

一、中国近代史研究的~~现实意义~~［重要性］

中国有句成语：“知今不知古，谓之盲瞽；知古不知今，谓之陆沉。”盲瞽不行，陆沉，闭目塞听，不识世务，更加危险。我们重视近代史研究，就有反对“陆沉”的意思在里面。

中国近代史从鸦片战争到中华人民共和国成立，上下一百一十年。它的内容是什么？照毛泽东同志简明的归纳：“帝国主义侵略中国，反对中国独立，反对中国发展资本主义的历史，就是中国的近代史。历来中国革命的失败，都是被帝国主义绞杀的，无数革命的先烈，为此而抱终天之恨。”“帝国主义和中国封建主义相结合，把中国变为半殖民地和殖民地的过程，也就是中国人民反抗帝国主义及其走狗的过程。”[①]一百一十年中，又以五四运动为分界线，前面划归旧民主主义，后面划归新民主主义。所以我们说的中国近代史，就是指中国民主革命时期的历史，或中国半殖民地半封建时代的历史。外国资产阶级与中国地主阶级、中国农民阶级、资产阶级、工人阶级分别坚持自己的要求和利益，鲜明表现出各自的性格，斗争激烈，规模空前巨大。阶级关系变幻、复杂。凡此一切，都为世界历史上所罕见。并且我们还必须看到：中国面积辽阔，人口众多，又是近代东方矛盾的集中点。中国所进行的斗争，所发生的变革，深深地牵连东方世界，也广泛牵连、影响西方世界。中国近代史名副其实是东方和世界近代史的一个有机构成部分。

事实就是如此，但是我们怎样看待研究这段历史的现实意义呢？

---

①《毛泽东选集》第2卷，第679、632页。

历史总要这样那样与现实发生联系。历史如果与人们的生活、斗争无关，那它早就不为人所注意，以至早就不成其为一门学问而存在于世了。中国近代史的一个特点，是它与现实生活的联系更加直接。今天中国社会主义建设中有许多问题是昨天的继续。某些事情所以是现在的样子而不是别的样子，都有其历史的根据和原因。那些根据和原因，显然不能从盘古开天地、三皇五帝去寻找，而只能从半殖民地半封建社会，从反帝反封建的斗争中去寻找。总结前人斗争的经验，是历史研究的目的之一。今天我们要着重总结的也是民主革命时期、社会主义时期的阶级斗争、生产斗争、科学实验等等的经验。这一些，都说明近代史研究有明显的现实意义，然而这一些，还没有包括最重要的意义。

近代中国一百一十年间接连兴起的阶级斗争和它所达到的最后结局，向我们明白指出了研究那段历史的重要意义是什么。最近听到日本学者讲：中国近代史研究在日本活跃起来，是中国革命胜利、中华人民共和国成立以后的事。一部分人研究鸦片战争以后的历史，另一部分人研究明清史，目的都是一个，希望了解中国何以走上了社会主义道路。结论如何，可能各有不同。但是大家必定共同发现这样一个尖锐的问题：西方一些资格最老、发达最充分的资本主义国家，经过了二三百年，至今仍然没有脱离资本主义的桎梏。中国在短短的一百年多一点的时间里，迅速跨过资产阶级社会，进到了社会主义。那是怎么发生的呢？实在太奇怪了！回顾一下，我们可以知道，一部中国近代史最权威地回答了这个问题。

旧民主主义、新民主主义两个革命时期合在一起，关于中国向何处去的问题，有三个前途，三种命运，摆在中国人民面前，要求必须作出选择。第一个前途，第一种命运，从半殖民地半封建社会，最后变为殖民地。外国资产阶级拼命驱使中国走向这个前途，选择这种命运。他们一次又一次发动侵略，并与地主阶级、买办阶级相结合，统治我们的人民，发号施令。中国部分地区被暂时变成了殖民地。中国人民不甘屈服，不甘接受这种命运。外国侵略者所指望的中国全部殖民地化的前途，被中国人民一次又一次的顽强的革命斗争所阻止了，到底没有实现。第二个前途，第二种命运，推翻帝国主义、封建主义剥削、压迫，变中国为一个独立的资本主义国家。农民阶级为实现这个前途，取得这种命运，先后发起过太平天国、义和团运动两次重大斗争。农民阶级不是资本主义社会的创始者，但它是反对本国资本主义两大敌人帝国主义、封建势力的主力军，太平天国的《天朝田亩制度》《资政新篇》最引人注意。他们反对封建土地所有制，并且提出了模仿资本主义的设想。义和团没有关于资本主义的要求，它号召“灭洋”，把帝国主义统统驱逐出中国。但农民阶级的两次重大斗争都被帝国主义绞杀了。资产阶级为着实现这第二个前途，取得这第二种命运，先后发起过戊戌变法、辛亥革命两次重大斗争。戊戌变法的代表人物康有为、梁启超、谭嗣同等，都希望用自上而下的变法改良来使中国资本主义化。经过短短的一百天，就在顽固守旧派的反击下宣告流血破产了。辛亥革命的领导人、参加者，深信资产阶级的“自由平等博爱”、民主共和国是正义的，是中国的出路所在。他们之中许多人为此抛头颅，洒热血，但最后还是失败了。在中国，建立独立的资本主义社会，历史证明，那条路是走不通了。第三个前途，第三种命运，经过新民主主义，进入社会主义。五四运动以后，无产阶级、中国共产党的全部斗争，就是为了实现这个前途，争取这种命运。帝国主义始终坚持反对中国走这个前途，但没有能够得逞；地主阶级始终反对，也没有能够得逞；买办阶级坚持反对，也没有能够得逞；它们联合起来，群起反对，尽了一切努力，最后都终于没有得逞。无产阶级、共产党的领导，对于中国走上社会主义前途起了决定作用，那是毫无疑义的。但是它的作用只有得到全国人民的赞成，只有符合历史前进的要求，才能发挥出来，否则根本不会成功，这更是毫无疑义的。中国走上社会主义的前途，获得社会主义的命运，是历史对一百一十年大搏斗所作的最后裁决。新民主主义革命的胜利，转变为社会主义，中国重新走上独立发展的道路。中国历史发展从此进入了一个崭新的时代。只有社会主义才能救中国，这就是历史的结论。我们研究中国半殖民地半封建时代的历史，必然地、无可避免地要得出这个结论。某些人仿佛以为中国走上社会主义阶段，不过是一种偶然性，是无缘无故而来，或者是轻而易举出现的；似乎有点什么风吹草动，社会主义制度就会发生动摇。那种看法，不但是完全不懂得人类社会由低级到高级发展、前进的客观规律性，而且也是对近代中国的历史懵然无知。研究中国近代史，让人们懂得中国走进社会主义怎样体现了历史的裁决，人民的选择，这个现实意义还不明显、不重大吗？［这也就是我说的中国近代史研究的重要性。］

某事重要，某事次要，总是比较而言。三十年来，社会主义制度经受过急风骤雨斗争的严峻考验，在中国站稳了脚跟。研究中国民主革命时期的历史有现实意义，研究中国社会主义时期的历史具有更大的现实意义。第一，社会主义制度的优越性已经得到历史的证实。中华人民共和国建立以来的三十年里，我国在政治、军事、经济、文化各方面都取得了伟大的成就，昭昭在人耳目。那些抱着片面观点，抱着敌视态度的人，可以说中国存在一百条、一千~~点~~［条］缺点。但是~~我们举出一条优点，就足以压倒那一百条，一千条：我们消灭了人剥削人的制度。~~［保持客观冷静分析的人，马上可以告诉你，不管怎么说，］“各尽所能，按劳分配”的原则在中国~~基本~~［大体］上实现了。人民真正成了国家的主人。目前我国的生产仍旧落后，新的工业体系和国民经济体系建立起来了，也只算粗具规模。从根本上说，这是历史造成的。中国既然进入了社会主义，我们也就必定要在这个制度下实现国家的现代化；并且最终创造出高于资本主义的社会生产力。就像没有什么力量可以阻挡中国取得民主革命的胜利一样，也没有什么力量可以阻挡我们取得国家现代化建设的胜利。第二，社会主义制度在世界上诞生的时间很短，在中国刚满三十年。它的发展、前进规律人们并不熟悉。不能说我们一切都认识了，一切都很正确。恩格斯说：“认识就其本性而言，或者对漫长的世代系列来说是相对的而且必然是逐步趋于完善的，或者就像在天体演化学、地质学和人类历史中一样，由于历史材料不足，甚至永远是有缺陷的、不完善的，而谁要以真正的、不变的、最后的、终极的真理的标准来衡量它，那末，他只是证明他自己的无知和荒谬……”①对社会主义制度中许多问题的认识当然也是这样。民主革命的胜利，是由于我们认清了自己的“国情”，采取了一套与之相适应的路线、方针、政策；社会主义现代化建设，同样地也必须认清自己的“国情”，采取一套与之相适应的路线、方针、政策，才能胜利前进。何况我们的“国情”里面总存留一些陈旧、腐朽的东西。官僚主义痼疾就是其中的一种。其他缺点、错误也并不稀奇。我们想要坚持“两点论”，不愿成为“一点论”，想要按照辩证法办事，不愿意成为形而上学家，就应当正视事物的这一方面。错误常常是正确的先导。知道以前走了弯路，将可以使今后少走弯路。研究中国社会主义的历史，对于阐明社会主义制度的优越性，分析、总结人们对它的认识的不完善性，改进工作中的错误、缺点，都是不可缺少的。我主张重视中国近代史的研究，但是应该更重视中国社会主义历史的研究。其他领

---

① 恩格斯：《反杜林论》，《马克思恩格斯全集》1974年版，第20卷，第99页。

域的研究自然也要注意，不要割断历史。

二、中国近代史研究的指导思想问题

中国近代史研究要以马克思主义为指导。科学，无论自然科学和社会科学的研究，都离不开一定的指导思想。[恩格斯在《自然辩证法》中指出："不管自然科学家采取什么样的态度，他们还是得受哲学的支配。问题只在于：他们是愿意受某种坏的时髦哲学的支配，还是愿意受一种建立在通晓思维的历史和成就的基础上的理论思维的支配。"①] 十六世纪著名的天文学家、哥白尼学说的信奉者第谷 · 布拉赫，由于观测准确，对天文学贡献很大。他的名言：没有一个关于世界体系的理论指导，就无法进行观测。爱因斯坦在他的《自传》一开头，就表白了自己的"认识论信条"。爱因斯坦说，"科学若没有认识论——这实在是不可想象的——它就是原始的，迷惘而纷乱的"。历史学同样如此。它必须有正确的理论指导。马克思主义是科学，是无产阶级革命的学说，就像哥白尼的"日心说"、达尔文的进化论对天文学、生物学的巨大功劳一样，马克思主义第一次使历史研究真正建立在科学的基础上。我们主张研究中国近代史要以马克思主义为指导，道理就在这里。

常常有一种说法：马克思主义者信奉抽象历史公式，并把那些公式视为绝对不变的教条。例如俄国民粹派的理论家就说：马克思主义者"信仰并信奉抽象历史公式的不可变易性"。中国一位专门研究太平天国的资产阶级学者，批评所谓"左派史观"说："左派所信奉者为马克思的唯物主义，及由此基本哲学概念而产出的经济定命论、经济史观、或唯物史观，以阶级斗争为社会进化之法则，以经济物质为人类历史之中心。这是他们狂迷信奉的、盲目接受的，而视为亘古不变的绝对教条。凡诠释历史——无论属于哪一国家或哪一时代的——都运用演绎的、反科学的方法，实施这先天的、抽象的教条为前提。如其不符事实，预言不中，解释不对，就不惮掩饰史实，歪曲史实，甚或迫要改编史事，伪造史实——总之其方式是不顾史实如何，务期证

[① 恩格斯：《自然辩证法》，《马克思恩格斯全集》1974 年版，第 20 卷，第 552 页。]

明那教条之为正确不磨的真理。”[1] 这类歪曲和攻击，说明一些资产阶级著作家对马克思主义充满着偏见和憎恨，而又无力从实质上加以反驳。

马克思的历史唯物主义是科学思想中的最大成果。任何人要非难马克思主义，就应当驳倒历史唯物主义的基本论点，或者主要的东西。如果有，那就是重复陈旧的唯心主义、宗教和神学宣传。反对者攻击的马克思主义学说里的所谓“抽象的历史公式”“万古不变的绝对教条”，自然首先是指人类历史发展的五种生产方式，资本主义要为社会主义所代替的学说，阶级划分和阶级斗争的学说。马克思研究了人类社会发展的~~客观~~［一般］规律，了解到资本主义的发展必然会走向共产主义。他依据对资本主义社会所作的最缜密、最深刻的研究，凭借人类在资本主义制度下所获得的全部知识，证实了这个结论。今天回过头来看，马克思这个学说，早已不再是十九世纪天才的社会主义者提出的一种理论。世界千百万工人，革命群众一直在运用这个学说同资本主义作斗争。地球上广大地区里出现了与资本主义相对立的社会主义制度。十九世纪天才人物的科学思想如今已经变为现实。因此，资本主义的衰亡，社会主义的出现，这根本不是一个值得赞同与否的理论问题，而是一个矗立在世界上的客观现实。阶级划分、阶级斗争的学说也是一样。在马克思以前很久，资产阶级的历史家就已经叙述过阶级斗争的历史发展，资产阶级的经济学家也已经对各阶级作过阶级分析。马克思所加入的东西，据他自己说，是证明了阶级的存在仅仅同生产发展的一定历史阶段相联系；阶级斗争必然导致无产阶级专政；以及这个政权不过是达到消灭一切阶级和进入无阶级社会的过渡。现在世界上并立着资本主义、社会主义两种制度。它们既是一定历史阶段［*阶级矛盾、*］阶级斗争的表现，又是那种［*矛盾、*］斗争的结局。因此，阶级划分、阶级斗争同样不是一个理论问题，而是私有制社会里普遍地存在、经常地发生的基本事实。资产阶级没落的社会历史学说，一面对阶级和阶级斗争采取“不承认主义”，一面又拼命从事阶级斗争宣传。就像列宁所说：“阶级斗争的学说这个东西，是还会有人妄图从学术上（所谓学术上）来反对它的。但是，只要从实际上提出问题，看一看日常的现象，那末（看吧！）就连这个学说的最疯狂的反对者，都会像萨克森的法官金斯堡先生

① 简又文：《太平天国典制通考》绪言。

这样，成为阶级斗争的天才的宣传者。”[1]资产阶级的著作家不敢正视成为马克思主义建筑基础的全部事实，而只是把它歪曲为所谓“抽象历史公式”“绝对教条”，施加攻击，本身就很说明问题。它从反面证明马克思主义是一门科学，是驳不倒的。

常常再有一种说法：马克思主义历史学不能成为一门科学，或起码不能算作精密的科学。科学这个概念要反映一定的内容。物理、化学、生物学等，都极其精密，演变自有规律，可以测知未来。社会科学、历史研究，既不能实验，又没有精确数据。马克思主义者的历史著作，对许多问题，经常公说公有理，婆说婆有理。甚至同一问题，同一作者，今天这么说，明天又相反，不但毫无精密可言，有时还黑白颠倒。它怎么能够同自然科学相比，成为一门科学呢？

其实马克思主义著作上从来也没有说过，似乎历史研究与物理、生物等科学属于同类性质。倒是相反，马克思主义指出，搬运自然科学，例如搬运达尔文进化论来解释历史，那是达尔文学说的庸俗化，是唯心主义的一种表现。人类认识客观世界只能逐步完善。自然科学、社会科学在这点上并无不同。自然科学史上许多问题，一段时间里各持一说，无奇不有。以往那些“笑谈”“谬论”我们不必列举。时至今日，人类已经登上月球，探测火星、金星等行星，而对于自己所生活、寄居的地球，可以说仍然知之甚少。地球正在膨胀还是正在收缩，新的冰河期是否又快要降临，为什么会发生冰河时期，地壳的构造、运动到底怎样，日本列岛沉没论有根据吗？等等，数不清的问题，无不各种学说对峙，莫衷一是。恩格斯说，科学史就是把谬论逐渐消除或是更换为新的“但终归是比较不荒诞的谬论的历史”。过分矜夸自然科学的精密等等，远不符合它发展的客观过程。马克思主义的崇高威信，迫使它的反对者也打起自己的旗号进行活动，从而颠倒黑白。例如“四人帮”从中国上下两千多年的历史上，找出孔丘、秦始皇、刘邦、吕雉等几十个人物和大大小小的事件，把整部中国历史，篡改成一部“儒法斗争”史，宣传彻头彻尾的封建主义。但他们说这不是封建主义，是马克思主义。“任何一个坏蛋都喜欢穿上‘红’衣服”。“四人帮”就是这种穿上“红”衣服，戴上“红”帽子的坏蛋。如果拿这一类的情况为根据，对“乔装者”和马克思主义者不加辨别，

---

[1] 列宁：《国际法官代表大会》，《列宁全集》1959 年版，第 18 卷，第 298 页。

由此便得出结论：马克思主义历史学不成其为一门科学，这就像把江湖炼金术士和韦勒、门捷列夫、奥斯特瓦尔德等化学大师一样看待，至少是找错人了，碰巧地挑中了自己的交谈者。

大凡一门科学，必有其特征。那就是一、物质性，二、客观性，三、有规律可循。马克思发现的历史唯物主义，伟大的历史运动规律，鲜明地表现了这些基本特征。这个规律对于历史科学的意义，被恩格斯看作同能量转化定律对于自然科学具有同样的意义。① 我们必须指出，社会历史的研究与天文、物理等自然科学的研究有根本不同的地方。地球围绕太阳转，还是太阳围绕地球转，纯属自然界的事物。它本身并没有阶级性。人们要客观地认识它，还要遭到神学、唯心论的种种反对，以至葬身火刑，牺牲生命。奴隶们与剥削阶级、它的英雄人物究竟谁创造历史，如何看待这件事，本身就可以成为激烈的阶级斗争。我们要客观地认识它，马上就碰到剥削阶级的利益所产生的偏见。因此，社会历史的研究比自然科学研究加倍困难。神学、唯心论把偏见和迷信当作历史，唯物论则要从历史上来说明偏见和迷信，从科学上来克服它。而要做到这一点，自然科学甚至也废然兴叹，无能为力。如果自然科学足以担当这个任务，那么，人类历史如何前进，以及前进到哪里去，这个问题就应当早已照数学、物理学的方程式、公式解决了。因为它是人们首先和普遍关心的事情。从这里，我们就可以知道，马克思主义在科学上到底占有怎样光辉的地位。

常常又有一种说法：马克思、恩格斯的理论，是以十九世纪以前的欧洲历史为依据的。他们没有看到现代的历史发展，也很少知道东方。我们处在现代，研究东方，研究中国的历史，照搬马克思主义理论，未免不分时间、地点，违反科学精神。也就是说，马克思主义是科学，但过时了。

马克思主义著作上有些话是大家熟知的。一切都依条件、地点和时间为转移。具体地分析具体情况，是马克思主义的活的灵魂。西方与东方，欧洲与亚洲，以及东方每个国家、民族，它们的历史各有特点。即使邻近的国家、民族，同一个时间里发生的事件，也可以具有完全不同的性质。十九世纪六十年代，中国地主阶级发起洋务运动，日本则发生明治维新。它们走着相反的

---

① 恩格斯:《卡·马克思〈路易·波拿巴的雾月十八日〉一书德文第三版序言》,《马克思恩格斯全集》1965 年版，第 21 卷，第 291 页。

道路。二十世纪初，波斯、印度、土耳其、印度尼西亚等，纷纷兴起民族解放斗争，但没有一个国家的解放斗争与中国辛亥革命的面貌相同。研究中国近代史要以马克思主义为指导，与简单地把马克思、恩格斯讲的欧洲历史的一般情形生搬硬套，照样描述中国情况，毫无共同之处。比猫画虎，历史固然面目全非了，马克思主义也成了僵死的、没有人需要的东西。但是我们决不能由此反过来断定，马克思主义的~~整个~~理论［体系］已经过时，没有指导意义了。那可以说只知其一，不知其二，到头来站不住脚。

马克思主义决非像有些人所认为的那样，只是研究了十九世纪欧洲社会、历史的结果。马克思的学说是十九世纪德国的哲学、英国的政治经济学和法国社会主义的直接继续，同时，又是批判地审查过人类思想所建树的一切以后提出来的。马克思主义的基本著作，例如恩格斯执行马克思的“遗言”、根据摩尔根的《古代社会》提供的事实所写的《家庭、私有制和国家的起源》，列宁写的《唯物主义与经验批判主义》，作为《资本论》续编的《帝国主义是资本主义的最高阶段》，以及《国家与革命》等，它们立论的根据、著述的时间，或者远远越出欧洲，或者进到了二十世纪。马克思主义是一个完整的科学思想体系。我们说马克思主义正确，不是指个别事例，是指它阐述的科学世界观，彻底地揭示出来的社会历史发展的“重复律”。事物的重复性，就是事物的常规性。只要世界范围的阶级斗争和阶级统治的基础即私有制和混乱的社会生产没有消灭，没有改变，那种社会历史的“重复律”就不会改变，马克思主义就不会失掉它的指导作用，何况我们讨论的是二十世纪四五十年代以前的历史，而不是讲的社会历史的未来。

常常又有一种说法，似乎照马克思主义、历史唯物主义研究历史，就意味着不重视资料工作，发议论，讲空话。我看这至少是极大的误解。

资料是一切研究工作的先决条件，对此不容有怀疑余地。巧妇难为无米之炊，巧匠难以建造无材的屋宇。中国现在盖房子，要求首先落实“三材”，即首先解决钢材、水泥、木料的调拨问题。否则无从谈起。要建造池袋“日光城 60”那样的摩天大楼，对材料的要求必定更高，更广。研究历史，而忽视扎实的资料工作，就像某个匠人、建筑师说他可以赤手空拳，平地起高楼那样，不会有人信以为真。古往今来大科学家、大研究家的成就，总是告诉我们资料工作在研究中处于怎样的地位。马克思写《资本论》，列宁写《帝国主义是资本主义的最高阶段》，都是首先详细占有材料，而后才成就了那样光辉的创造。论榜样，它们是最好的榜样。不重视资料工作，根本谈不上研究历史。但这里有一个重视什么资料的问题。

中国以往的学者中有人主张“竭泽而渔”，有人说要“上穷碧落下黄泉（按：白居易《长恨歌》中的一句），动手动脚找东西”。那些话本身并不错。问题在于“渔”哪种资料，找什么样的东西。哥白尼谈到他的前辈时说：“他们的做法是，或者略去一些本质的东西，或者承认某些外来的而且完全不适当的东西。”马克思主义以前的历史学，基本上也是这样。中国一部二十四史，绝大部分都是叙述的阶级斗争。今天你砍过来，明天他杀过去，正如鲁迅所说，以往几千年的历史是一部人吃人的历史。但是无论司马迁或其他什么人，都没有说出过它的本质。塔西佗在西方被称为历史之父。他的《编年史》全是写的奴隶主的黑暗统治，他们相互之间的战争，罗马皇帝荒淫无耻的生活，无一不属于阶级压迫、阶级斗争，但是他也说不出它的本质。那些古典的、封建的史书不但略去了历史的本质，而且相反，总是用抽象的善恶、忠奸、正邪、顺逆之类，去掩盖事物的本质。科学的历史研究，要叙述阶级、阶级斗争的历史，要说明人民群众是怎样创造历史的。因此我们重视的资料，必须有异于一切旧史书上叙述表面现象的资料。我们要利用所有文字和实物的有用资料，更要自己动手去发掘新的资料。这样才有可能正确说明历史的本质的东西。简单地凭别人现成的资料去做研究，好比矮子观场，只能人云亦云，随声附和，舞台上演出的实况他并不真正了解。司马迁、塔西佗在他们那个时代，绘声绘色写出了鸿门宴、霸王别姬、罗马皇帝尼禄把自己嫁给哥童的丑恶表演等等，使二千年前的某些故事得以留传至今，自然有它十分可贵的地方，足以成为不朽之作。但我们今天已经不是塔西佗、司马迁的时代。历史研究已经由传说、文学、帝王家谱上升到了科学的地位。对重视什么样的资料，也必须提出科学上的要求。

历史既然是阶级斗争［*矛盾运动*］的历史，这种资料又总是到处摆在我们面前。举个眼前的例子，田中正俊教授给研究院朋友们讲的郑光祖《一斑录》，不过是一位乡村封建知识分子留下的记录；但其中《乡民不法》一节，确实不失为一条值得注意的史料。照我的看法，它明显地具有反映封建社会底层真相的价值。那上面主动地记载着，江苏昭文地区佃农愤恨地主收租凶狠，众情不平，被迫反抗，抢夺多家地主财物，捣毁收租场所，遭到清江苏巡抚李星沅调兵镇压、屠杀的过程。同时，那上面还写出了深受剥削的农民，要起来反抗，实在不容易。他们没有先进的力量领导，只能把希望寄托在神灵的指示上面。一而再，再而三地祷告神灵，占卜吉凶。尽管作者加上了不少诬蔑之词，我们仍然从中清楚地看出，它是封建社会底层的、实实在在的农民与地主两个阶级的斗争。而这种斗争在封建社会是普遍存在的。不久以后的太平天国，也就是这些普遍存在的农民与地主之间阶级斗争的巨大爆发。一八五一年初，清政府派往广西镇压太平军的最早的钦差大臣，不是别人，正是那位李星沅，决非偶然的巧合。昭文的经历，使他在地主阶级眼里，俨然成了一名征服农民反抗斗争的干员。不过李星沅的对手，这时再也不是那些分散的、限于抗租的佃农，而是具有坚强组织，以推翻清朝统治、建立人间"天国"为目的，斗争意志高昂的革命农民。他在太平军的进攻下，很快就因为军事失败而畏罪自杀了。[①]地主阶级的刽子手受到了革命农民的惩罚。

总而言之，历史资料千头万绪，令人眼花缭乱。我们需要详细占有的是科学研究的材料。绝非凡是以往的记载，都是我们应该无止境地去追求的东西。中国西汉年间，今文经学小夏侯学派的秦恭著《尚书章句》，增加"师法"多至百万言；~~解说"尧典"两个字，至十余万言；解说"曰若稽古"四个字，多至三万言。~~欧洲经院哲学用大量的篇幅考证天国的猪进上帝花园是哪只脚先进去的~~，以及一只针尖上能站几个天使等。~~[等等，]当时那些曾经是了不起的大学问，后世早就视为笑料了。资料应当反映事物的本质和特点，不然，那种资料就没有真正意义。资料工作并不等于历史研究的一切。十多年前，英国一位作者评论中国的历史研究工作说：中国历史学界"唯一的最重要的成就，仍然是编写人民历史的能力——即关于人民而且是为人民的历史。这不可避免地意味着专业标准的下降……"[②]。我以为这个指责是不对的。为什么提高了编写人民历史的能力，就一定意味着专业标准的下降？究竟是怎样的专业呢？显然，作者是把观点与资料完全对立起来的，而且他所说的专业标准，正是指单纯的资料网罗与堆积。资料工作是基础，但那只是科学研究的第一步，而不是研究的完成。历史研究包括搜集、整理、分析资料的工作，它们都不能代替历史科学。中国学术界以往在探讨历史中，认识人民所处的中心地位，这方面确实有成绩。然而非常不够。我们还需要不断提高水

---

① 据相关文献记载，李星沅为病逝。——编者注

② 英·卡恩斯费维恺：《学术思想：中国的新历史学》，《中国季刊》，1965年4—6月号。

平，使丰富的资料和科学的观点有机统一在一起。资料应当反映事物的本质，以及资料与观点的统一，这是马克思主义历史研究的基本要求。

科学研究，以什么思想、理论为指导的问题，既不存在真空，也很难划出中间地带。一些研究历史的人，喜欢宣称“不偏不倚”“浩然中立”，等等。他们之中，主观上可能各有不同。其实说到底，这不过是表示拒绝某种理论，而信奉另外的理论。这就是问题的实质。

我们主张以马克思主义理论为指导，同时坚决反对一切迷信和武断。科学和迷信、宗教信仰不相容，就像水火不相容一般。对于科学不能像对神那样，采取“诚则灵”的态度。马克思、恩格斯、列宁以及毛泽东这些人，他们是革命家、科学家，不是神。唯物主义根本不承认世界上有“神”那种事物。我们认为马克思主义正确，决不是因为马克思这个人是什么“先哲”，而是因为它的理论在革命的实践和科学研究实践中证明是正确的。我们相信这个理论和相信自然科学的原理、法则一样，丝毫不存在什么“先哲”一类的形式的甚至神秘的念头在里面。无产阶级对于敌对阶级是会有义愤的。但是义愤不能推进科学。无产阶级不能满足于“朴素的阶级感情”，要按照马克思主义的科学办事。一切要从实际出发，以实际材料为依据，按照马克思主义的观点、方法去进行分析，去得出结果。片面、武断，只证明缺少马克思主义和思想方法上形而上学。中国近代史的内容，如前面所说，一面是帝国主义和中国封建势力相结合，变中国为殖民地半殖民地，一面是中国人民的反帝反封建的革命斗争。但历史的内容从来是极其丰富的。即使最准确的概括、简短的论述，也只有骨头没有肉，无法代替全部历史。中国近代史上，许多问题至今还很少涉及，或者没有回答，或者隐晦不明。我们不能满足于现在已经知道的那些方面，也不能限于重复某些现成的答案。时代不断前进，新的史料不断出现，我们的研究，思想认识，也要跟着扩大、深入、前进。马克思主义指出了前进的道路，路要我们自己去走。能够走多远，靠每个人的发愤努力，勇于征服艰难险阻。

马克思、恩格斯、列宁、毛泽东这些人并没有把真理说完。世界上也永远不会有人把真理说完。客观世界的变化没有尽期，人类对世界的认识也没有尽期。每门科学要发展，都需要用新的成果来不断丰富、充实自己。不然，它就停滞不前，没有生命力了。马克思主义也是这样。

三、中国近代史的讲授方法

历史似乎没有特殊的讲授方法，中国近代史也没有特殊的讲授方法。我在这里要说的，是同各位如何交流和进行学术讨论。对我来说，交流和学习就是一回事。孔丘有言："三人行，必有我师焉。"这话不但不错，而且很有见解。许多朋友专业不同，学有所长，正好成为我的先生。事情还不止这样，我要特别强调向听讲的各位青年朋友学习的问题。

照我的看法，所谓讲学，绝不可以理解为单纯的先生讲，学生听。中国前人早就懂得一个道理，叫作"学然后知不足，教然后知困"，教学相长。引申一下这个话，也可以说，教的人和学的人互相促进，教的过程也就是学习的过程。先生要向学生学习这不会有损于师道尊严吗？不会贬低老师的作用吗？完全不会。[孔丘的许多思想观点不足取，但对于与学生讨论问题，并没有把自己装作什么都懂的样子。他称赞发表不同意见的学生，认为对自己有启发；不满意从不发表不同意见的学生，认为对自己没有帮助。《论语》上载有"起（按：同'启'，或通用）予者商也""回也，非助我者也，于吾言无所不悦"等一类的话。]唐朝的大文学家韩愈思想比较保守，他的《师说》一文的道理却讲得很对。韩愈说：师长的任务是传道、授业、解惑。出生在我前面的人，掌握学问的时间比我早，我要以他为师。出生在我后面的人，掌握学问的时间比我早，我照样要以他为师。我崇敬的是学问，不是其他。也不管年少年长，也不管地位高地位低，学问在谁手里就向谁学习。所以"弟子不必不如师，师不必贤于弟子。闻道有先后，术业有专攻，如是而已"。当然也有截然相反的观点。鼎鼎大名的列夫·托尔斯泰就表示过相反的观点。托尔斯泰的《复活》一开头引《路加福音》说："学生不能高过先生，凡学成了的不过跟先生一样。"托尔斯泰一连引了几段《圣经》的话，看来都是作为正面的意思，而不是作为反面的意思。托尔斯泰当然有很多深刻思想，而这个引文所表现的思想却很肤浅。假使那种观点是正确的，那末，试问牛顿、哥白尼、马克思、恩格斯又是哪位老师教出来的呢？他们作为学生，每个人不是都大大超过了他们的先生吗？青出于蓝而胜于蓝，冰生于水而寒于水。后人不断超过前人，学生不断超过先生，历史才不断前进了。

中国十八世纪有位大学者，十岁的时候由老师教读《大学章句》。他读到“右传一章”以下，郑重地向老师发问道：怎么知道这一章是孔子的话由曾子转述的，又怎么知道这是曾子的意思，而由门人记录的？老师回答：那是儒学权威朱熹在注释中讲的。又问：朱熹什么时候的人？老师回答：南宋。又问：孔子、曾子什么时候的人？老师回答：东周。又问：南宋与东周相隔多少年？老师回答：近二千年。又问：那么朱熹怎么知道那种情形的？老师被问住了，哑口无言。这位十岁的小学生就是后来乾嘉学派首屈一指的大师戴震。古希腊哲学家、昔尼克学派的创始人之一，第欧根尼·西诺普的用步行作力学测验，反驳运动学说。当一个学生满足于这种反驳时，第欧根尼用手杖打那个学生。他的理由是先生提出了理由来辩论，学生也应当提出理由来反驳。因为不应当满足于感觉的确实性，而必须去理解。第欧根尼生活方式穷酸，对社会道德要求采取鄙视态度，绰号“犬儒”。看来哲学不算高明。但他要求学生不可以满足于先生讲的东西，而应当自己去理解，确实有哲学家的气概。这两个故事，一个说学生对先生讲的东西不能囫囵吞枣，而要盘根究底，一个说，老师应该提倡学生反驳。我认为都很对，值得仿效。大家的追问反驳，对我不外两种结果：一、没有驳倒，使我要加强论据；二、驳倒了，使我要重新研究。这两者都是积极的。一句话，我希望跟大家一起深入讨论，学到新的东西。

讲授、讨论和著述一样，都有一个抓住要点的问题。中国前人讲：“纪事者必提其要，纂言者必钩其玄。”研究历史必须详细占有资料，不等于写历史事无巨细都要罗列出来。讲述历史，更不能只限于讲故事，不加评论。~~马克思说：“研究必须充分地占有材料，分析它的各种发展形式，探寻这些形式的内在联系。只有这项工作完成以后，现实的运动才能适当地叙述出来”①。这就是说~~，研究的过程和表达的结果是不同的。讲述历史不加评论，听者就不能得其要领。日本早期出版的一本历史书，题目叫《日本开化小史》。作者自叙说：“历史者，古来之评也。古来非一世，世非一人，治乱之形势，杂沓缤纷。若不能分析之，未必能免皮肤之见也。古史家之辛苦，不在于搜求历代许多之状态，而在于究尽其状态之所本也已。”著者田口卯吉有《国史大系》

~~① 马克思：《〈资本论〉第二版跋》，《马克思恩格斯全集》1972年版，第23卷，第23页。~~

等作品传世。《日本开化小史》卷首有别人写的序言，推崇它为一部名著。不知现在的日本史学家们如何评价~~①~~。说“历史者，古来之评也”，这种观点，我觉得是颇有特异之处的。著书如此，讲授尤其如此。

马克思主义历史学既然是科学，对于一切违反科学的观点、主张，就不能采取是非不分的办法，就应当表明合乎科学的观点、认识，和各种各样的历史唯心主义划清界限。科学真理的光芒对于一些人难免刺眼。那是不得已的。如果不坚持真理，一切研究工作都会失去真正的价值，最后为人们所抛弃。中国近代著名的学者章太炎就说过：“作述者或时议前修，驳同列，非慢易之也。欲宏道，固不可以言殉人。尊之至，故以尊为匡救。”[②] 我将要讲的主要内容是辛亥革命。中国近代史的大事件里，辛亥革命是最重大的事件之一。日本学者对这个问题有多方面的研究，其他国家的学者也写有不少著作。我的讲述中不免要对一些作品，包括日本学者的作品有所评论。这样做，只是为了分清哪是马克思主义的、科学的叙述，哪是唯心论的、违反科学的东西。没有其他的意思。因为“以言殉人”，放弃自信为正确的学说思想、言论，去奉承、讨好别人，那不是对待科学真理的态度。马克思主义不靠大声吆喝去贩卖，而要靠历史事实的检验。我们主张“百家争鸣”。“匡救”和争鸣不可分。让我们“百家争鸣”，共同推进中国近代史研究的前进。

~~中日两国学术文化交流在新的时代背景下正在不断前进。中国近代史的讨论、交流，不失为值得注意的一环。学术文化交流，可以直接增进两国人民的了解、加强两国人民友谊。前人说：“泰山不让土壤，故能成其大；河海不择细流，故能就其深。”中日两国人民互相了解和友好的大海，是由一条条河川以至涓涓细流汇合而成的。这个事业极其伟大，而且也永无止境。每个人都可以为它作出贡献。我能够提供的虽然只是一点一滴，也应该尽力而为。~~

~~中国民族、日本民族都是优秀的民族，中国人民、日本人民都是伟大的人民。两国只有一衣带水之隔。两国文化交流的历史源远流长。据说远在刳~~

~~①田口卯吉又著有《支那开化小史》。书末载岛田三郎、小池靖一汉文评论二则。甚见眼光。不过此书太简略，似未达到评论上所说的境界。梁启超在《东籍月旦》中介绍说：“此书实史论体也，所重者在论断而不在事实。故其所记载，惟择其关于议论者而录之。至其论，则目光如炬，善能以欧美之大势，抉中国之病源，诚非吾邦詹詹小儒所能梦也。汉以前尤为精绝。又眉端有评骘者数家，皆用汉文，其议论颇足与原书相补云。”~~

②《章氏丛书》，《程师》，文录初稿，卷一。

木为舟的时期，两国的先民就突破惊涛骇浪，乘着日本海的左旋回流，来往于日本列岛和中国大陆。有关这方面的事实、道理，还是留给古代史研究者或中日文化交流史的专家们去讲，更恰当一些。我只想指出这样一点：中日两国学术文化交流最活跃、最繁荣的时候，也就是两国安定，有显著前进的时候。例如阿倍仲麻吕和鉴真的时代，今天这个时代，就是如此。相反的，两国矛盾、对立，学术文化交流遭到阻碍、破坏的时候，也就是两国发生重重困难，人民遭受极大痛苦牺牲的时候。例如元朝中国蒙族统治者侵略日本，近代日本军国主义侵略中国，就是这样。研究历史首先必须尊重事实。不管我们愿意不愿意，它是什么样子，就是什么样子。问题在于如何看待那些事实。重视历史的经验，将使得我们更自觉地做好文化交流、增进两国人民了解的工作。中日两国有十一亿以上的人口，它们的相互关系深刻影响到亚洲，也影响到世界。为它们的正常发展、前进去努力，谁能说这个事业不重要呢？而中国近代史的研究，恰恰能够为我们总结历史经验提供十分有益的东西。

论辛亥革命的性质

一、新旧"反满论"与革命否定论

中国的近代一直处在革命风暴之中。太平天国、义和团运动、辛亥革命先后掀起了农民革命、资产阶级民主革命的高潮。它们的结局可以用两个字概括：失败。但它们都建立了重大的历史功绩，失败并没有抵消它们的功绩。

辛亥革命过去半个多世纪了，这场革命的性质至今还是一个争论的问题。最近十多年里，国外发表的有关著作很多。日本、苏联、美国都出版有讨论辛亥革命的论文集、专著；法国也出版有辛亥革命的专著；日本的刊物上常有这方面的论文。它们多半从不同角度论及辛亥革命的性质问题。议论蜂起，众说纷呈。其中最为突出的一是"反满论"；一是革命否定论。这两种观点，以前都出现过，现在旧调新弹，很有一些特出的地方。

旧日"反满论"的特点，是撇开中国资本主义出现这个决定性的社会条件，只强调国内满汉民族矛盾的重要。持有这种观点的论著上说：辛亥革命从开始就缺乏政治上的共同感觉。"反对皇室是基本思想，所有近代变革的努力都与此有关"。异族统治在革命运动中起了重要的作用。"根据文化原则来看，坐在皇位上的满人是个中国人"，可是他们仍是北方的蛮夷，出身不明，没有历史传统的支持。随着政治和经济情势的恶化，人民对皇室的情绪必定同样程度地恶化。"中国的民族观念联系到过去的明代而把明朝写在它的旗帜上，这是当然的"。[1]或者说：辛亥革命的原因，种类纷繁。"首先应当说是旧中国对它的征服者满洲人的仇恨。这种仇恨有公开的，有隐秘的，但都经常存在"。尽管满族人和以前的蒙古人一样，"都未曾改变这个国家风俗和行

---

① 克劳斯（Frederich E.A. Krause）：《东亚史》，第2卷，第194—197页。

政的一般性质”，也还是有矛盾。[1] 此类论述，详略不一，大致都以反满斗争为重点。

苏联历史~~编纂家~~［研究者］近来创造、发明了一种新的“反满论”。一九七四年出版的齐赫文斯基［教授］主编，一群博士、副博士参加编写的《中国近代史》和其他一些著作上叙述了这种新“反满论”的内容。作者~~千方百计~~把一部以中国人民反对帝国主义侵略及其走狗封建统治为基本内容的中国近代史，从头~~篡改~~［改变］为清朝侵略扩张和中国人民反抗满族“征服”的历史，他们~~不顾人们的起码常识，~~杜撰出一个所谓“非中国（非汉族）”的说法，要人们相信“非汉族”等于“非中国”。中国人民反对清朝封建统治的斗争，就像魔术师的变戏法一样，一反掌之间，变成了中国反对外国的斗争。于是，“中国近代史的中心事件——一九一一年的革命，即推翻清王朝、形式上建立共和制的所谓辛亥革命”，也就是中国民族反对“非中国民族”，中国人民反对“非中国人”的运动，或者说，是“具有大汉族沙文主义”的反满民族运动。一九七五年，齐赫文斯基~~先生~~［教授］又发表一篇题目叫作《中国历史学中的大汉族霸权主义》的长文，直截了当断言：“满族人不是中国人，而清朝是外国对中国的统治。”他列举的证据如下：

> 中国社会进步势力的代表，从十七世纪的王夫之和黄宗羲，以及十九世纪中叶农民战争领袖洪秀全、杨秀清和萧朝贵起，到民主革命家孙中山止，在满清王朝统治中国整整二百六十八年期间，无不将满人当作中国的异族征服者，并和满人进行了不调和的斗争。
>
> 公认的革命领导者、中国人民的伟大儿子孙中山为了推翻清政权，还在满清统治中国的黑暗年代里，就阐明了他的“三民主义”中的第一个主义，即民族主义。当时，他说，受满人奴役的中国人已经变成“亡国之民”，他号召“想起我们汉族亡国时代，我们祖宗是不肯服从满洲”的。他说，“闭眼想想历史上我们祖宗流血成河、伏尸遍野的光景，我们祖宗很对得住子孙”。他继续说，“我们汉人面子上从他，心里还是不愿意的，所以有几回的起义”。

---

① 高第（Henri Cordier）：《中国通史》，第 4 卷，第 283—287 页。

> 反清口号是十七世纪六十年代至一九一二年二月中国所有人民运动最流行的口号。[①]

文章的作者，显然以为只要能够列举王夫之、黄宗羲、洪秀全、杨秀清、萧朝贵、孙中山这些人讲过反满，以及清代历史上有过反满斗争，那么，满族人不是中国人，清朝是外国对中国的统治，就铁案如山，再也不可动摇了。

新旧两种“反满论”大不一样。前一种认为“坐在皇位上的满人是个中国人”，清朝的统治没有改变国家的“风俗和行政的一般性质”，我们不妨把这种议论叫作“国内民族革命”说，即认为辛亥革命是国内民族运动。后一种则为“中国对外国革命”说。他们的篡改编造，都是为了证明这个观点，宣传这个观点。

革命否定论也是早就有过的。西方长期奉为圭臬的马士关于中国近代史的著作上，就认为辛亥革命“与其说是革命，毋宁说是总罢工性质的运动”[②]。日本的研究者中也早有人主张辛亥革命“只不过是一场不彻底的政权交替戏剧”，不过是一场“伪装革命”而已。[③] 近来持革命否定论的作品增多起来。一九六七年日本平和书房出的《辛亥革命研究序说》、一九六八年巴黎和海牙出版的《中国资产阶级与辛亥革命》等，从不同的角度，肯定辛亥革命不是一场资产阶级革命。

《辛亥革命研究序说》的作者，首先构造了这样一个关于近代中国历史的别出心裁的体系：中国近代史的发展是两条变革路线的冲突斗争，但又是在相互影响下进行的。一条线是反帝反封建的变革道路，另一条线是殖民地化半殖民地化的变革道路。前一条线主要的斗争力量来自农民、城市中小企业生产者及部分小资产阶级，表现于具体的历史运动是：太平天国—义和团—五四运动，这个过程客观地、实际地发挥了反帝反封建的效果。后一条线的主要力量来自资产阶级化的官僚地主、买办资产阶级、资产阶级及小资产阶级等，表现于具体的历史运动是：洋务运动—戊戌变法—辛亥革命，这个过

---

① 齐赫文斯基：《中国历史学中的大汉族霸权主义》，《历史问题》，1975 年第 11 期。

② 马士（Hosea Ballou Morse）：《中华帝国对外关系史》，中译本，第 3 卷，第 471 页。

③ 宫崎市定：《东洋之历史》，第 11 卷，第 143—144 页。

程在客观上和实际上不但不能达到反帝反封建的任务，相反地使中国陷入半殖民地、半封建社会的深渊。因此，把辛亥革命说成“资产阶级革命”的这种提法不能成立。那是“毛泽东根据抗日民族统一战线这种政治状况的要求而唱出的一种‘革命论’的产物，今天已经不起科学的探讨了”。那末，辛亥革命是一场什么斗争呢？作者曲曲折折地说：

> 清末的中国出现了新洋务派即军阀、立宪派、同盟会这三大股政治势力。尽管这三大势力都根据自己的阶级立场而固执着各自的政治主张，但都是力图适应于这种半殖民地半封建社会的经济状况以谋求自我发展的政治势力。换言之，即笔者所说的半殖民地半封建势力，也就是清末中国社会半殖民地半封建化变革过程的推动者。由此看来，清末变革的内容不是革命，并没有改变原有政治体制的基本结构，只不过是各种半殖民地半封建的政治势力为了实现其资产阶级化和建立一种适合自己要求的政治体制而进行的资产阶级改良；换言之，〔各派政治势力〕以建立半殖民地半封建统治权力为目标，把资产阶级因素自上而下的兼收并蓄，借以整顿原有的封建统治秩序而发动的一场政治变革而已。①“真正”的革命不应如此。

《中国资产阶级与辛亥革命》与日本这位研究者的论点有同有异。那上面说，资产阶级应当主要指商业资产阶级，它们中间很难划分买办资产阶级与民族资产阶级两个不同的部分，也很难严格区分革命派与改良派。辛亥革命中，“资产阶级只处于事变的次要地位。士绅掀起的武装起义，远在他们的地域和势力之外。因此，我们很难同意葛罗斯约克②的意见，认为中国资产阶级领导这次革命这一事实是不容争辩的真理”。“事变发展过程中，资产阶级既未参加鼓吹，也无法控制。从外国引进来而愈来愈混乱的资产阶级的思想意识，既不能平衡各方面出现的势力，也不能解决现实政治问题。因此，就正

---

① 横山英：《辛亥革命研究序说》，广岛平和书房 1977 年 3 月本，第 102 页。又《清末变革中的领导与同盟——辛亥革命研究笔记》，1966 年 7 月广岛史学会编《史学研究》第 97 号；《以辛亥革命为“资产阶级革命”说的起源与演变》，《史学研究》111 及 112 号。

② 苏联 1962 年出版的《辛亥革命论文集》文章作者之一。

式的意义来说，至少从西方的观点来说，这很难说是一次资产阶级革命”。[①]而且就其作用而言，辛亥革命与其说是一次革命运动，还不如说是一个保守运动。

新旧两种“反满论”，两种革命否定论各有不同。但它们有一个基本的共同点：辛亥革命不是一场剧烈的阶级搏斗，它的性质不是资产阶级民主革命，或者干脆不算一场革命。这就提出了一个问题：你们说辛亥革命是比较更完全的意义上的资产阶级革命，根据在哪里？

下面我们就来讨论这个问题。

二、辛亥革命是资产阶级民主革命的根据

甲，第一条根据

辛亥革命发生在中国进入半殖民地半封建社会以后六十年，中国资本主义已经初步成长的社会条件下面。资产阶级尽管很幼弱，但它已经成为一个新兴的、成熟的力量，足以使自己扮演发动和领导一场革命的角色。

中国资本主义的发生、发展，国内外学者一直在研究。但至今仍缺少全面讲这个题目的著作。我们只能举出部分或个别统计资料，从中看出一般趋势。据严中平等编的《中国近代经济统计资料选辑》，从一八七二年到一九一一年间，中国资本（包括早期的官办、官督商办）设立的矿冶、机器、纺织、食品和其他工业、厂矿，共五二一家。一八九四年以前，即中日战争以前二十二年间设立的七十四家，一八九五年以后，即中日战争结束到辛亥革命的十六年间设立的四四七家。后面六[十]六年达到了前面二十二年的六倍。一八九四年以前，各年设立的厂矿资本总数，只有一八七八、一八八九、一八九〇、一八九一、一八九二、一八九四等年份在一百万元以上，其他都只几万元、几十万元。一八九五年至一九一一年间，各年设立的厂矿的资本总数，只有一九〇一、一九〇三两年为几万元，其他都在百万元以上。一九〇五至一九〇八年，分别

① 贝热尔：《中国资产阶级与辛亥革命》，第125—126页。

为一千万元至二千万元。[①] 又如棉纺织这一个行业，一八九〇年，中国资本第一家纺织厂“上海机器织布局”开办，一八九五年，投入生产的七个厂，纺锭一七四，五六四枚，布机一，八〇〇台；同时，正在筹建，定于一八九五年以后开车的三个厂，纺锭八八，六一四枚。一八九六年至一九一三年的十七年中，开办华资厂十六家，中外合资的三家，纺锭四八四，一九二枚，织布机二，〇一六台，织机增加 12%。资本数额，估计一八九五年以前，只有九，八六二千两，一九一三年达到二六，二三二千两，即增加了 166%。[②] 从这些材料远不足以看出整个轮廓，但发展的趋势是明显的。资本主义生产在中国不仅确实在进行中，而且十九世纪末二十世纪初，中国资本主义也确实出现了一个初步的、小小的发展浪潮。中国民族资本主义发生、发展的过程，就是中国资产阶级发生、发展的过程。资产阶级虽然很幼小，但它是新生产力的代表者，是中国历史上从来没有过的阶级。

无须乎论证，与民族资本主义相比，外国在中国的资本占绝对优势。帝国主义与中国封建势力相结合，把中国变为半殖民地半封建社会，规定了帝国主义和中华民族的矛盾、封建势力和人民大众的矛盾是中国社会的主要矛盾，其中就包括帝国主义、封建势力压迫民族资本的发展与民族资产阶级的矛盾。在二十世纪初期，资本主义已经初步发展的条件下，像太平天国、义和团运动那种单纯的农民反抗运动，就永远成为过去了，而无产阶级这时又处在自在的阶段。民族要求独立，资本主义要求发展。于是，发动革命，进行反对帝国主义、封建主义的斗争的任务，就不得不落在软弱的民族资产阶级的肩上。这就是辛亥革命所以成为资产阶级民主革命的头一条根据。

西方一些著作上在叙述辛亥革命时，极力避免谈论中国资本主义的发生发展、资产阶级登上历史舞台这个崭新的事实。那些作者到处寻找辛亥革命发生的真正原因，总没有发现它。有的怀着皮毛之见，搬出些最一般的理由，例如水旱灾荒、“盗匪活动”、人口膨胀等，来说明这场革命发生的背景。他们以为中国每一次革命背后都存在着人口问题。这次也不例外。太平天国革命、其他“叛乱”以及天灾流行，对人口的增长不过暂时阻止而已。人口密集省份向边疆地区移动，以及沿海人往海外谋生，也无济于事。据说一八八五

---

① 严中平等编：《中国近代经济史统计资料选辑》，第 95 页。

② 严中平：《中国棉纺织史稿》，第 113、140 页。

年至一九一一年，中国人口总数自三亿七千余万人，增加到四亿三千余万人。因此，到一九一一年的时候，人口对于食物供应的压力已十分沉重；同时，由于一九一〇至一九一一年饥荒的情况，就为一个大规模的革命准备了条件。[①]有的作者承认西方与发生这场革命有关，说清朝正在接近它的末日，将要发生什么事情则并不清楚。西方的“进入”影响革命，改变了历史上从秦汉、隋唐往下那种改朝换代的模式。至于西方“进入”的内容怎样，其中固然有外国在华传教、经营商业、银行贷款等等，而主要的是“新思想来了”，使人们要求用共和国代替帝制。他们的议论，集中起来，就是不承认辛亥革命是在帝国主义侵入，封建经济破坏，资本主义初步成长的条件下发生的，社会生活中，不存在民族资本主义与帝国主义、封建势力这个根本矛盾。一望而知，这类说法有意无意起着替帝国主义侵略中国进行辩护的作用。

半殖民地半封建制度的存在，中国资本主义的发生、发展，这是谈论近代中国历史的出发点，当然也是确定辛亥革命性质的出发点。或者有人怀疑，突出资本主义，难道不过高估计了资产阶级的重要性吗？从历史发展的进程讲，黑暗落后、民族灾难深重的中国，出路在哪里？出路只有一条：应当有一个阶级强大到足以使全民族的提高依赖于它的提高，使其他革命阶级的发展依赖于它的利益发展和演进。这个阶级的利益，在当时应该成为民族的利益，而这个阶级在当时则应该成为民族利益的代表者。距今七十年以前，可以充当这个阶级、发生这种作用的，只有民族资产阶级，没有其他阶级。问题在于中国资本主义太弱小，资产阶级一点也不强大，在帝国主义、封建势力两大敌人面前，表现虚弱无能。它没有等到克服面前的障碍，就设置了新的障碍，没有等到发挥自身的先进本质，就暴露了自身的狭隘本质；刚刚开始同高于自己的阶级进行斗争，就卷入了同低于自己的阶级的斗争。形势给它提供了扮演一个重要角色的可能性，自己的所作所为很快葬送了这种可能性。它没有可观的力量去消灭现状，改变现状。最后是用庆祝胜利的词藻，来宣告了斗争的真正失败。但历史发展规律并不是不起作用的东西。实际的力量是一回事，资产阶级是否在某种程度上必定要履行自己的历史使命又是一回事。辛亥革命无论如何是资产阶级为改变民族现状所发动的最重要的一次冲击。中国资本主义的发生、发展既然是确定不移的，辛亥革命的资产阶级性

① 费纳克：《现代东洋史》，第213—223页。

质也就是确定不移的。

乙，第二条根据

资本主义一出现，资产阶级内部就由于社会地位不同，分裂为不同利害关系的集团。它们各自按照自己利益的需要展开活动。辛亥革命的发动者和领导成员，完全不同于农民战争的领导人物，也有异于戊戌变法那样的资产阶级改良主义者和与革命派相对立的资产阶级立宪派。中国资产阶级中，有从地主官僚转化过来，与封建势力联系密切的一部分，有中小生产者、富有革命要求的一部分。辛亥革命运动主要地是代表中小生产者的资产阶级、小资产阶级知识分子领导的。他们最善于反映那个阶级和时代的要求。

谁是革命的敌人，谁是革命的领导力量和依靠谁来革命？一九〇一年以后的革命书刊上，陆续讨论、回答了这个问题。那些作者称统治阶级为“上等社会”，称劳动群众为“下等社会”，而把他们自己列为“中等社会”的代表者。例如《游学丛编》上说：“中等社会者，革命事业之前列也。”杨笃生《新湖南》上说：“诸君（指中等社会）在湖南之位置，实下等社会之所托命而上等社会之替人也。提挈下等社会以矫正上等社会者，惟诸君之责；破坏上等社会以卵翼下等社会者，亦惟诸君之责。”陈天华说：“故今日惟有使中等社会皆知革命主义，渐普及下等社会”，那时就一夫发难，万众响应，大事可成。[①] 那末，何谓“中等社会”呢？《新湖南》上说：“湖南无兼并之豪农，无走集海陆之巨商，无鸠合巨厂之大工业，诸君占中等社会之位置，唯自居于士类者成一大部分，而出入于商与士之间者附属焉，出入于方术技击与士类之间者附属焉。”《湖北学生界》上说：统治阶级顽钝腐败，“位置之上于学生者无望矣”；下等社会的人没有知识，“位置之下于学生者更无望矣”。“学生介于上等社会、下等社会之中间，为过渡最不可少之人”。只有他们能够肩负起挽救中国的伟大责任。《苏报案纪事》上说：“学生为革命之原动力。”章太炎对这个问题也集中讲过。他说：“以前的革命俗称强盗结义，现在的革命俗称秀才造反。强盗有力量，秀才没有力量；强盗仰攀不上官府，秀才仰攀得上官府。所以强盗起事没有依赖督抚的心，秀才就有依赖督抚的心。前此

① 陈天华：《遗书》，《民报》第2号。

数年，遍地是借权的话。直到如今，讲革命的也想借到督抚的权，好谋大事。这真胡涂得很。颇有人说，学界中人不如会党，会党中人不如强盗。依兄弟看来，知识高下且不说，但强盗从没有靠官造反的心，会党略有数分，学界中人更加数倍。论他志气的下劣与自信力的薄弱，较之会党强盗，不免有些惭愧。……现在官场情景是微虫霉菌，到处流毒。不是平民革命，怎么辟得这些瘴气。……从今以后，我汉人兄弟，请把依赖督抚的一念早早打消。但想当兵，不要想当奸细；但想做将士，不要想做参谋；这革命大事不怕不成，中华民国不怕不立。何必怀着那下劣心思，为会党强盗所笑呢？”[①] 孙中山早在一九〇四年发出的《中国问题的真解决》一文里，就对可能参加革命的人作过阶级分类。他说：“这种欢喜革命思想的中国人，可以粗分为三个阶级：第一个阶级，人数是在三个中最多，容着因官厅的压迫而不能得到一个满意的生活的。第二，就是一般用激进中伤手段，而打倒满人的。第三，那就是运用高尚的思想，和超绝的理想，来从事鼓吹的人们。这三种重要分子，都以有力而爽快的方法，分头合作，所以最后必定能达到所希望的结果。”[②] 孙中山无疑是把自己和他的许多同志列在这第三个“阶级”里面的。“自居于士类者”“出入于商与士之间者”“学生”“秀才”“学界中人”“平民”“运用高尚的思想和超绝的理想”者等，说法不完全一样，基本意思是一个：革命领导者是中小资产阶级和它的知识分子。

事实也就是这样。最早的革命团体之一兴中会主要在华侨中活动。会员二七九人中在国外经商和从事其他职业的二一九人，占总数的78%多。在这些人中，商业和农业资本家一三三人，占48%，学生和小资产者五十八人，占21%，工人五十四人，占19%，会党活动分子三十四人，占12%。[③] 知识分子不占主要地位，资本家却引人注目。同盟会成立，革命知识分子显著增多。据极不完全的材料，一九〇五、一九〇六、一九〇七三年加入同盟会，现在可以查出本人成分的三七九人中，留学生和学生三五四人，占93%以上，为绝大多数。官僚、有功名的知识分子十人，教师、医生八人，各占2%多一

---

① 章炳麟：《民报》周年演说词，《民报》第10号。

②《建国月刊》2卷6期，译文照台湾《国父全集》第2卷，第71—72页。

③ 冯自由《革命逸史》所载材料。

些。资本家、商人六人，占1%多一些。贫农一人，占不到1%。[①]参加同盟会筹备会的六十六人（内田良平、宫崎寅藏、末永节三名日本人除外）[②]，目前能查到家庭经济状况的十几人中，有华侨商人、资本家、自由职业者、塾师、官僚等；他们本人的成分除商人一人，全都是知识分子、留学生。[③]组织、领导武昌起义的秘密革命团体文学社、共进会明显地反映了同盟会领导的基层组织的情况。文学社社员三千多人，现在知道的九十七人中，新军士兵八十人，占81.6%，新军排长四人，新闻工作者五人，中学生四人，陆军学生二人，留学生一人，农民一人。共进会会员二千多人，现在知道的一六九人中，新军士兵八十七人，占51.4%，新军排长四人，陆军学堂学生二十七人，中学生二十二人，留学生八人，新闻工作者二人，中、小学教师三人，商人五人，资本家三人，会党五人（新军士兵和知识分子加入会党的在外），家庭妇女二人，铁路稽查一人。实际领导起义和主持军政府的机构“谋略处”（十月十一日晚上成立，主要负责人蔡济民）共十五人，其中十四人的情况是：新军排长五人，新军目兵四人，司书生一人，中学生二人，留学生一人，中学教师一人。新军排长、目兵都是投营当兵的青年知识分子。这说明湖北革命党人主要由士兵和青年知识分子组成。[④]同盟会成员中的商人、资本家，知名的有钟明光、许雪秋、禹之谟、沈懋昭、梁钟汉、熊晋槐、周增、卞鼐、税联三、税钟麟、余照常等。[⑤]禹之谟做过长沙商会会长、教育会长，戊戌变法以后倾向革命。一九〇三年在长沙开办毛巾工厂，一度留学日本。一九〇六年夏天，

---

① 中国科学院近代史研究所1957年初调查材料。现在正重新订正、补充，具体数字将有变动。

② 同盟会筹备会，指1905年7月30日在东京赤坂区桧町黑龙会本部（即内田良平住宅）举行的一次会议。参加者的名单，大部分见于邹鲁《中国国民党史稿》，其余见于下列各书：曹亚伯《武昌革命真史》，冯自由《中华民国开国前革命史续编》上卷、《中华民国开国前革命史》、《革命逸史》、《中国革命二十六年组织史》，台湾“中华民国开国五十年文献”第1编，第11册。

③ 关于这十几人家庭出身的记载是：陈天华，“箪瓢屡空”；宋教仁，“家贫”；冯自由，华侨商人；田桐，“父为塾师”；朱少穆，“父经商越南堤岸，拥资甚富”；朱执信，父“在张之洞幕府数十年”；孙毓筠，大学士孙家鼐侄孙；秋瑾，祖父厦门知县，父知县，湖南常德厘金局总办；孙元，“先人为医学大家”。关于本人的成分：梁慕光，商人。

④ 作者旁批：所谓“士兵苏维埃”。——编者注

⑤ 邹鲁：《中国国民党史稿》第四篇各传；又《辛亥革命前十年时论选集》上卷，第51页。

陈天华遗榇归葬湖南，禹之谟发动长沙学生举行丧礼，上万人游行送葬。反动派寻找借口，逮捕他入狱。萍乡、浏阳起义后被杀害。许雪秋，潮州人，经商南洋，富于资财。一九〇四年回到潮州，捐道员头衔，又承办潮汕铁路部分工程，招收工人，准备起义。一九〇五年以后加入同盟会。孙中山委任他为中华民国东路军都督。一九〇七年他领导了潮州黄岗起义。沈懋昭，经办上海信成银行，上海起义中起过作用。辛亥革命后不久，他协助孙中山联合华侨资本家，组建中华银行。资产阶级、小资产阶级知识分子，要求革命的资产阶级分子，倾向革命的其他成员，这就是辛亥革命的发动者、领导力量。列宁说，辛亥革命中的资产阶级是一个上山的阶级。列宁的话，对于说明这个力量，是很深刻、很形象的。

立宪派不同。他们的基础是民族资产阶级中的大资产者，带有极大封建性的部分。十九世纪末二十世纪初，地主、官僚、商人创办、投资近代工业，一时蔚然成风。一九〇七年清政府农工商部的一个报告描述这种情形说："兹查有三品衔臣部头等顾问官翰林院修撰张謇创办江苏耀徐玻璃公司、上海轮船公司，集股一百万元以上。三品衔直隶候补道严义彬创办浙江通久源轧花纺织厂，集股在八十万元以上。二品顶戴安徽候补道许鼎霖创办江苏海丰面粉公司、赣丰饼油公司，集股在六十万元以上。四品衔候选州同楼景辉创办浙江通惠公纺织公司；三品衔中书科中书顾钊创办浙江和丰纺织公司；三品衔兵部郎中萧永华创办广东汕头自来水公司；候选道马吉森创办河南六合沟煤矿公司；分部郎中蒋汝坊创办江苏济泰公纺织公司，均集股在四十万元以上。二品衔度支部右参议刘世珩创办安徽贵池垦务公司；御史史履进创办京师华商电灯公司；二品顶戴浙江候补道程恩培创办安徽裕新榨油公司；候选道曾铸创办镇江机器造纸公司；二品顶戴福建补用道程祖福创办河南清华实业公司；候选道顾思远创办山东博山玻璃公司；顾润章创办湖北扬子江机器制造公司；黄兰生创办湖北汉丰面粉公司，集股均在二十万元以上。皆能卓著成效。"[①] 地主、官僚、绅士，又兼有资本家身份，就是民族资产阶级这个部分的特色。

关于中国的商人、资本家，日本早期的出版物上作过这样的分析：中国的资本家或为大商人，或为大地主。在这两者以外，另有一批资本家存在，那

---

①《光绪政要》，实业七。

就是官僚。东方西方各国，官吏富裕的并非没有，但在中国足以号称大资本家的，大商人大地主实在不如官吏那样多。中国人，一旦为官，积蓄起雄厚资产，即使下台了，也以富豪而兼绅贵，隐然操纵地方政治，为乡民所畏惮。不少商人都有相当官阶。他们为官为商，常难明显区分。表面上供职于官府，背后则经营商务。[①] 日本出版物上讲的官僚、地主而又兼资本家的分子，有洋务派官僚、买办资产阶级，也有民族工业中的大资产者部分。

立宪派成员中很多人，尤其那些主要人物恰恰就具有官僚、地主绅士与资本家这两种社会属性。各种立宪团体的成员，投资近代工业的有相当数量。以江、浙为中心的预备立宪公会正副会长、会董共二十二人，除了个别人没有查到材料，其他的人包括郑孝胥、张謇、汤寿潜、朱福诜、张元济、李平书、许鼎霖、李厚祐、王清穆、沈同芳、周晋镳、周廷弼、王同愈等，都是近代工业的创办者、投资人。他们经营着铁路、银行、轮船运输、冶铁、棉纺、垦牧、制呢、面粉、洋灰、印刷、电灯、水电、丝织、锑矿、造纸、榨油、烛皂、酿酒、盐栈、机制麻袋、药房、制革、瓷业等二十多个行业。张謇一个人创办、投资的工厂、公司就有二十几家，资本达九百余万元。李厚祐创办、投资的十几家，李平书创办、投资的十几家，周晋镳创办、投资的七八家，许鼎霖创办、投资的十几家，周廷弼创办、投资的上十家，等等。广东地方自治研究社成员，现在能查出经历的五十余人中，在南洋经营矿业的十三人。广东谘议局筹办处议绅张振勋（弼士），在南洋独资经营远洋航运公司、垦植公司、矿务公司、银行及房地产等，在国内独资经营烟台酿酒公司、织造厂、玻璃公司、垦牧公司，盐田公司等，粤汉铁路赎回自办，又募集和自投大量股本；据说最多时拥有资财一千数百万两。一九〇七年由广州总商会会董及七十二行商公举为总理。立宪派的很多人出身于科举功名，担任着或者担任过各种职官。台北出版的一本名叫《立宪派与辛亥革命》的书上，对谘议局议员作过一番研究以后说：议员绝大多数为绅士阶层。根据奉天、山东、陕西、湖北、四川五省资料统计，一百名议员中九十一名为有传统功名的。其中进士占 4.7%，举人占 19.1%，贡生占 43.1%，生员占 24%。进士、举人、贡生合在一起，为 66.9%。有的受过新式教育，同时兼有传统功名。五个省的议员日本留学生在一百人以上。议员中不少人任过政府官吏、教

① 汪敬虞：《中国近代工业史资料》第二辑，第 925—926 页。

谕等职。出身于举人、贡生的，也有不少任过知县、内阁中书等。议长、副议长六十三人，曾任中央或地方官吏的四十人，并且多数为中级以上官吏。[①]这些叙述是可信的。但是作者由于深怕惹下谈论"阶级斗争"这个可怕问题的嫌疑，撇开了阶级成分的重要内容。立宪派的官僚、地主绅士的社会属性，从预备立宪公会、广东谘议局筹办处和广东地方自治研究社成员中看得更清楚。预备立宪公会正、副会长，会董二十二人中，状元一人（张謇），进士七人（汤寿潜、朱福诜、张元济、沈同芳、王清穆、许鼎霖、王同愈），举人二人（郑孝胥、孟昭常），优贡一人（李平书）。二十二人中十六人的官阶、头衔是：广西龙州边防督办、安徽臬司、广东臬司、学部谘议官（郑孝胥），翰林院编修、商部顾问官、学部谘议官（张謇），两淮盐运使、学部谘议官（汤寿潜），贵州学政、监察御史（朱福诜），邮传部参议（张元济），翰林院庶吉士、河南唐县知县（沈同芳），商部右丞、直隶臬司（王清穆），光禄寺署正衔（陆尔奎），候补郎中（李厚祐），道员衔（周晋镳），安徽候补道、浙江洋务局总办（许鼎霖），候选道、商部顾问（周廷弼），知府（高凤岐），候补知府、海参崴商务委员（李家鏊），翰林院编修、湖北学政（王同愈）和知县（李平书）。广东谘议局筹办处议绅邓华熙等九人中，已知的有进士三人（江孔殷、邱逢甲、戴鸿慈），其他待查。他们的官阶、头衔是：贵州巡抚（邓华熙），翰林、江苏候补道、广东清乡督办（江孔殷），法部尚书、出洋考察大臣（戴鸿慈），驻外公使（陈枢），头品顶戴、补授太仆寺正卿侍郎衔、南洋商务大臣、佛山铁路总办、闽广农工路矿大臣（张振勋）等。广东地方自治研究社成员中，不少是著名的"省绅"，即担任过职官的在籍人员。[张謇说他自己是处在"通官商之情""介官商之间""兼官商之任"[②]的地位，非常准确。预备立宪公会、广东谘议局筹办处一些成员，他们所处的地位，与张謇完全一样。]从这里我们知道，立宪派的特点是：一、资本家，而且主要是大资产者、大商人；二、官僚、地主绅士。而他们的主要代表者则同时具有这两种属性，结合二者于一身，极其鲜明、突出。他们与革命派是一个大不相同的人群。

因此，资产阶级立宪派作为一个政治势力，从一开始，就站在与资产阶

① 张朋圆：《立宪派与辛亥革命》，台湾，1966年10月版。

②《张季子九录 · 实业录》卷一，第8、15页。

级革命派相反的地位。大资产者、官僚、地主的社会基础，决定了立宪派只要求改良，实行君主立宪，而坚决抵制和破坏革命。因为在地主、官僚看来，革命必然打乱现有秩序，无异于洪水猛兽。张謇就说得很明白："革命有圣贤、权奸、盗贼之异。圣贤旷世不可得，权奸今已无其人，盗贼为之，则六朝五代可鉴。"也就是现在的革命无非盗贼作乱，洪水横流，必须防止。由清政府实行立宪政体，对封建制度作些改良，他们就可以得到现实利益，也能够使现有秩序不遭到破坏。

立宪派的社会属性，他们的政治活动，说明中国资产阶级里面，只有中小生产者富有革命要求的那个部分，能够发动、领导一场反对帝国主义、封建势力的资产阶级民主革命。

初一看很奇怪，立宪派与革命派，在苏联历史编纂家笔下竟然毫无区别。它不但与革命派没有区别，而且同劳动群众的作用也完全相等。苏联《中国近代史》写道："在一九一一年末至一九一二年初这段短暂的时间内，由于农民群众、城市工人、手工业者、城市贫民的自发起义，资产阶级革命运动，以及资产阶级和地主自由派的君主立宪运动这三股反清力量的密切配合，推翻清朝、建立资产阶级共和国的任务方告完成。"即使"这三派反清的基本力量的联盟历时是十分短暂，而且极不巩固"。[①] 根据是什么，他们没有讲。人们当然要问：立宪派何时何地，曾经成为"反清的基本力量"，并与革命派、人民群众"密切配合"过呢？事实是：

第一，立宪派以前要求立宪的宣传和请愿，在一定程度上有动摇清政权，促进反对封建专制的意义。武昌起义以后，他们之中一些人犹豫观望，脚踩两只船，或者公然列名革命阵营中，清政府因之加速瓦解。这两者都是显而易见的。但是无论国内的立宪派，国外的梁启超等，他们与革命派尖锐对立和斗争的根本内容，是他们要求用君主立宪来改良清政府，阻止革命，保住清政府。梁启超等人关于"与政府死战"和"与革党死战"，哪个第一位，哪个第二位，有过讨论，他们要求保住清政府，则从来没有任何含糊的地方。所谓"与政府死战"，决非要打倒清朝统治，而是要求实行君主立宪，使这个统治多少带上点民主色彩，继续存在下去。"死战"的对象虽然叫作"政府"，其实只指顽固派，他们的"当今圣上"载湉一派显然不在其中。死保清政府与

---

① 齐赫文斯基主编：《中国近代史》，《编者的话》。

坚决打倒清政府，是革命与反对革命只求立宪的分界线。要求立宪的办法就是请愿。一次、二次不行，就“至于三，至于四，至于无穷”[①]。一九一〇年各省谘议局联合会代表孙洪伊等上书谘政院，陈述必须赶快立宪的理由，其中有这样的话：

> 昔汉臣刘向上成帝封事云：“下有泰山之安，则上必有累卵之危。陛下为人子孙，保持宗庙，而令国祚永移，降为皂隶，纵不爱身，奈宗庙何！”其词危苦，千载之下读之，犹将流泪。而独怪当时时主处彼岌岌之势，闻此謇謇之言，何以漠然曾无动于中！或明知其善而莫能用，坐使身死国亡，为天下笑。岂天命不佑，非人力所能回？毋亦在上者不能听言择善，有以自取其咎也！今国势之危，过于汉季者且将十倍。出万死以求一生……犹惧已迟，更复荏苒数年，后事何堪设想？[②]

真是披肝沥胆，垂涕泣而道之。他们这种宣传，是为了打倒清政府吗？当然不是。维新运动期间，康有为上皇帝书里面也讲：“陈胜辍耕于垄上，石勒倚啸于东门。斩木揭竿，已可忧危。”金田之役，有再见于今日的危险。康有为是说，要赶快变法，否则农民就要造反了。现在立宪派宣传清政府君臣可能很快身死国亡，是说要赶快立宪，否则资产阶级革命就要爆发了。义和团运动证明康有为的忧虑没有错，辛亥革命更证明立宪派的忧虑没有错。但那都是他们极力加以阻止而没有做到的结果，绝对不是他们所希望的结果。立宪派那样反对革命，准备无尽头的请愿，说明他们从来只是保清力量，从来不是“反清的基本力量”。革命派与立宪派，一个保清，一个反清，激烈斗争若干年。那段酝酿着暴风雨的历史怎么一个早晨就不存在了呢？

第二，各省独立，立宪派不但很快挤进革命阵营里，并取得大部分权力，完全不是因为他们与革命有渊源，反清斗争有功。考察一下任何一个著名立宪党人在武昌起义以后的表演，都充分暴露出他们与革命为敌，破坏革命的

---

① 张謇：《张季子九录 · 政闻录》，《送十六省议员诣阙上书序》。

② 《东方杂志》，第7卷，第11期，第145—146页。

丑恶面目。如汤化龙、谭延闿、张謇等等，莫不如此。[1]立宪派是辛亥革命的反对派。他们之所以与清政府分手了，那是全国蓬蓬勃勃的革命形势造成的。人民群众自发的反抗运动，与资产阶级革命派的斗争相呼应，眼看那个政权就要树倒猢狲散了。立宪派由拼命保住清政府变为纷纷离开清政府，被迫“赞成共和”，本身就说明革命形势的高涨和革命的正当性。利害所在，形势逼人，不变也得变，他们改变保清态度的决定性原因在此。

那末为什么很短时间里，权力的大部分归到了立宪派和旧军官手里？答案要从两方面寻找。一要从革命派方面寻找。革命派声势大，立宪派加上整个旧势力，社会实力大。权力不靠声势决定，要靠实力决定。全国革命形势高涨，不等于革命派力量强大。相反，与全部反对革命的势力相比，他们的力量太小，以至不相信自己能够掌握政权。武昌一起义，革命士兵马上用枪逼着旧军官黎元洪当都督，请出谘议局议长汤化龙掌管民政。他们以为不这样，胜利就没有指望。政权于是大部分落到了立宪派、旧军官手里。长沙革命党一起义，领导人焦达峰就宣布：他们是进行所谓种族革命，“凡我种族附义者，不问其曾为官僚，抑为绅士，余皆容之”[2]。原谘议局议长谭延闿被请出来当革命军政府的民政部长。湖南革命党人的幼稚认识，对立宪派来说正中下怀。谭延闿很快抓住机会，利用旧军官发动暴乱，杀焦达峰、陈作新，政权基本上落到了立宪派手里。湖北、湖南模式一出现，不少省份照此办理。二要从帝国主义方面寻找。武昌起义以后，帝国主义极力破坏革命，对革命派打击、压制，不承认军政府的合法性；对反革命、旧势力从外交、军事、财政上全面加以支持。这给立宪派造就了夺取权力的最重要的条件和机会。革命派严重软弱，帝国主义和整个旧势力强大，立宪派以前的吹吹打打的立宪请愿活动，意外地成了他们可以扮演“反清”角色的政治资本。这就是立宪派能够挤

~~①汤化龙在武昌起义时任湖北谘议局局长。革命党人陈磊（中学生）等最初提议他出任军政府都督，他有意乘机窃取权力。议员胡瑞霖觉得他“与革命党素无密切关系，且成败尚未可知”，加以劝阻，汤才借口不谙军事，力辞不就。军政府成立，他一面在会上发表演说，声称自己“一向赞成革命”，“自当尽死效命”，一面又暗地与官僚、绅士柯逢时、连甲、李国镛等定计：一，致电清廷，说明黎元洪系胁迫而出，“化龙决不从逆”，“请速派大军南下，以平此变”；二，派连甲赴河南请援兵；三，派奸细某某等投效军政府，与黎元洪通声气，同张彪联络，被革命派发现，阴谋才未得逞。谭延闿、张謇的情形下文有叙述。~~

②《辛亥革命》丛刊（六），第134页。

进革命阵营并夺得很多权力的形势和原因。南京临时政府成立前后，独立的十四个省中，革命党人担任都督的有陕西、山西、贵州、安徽、福建、广东六个省，立宪派担任都督的有湖南、浙江、云南、四川四个省，旧军官、旧官僚担任都督的有湖北、广西、江苏、江西四个省；立宪派、旧军官、旧官僚占优势。南京政府国务员九人中，革命派三人（黄兴、王宠惠、蔡元培），立宪派二人（张謇、汤寿潜），旧官僚、军人四人（程德全、陈锦涛、伍廷芳、黄钟英）。立宪派与旧官僚、军人合起来占很大比重。中央和地方，或者一部分、或者绝大部分权力，就这样处在立宪派的控制之下了。实际上，决定局势的是革命与反革命两个营垒力量的对比，立宪派只有沟通反革命、依附旧势力，才能够充分发挥出它的作用。半殖民地半封建的中国，农民、工人、广大劳动群众和帝国主义及其走狗封建统治者，处于对立和力量的两极。资产阶级政治流派所以能够产生作用，发生影响，要么与人民群众建立一定的联系，去进行反帝反封建斗争；要么倚赖帝国主义、封建势力，反对人民。二者必居其一。革命派表现为前者，立宪派表现为后者。中间状态、中间路线，是不稳定、迅速分化、缺少力量的别名。在一个短时间里，革命派与立宪派似乎形成了某种“联盟”。但这种所谓“联盟”，不是立宪派改变反对革命派的立场，取消、收回了与革命派的分歧，而是革命派放弃反对立宪派的立场，取消、收回了与立宪派的分歧。革命派没有把立宪派“联”过来，跟自己走，立宪派却把革命派“联”过去，跟他们走了。至于“三种反清基本力量的联盟”，更没有存在过。人民群众闻风而起，立宪派坚决镇压他们，革命派也反对他们。

第三，立宪派挤进革命阵营，加速了清政府的瓦解，同时也加速了革命政权的瓦解。清政府以“逊位”方式倒台，和他们的作用分不开；南京政府宣告成立，同时就决定把政权交出去，简直像给一个婴儿做生日，同时就祝贺他夭折一样，更和他们的作用分不开。中央以及多数省份立宪派得势，革命政权在很大程度上流于有名无实。但是南京政府毕竟是革命派领导的，是革命的一个标志。立宪派宁肯选择旧势力和另一种政权来代表自己的利益。如果他们对革命做了什么工作，那主要是做了破坏革命、瓦解革命政权的工作。

立宪派首领张謇的活动是有代表性的。武昌革命军的枪声一响，他就紧张行动，“密切配合”。张謇自编《年谱》记载：武昌起义，他正自汉口乘船赴南京途中。十月十四日抵南京，立即往见驻防将军铁良，建议铁良派兵西上

"援鄂"，并奏请清政府赶快颁发命令，宣布立宪。铁良要他找总督张人骏商量，十五日，跑到张人骏那里，重复他对铁良讲过的主张。张人骏反对立宪，也拒绝派出援兵。张謇提出警告说：武昌地居上游，倘若敌军顺流而下，安庆又有革命党接应，江宁太危险了！张人骏还是不干，强作镇静。张謇悲哀叹息："呜呼！大难作矣！人自为之，无与于天。然，人何以愦愦如此，不得谓非天也。"十六日赶到苏州，往见巡抚程德全。程德全很赞成请求清政府颁布宪法，开国会的主张。张謇找到某某二人，共同连夜起草奏稿。几天之后，以谘议局名义直接电达清内阁，请宣布立宪、开国会。[①]南京政府成立，张謇已经一变而为共和政体的"赞助者"，并担任实业部长。但他根本没有准备维护这个政权，而是想如何让这个政权结束，愈快愈妙。在革命阵营中，他反对孙中山，反对南京政府的一些措施，声言要同革命党人拆伙（实际上也不曾入伙）；在反革命阵营，他与袁世凯声息相通，策划由袁世凯接替清政府。目的都是一个：埋葬革命政权，结束革命。他在致袁世凯的信中说："甲日满退，乙日拥公，东南诸方，[一]切通过。……愿公奋其英略，旦夕之间，戡定大局，为人民无疆之休，亦即为公身名俱泰，无穷之利。"[②]立宪派与谁"密切配合"？与革命派，与人民群众，还是与反革命派"密切配合"？这实在不需要词费了[③]。

照立宪派"配合"革命、推倒了清政府那种逻辑，就应当把袁世凯也列在革命的"基本力量"之中，袁世凯表面上从清政府手中、实际是从革命派手中接收政权，也应当算作"密切配合"了革命。因为立宪派的活动和袁世凯攫取政权是分不开的。类似的说法，以前有过的。《民国通俗演义》上就这

---

① 张謇：《啬翁自订年谱》，第70页。

② 张孝若：《南通张季直先生传记》，第150页。

③ 据《中国历史博物馆馆刊》1979年第1期林谷《严复辛亥日记》中所述，一向主张君主立宪的老改良主义者严复的活动，也是值得注意的。严复得知武昌起义消息以后，就一再对人表示："不佞以以革命为深忧"。"仆持重，人所共知"。"凡卒然尽覆已然之局者，皆仆所不取"。因为局势动荡不定，他观望了一段时间，终于打定主意，积极活动。12月2日，往见内阁总理袁世凯。依他看，"收拾人心之事，此时在皇室行之已晚，在内阁行之未迟"。也就是政权不能保持在清政府手里了，还可以争取保持在袁世凯手里。同月12日，到武昌会见黎元洪，然后又往上海，与袁世凯谋士杨士琦等策划。在烽火连天中，风尘仆仆于京汉、京沪道上。他所做的文章，无非是要经过议和，瓦解革命政权，正与张謇不谋而和。但严复同立宪派请愿的关系甚少，故此处不把他们连在一起论述。

样评论袁世凯："始创革命者为孙、黎，而助成革命者为袁项城。项城之与民国，实具有绝大关系。自民国纪元，以迄五年，无在非袁项城一人作用，即无非袁项城一人历史。……无袁氏，则民国或未必成立；无袁氏，则民国成立后，或不致扰攘至今。成也萧何，败也萧何，吾当以此言转赠袁公。"[①]评论者的中心思想是宣传个人决定历史，袁世凯不过顺便成了"革命助成者"。稗官野史，信口开河，读者有理由不予重视。苏联历史编纂家自称他们的书是重大"科学研究成果"，科学巨著，不知怎么也可以那样对待历史！

"三股反清力量密切配合"论，绝对站不住脚。作者郑重其事地当作一项新发现，推荐给学术界，其中必有道理。他们断定辛亥革命是中国民族革"非中国"民族的命，即中国人革外国人的命。依照这个前提，凡属非满族人都应当列入"反清基本力量"之中，才是合乎逻辑的。无疑地这就是"三股反清力量密切配合"那种高论的根据。当然，他们"忘记了"清政府本身颁布过宪法"十九信条"，宣布是要实行立宪政体的。

一九一一年末一九一二年初，立宪派的所作所为，说明它不成其为"反清的基本力量"，那么，对以前的立愿请愿怎样看待呢？它们前后一脉相连，表现的是同一个本质。

立宪派与清政府统治集团之间有矛盾，有斗争。清政府想用"预备立宪"的空言，敷衍搪塞，延缓、减少灭亡危机，不愿真正开放政权；立宪派则要求作一些局部改革，抓到参与政权，提高政治、经济地位的实际利益。立宪派接二连三发起请愿，清政府极力拒绝他们的要求，矛盾冲突，争持不下。等到武昌起义，全国革命形势陡然高涨，立宪派纷纷与革命势力挂钩，这固然是由于无路可走，见风使舵，他们与清政府之间原来就存在矛盾，也是一个原因。同时，如前面所说，立宪派要求立宪的活动和宣传，在一定程度上有促进反对封建专制，动摇、削弱清政府的意义。论客观效果，必须看到这一点，不可以否认这一点。

但立宪派与清政府之间的矛盾不应该夸大。立宪派是近代工业创办者、资本家、商人，又是地主、官僚和绅士。换一个说法，他们是地主——资产阶级，封建性大于资本主义。同等地、不加分析地认为立宪派与革命派一样，都是前进中的社会力量，完全不足以表明这个社会力量的阶级特征，仿佛它多

① 蔡东藩、许廑父：《民国通俗演义》，第一回评语。

么“先进”。事实上，当初他们同清政府的矛盾，远远小于与革命派的矛盾，同革命派的矛盾远远超过与清政府的矛盾。正因为这样，立宪派的态度非常鲜明：用和平请愿解决自己与清政府当权势力之间的分歧，而又同情清政府武力镇压，解决他们共同的与革命派之间的分歧。清政府的态度也证明了这一点。它同革命派没有妥协余地，同国内立宪派则没有决裂过，没有撕破过情面。①

立宪请愿所起的促进反对封建专制的作用，同样不应该夸大。尤其没有理由把一九〇六年以后的立宪请愿与一八九八年的维新运动同等看待，甚至看得更高。他们所处的地位很不一样。一八九八年，那时资产阶级革命派力量尚待形成，维新派提出发展资本主义要求，是时代的先进者。一九〇五年以后，资产阶级革命派已经壁垒严整，旗帜鲜明，为资产阶级民主革命而进行斗争，只有他们是时代的先进者。君主立宪的道路被革命、人民群众的斗争所无情淘汰，这充分说明历史前进所需要的，是发动革命，打倒作为帝国主义、封建主义统治工具的清政府，而不是其他。立宪请愿有相当数量的群众参加，也不能成为高估立宪派作用的理由。群众中早已积压着对清政府统治的强烈不满。他们要求阻止外国侵略，摆脱封建剥削压迫。遇有机会，他们的不满就迸发为反抗行动。群众参加立宪派号召的游行请愿，或者是那种反抗情绪的一种表现，或者是受后者虚伪的民主宣传蒙蔽了。就像立宪派的政治、经济主张并不体现普通商人、市民、农民群众的利益一样，他们也根本不是立宪派的社会基础。两者虽然走到一起去请愿，目的、要求迥然不同。所以群众起来以后，立宪派领导层连忙向后转，“遵旨”解散请愿团体，置身事外。他们害怕群众，害怕民主派——资产阶级革命派是民主派，比害怕清政府当权势力厉害何止十倍！清政府施加威吓、打击的对象，也明白地指出，是“逾越范围”的“无知愚氓”；反之，对立宪请愿的领导层、发起者笼络优礼，久而不衰。请愿结束，在立宪派是胜利了，弹冠相庆，在群众则是一次失败。还有，就算立宪请愿的要求全部实现了，最终的结果，也不过是使清王朝变为半殖民地的资产阶级王朝，而立宪派所代表的地主——资产阶级变为王朝资产阶级。如斯而已。而关键却在于改变殖民地半殖民地半封建秩序，

①1910年冬天，四川等省代表滞留北京，打算组织第四次请愿，清政府逮捕天津请愿代表温世霖，发遣新疆，那是个别情况。

推翻清政权的统治。

中国立宪派——上层资产阶级，在俄国叫立宪民主党——自由资产阶级。列宁评论立宪民主党说："从一九〇六年起，我们就曾千百次地说明过，立宪民主党不是民主派，而是保皇派自由资产阶级。每个政治上有教养的人都晓得的，一九〇七年春俄国各地马克思主义者做出的正式决定，就肯定了这一点，并大声宣布：立宪民主党是保皇派自由资产阶级的政党，他们的民主主义是'虚伪的'，一部分小资产阶级跟着他们走，只是由于传统的关系（对常见的陈旧的事物的盲目习惯），完全受了自由派的蒙蔽。""自由派不同于保守党（黑帮）的，就是他们代表资产阶级的利益，而资产阶级则要求进步和实行经过一定调整的法制，要求遵守法律和宪法，要求保证一定的政治自由。""但是，这个进步的资产阶级害怕民主派和群众运动，比害怕反动派还要厉害。因此，自由派永远倾向于向旧制度让步，向它妥协，维护旧制度的许多基石。这就使自由派软弱无力，畏缩不前，不彻底，总是摆来摆去。"① 列宁评论俄国自由民主党的每一句话，对立宪派都适用。事实使我们同样能够大声宣布：立宪派是地主——资产阶级保皇势力，他们的民主主义是虚伪的。活动于国外的康梁等人，正式打着"保皇"的旗子，国内拥有实力的张謇等人，正式打着"君主立宪"的旗子，一个"保皇"，一个保"君主"，他们的区别仅仅在这一点上。辛亥革命以前和以后，他们自己的招牌、所保的皇权名称改变了，立宪派改称统一党、共和党、进步党等，保清王朝改为保袁世凯王朝；它的阶级性格和追随中国大地主、买办阶级的一贯的政治路线，丝毫也没有改变。同盟会里的人当时就一针见血地指出过这种情况：民国元年以后的保皇派，一次改名叫共和讨论会，再次改名叫民主党，任你满嘴共和，也任你满嘴民主，而"保皇骨相终古难磨"，好比旧戏中花旦演烈女传，到处露出马脚，徒然以外表骗人。一九一三年，列宁在《中国党派的斗争》一文中说："袁世凯联合了一切中间派（即反动派）"，并与欧洲资产阶级结成了"反动恐怖同盟"。这个"中间派（即反动派）"里面，立宪派占着重要的份额。孙中山后来总结辛亥革命的教训时也说："武昌起义，全国响应，民国以成。而反对革命之人及杀革命党之人，均变为赞成革命之人。此辈之数目，多于革命党，何啻数十倍；故其力量，大于革命党。乃此辈反革命派——即旧

① 列宁：《立宪民主党与民主派》，《列宁全集》1959 年版，第 18 卷，第 220—221 页。

官僚[1]——，一方参加革命党，一方反破坏革命党，故把革命事业弄坏……”[2]这些“反对革命及杀革命党之人，均变为赞成革命之人”里面，立宪派也占着重要的份额。前后联系起来，更足以识透它的非民主派的本来面目。

谁发动、谁领导辛亥革命，最直接地表现这场革命的性质。论述这个问题，辨明立宪派的作用，是应有之义。

丙，第三条根据

革命的领导者提出了明确的资产阶级纲领。他们以西方资产阶级的革命历史和革命学说为根据，反对清王朝的专制统治；照搬西方资产阶级的革命口号，以号召群众。他们的纲领、口号充分反映了资产阶级在政治上、经济上的要求和利益。孙中山多次讲，中国的革命思潮是发源于欧美，平等自由的学说也是从欧美传进来的。但辛亥革命的发动者，与欧美革命的资产阶级处在完全不同的时代、环境下面。中国资产阶级带着先天的软弱性，所以革命派采用西方学说时又表现了自己的特点和弱点。

下面分作两点来讲。

（一）纲领的资产阶级性质

同盟会总章第二条规定：“本会以驱除鞑虏，恢复中华，创立民国，平均地权为宗旨。”《军政府宣言》写着：今日革命与前代不同，于驱除鞑虏、恢复中华之外，国体民生，应当变更。“虽经纬万端，要其一贯之精神，则为自由、平等、博爱”。《宣言》解释“平均地权”的含义说：“改良社会经济组织，核定天下地价，其现有之地价，仍属原主。所有革命后社会改良进步之增价，则归于国家，为国民所共享。”同盟会纲领的内容是三件事：一、推翻清政府；二、建立共和国；三、平均地权。孙中山在《民报》发刊词里，把它们归纳为三大主义，即民族主义、民权主义、民生主义。《民报》第三期发表《民报之六大主义》，加入维持世界和平、要求世界列强赞成中国革新事业，补充说明了革命派对外国和世界事务的态度。三大主义每一条都明确地表现了资产阶级革命的特性。检阅一下事实就可以证明这个问题。

---

① 作者旁批：“一是旧军官，二是立宪派。”——编者注

② 孙中山：《中国现状及国民党政组问题》，《国父全集》第2卷，台湾，第616页。

关于民族主义。

民族运动有各种各样。历史条件、阶级内容不同，民族运动的性质也因之不同。资本主义成长、对外扩张，世界上跟着形成两种国家，两类民族。一类，宗主国，压迫民族；一类，殖民地、半殖民地，被压迫民族。宗主国的资产阶级，在反对封建专制，扫清资本主义前进道路上的障碍，建立统一的"民族国家"时，领导过自己的民族运动。那是资产阶级民族运动的一种。殖民地半殖民地在无产阶级登上政治舞台以前，本地资产阶级要反对封建势力、外国侵略势力的压迫，实现民族独立，发展资本主义，摆脱殖民地半殖民地枷锁，也必定要从事自己的民族运动。这是资产阶级民族运动的又一种。同盟会纲领、孙中山的民族问题学说、民族主义，其中一项内容，就是属于后面的这一种。同盟会纲领里只有"驱除鞑虏，恢复中华"，强调了国内民族矛盾、反封建的一面，没有强调反对帝国主义、中国与外国侵略者民族矛盾的一面。但革命派的宣传、解释中对民族主义的反帝国主义、中国与外国侵略者民族矛盾的一面，有鲜明的阐述。孙中山、革命派的其他一些人，都用明白警醒的语言，指出革命首先是由于帝国主义侵略的刺激，革命是要挽救民族危亡，使中国不致被帝国主义最后鲸吞瓜分。《兴中会宣言》和革命派的一些报刊上写道：

> 中国积弱，至今极矣！……堂堂华国，不齿于列邦；济济衣冠，被轻于异族。有志之士，能不痛心。……方今强邻环列，虎视鹰瞵，久垂涎我中华五金之富，物产之多，蚕食鲸吞，已见效于接踵，瓜分豆剖，实堪虑于目前。呜乎危哉！有心人不禁大声疾呼，亟拯斯民于水火，切扶大厦之将倾，庶我子子孙孙，或免奴隶于他族。……不思中国一旦为人分裂，则子子孙孙世为奴隶，身家性命且不保乎！急莫急于此，私莫私于此。……倘不及早维持，乘时奋发，则数千年声名文物之邦，累世代衣冠礼义之族，从此沦亡，由兹泯灭。[1]

> 今日吾国灭亡之风潮诚达于极顶，欧美之白人曰奴灭我，地跨欧亚二洲黄白两界之俄人曰奴灭我，并同洲同文种源大陆之区区日

① 孙文：《香港兴中会宣言》，《辛亥革命》丛刊（一），第86—87页。

本人亦敢隐计曰奴灭我。无非以吾国固守旧学，国势日减而民气不伸，一切大计皆任政府之因循以坐就澌灭，因是而轻蔑我，因是而訾诮我。直以为我之因循，固可以奴灭者，且可以奴灭我之手段先明告我者，日夜咆哮攘臂于亡我之一大问题，对我曰："亡而种！亡而种！"虽然，支那诚亡矣，而尚存此一线未亡之残喘者，正我支那存亡关系之重要时代，时刻分秒，皆当认明救国之方针，挟死力以图自立于竞争界者也。[①]

爱国少年痛国势之日危，种族之将灭，四百兆黄帝之子孙将为奴隶，为牛马，供鬈发皙颜高颧隆准碧眼黄髯儿之蹂躏蹴踏，不复使亚洲大陆留吾同胞角逐之场。……俄虎、英豹、德法貔、美狼、日豺眈眈逐逐，露爪张牙，环伺于四千余年病狮之傍。割要地，租军港，以扼其咽喉；开矿山，筑铁路，以断其筋络；借债索款，推广工商，以朘其膏血；开放门户，划势力圈，搏肥而食，无所顾忌。……呜呼！望中国之前途，如风前烛、水中泡耳，几何不随十九世纪之影以俱逝也。[②]

呜呼！今日之中国，其世界列强竞争角逐之烧点哉！英也、俄也、法也、德也，咸眈眈焉孜孜焉，蓄神出鬼没之阴谋，施巧偷豪夺之手段，思逞其大欲于我者，无时而或已也。反而自镜，则如庞然一巨象，横卧于亚东广漠之野。有悍鹫焉，来而攫其首，吸其髓；有强狮焉，来而裂其腹，抓其脏；有饿狼焉，伺其旁而啮其足；又有猛虎焉，乘其窘而啖其肩。彼庞然巨物者方奄奄一息，仅余残喘，以待命于噬者之果腹焉。噫！此非中国之现象乎！分割之惨，灭亡之祸，悬于眉睫，岂我四万万黄帝神农之遗裔，遂穷补救之术乎？！岂数千年文明祖国，遂沉于天演大圈，所谓万劫不复者乎？！[③]

---

① 张枬、王忍之：《辛亥革命前十年间时论选集》，第1卷，上册，第380—381页。
② 同上书，第452—453页。
③ 同上书，第416页。

革命派在这里并没有以反满为唯一目标。相反，他们以为革命最终要解决的任务，是挽救民族危亡，把中国从帝国主义的侵略、压迫下解放出来。实现这个任务，就必须反满，打倒帝国主义的走狗清朝政府。由此可以看出，同盟会纲领、孙中山的民族问题学说、民族主义和反对帝国主义侵略，要求民族独立，发展资本主义直接地联系在一起。这正是殖民地、半殖民地的民族运动，民族主义。它反映着全民族的要求，指出了历史前进的道路。

对“驱除鞑虏”的强烈主张怎么看待？推翻清朝统治与反对帝国主义，只有一致，并无矛盾。一九〇三年，孙中山在一篇《驳保皇报》的文章里，就集中讲过这个问题。他明确指出，清政府是外国鹰犬，中国“欲免瓜分，必先倒清政府”。他说：《保皇报》也知道外国瓜分中国的原因吗？根本原因是政府不振作，人民不发奋。政府倘使有作为，则强横如俄罗斯，残暴如土耳其，外国也奈何它不得；人民能够发奋，则微小如巴拿马，激烈如苏威亚，列强也不得不承认它们。今天国际上实力强权就是一切，绝无道德仁义可言。清政府是不可救药了，要害之区尽失，发祥之地已亡，浸而日削地百里，月失数城，终归于灭亡为止。中国复苏的希望，惟有靠人民自己的奋斗。人心觉醒，发奋为雄，起来革命，一举打倒腐朽残喘的清政府，那时列强钦佩我、敬畏我之不暇，哪敢再肆窥伺瓜分呢？解决中国的问题，必须先驱“客帝”，还我政权，根除它今天签一约割山东，明日押一款卖广东。现在的清政府，不特签约押款，割让土地，出卖主权，而且替外人平靖地方，然后再拱手送给人家。广东的新安县、广州湾，大家亲眼看见了。倘若没有清政府助桀为虐，人民犹可自由行动，舍死相拼，去保卫桑梓之地。外国知道人民不好轻侮，不能垂手得我尺寸之地，它们虽然贪得无厌，也还要存有戒心。“今有满清政府为之鹰犬，则彼外国者欲取我土地，有予取予携之便矣。故欲免瓜分，非先倒清政府，则无挽救之法也”。可是有那么一些人，对外国心存畏惧，不识时务，不达事体，动不动就怕“逢人之怒”。殊不知你愈畏葸，人家愈窥伺；我能发奋，彼反敬畏，有何逢人之怒的问题！如其不信，我请问《保皇报》主编陈仪侃，你天天向外国人叩头，天天向外国人摇尾乞怜，能阻止外国人向清政府夺取土地、勒索权益吗？“清国帝后今日日媚外人矣，日日宴会公使及其夫人矣。媚外人之中，又与俄为最亲慝矣，然而据其发祥之地者则俄也。不逢人之怒，莫过于今日之清帝后，以仪侃之见解，则必能免于瓜分矣。信乎？否乎？”[①]著名的宣传家陈天华在《警世钟》《猛回头》等作品里也把为什么反满的道理讲得极为透辟。他反复申述：清朝早已名存实亡，现在的朝廷其实是外国人的政府。它把那些财政权、铁道权、用人权，一概拱手送与了洋人。中国虽说未曾瓜分，其实已经瓜分数十年了。从前不过是暗中瓜分，于今却是实行瓜分，不过形式略有不同：在满洲政府的头上建立各国的政府，在各省督抚的头上建立各国的督抚。我们要想动一动，洋人只须下一道命令，满洲政府立刻就代各国剿除得干干净净了。“朝廷固然是不可抗拒，难道这洋人的朝廷也不该违拒吗？”也就是说，人们反满，就是反对帝国主义的奴才。人民打倒了清朝统治，就是打击了站在清朝统治者背后的帝国主义。革帝国主义的命，必须同时革封建主义的命。二者相联，不可分割。在这个意义上，反满斗争属于资产阶级反对帝国主义的民族运动的一翼。当然，资产阶级并不认识帝国主义的本质，革命派中许多人抱着资产阶级狭隘民族主义、种族主义观点，极力把从西方输入的民族主义，变为反满主义、种族主义，那除了表明中国革命中有满汉矛盾这个特殊问题，还表明了中国资产阶级严重的落后性、软弱性。

关于民权主义。

资产阶级的民主或人权，与封建制度相比是一个了不起的进步。人权作为政治纲领首先来自美国独立战争、法国资产阶级革命。美国资产阶级民主派代表杰佛逊起草的《独立宣言》，被马克思称之为“第一个人权宣言”。一七八九年，法国资产阶级在革命的疾风暴雨中，通过按照十八世纪启蒙学者“天赋人权”思想制定的纲领性文件——《人权宣言》。其中宣布“在权利方面，人们生来是而且始终是自由平等的”。人权、自由平等博爱，作为资产阶级反对封建专制的思想武器，起了巨大的进步作用。资产阶级因此把它当作普遍原则接受下来，写在自己的旗子上，去进行反抗压迫，争取统治权的斗争。辛亥革命中的中国资产阶级也不例外。它们采用这条原则作为自己的纲领，说明它们是以历史上同类进步事业的继承者自居的。客观上也应当给以这样的评价。

民权或人权、民主、自由平等博爱，我们说是资产阶级口号，是指它本质上体现资产阶级的要求和利益。马克思和恩格斯写过不少著作揭露资产阶级

①《中国国民党史稿》第2篇，第406—407页。

"人权"的虚伪性。恩格斯在《反杜林论》中，详细分析了人权观念形成的过程以后，强调指出："无产阶级平等要求的实际内容都是消灭阶级的要求。任何超出这个范围的平等要求，都必然要流于荒谬。"[①]列宁反驳资产阶级对无产阶级专政的攻击说：文明的法国人、英国人、美国人把集会自由叫作自由。他们的宪法总是写着"全体公民有集会自由"，他们说，你们看，这就是自由的内容，这就是自由的基本表现。我们回答说，是的，英国、法国、美国的先生们，"你们忘记了一件小事情，忘记了你们的自由是写在把私有制法定下来的宪法上的。问题的实质就在这里"[②]。平等问题也是一样。列宁尖锐地问道："被剥削者能同剥削者平等吗？"他指出："平等"如果同劳动摆脱资本的压迫相抵触，那就是骗人的东西。"这是我们说的，而且这是千真万确的真理。我们说，民主共和国和现代的平等是谎言，是欺骗，因为在那里没有平等，也不可能有平等；生产资料、货币和资本的所有制妨碍着人们享受这种平等"[③]。因此，"谁承认阶级斗争，谁就应当承认在资产阶级共和国中，即使在最自由最民主的共和国中，'自由'和'平等'只能是而且从来就是商品所有者的平等和自由，资本的平等和自由"[④]。资产阶级的民主、自由，并不因为它与封建制度相比具有莫大的进步性，就足以掩盖、减少它在资本主义制度下所表现的狭隘、残缺不全和对穷人、被压迫者的虚伪性、欺骗性。

历史充满了这类事实。美国宪法最先承认人权，与此同时，又确认了存在于美国的有色人种奴隶制。法国革命中，一七九一年六月，制宪议会通过《霞不列法》，宣布一切工人罢工或集会结社都属非法，违者要受到严厉惩罚。《霞不列法》用国家警察权，把劳动与资本间的斗争，限制在有利于资本的范围内，并且经过几次革命，几个朝代，一直保持了半个多世纪。八月，通过《人权宣言》。九月，通过新宪法。宪法规定两级选举制，复选人必须具备极高的财产资格。工人、雇工等无产的居民，被宣布为消极居民，根本不能参加选举。一八四八年，法国工人阶级在六月革命中遭到资产阶级的残酷镇压。马克思对此评论说，资产阶级的巴黎张灯结彩，无产阶级的巴黎呻吟、流血、

---

① 恩格斯：《反杜林论》，《马克思恩格斯全集》1971年版，第20卷，第117页。

② 列宁：《全俄社会教育第一次代表大会》，《列宁全集》1959年版，第29卷，第317页。

③ 同上，第321页。

④ 列宁：《〈关于用自由平等口号欺骗人民〉出版序言》，《列宁全集》1959年版，第29卷，第342页。

燃烧，劳动与资本间的战争，这就是资产阶级昭示的博爱。[①]

辛亥革命中，资产阶级采用民权、自由平等博爱口号作为斗争武器，也在实践中发挥了这个口号的资产阶级特性。他们刚一上台，还没来得及张灯结彩，就立刻回过头来，反对、屠杀工农群众。武昌起义，鄂北江湖会首领张国荃、李季昂等在老河口响应，很快建立起光化、谷城、襄阳革命政权。江湖会武装自发打击反动官绅，向地主富豪派捐勒饷。革命党人季雨霖、刘公（襄阳大地主兼商业经营者）等，利用黎元洪封给的“招讨使”“总指挥”等名义，前往改编、解散。李季昂、海风山和大批革命群众被屠杀。广东在武昌起义以后，各路民军同时并起。其中三合会首领王和顺，早在一九〇七年奉孙中山命，发动钦州起义，就宣布“以自由平等博爱为根据，扫专制不平之政治，建民主立宪政体，行土地国土之制度……”辛亥革命中，王和顺在惠州发动，檄文中又宣布：本军队宗旨，“专为驱除满奴，光复神州，实行平等自由博爱三大主义”。[②]陈炯明代理都督，下令裁撤民军。王和顺不服，陈炯明武力解决，用炮火教训三合会首领，他应当如何了解自由平等博爱的真意。其他地区，群众自动组织的武装，革命派或指为“行动越轨”，或诬以“假革命”罪名，杀戮解散。鲁迅在《阿Q正传》中，描写了辛亥革命的一番景象，若干人物。其中一个没有觉悟的贫苦农民阿Q；一个先跑到城里去进洋学堂，以后又到了东洋，半年之后回到家里来，腿也直了，辫子也不见了的“假洋鬼子”——资产阶级革命党人或“自由党”分子，形象特别生动、逼真。“假洋鬼子”对阿Q的态度是“不准革命”，最后并让他走上了“大团圆”的结局。资产阶级就是这样对劳动者自由平等博爱的。

辛亥革命的失败，当然决不是因为资产阶级讲民主、自由平等博爱太多了，而是讲得太少，没有真正实行过。这里分析资产阶级民主的虚伪性，是为了说明同盟会民权主义纲领的阶级属性。半殖民地半封建的中国，缺少独立发展的资本主义，因之十分缺乏资本主义民主的洗礼。帝王思想、个人专制、宗法关系、特权观念、等级观念等各种同资产阶级民主思想相对立的封建意识形态，根深蒂固。辛亥革命的失败，既是由于缺少一个农村大变动，也是由于在思想领域里缺少一个铲除封建传统的大变动。孙中山领导传播资产阶

---

① 马克思：《六月革命》，《马克思恩格斯全集》1958年版，第5卷，第154页。

②《中国日报》，香港，1907年9月28日，《辛亥记事》，第136—138页。

级民主思想，创建共和制度，功勋不朽。但那对于卸下中国人身上沉重的封建传统枷锁，还只算得一种很初步的工夫。“五四”运动文化思想领域的反封建斗争，是辛亥革命的补课。中国历史随着出现了一个跃进。这说明在中国的革命斗争中，大力反对封建意识形态，普及民主思想，是何等的重要。

关于民生主义。

反对封建剥削压迫，发展资本主义，土地问题必然成为革命的中心问题。法国大革命对于这个问题的解决带有典型性。雅各宾专政期间，国民公会颁布法令，使近二百年来封建主从村社公有地夺去的土地归还农民，按人口分配，不分性别、年龄。农民的各种义务，包括地租以及其他封建苛税均被豁免；封建文据契约，一律焚毁。农民土地问题解决，有利于革命的深入发展。法国封建的经济基础，也由此根本改变。资本主义的剥削关系代替封建的剥削关系，旧的生产方式过渡到新的生产方式。

辛亥革命中，革命派的“平均地权”或“土地国有”，与法国资产阶级采用革命手段没收封建主占有的村社土地直接分配给农民，显然不同。《军政府宣言》和孙中山的解说，“平均地权”是要通过核定地价和向地主收买土地，使土地归国家控制；换一个说法，也叫单一税制。它来自美国人亨利·乔治的土地问题学说。据说国家有了这一项税收，就可以用之不竭，其他一概免税。孙中山强调说：“欧美强矣，其民实困。”中国讲求民生主义的人，“睹其害之未萌，诚可举政治革命社会革命毕其功于一役。还视欧美，彼且瞠乎后也”[①]。又说：社会问题，在欧美已经积重难返，中国将来也会发生。到那时收拾不来，又要闹成大革命。欧美社会党所以创导民生主义，就是因为贫富不均，想设法挽救。其中流派极多，有主张废资本家为国有的，有主张均分于贫民的，议论纷纷。凡有识见的人，都知道社会革命是决不能免的。中国革命及时改良社会经济组织，防止后来发生社会革命，这将为欧美各国所不及。“欧美为甚不能解决社会问题，因为没有解决土地问题”[②]。在孙中山等人看来，实行这条纲领，就可以平均土地所有权，克服资本主义的贫富对立，避免社会主义革命到来。实则它所起的作用正好相反。

“平均地权”、土地国有或“平分土地”，究竟意味着什么，马克思主义著

---

① 孙文：《民报发刊词》，《辛亥革命》丛刊（二），第260页。

② 孙文：《民报》周年演说词，《民报》第10号。

作上有详尽的论述。马克思《反克利盖的通告》[①]，恩格斯《美国工人运动》中论亨利·乔治的理论[②]，列宁《两种乌托邦》[③]，《中国的民主主义和民粹主义》中论土地平分、土地国有等，反复指出，那些土地问题的主张内容不尽相同，但实际都是一样：扫除封建土地制度，促进商品生产，扩大资本主义的基地。

列宁对孙中山"平均地权"的纲领是这样讲的：先进的中国人，竭力向欧洲吸收解放思想。但在欧美，摆在日程上的问题已经是从资产阶级下面解放出来，即实行社会主义的问题。因此必然产生中国民主派对社会主义的同情，产生他们的主观社会主义。中国这个落后的、半封建的农业国家的客观条件，在将近五亿人民的生活日程上，只提出了这种压迫这种剥削的一定的历史独特形式——封建制度。中国民主主义者的土地纲领，事实上仅仅是改变不动产的一切法律基础的纲领，仅仅是消灭封建剥削的纲领。孙中山的进步的、战斗的、革命的资产阶级民主主义土地改革纲领以及他的所谓社会主义理论的实质就在这里。他谈得如此漂亮而又如此含糊的"经济改革"所产生的结果，是把地租转交给国家，即以亨利·乔治式的什么单一税来实行土地国有。他所提出和鼓吹的"经济改革"，决不会带来其他实际的东西。在资本主义范围内实行这种改革是最纯粹、最彻底、最完善的资本主义。土地国有能够消灭绝对地租。按照马克思主义的学说，土地国有就是：尽量铲除农业中的中世纪垄断和中世纪关系，使土地买卖有最大的自由，使农业有最大的可能适应市场。在亚洲一个落后的农民国家中，是什么经济必要性使得最先进的资产阶级民主主义土地纲领能够被人接受呢？这是因为必须摧毁以各种形式表现出的封建主义。[④]

列宁的分析告诉我们："平均地权"，土地国有，它的意义集中到一点，就是摧毁封建制度，促进资本主义。革命派的这条纲领谈得如此漂亮，但没有也无从付诸实行。它不能满足农民对土地的迫切要求，表明资产阶级没有可能真正领导民主革命的主力军——农民从事反封建斗争。但提出这个纲领，本身就说明，一个资产阶级发动和领导的民主革命高潮的形势，正在中国地

① 《马克思恩格斯全集》1958 年版，第 4 卷，第 3—12 页。

② 《马克思恩格斯全集》1965 年版，第 21 卷，第 386—388 页。

③ 《列宁全集》1959 年版，第 18 卷，第 349—353 页。

④ 同上书，第 151—157 页。

平线上兴起。

孙中山以为一旦实行“平均地权”，就可以克服资本主义贫富对立，避免社会主义革命到来，那当然是一种空想。他想避免的资本主义的恶，却是历史上的善。因为它将要惊人地加速社会的发展，使新的、更高的社会形态——社会主义形态提早到来。所以列宁分析孙中山的土地问题纲领时又指出：从学理上来说，是资产阶级“社会主义者”反动的理论。因为认为在中国，可以“防止”资本主义，认为中国既然落后，就比较容易实行“社会革命”等等，都是反动的空想。但它的“纯粹资本主义的、实足资本主义”的性质，又是反封建的、战斗的、革命的。中国将出现许多个上海，中国无产阶级将日益成长起来，建立自己的政党。而这个政党在批判孙中山的小资产阶级空想和反动观点时，一定会细心地辨别、保存和发展他的政治纲领和土地纲领的革命民主主义内核。

历史给中国资产阶级革命提出反帝反封建两个任务。革命派的纲领内容，客观上反映了历史前进的要求，即使他们对于革命应当解决什么任务，和纲领可能产生什么结果并不完全了解。它的资产阶级性质如此鲜明，以至谁也不怀疑，它同中国历史上传统的农民革命有何相似的地方。历来谈论辛亥革命的有反满论或其他什么论，从来没有农民革命论，就是证明。但是，由于第一，推翻清政府统治等三条，都着重讲的反封建，缺少明确反帝国主义侵略、实现民族独立的口号；第二，“平均地权”没有、也无从实行，没有触动封建统治的根基——封建土地所有制；第三，民族主义列于三大主义的首位，但它的实质是什么，从开始就解说不一，这都暴露了革命派的重大弱点：他们提出的是一个不彻底的、可以作不同解释的、妥协性很大的资产阶级民主革命纲领。何况革命派在制订纲领的过程中本来就存在意见分歧。邹鲁《中国国民党史稿》记载：同盟会成立时，有人主张称“中国革命同盟会”为“对满同盟会”，“平均地权”一条，怀疑的人更多。孙中山详加解释，才得通过。在革命派的宣传中，这种意见分歧表现得越发明显，这就更加削弱了纲领的战斗性。

（二）纲领宣传中的问题

革命党人以《民报》为中心，经过与《新民丛报》等激烈论战，宣传三民主义，高举中国革命民主派的旗帜，使革命的思想潮流得到迅速推进。

一九〇六年，《新民丛报》的一篇文章承认："数年以来，革命论盛行于国中，今则得法理论、政治论以为羽翼，其旗帜益鲜明，其壁垒益森严，其势力益磅礴而郁积，下至贩夫走卒，莫不口谈革命而身行破坏。……革命党指政府为集权，詈立宪为卖国，而人士之怀疑不决者，不敢党与立宪。遂致革命党者公然为事实上之进行，立宪党者不过为名义上的鼓吹。气为所摄，而口为所箝。"① 革命派取得了对改良派思想理论斗争的胜利，但同时，也暴露了他们之间一些人一面开步走，一面缩回脚步。在纲领的宣传上，这主要表现为两个问题。

第一个问题，要不要民主共和国。

"驱除鞑虏"列在纲领的头一条。资产阶级不可能或者不愿意用阶级观点来宣传他们的事业的正义性，宁愿用种族观点来宣传革命的必要性。改良派害怕革命，鼓吹立宪死保清政府。康有为著《辩革命书》，主张"满汉不分，君民同体"②。梁启超著《中国魂》，说："张之洞非汉人耶？吾恨之若仇雠也！今上非满人耶？吾尊之若帝天也！"③ 革命派为着在理论上战胜改良派，就要倾注全力揭露、攻击清朝的腐朽统治，使对方没有立足的余地。所以在反满这个问题上，革命派的宣传是共同的。不同的，是一部分人讲"驱除鞑虏"，"排满"，同时也讲建立共和国，实现社会改革；另一部分人只强调排满，以为现在只须推倒满清，国体民生，一切等将来再说。前一部分人中有孙中山、胡汉民、陈天华、朱执信等；后一部分人有章太炎、吴樾、刘师培、黄侃、汪东等。

孙中山的言论，很少单讲排满的。《民报》周年纪念演说，谈过要革满族的命以后，马上指出："兄弟曾听见人说，民族革命是要尽灭满洲民族，这话大错。"陈天华更明确地指出："近今革命之论，嚣嚣然起矣，鄙人亦此中之一人也。而革命之中，有置重于民族主义者，有置重于政治问题者。鄙人所主张固重政治而轻民族。观于鄙人所著各书自明。"④ 他的《论中国宜改民主

---

①《新民丛报》第四年，第20号，与之《论中国现在之党派及将来之政党》。

②《新民丛报》第16号，《南海先生辩革命书》。

③《中国魂》1906年本、《饮冰室合集》第2册、《中国积弱溯源论》所载这几句话的文字是："彼秦始皇、魏武帝、明太祖非汉人耶？吾嫉之犹蛇蝎也！使其为爱民之君也，岂必因其为满人而外视之。若今上皇帝非满人耶？吾戴之犹父母也。"

④ 陈天华：《遗书》，《民报》，第2号。

政体》《中国革命史论》《警世钟》《猛回头》等，确实都着重于政治问题，着重于反封建。胡汉民、朱执信、冯自由等的文章，或者偏重政治革命，或者偏重民生主义，宣传土地国有等。有的作者把清朝的反动统治同帝国主义对中国的侵略联系起来论述，指出革命的首要任务，是推翻清王朝，建立民主共和国。

章太炎首先不同。他对于建立共和国，改革社会经济，以为人云亦云则可，认真对待则不必。他说："今之种族革命，若人人期于颠覆清廷而止，其利害存亡悉所不论，吾则顶礼膜拜于斯人矣。而缀学知书之士，才识一名以上，皆汲汲于远谋，未有不以共和政体、国家社会耿耿于其心者。余虽踸踔，亦不能不随俗为言。"[①] 因此，他写《中华民国解》长篇大论，全在"中华"二字和反满上做文章，没有一语及于民国、共和。在别的地方，他讲到过"合众共和"和"民主"是不可抗拒的时代潮流，正是"随俗为言"的例子。章太炎再三声明："吾侪所志，在光复中国而已。光复者，义所任，情所迫也。光复以后复设共和政府，则不得已而为之也，非义所任，非情所迫也。以是反观，则无欣厌于甘辛黑白矣。"[②] "若夫民族必有国家，国家必有政府，而共和政体于祸害为差轻，固不得已而取之矣。……无是四者（按：上文列举的四个条件），勿论君民立宪，皆不如专制之为愈"。[③] "要之，代议政体，必不如专制为善。满洲行之非，汉人行之亦非。君主行之非，民主行之亦非"。"余固非执守共和政体者"，"共和之名不足多，专制之名不足讳。任他人与之称号耳"。[④] 这些声明，至少表示他"执守"光复旧物，而决不"执守"共和政体。章太炎的主张，很代表和他相同的那一部分人的思想。他们从狭隘民族主义出发，赞成革命"期于颠覆清廷而止"。大家谈论共和政体、社会改革，他们也只得随声附和，其实是言不由衷的。章太炎的大弟子黄侃《专一的排满主义》一文，把这个观点发挥得淋漓尽致。黄侃说：实行何种政体，应当等到推翻清政府以后去讨论。人民生活、风习愿望，到那时才能真正了解。现在就想用一个整齐划一的方案，遥控未来，纵然写出几百篇宏文，为之辩护，也徒劳憔悴而无益处。一个人生疡于头，发疽于背，疡对生命威胁更大。

---

① 《章氏丛书》，别录第 1 卷，《复仇是非论》。

② 《章氏丛书》，文录第 2 卷，《官制索引》。

③ 《章氏丛书》，别录第 3 卷，《五无论》。

④ 《章氏丛书》，别录第 1 卷，《代议然否论》。

医生必先治头，然后治背。目前汉族生存权利尚且保不住，谈得上什么改变政体、导致太平？一旦皇天有眼，汉族恢复旧物，那时我们就像牛马脱离羁绁，奴隶免于淫威，消除了各种痛苦中最大的痛苦，其他癣疥之疾，就会忘掉。所以“种为大，而政次之”。革命者唯一急于要做的事，在摧毁、破坏，不必讲求往后如何建设。帝王专制，人们早就反对。泗上亭长、濠州丐僧，古时可以出现，今天难于再见，不必斤斤过虑。立宪固然比专制优越，但同样有其弊病。革命以后，贫富分化更加悬殊，工商业发达，农事衰微，资本家兴起，劳动者困苦。美国、法国都是共和国，不是也照样无法挽救扰乱、纷争吗？实现了共和还有主张实现无政府主义的，那就更复杂了。“故今日之事，宜以逐满为莫大之谟。苦心焦志以求，犹虞其不给，宁有余闲，高谈远大之事耶！”黄侃文章写得颇有生气，如说满族一日不亡，子子孙孙的斗争就不停止。“虽令神州之垠，积骸如岳，亦无悔焉”。又认为革命后倘有阴谋家、野心家敢于凭借权力，实行帝制，人民不能容忍，就会持挺操耰，灭此巨憝，使之不旋踵而亡。但同时又说：革命不可武装起义，炸弹刺杀之法最为简易可行。一千人的军队打胜仗，也不能保证歼敌渠魁。就算得其渠魁，自己也必死几百人。打败仗，损失就更不用说了。用一千人去刺杀，我死一千，敌人也死一千。不幸失败多，成功少，也可以杀敌五百。“以万军所不能尽戮者，而以千人易之，不易简易乎”[①]。推翻封建专制，建立民主共和国，是同盟会纲领的核心。同盟会里章太炎为代表的这些人，恰恰就是不重视，以至宁肯抛弃这个核心。

二十年代出版的《建国月刊》上一篇题为《同盟会时代〈民报〉始末记》的文章说：

> 《民报》最初之撰稿者，如胡、汪、朱、宋诸氏，为文立论，探幽撷微，莫不以阐发此三大主义为任。……厥后章枚叔氏出狱东渡，主纂《民报》，而《民报》之文章风尚，为之稍变。论者以为《民报》偏重民族革命之宣扬，殆昡于章氏之文所由误也。……谓其于政治革命与社会革命，或有次列之后先，而并非权衡其轻重，

① 黄侃：《专一之驱满主义》，《民报》，第17号。

斯则可已。[1]

最早的同盟会员、辛亥革命亲历者何香凝，在一篇回忆文章中讲到《民报》的时候说：

同盟会机关报《民报》发刊，投稿的多为同盟会会员，他们写宣传革命的文章很受读者欢迎。但是当时发表在《民报》上的文章，也明显地反映了同盟会会员内部存在的思想分歧。这些文章可分为三类。其中第一类的文章，仅仅反映推翻清朝的单纯民族主义思想，至于推翻清朝以后中国往何处去，思想上还是完全模糊的，甚至可以说根本就没有接触到这个问题。这一类的代表人物是章太炎等。第二类的文章则指出在推翻清朝以后，要把中国引上资本主义道路，也就是欧洲或日本式资产阶级民主主义的道路。代表人物就是胡汉民、汪精卫。第三类人则是接受了当时已经在日本青年学生中开始流行的早期社会主义思想，并试着把那种尽管还是处于萌芽状态的早期社会主义思想传播到中国来。他们在翻译日本社会主义者的著作的时候，把资产阶级译作“豪富”，把无产阶级译作“细民”，他们在《民报》上宣传“细民”与“豪富”的斗争，也就是宣传无产阶级与资产阶级的斗争。这一类的代表人物就是朱执信和廖仲恺（廖用笔名“屠富”）。当时中国同盟会存在的这三类思想都在《民报》的文章上反映出来。中国究竟往何处去？问题是提出来了，也有过争论，可是在那种情况下不可能得到解决，而彼此的见解也极不一致。辛亥革命是没有明确的思想准备基础的。当时武装斗争是抓得紧，而思想建设就比较松了。后来的历史可以充分证明：第一类人和第二类人中的一部分在刚刚推翻清朝，袁世凯上台的时候，就完全倒过去了。第二类人中的另一部分在改组中国国民党的时候，也完全暴露了他们的反动本质。[2]

---

①《辛亥革命》丛刊（二），第439—440页。

② 何香凝：《回忆孙中山和廖仲恺》，三联书店，1978年8月第1版。

《民报始末记》作者有意替章太炎、陶成章的狭隘民族主义解说；何香凝的文章出现很晚，难免有后来人思想的影响。但是他们或者承认章、陶与胡、汪、朱、宋宣传重点不同，对于政治革命与社会革命，有次列之后先；或者指出革命派在纲领宣传上存在明显分歧。这是一致的，也是完全合乎事实的。

封建宗派、人事轇轕，加上纲领思想的分歧，同盟会内部终于爆发光复会与同盟会公开的、组织上的对抗。章太炎、陶成章、李燮和等蓄意搞垮孙中山。一九〇八年，由陶成章策划、李燮和出面，以所谓“江浙湘楚闽广蜀七省同志”在南洋者的名义发出的《孙文罪状》一文中，宣称“天下各国革命党非尽佳士，皆有败类，其要在能除之而已”，要求把孙中山作为“败类”除掉。[①]孙中山坚持斗争，并得到黄兴等人的支持。章太炎、陶成章于是宣布成立新光复会，从同盟会中分裂出去。

第二个问题，民族主义包括什么内容。

前面列举的《兴中会宣言》，报刊上的文章，强调号召中国人民反对外国侵略，挽救民族危亡。反对帝国主义，大体上是革命派的共同立场。至于说到民族主义的内容，它与反帝国主义的关系如何，他们中间的思想分歧就显露出来了。孙中山讲反满，但从来没有说民族主义不应当具有反帝国主义的内容。民族主义包含国内国外两个方面，孙中山是有明确解释的。他说：“余之民族主义，特就先民所遗留者，发挥而光大之。且改良其缺点。对于满洲，不以复仇为事，而务与之平等共处于中国之内。此为以民族主义对国内之诸民族也。对于世界诸民族，务保持吾民族之独立地位，发扬吾固有之文化，且吸收世界之文化而光大之，以期与诸民族并驱于世界，以驯致于大同。此为以民族主义对世界诸民族也。”[②]“务保持吾民族之独立地位”，就必须反对帝国主义的侵略压迫。非常明确，讲民族主义，不能只讲反满，也要讲反帝。

---

①《孙文罪状》一文中，列举罪名“三种”“十二项”，“第一种，残贼同志之罪状”，“第二种，蒙蔽同志之罪状”，“第三种，败坏全体名誉之罪状”。办法中要求“一、开除孙文总理之名，发表罪状，遍告海内外，慎勿沾沾于名誉之顾全，行妇人之仁，以小不忍而乱我大谋。二、另订章程，发布南洋各机关所，令其直接东京总会，须用全体名义，或多数人之名义行之；嘱令南洋部那章程，一概作废。三、由总会执事出名，令各埠将孙文所等去之款，令其自行报告总会，加给凭单，以为收拾人心之具。……”1911年11月2日，《神州日报》。

②孙中山：《中国之革命》，申报馆五十周年纪念，《最近之五十季》。这段话是1923年作者讲中国革命历史，叙述当初提出三民主义时的思想，不是谈后来的思想。

章太炎不赞成。他认为民族主义只有一个含义：汉族反对满族。他断言“民族主义非遍为人群说法，顾专为汉人说法耳。夫排满洲，即排强种矣；排清主，即排王权矣”。在他看来，民族主义者，种族主义也，反满主义也。民族主义与反对帝国主义的关系怎样？章太炎的一种回答：今天世界的强种莫过于“白人”，王权莫过于“独逸帝”（德国皇帝）。黑人、赤人需要驱除白人，全球人民需要废止“独逸帝”。“然，规定行事者，至急莫如切肤，至审莫如量力。今日汉人，其智力岂足方行域外？则斯事固为后图矣”[①]。也就是说，反对帝国主义并非中国最紧迫的任务，也非力量所能及，只可以等将来再看。一个不“切肤”，一个待“后图”，这无疑地认为民族主义是不包括反帝国主义的。又一种回答：不分青红皂白，把满族也当作帝国主义去反。被认为由章太炎起草的《亚洲和亲会约章》里面写着：“本会宗旨在反抗帝国主义，期使亚洲已失主权之民族，各得独立。”凡亚洲人，除了主张侵略的，“无论‘民族主义’‘共和主义’‘无政府主义’皆得入会”。但就在这个《约章》中，他叙述说：“百余年顷，欧人东渐，亚洲之势日微。非独政权兵力，浸见缩朒，其人种亦稍稍自卑。印度先亡，支那遂沦于满洲。”[②]清朝取得统治，居然与英国占领印度并列，混为一谈，人们实在不知道他到底反的那一家帝国主义！总之，章太炎对民族主义的宣传，集中到一点：单纯排满。当时有一种说法：“孙中山三民主义，宋教仁二民主义，章太炎一民主义。”这相当概括地反映了同盟会在宣传中所表现的纲领思想的分歧。吴樾也强调反满，强调复仇思想。他历数满汉过去的冤仇和清政府现在的虐政，呼吁“颠覆漠视汉人、势不两立之满洲政府，而建立皇汉民族新国家”。刘师培、陈去病、汪东等人在《民报》发表的文章，激烈反满，充塞着清政府非我族类，汉族光荣一类的议论。

满族对汉族和其他民族的歧视，国内民族间的矛盾是一个客观存在。汉族和其他族人民中埋藏着反满思想情绪，并不奇怪。就在革命派中，不止少数人有狭隘民族主义思想，甚至大多数人都有那种思想。孙中山后来谈到当时的情形说：在没有革命以前，大多数人的观念，只知道有民族主义。参加同盟会的同志，各人的目的，都是在排满。在进会的时候，我要他们宣誓，本

---

①《章氏丛书》，别录第1卷，《复仇是非论》。

②《亚洲和亲会约章》，抄件。

是赞成三民主义。但是他们本人的心理，许多都是注意在民族主义，要推翻清朝，以为只要推翻了满清，汉族人来做皇帝，他们也是欢迎的。就是极有思想的人，赞成三民主义，想用革命手段来实行主义，在当时，以为只要能够排满，民族主义能够达到目的，民权主义、民生主义便自然跟着去做，没有别的枝节。[1]革命派利用群众反对清朝统治的情绪鼓吹革命，对于掀起革命风暴，起了很大的作用。这是毫无疑问的。但那种单纯排满宣传，给革命同时带来了极大的坏处。它没有提高人们对于中国革命反帝反封建这两个根本任务的认识，反而模糊了人们对这两个根本任务的认识。反对帝国主义的斗争，要求提高中国人民的民族意识，呼唤中华民族猛然觉醒。单纯反满，把一切仇恨集中在满族统治者身上，爱国主义由狭隘民族主义所代替。外国侵略者这个真正的民族敌人，被于无形中放过了。反对封建统治的斗争，要求揭露、批判中国封建制度的黑暗腐朽，揭露、批判封建统治加给人民群众残酷的剥削、压迫，启发人民民主主义的觉悟，摆脱封建愚昧。单纯反满，把一切坏事集中到满族统治者身上，革命的民主主义由汉族祖先的光荣传统所代替。中国封建阶级这个国内的主要敌人，又被于无形中放过了。革命派由于在中国革命反帝反封建这两个根本问题上存在着错误思想、模糊观念，因而对于改良派在论战中提出的不少反驳和质问，也就不能作出有力的回答。他们明明在进行一场激烈的阶级斗争，他们的言论中也常常使用阶级这种字眼，但偏偏要用种族矛盾来掩盖阶级矛盾、阶级斗争。这正是表示了资产阶级理论口是心非，回避阶级剥削的特性。

唯物主义按照社会经济基础、生产关系的类型观察、划分历史，不是按照人们的意识形态观察、划分历史。革命运动的性质，取决于社会性质、经济基础所构成的主要矛盾、阶级对立的性质。马克思说，我们评判某个时代不能以它的意识形态为根据，就像我们评判某个人的时候不能以他对自己的揣度为根据一样。恩格斯说，唯心论者习惯于轻信，他们总是把某一个时代对本时代的一切幻想信以为真，或者是把某一个时代的思想家们对那个时代的一切幻想信以为真。不同的历史编纂家，认定辛亥革命为一场反满运动，而不是资产阶级民主革命，正是以革命派强烈、突出的反满宣传为根据的。他们不从社会经济结构、阶级矛盾出发评判历史，只从某些活动人物的意识形

①《孙中山全书》，民生主义第二讲。

态出发去评判历史。他们使用的方法，就好比用头朝下、脚朝上，倒立在地面上。那是不会站立得住的。马戏中有“拿大顶”的动作，但也不过是个动作而已。他们的论述，就像反满宣传本身一样，归根到底，不过是掩盖辛亥革命是一场阶级大搏斗。

丁，第四条根据

农民仍是革命的主力军。在中国近代史上，农民阶级独立进行了轰轰烈烈的太平天国革命和震撼全球的义和团运动。现在他们的斗争，直接间接与资产阶级相联系。农民遍布各地的自发反压迫活动和直接参加资产阶级领导的武装斗争，才使辛亥革命继太平天国、义和团运动以后，掀起了又一个革命高潮。

同盟会成立到辛亥革命爆发，六七年时间里，农民为主体的人民群众自发反抗斗争汹涌澎湃。他们或者抗租、抗税、抗捐，反抗地主、官吏压迫；或者惩治外人为非作歹。参加的群众动辄数百数千以至数万，并往往由一般骚动发展为武装反抗。据不完全统计，一九〇五年各种反抗斗争共九十余次，一九〇七年增到一百六十余次，一九〇八年又增加到一百九十余次，一九〇九年一百三十余次，一九一〇年骤增至二百九十余次。革命派自一九〇六年以后频繁暴动、武装起义；有一九〇六年萍浏醴之役；一九〇七年安庆之役，潮州黄岗之役，惠州七女湖之役，钦州防城之役，镇南关之役；一九〇八年钦廉上思之役，云南河口之役；一九一〇年广州之役，一九一一年黄花岗之役等。这些暴动、起义，有的是人民群众自发的反抗斗争爆发，同盟会派人前往领导，用金钱军火予以援助的。潮州、惠州、防城各役都是这样。革命派受到农民和广大群众自发反抗斗争的推动，从中吸取力量，反过来，他们的革命宣传和起义又在群众中散播新的影响。风潮激荡，革命形势愈来愈高涨。单有资产阶级的活动，决不足以造成这种形势。

武昌起义一个月多一点，即到十一月下旬，全国二十四个省区中，有十四个省宣布脱离清政府独立。同盟会发动的一部分新军和一部分会党在各省响应，这个力量是很重要的。广大农村的农民和若干城市群众的反清斗争猛烈开展起来，这个力量是更加重要的。

请看各地农民群众和其他劳动人民斗争的事例：湖北江湖会起义，在光化、襄阳、谷城建立革命政权，表示愿意接受湖北军政府领导。江苏扬州手工业工人孙天生杀官起义，成立扬州军政府；无锡、常熟、江阴一带贫苦农民组织“千人会”，武装抗捐、抗租。广东顺德等县农民起义，组成几路农民军，共十余万人，进逼省城。湖南衡州、嘉禾、醴陵、澧县等州、县会党同时起义，杀逐官吏豪绅。陕西会党、刀客并起，各种名目的农民军林立；咸阳到凤翔、陇州数百里地区，一时成了“会党世界”；潼关革命军杀敌，乡民数万前往助战。四川许多州县农民武装与地主搏斗；大竹“孝义会”农民军攻占邻水、广安等十余州县，宣布独立；成都被各路同志军一二十万人所包围；川西藏族人民起义，攻下松潘、懋功等地。云南腾越、永昌一带少数民族和会党起义。贵州贵阳等地会党开台口、立山堂，头打包巾，背插双刀的人群到处活动，并配合革命军作战。广西军阀搞假独立，柳、平、浔、郁等处会党奋起武装抵抗，其他地区也发生群众强迫官吏交印，缴枪、纳款和攻城据卡。福建清军对抗革命，福州船工、学生、哥老会群众组织义勇队、先锋队、洋枪队参加战斗。江西洪江会、哥老会、三点会群众广泛开展斗争，他们的力量把那些革命党人也吓坏了，掉转枪口，对他们残酷镇压。山西丰镇雇农张占魁等起义，攻克陶林、宁远；汾城哥老会组成“晋南民军”，攻下新绛、稷山、河津；浮山哥老会宣布成立革命军政府；黎城、辽县、武乡天龙会焚烧外国教堂，驱逐教士；高平、长治、沁县一带贫苦农民组织“干草会”反抗官绅；沁源“干草会”暴动，参加者达数万人。河南洛阳、伊川、孟津和京汉、道济、陇海铁路沿线大刀会数万，武装反抗官吏。奉天辽阳、辽中、凤凰、庄河、复州等地民军很快兴起。直隶丘县、雄县、滦州群众起义；雄县群众竖起“北洋革命军”大旗。山东、甘肃、新疆、内蒙古等省区也发生民变或会党起义。上海工人、学生、妇女四万多人参加革命军。广潮帮一百余人报名，愿充敢死队。龙华火药局归入革命军手以后，工匠、童工，一齐加夜班赶造军火。江南制造局工人莫宽、叶辛等配合起义军攻打清军，夺取火药库，占领制造局。京汉路武胜关内外铁路工人同农民群众一起破坏铁路，伏击清军。四川富顺煤矿工人，四川、福建、江苏的运输工人参加武装起义。秘密结社的会党在这些斗争中占着显著的地位。其中少数有同盟会员参加活动，大多数是听到革命风声，揭竿而起。那些秘密结社的基本群众是农民、手工业者和其他劳动群众。他们袭用设立码头、台口、山堂的陈旧方式进行活动；喊着“救民伐暴”“劫富济贫”“灭旗兴汉”“灭清复汉”等传统口号；不少地方，会党与“革党”碰在一起，两者就矛盾、对立，而且后者就镇压前者，这充分表现了他们属于受剥削、受压迫的劳动群众的特色。同盟会有的领导人原来设想，先在某地取得武装斗争的胜利，然后传檄四方，把革命有秩序地推及全国。席卷全国辽阔地区的农民、人民群众的奋起斗争，彻底打破了资产阶级设想的那种“有秩序”的革命。他们表现出是左右局势的主力军的姿态。

不用说，革命派发动的新军、会党、起义中建立的革命武装，它的参加者除了一部分青年知识分子，大部分也是农民群众。湖北军政府建立，预定扩充革命武装四协，每协三千人。城乡人民踊跃参加，五天即告足额，四乡农民前来报名的仍源源不绝。安徽寿州革命党起义，建立“淮上革命军”，四乡农民二万多人，报名要求入伍。湖南革命军进入长沙，群众欢呼从军。三天之内，招兵达六万人。有一个记载说：“焦达峰原系会党出身，手下万余人，多市井。焦既就职，其党徒辄大呼曰：‘焦大哥作大都督，我们都做官去。’”那很像《史记》陈涉世家上讲的农民投奔陈胜的情景。大抵会党下层群众，在城市为手工业者、城市贫民，在农村为贫苦农民。

封建时代，历次农民战争都是以农民为主力军的，但它们不曾成为资产阶级民主革命。农民是辛亥革命的主力军，何以就成为这场革命是资产阶级民主革命的根据呢？关键在于资产阶级的领导与农民群众反封建斗争的结合。农民深受封建剥削、压迫，又和落后的生产方式联系在一起。没有新的领导力量以前，他们只能自发地去进行斗争。资产阶级出现以后，情况就不同了。资产阶级是代表新生产方式的比农民先进的阶级，它有可能领导农民取得反封建斗争的胜利。但“资产阶级是一支有官无兵的军队”。光有官，没有兵，就谈不上打仗。它们要靠农民的力量为自己夺取政权开辟道路。资产阶级离开了农民就不可能进行一场真正的革命。因此，由农民充当，并且也只有农民能够充当革命的主力军，这是资产阶级革命的通例。

资产阶级革命这个通例，第一次由德国所证明，第二次由英国所证明，第三次由法国所证明，如出一辙。

德国农民大起义：一五二四——一五二五年全国约三分之二的农民投入了托马斯 · 闵采尔领导的农民战争。它发生在早期资产阶级诞生的时候，带有资产阶级革命的性质。

英国资产阶级革命：农民和其他劳动群众始终是革命的主力军。首先资产阶级是在农民斗争高涨的形势下走向革命的。一六三二年、一六三八年剑桥郡农民爆发反圈地运动。一六三九到一六四〇年，林肯郡农民发动大规模反圈地斗争。一六四〇年五月，伦敦劳动群众冲击国王宠臣住宅，农民在农村控诉地主。就在这时，资产阶级新贵族展开了反对宗教迫害，反对王权的斗争。农民运动又推动了革命战争。一六四二至一六四三年间，反圈地的农民运动遍及东部。一六四五年，西南诸郡爆发“棒民”的武装起义。革命军也主要是靠农民组成的。克伦威尔靠亨丁顿、剑桥等郡的自耕农组成了号称“铁军”的第一支骑兵队。一六四四年国会军在马斯顿草原大捷，就全凭这支骑兵队。克伦威尔接着建立的新军，成员也是自耕农和手工业者。一六四五年的纳西比一役，新军把王军基本上消灭了。资产阶级和新贵族上层的代表长老派、中等资产阶级和小贵族的代表独立派，都害怕民主运动的增长，先后谋求与王权妥协，使革命止步。平等派和掘地派的斗争，才使革命取得了一度推翻君主制、建立共和国的胜利。平等派、掘地派的社会基础，就是小资产阶级、贫农和其他贫苦群众。

法国资产阶级革命：一七八九年七月攻陷巴士底狱，同年十月进军凡尔赛，一七九二年八月推翻君主制度，一七九三年山岳党的胜利，一七九四年罗伯斯庇尔失败等等，这一系列激烈斗争，决定了法国大革命的面貌和结局。关于谁是这些斗争的主力，资产阶级历史研究者，例如以宣传英雄史观著名的卡莱尔用许多空洞的词藻，把他们描绘为“激怒了的国民猛虎”“喷出熊熊烈火的世间怪兽”之类；另一些作者则断言他们是匪徒、盗贼、逃税者、私盐贩、偷猎分子、多年积犯、罗亚尔官的侍女们、洗衣妇、乞丐、穷老太婆、花钱雇来的卖鱼妇、女看门人、女裁缝、流浪汉、在街头闲荡的二流子、操下贱行业的顽民、好勇斗狠者、无法无天的冒险者、马赛人和外邦人等等。总之，是“社会渣滓”，乌合之众。在所有这些称呼中，剥去攻击诬蔑之词，有一点是正确的，就是他们不属于高贵者、资产者，而是“贱民”，社会底层的群众。

乔治·德鲁《法国大革命中的群众》一书提供的丰富材料，使我们对参加历次斗争的群众有了确切的了解。那次革命的每一个重要篇章，都是由工场工人（当时巴黎六十多万人口中，工人连同家属占近三十万人）、小店主、小作坊老板、小商人、城市贫民和农民群众这些所谓无套裤党人写下来的。攻打巴士底狱的群众，包括“巴士底攻克者”、焚烧关卡等暴动的群众，是建筑工人、酿酒工人、刀匠帮工、鞋匠帮工、桶匠、油烛制造工人、公共工程雇用的工人、甲匠帮工等约三十种手工业工人以及马车夫、搬运工、码头工人、水夫、街灯点火夫、厨师、失业工人、小作坊老板、酒商、小商贩、士兵、国民自卫军骠骑兵和城市贫民。向凡尔赛进军的群众，是市场卖鱼妇、女摊贩、洗衣妇、其他劳动妇女、面包师、假发匠、裁缝、裁缝帮工、鞋匠、药剂师、救济工场中的失业者、印刷工人、磨粉工人、搬运夫、镀金匠、家具匠帮工、小商贩、小作坊主、家庭仆役等等。最后还有巴黎各区的革命自卫军。山岳党的胜利、罗伯斯庇尔失败，起重要作用的是“每天工作的公民”“全体工人”“贫穷的义勇军”“不太宽裕的公民”，其中包括建筑工人、陶器工人、官方包工工程的工人、印刷工人、烟草工人、面包工人、宰猪工人、码头工人、军火工人等等。他们的积极斗争，使山岳党战胜吉伦特党，建立起雅各宾专政。因为他们识破了吉伦特党的反人民面目。他们的离弃或冷眼旁观，又使罗伯斯庇尔遭受失败。因为他们被雅各宾的最高工资限额、禁止工人集会等激怒，不愿意给后者支持了。农民的斗争至少同样剧烈。革命的第一年，农民起义就遍及全国。正是农民的起义、农民的斗争，他们才实际上从封建主手中夺回以前的村社公有土地，焚毁文据契约，免除地租、苛税剥削；也正是农民的起义和斗争，资产阶级才在农村的广阔土地上得到了支持。照资产阶级观点看来，这些“贱民”、无套裤党人，在革命中似乎无足轻重。马迪厄的名著《法国革命史》也是把罗伯斯庇尔作为决定历史命运的主角。事实上，除开这些“贱民”、无套裤党人的斗争，除开遍及全国的农民运动，也就没有了法国大革命全部雄壮的篇章。

恩格斯总结德国、英国、法国的革命说：“很有意思的是：在所有三次资产阶级大起义中，都是农民提供了战斗部队，而在胜利后必然由于这一胜利的经济结果而破产的阶级又恰恰是农民。……无论如何，如果没有这种自耕农和城市平民，单单资产阶级决不会把斗争进行到底，也不会把查理一世送上断头台。为了取得即便是那些在当时已经成熟而只待采集的资产阶级的胜利果实，也必须使革命远远地超出这一目的，正如一七九三年在法国和一八四八年在德国那样。这看来事实上就是资产阶级社会发展的规律之一。”① 又说：

① 恩格斯：《〈社会主义从空想到科学的发展〉英文版导言》，《马克思恩格斯全集》1965年版，第22卷，第349—350页。

“资产阶级至多不过是一个没有英雄气概的阶级。在十七世纪的英国和十八世纪的法国，甚至资产阶级的最光辉灿烂的成就都不是它自己争得的，而是平民大众，即工人和农民为它争得的。”[①]

辛亥革命中，资产阶级依靠广大农民参加，提供战斗部队，才掀起中国近代史上又一次革命高潮，夺取了推翻帝制这种起码的结局。列宁说：“亚洲这个还能从事历史上进步事业的资产阶级的主要代表或主要社会支柱是农民。”又说：“没有真实的民主主义高潮，中国人民就不可能摆脱历来的奴隶地位而求得真正的解放，只有这种高潮才能激发劳动群众，使他们创造奇迹。在孙中山纲领的每一句话中都可以看出这种高潮。”[②]农民的斗争构成了革命高潮的主要部分。但是这次革命不但没有走得更远，而且应当得到的成熟果实也远未得到。这是因为半殖民地半封建社会资产阶级的地位，不同于英法等国资产阶级的地位，资产阶级社会发展的规律也就在这方面失去了效验。英国、法国资产阶级的成就尚且不是自己争得的，中国资产阶级就毋待论矣。

农民在资产阶级革命中的作用问题，在马克思主义历史观点中占着重要地位。马克思、恩格斯评论拉萨尔的剧本《弗朗茨·冯·济金根》时指出：拉萨尔在剧本中没有把当时广泛兴起的农民战争作为骑士暴动的背景，对贵族的国民运动作了不正确的描写。济金根的失败，是因为他作为骑士和垂死阶级的代表起来反对现存制度，他所属阶级的本质决定了他不可能联合农民[③]，而农民恰恰是反封建斗争的基本力量。列宁也指出：正是城市平民（等于现代无产阶级）和民主派农民的联盟，使十七世纪的英国革命和十八世纪的法国革命有了那样的规模和威力。马克思和恩格斯认为，把“路德骑士”，即自由派——地主反对派，看得高于“闵采尔——平民”，即无产阶级——农民的反对派，是一个明显的错误，是社会民主党人绝对不能容许的。[④]马克思、恩格斯、列宁这些评论对于认识农民在资产阶级革命中的地位和作用有重要意义。事实上，资产阶级即使在上升阶段、充当着革命领导者的时候，也因为它的剥削阶级的地位而胆小如鼠，踟蹰不前。而且当它一旦取得权力，马上

① 恩格斯：《普鲁士“危机”》，《马克思恩格斯全集》1964 年版，第 18 卷，第 325 页。

② 列宁：《中国的民主主义和民粹主义》，《列宁全集》1959 年版，第 18 卷，第 153 页。

③《马克思致斐·拉萨尔》《恩格斯致斐·拉萨尔》，《马克思恩格斯全集》1972 年版，第 29 卷，第 571—575、581—587 页。

④ 列宁：《选举运动的几个原则问题》，《列宁全集》1959 年版，第 17 卷，第 397 页。

就翻过脸来，镇压农民和劳动群众。所以归根到底，人民，特别是只有劳动人民是历史的创造者。封建社会的农民战争指明了这一点，资产阶级革命中农民所起的作用，同样指明了这一点。

以上四条根据，足以充分说明辛亥革命的性质。它不是任何其他革命，只是一场资产阶级民主革命。要否认辛亥革命的这种性质，就要推倒上面那些根据。而那些客观事实是怎么也不会被驳倒的。

毛泽东同志曾经把新民主主义革命概括为这样一个公式："无产阶级领导的，人民大众的，反对帝国主义、封建主义和官僚资本主义的革命，这就是中国的新民主主义的革命……"[①]依照那个公式，对于辛亥革命，我们也可以说：资产阶级领导的，农民阶级充当主力军的，反对帝国主义、封建主义的革命，这就是中国一九一一年革命，即辛亥革命。

三、析疑、~~纠谬~~［正误］、关于非"真正的革命"

现在，对于新、旧"反满论"与革命否定论，我们应当作出必要的评说。它们的论点不同。其中有需要析疑的，有要纠正谬误的，也有需要进一步讨论的。

甲，"国内民族革命"说析疑

辛亥革命要打倒的反动政权，是一个满洲贵族占有特殊地位的政权。满洲贵族利用它的地位采取一些只符合于贵族特殊利益的民族歧视政策，压迫国内其他民族，主要是压迫汉族。它首先损害到一部分汉族地主的权利。劳动人民、后来的资产阶级，在不同程度上也受到那种民族歧视政策的影响。清政权和明朝一样，所代表的是整个地主阶级的利益，是地主阶级对农民阶级的专政；农民与地主两个阶级的对立和斗争居于决定的地位。但它带来了两个新的矛盾因素：一、王权的；二、种族的。增加了矛盾斗争的复杂性。清政权的建立，造成清代历史上连绵不断的反抗和起义。辛亥革命就发生在这

---

①《毛泽东选集》第4卷，第1316—1317页。

个特定的历史环境里。“国内民族革命”说，正是拿这作为立论根据的。它并非全无道理，但只有表面的道理。中心问题，就是这些研究者只肯从国内民族矛盾来考察清代历史，拒绝从阶级矛盾、阶级斗争来考察历史。而正是后者才能说明历史的本质。我说的析疑，就是要用阶级分析观点，来剖析整个清代民族矛盾的实质。

马克思主义认为，从来没有某种脱离阶级斗争的单纯的民族运动。反满作为一种民族运动，它只能是当时阶级斗争主流里随风起伏的波浪。清初到辛亥革命之前，阶级斗争的主流经历了两个不同时期。反满斗争也随着历史的发展变化而有不同的阶级内容。

清政府在全国建立统治权至十八世纪末，反满问题和王朝、王权，即和地主阶级内部不同势力之间的斗争联系在一起。它在很大程度上是从属于地主阶级内部斗争的。其时农民与地主的阶级矛盾暂时趋向缓和，地主阶级内部新旧地主势力之间争夺王朝、争夺统治权的矛盾猛烈加剧。满族入关，许多以前不当权的和从当权势力中分裂出去的地主转向拥护这个新政权，形成地主阶级中反明拥满的一派。清朝的统治，就是受到这一部分地主的支持而稳定下来的。拥明反满派地主不甘屈服，他们在很长一个时间里采取不同的形式相对抗。若干地主知识分子利用儒家学说，特别是发挥“夷夏之防”的春秋大义，宣传仇满思想。有些人利用天地会等民间秘密结社武装起事，“反清复明”因此一直成为天地会的口号。它显然没有农民与地主对立的影子，而只有王朝对立，地主阶级内部斗争的影子。清政府针锋相对，兴文字狱对付反满宣传，用武力镇压会党反抗活动。十八世纪末十九世纪初，文字狱告一段落，地主知识分子参与的会党斗争显著减少。嘉庆年间胡秉耀、丘天泽等在江西奉朱毛俚起事失败是这种斗争的尾声。地主阶级的反满斗争不是打击、推翻封建统治的问题，而是争的由谁来做皇帝，叫作什么王朝，由哪一派地主当权来维护封建统治的问题。因此，这时的反满运动便不是一种革命运动。虽然反满斗争也有暴露封建社会内部矛盾、削弱当权派的意义，但事情的性质并不由此而改变。十八世纪末年以后阶级斗争已经处在另一种形势下面。变化的关键是农民与地主阶级的矛盾尖锐化、农民革命的兴起。地主阶级对农民专政的清朝统治遇到了严重的危机。地主阶级内部的各派必须搁下他们的分歧，进一步联合起来抵抗农民革命。反满这面旗帜从此成了农民革命号召群众的旗帜。嘉庆年间白莲教暴动是农民斗争大爆发的第一声，鸦片战争以后太平天国农民革命登上了历史的最高峰。十九世纪末的义和团运动是农民爱国运动。反满斗争这时不但是处在农民革命高涨的年代里，而且农民革命对反满问题采取的态度，也正保持着农民的朴素本色。白莲教、太平天国、义和团反满色调都很淡薄。反映地主阶级反满派要求的“反清复明”在这些斗争里不见声响。白莲教的口号是“官逼民反”“灭满兴汉”。义和团先是号称“扶清灭洋”，后来改为“反清灭洋”。农民战争打击帝国主义、封建主义统治，推动着历史前进，伴随着农民战争的反满斗争也就具有革命的意义。

民族运动不是脱离阶级斗争的独立运动，这绝不等于说清代历史上不存在民族矛盾或民族问题。列宁就批评过那种试图“否认”民族问题的小资产阶级观点。问题在于，高喊民族矛盾，拒绝揭露它的阶级实质，丝毫也不说明历史的真相。恰恰相反，这等于蒙上又一层帷幕拼命掩盖起它的真相。清代民族矛盾、反满斗争，如前所述是客观存在的。这种国内民族矛盾的最后基础是封建制度，到鸦片战争以后是半殖民地半封建制度。用超阶级观点看待这种矛盾是违反科学的，同样地，不承认封建社会半殖民地半封建社会里有这种矛盾也是违反科学的。[①]

二十世纪的头一个十年，历史再向前跨进了一大步。这时的反满斗争已经是受资产阶级指挥，服从于资产阶级革命利益的运动。理由是：一、它为资产阶级所发动。单纯的农民战争过去了，工人阶级还没有作为独立的力量登上政治舞台，除了资产阶级革命的风暴，当时没有其他社会力量能掀起这股反满怒涛。二、它斗争的主要内容也就是资产阶级民主革命的主要内容，即推翻封建统治，反对站在这个统治背后的帝国主义。三、决定这场革命的成败、面貌的，不是反满斗争，而是整个阶级斗争的形势，领导这个革命的资产阶级本身的特点，和资产阶级与工人、农民群众的关系。资产阶级在某种程度上依靠热情高涨的群众把统治中国二百六十多年的清王朝推翻了；资产阶级不敢真正依靠群众，革命又以对帝国主义封建主义的妥协而宣告失败。从这里表现出来的，支配着整个事变的不是满汉矛盾的演变、对立，而是阶级矛盾的演变，阶级利害的对立。

回顾全部清代民族运动、民族矛盾以后，我们就知道，关于辛亥革命的“国内民族革命”说，并无新鲜内容，无非表现了资产阶级在民族问题上的超

---

① 参见拙作《辛亥革命与反满问题》。

阶级观点。西方一些研究者对待民族问题的这种观点，来源在资产阶级世界观。他们强调辛亥革命为反满民族运动，一般地或普遍地是要否认它是一场重大的阶级斗争；具体地或特殊地是要否认它是一场反帝国主义的斗争，没有反帝国主义斗争，也就意味着没有帝国主义对中国的侵略。事理甚明，不言而喻。

乙，“中国对外国革命”说~~纠谬~~［正误］

齐赫文斯基［教授］等独创出来的清政权是“外国”对中国的统治，辛亥革命“反满”是中国人反对“外国”的~~谬~~说［法］，宣传了十多年。他们为此编写的作品如《中国近代史》《满人在中国的统治》《中国历史研究中的大汉族霸权主义》等，贯彻着同一条主线，操着同一种腔调。因为那种~~谬~~说［法］多半被认为不值一~~晒~~［顾］，以前很少受到系统［反］驳~~斥~~。我们讨论辛亥革命的性质问题，要辨明什么是科学历史观，什么是历史真实，对那些~~荒唐无稽的东西~~［捕风捉影的议论］，~~就~~不得不做一番~~纠谬~~［正误］工作。

（一）革命派关于“亡国”的混乱观念与齐赫文斯基［教授］等的~~混水摸鱼~~［误区］

何谓“亡国”？革命派说法不一。章太炎下过一条定义。他在《支那亡国二百四十二年纪念会宣言》(《章氏丛书》中题目改为《中夏亡国二百四十二年纪念会书》）里说：“自永历建元，穷于辛丑，明祚既移，则炎黄姬汉之邦族，亦因以澌灭。”汉族人当皇帝的明朝最后灭亡，满族人做皇帝的清朝巩固，就叫亡国。章太炎不算这种“亡国论”的发明者，但是它的狂热鼓吹者。革命派里面多数人说的“亡国”，都是从这种掩盖地主阶级统治的狭隘民族主义、种族主义思想出发的。然而就连章太炎本人也没有把自己的认识统一起来。他至少有三种说法。第一种，从种族异同立论。据说“改制同族，谓之革命；驱除异族，谓之光复”。辛亥革命不能叫“革命”，只能叫“光复”，因为是驱除异族。这与明祚既移，炎黄邦族澌灭相一致。第二种，从道德问题立论。顾炎武《日知录》里讲，有亡国，有亡天下。亡国与亡天下怎么区别？回答是：“易姓改号谓之亡国，仁义充塞，而至于率兽食人，人将相食，谓之亡天下。”人们先要懂得“保天下”，然后才可懂得“保国”。保国的责任在统治集团，“其君其臣，肉食者谋之”。保天下的责任在普通人民，“匹夫之贱，与有责焉”。也就是所谓“天下兴亡，匹夫有责”。封建时代的亡国，就是指“易姓改号”，这本来简单明了。章太炎表示深有味乎其言，但又改正说，顾炎武所讲的保国应当叫“保一姓”，他所讲的“保天下”应当叫“保国”。① 按照这种解释，不管“亡国”“亡天下”，都与种族问题无关。第三种，从政权转移立论。章太炎在《排满平议》中说：“排满者，排其皇室也，排其官吏也，排其士卒也。若夫列为编氓，相从耕牧，是满人者，则岂欲剚刃其腹哉？……所欲排者，为满人在汉之政府。”照这种说法，所谓亡国，指清朝地主政权灭亡了明朝地主政权；也就是易姓改号，政权转移了，而不是满族灭亡了汉族。屡次改变论点，自立自破，捉襟见肘，充分暴露了从国内民族矛盾谈论“亡国”，完全不足为据。孙中山讲民族主义，也讲过满族灭亡了中国。但他在东京留日学生欢迎会上发表的演讲中明白指出：“（兄弟）离东二年，论时不久，见东方一切事皆大变局。兄弟料不到如此，又料不到今日与诸君相会于此。近来我中国人的思想议论，都是大声疾呼，怕中国沦为非、澳。前两年还没有这等的风潮。从此看来，我们中国不是亡国了。这都由我国民文明的进步，日进一日，民族的思想，日长一日，所以有这样的影响。从此看来，我们中国一定没有沦亡的道理。”②《民报发刊词》中也指出：“今者中国以千年专制之毒而不解，异种残之，外邦逼之。民族主义，民权主义，殆不可须臾缓。”“异种”“外邦”并列，足见满族并非外国，中国并没有亡国。又在《民报》周年演说里，他先是大讲清朝统治使中国人变成了“亡国之民”，“想起我们汉族亡国时代，我们祖宗是不肯服从满洲”的。但后面讲的正好和前面相反。他说：“尚有一层最要紧的话，因为凡是革命的人，如果存有一些皇帝思想，就会弄到亡国。……今日中国正是万国眈眈虎视的时候，如果革命家自己相争，四分五裂，岂不是自亡其国。近来志士都怕外人瓜分中国，兄弟的见解却是两样。外国人断不能瓜分我中国，只怕中国人自己瓜分起来，那就不可救了。”③ 所谓“就会弄到亡国”，不要“自亡其国”，不是说中国并没有灭亡吗？不正是反驳了中国已经“亡国”的说法吗？亡国与不

---

①《章氏丛书》，别录第1卷，《革命道德说》。

②《孙逸仙演说》，1905年8月13日，日本印本，第2页。

③《民报》，第10号。

亡国，什么叫亡国，革命派里面，连同章太炎、孙中山，他们自己也说不清楚。难怪早就有人发问道：“亡国与不亡国，其界何在？普天下好男子为吾下一断语来！”[①]革命派在这个问题上的矛盾、混乱，产生于他们从狭隘民族主义、种族主义去宣传反满，把帝国主义侵略、压迫，帝国主义与中华民族这个根本矛盾摆到了不适当的地位。他们的矛盾、混乱，是“光复旧物”一类的封建主义观念与反帝反封建现实斗争之间脱节的矛盾、混乱。

齐赫文斯基［教授等］的中国“亡国论”~~怎样制造出来的呢？~~［根据是什么？第一，］他［们］利用革命派的［思想］混乱~~观念混水摸鱼。第一~~，照抄革命派宣传中不切合现实斗争的封建概念。第二，掩盖矛盾，阉割章太炎、孙中山等人言论中有区别的和正确的东西。例如章太炎对满汉种族间的矛盾、中国与外国之间的矛盾曾经明确加以区分，认定满汉斗争只是“两种”间的问题，不是“两国”间的问题。他在宣传“种族革命之志为复仇”的时候说：“今以一种族代他种族而有国家，两种族间岂有法律处其际者。既无法律，则非复仇不已。若以种族革命为复仇之非行，国与国之相战争者，何以不为复仇之非行？于此则退之，于彼则进之，抑扬之论，非有比例可知也。”又说：“以两种相对之复仇为非，则必不以两国相对之复仇为是。今于两国治戎积尸蹀血者顾不敢议其后，虽议之，亦只以为一是一非，而于种族革命乃穷极诟詈之。是非以汉族之事业尚未成，而它国之事业则已成，故议论亦因之去就乎？此适足以自白其佞谀强者，亦何足与校焉！呜乎！万方同醉，不可以是非争也。”[②]~~齐赫文斯基~~［书］把这些议论掩盖起来，似乎章太炎所说的“亡国”，不是讲国内的“两种”问题，即满洲贵族在中国建立了政权，而是讲“两国”问题，即满族那个“外国”灭亡了中国。又例如孙中山在同一个讲演中，前面说中国人已经变成“亡国之民”，隔不几行否认中国已经亡国。~~齐赫文斯基~~［书］列举前面一段，作为孙中山断言中国亡国了的铁证，砍掉后面一段，只当它不存在。他们~~了不起的“科学研究”~~清朝灭亡中国说，就这样~~廉价~~上市了。

那末，亡国与不亡国，讲革命排满的知识分子，对此就没有客观分析吗？当然有，可以举一篇长文《中国灭亡论》为代表。文章写于一九〇一年夏天，

---

① 张枬、王忍之：《辛亥革命前十年间时论选集》第1卷，下册，第492页。

②《章氏丛书》，别录第1卷，《复仇是非论》。

八国联军尚未撤退，作者深怀亡国的忧痛，除了对义和团表示敌意，总的论点值得重视。试读下面几段：

团匪飙起，联军骈入，车驾蒙尘，宗社荆棘，此不过一姓之存亡而已，于我国民何关哉；余奔走未遑，奚暇论此。所痛者，二千万里山河已为白种殖民之地，四万万黄种已为欧人注籍之奴，而我国国民愚蒙如故，涣散如故，醉生梦死，禽视鸟息，以为中国即亡，亦不过十七朝之寻常鼎革而已。……然则吾国之民，其心已死，其气已绝。闻唐、宋、元、明之主而君我国也，则我为唐、宋、元、明之忠臣义士；闻英、德、俄、法之种而君我国也，则我为英、德、俄、法之忠臣义士。此所以茫茫亚洲绝少独立之国，芸芸黄种无一独立之民，固无足怪也。

今试执一人而问之曰：国何以亡？则鲜不曰，君易其姓、朝易其名则国亡。又试执一人而问之曰：今日之中国，亡乎不亡乎？则鲜不曰，西安之朝廷俨然者如故，政府之号令赫然者如故……若是者而谓之国亡，是必丧心病狂者也。呜呼，斯言也，何足与辩！然吾窃闻今日之亡人国者，有新例焉。向之亡人国者，必占其地，虏其君，戮其臣而后已；今之亡人国者，则有其地而弗守，即以其君若臣守之。其所以然者何也？骤占其地，则其民未必服，而治之甚难，故不如以土人守之。且也其君若臣既有亡国之才，则留之无所害。若一旦去其亡国之君，则英明之主出，是其国终不得而亡也。若一旦去其亡国之臣，则爱国之士进，是其国又不得而亡也。故吾国志士，每叹息痛恨于外人处置之不得其宜，而岂知外人之为己谋者，固有所不得不然者在乎！由此观之，则今日之中国，亡乎不亡乎？

…………

且国之所以立者，赖有一定不移完全无缺之疆域，故国之有疆域犹室之有界址也。……中国则不然。不唯旅大胶威台澳香广险要之港湾，已为异族所宰割，且举所谓满洲发祥之地，亦拱手而让之俄。……吾知一转瞬间，不独满洲而已，且将率其慓悍淫虐之可萨克，以席卷内外蒙古，进克新疆，建瓴而下秦晋幽燕之郊，一战而长城失其险，再战而黄河断其流。……当此之时，德必驱胶州之兵以占山东，英必发香港印度之兵以据大江南北诸省会，法必率安南广州湾之众以取两广云贵之地，日必起台湾澎湖之师以据闽浙而进图江西之南部，其外若美、若伊、若比及一切无名小国，亦将染指于我国焉！呜呼，抟抟大陆，白人纵横，哀哀众生，蝼蚁同命，从此万国地图永无支那之称。斯时吾国人士，殆骇然知吾国之亡；而岂知有形之亡亡于瓜分，无形之亡亡于今日。譬之某甲之田售之某乙，则其田亡，瓜分之谓也；某甲之田押之某乙，而某甲已为乞丐，万无可赎之理，则其田亦亡，今日之谓也。[①]

两种“亡国论”鲜明对立。一种指地主阶级内部易姓改号，加上国内少数民族当权；一种指外国资产阶级侵略势力鲸吞瓜分中国。从中国民族、中国人民革命的角度来观察，哪一种正确？当然是后者，而不是前者。齐赫文斯基［书］为了贯彻他们的反满“主线”，对于后面这种正确的言论自然要视而不见，听而不闻。但这并不表示他们有道理，而只表示他们不敢正视历史，拒绝从中国人民革命的角度观察问题。

孙中山、章太炎关于“亡国”的说法，就始终矛盾吗？并非那样。客观事实使他们的看法终于走向统一了。孙中山一九一〇年在一次讲演中重新申述，中国并没有灭亡，但是列强环伺、满廷昏庸，不及时挽救，“将恐国亡无日”。时机紧迫，大有朝不保夕之势。[②] 辛亥革命的第二年，孙中山在一次讲演中进一步说：去年的革命是种族革命，也是政治革命。当时汉、满、蒙、回、藏五大族中，满族独占优胜地位，握着无上权力，以压制其他四族。满洲为主人，其他四族皆为奴隶。种族不平等，政治自然也不能平等，所以革命。此时国体改定共和，“但愿五大民族相爱相亲，如兄如弟，以同赴国家之事，主张和平，主张大同，使地球上人类最大之幸福，由中国人保障之；最光荣之伟绩，由中国人建树之”[③]。满族不过是“汉、满、蒙、回、藏五大族”之一，他们都是“如兄如弟”的中国人，谁亡了谁的国呢？章太炎执拗鼓吹“亡国”说，这时也自行矫正。武昌起义，章太炎写《致满洲留日学生书》。

---

① 张枬、王忍之：《辛亥革命前十年间时论选集》第1卷，上册，第78—81页。

②《总理庚戌在槟城关于筹划辛亥广州举义之演说》，《建国月刊》，3卷1期。

③《民立报》，1912年9月10日，第6版。

其中说：革命派主张对满民族革命，也并非要奴役满人，不与齐民齿叙。“若大军北定宛平，贵政府一时倾覆，君等满族，亦是中国人民，农商之业，任所欲为，选举之权，一切平等，优游于共和政体之中，其乐何似。……域中尚有蒙古、回部、西藏诸人，既皆等视，何独薄遇满人哉？四年之前曾说肃王，晓以此意，肃王心亦默知。彼爱新觉罗之皇族，犹不遗弃，何况君辈，唯是编氓，何所用其猜忌耶？”[①] 满族和汉族一样是中国人民，谁也不是“外国人”，不正是说并不存在满族统治使中国“亡国”的问题吗？章太炎还承认，以前一味排满，是由于人心郁愤，“发言任情”。纷扰一时的“亡国”说，讲的是国内“两种”间的问题，不是讲的中国与外国“两国”间的问题，系铃解铃，孙中山、章太炎他们自己把混乱澄清了。

（二）一系列事实的谬误［认］

《中国历史学中的大汉族霸权主义》里面说：清朝统治中国的全部时间中，从王夫之、黄宗羲、洪秀全、杨秀清、萧朝贵到孙中山，无不将满人当作中国的异族征服者；并且武断作出这样的结论：“反清口号是十七世纪六十年代至一九一二年二月中国所有人民运动最流行的口号。”顾炎武、黄宗羲（即清初地主反满派思想家）等人反满思想、活动的阶级实质，前面已经涉及，不再重复，现在就看看鸦片战争以后的主要事实吧！

太平天国“最流行的”口号不是反满。

太平军起义，称敌人为“妖”，所谓“男将女将尽持刀”，“同心放胆同杀妖”。“妖”指清政府所有文武官吏，并非专指满族。说到纲领，谁都知道，太平天国的纲领是《天朝田亩制度》。地主阶级利用封建土地所有制，压迫、剥削农民，地主占有土地，农民失掉土地是封建社会一切矛盾的根源。中国历史上多次发生的农民战争、农民革命，本质上是指出了农民阶级与地主阶级争夺土地所有权的问题。《天朝田亩制度》规定把土地平分给农民耕种，强烈反映了农民获得土地的要求，主观上是乌托邦，客观上具有消灭封建剥削，推翻封建制度的意义。它从头到尾，没有一个字涉及满汉问题。太平天国的诏旨、文告里有斥责“胡奴”“鞑狗”的辞句。以杨秀清、萧朝贵名义发布的《奉天讨胡》檄文里指出：“慨自有明失政，满洲乘衅，混乱中国；而中国以

① 冯自由：《革命逸史》第五集，商务印书馆 1947 年本，第 254—255 页。

六合之大，九州之众，一任其胡行而恬不为怪，中国尚得为有人乎！”等等，着重讲到了满汉矛盾。如何看待它的含义？一方面，那种最初来自满洲贵族与汉族地主之间争夺权力、利益的冲突，即统治阶级内部矛盾的存在，使地主阶级中一部分人，常常从自己的需要出发，煽动狭隘的民族情绪，以模糊人们反抗封建压迫的斗争，檄文表现了那种宣传在农民队伍中的影响；又一方面，清朝皇帝是代表整个地主阶级来对农民阶级和其他劳动者进行统治的，农民讲的反满，本质上就是反对地主阶级的总代表，就是要推翻满汉封建势力的剥削、压迫，太平天国革命，一切都围绕着这个核心问题。革命的农民，以前的宣传大半用借来的宗教语言讲这个问题，檄文直截了当，呼吁人们进行政治斗争，把锋芒直指清王朝，从神秘的世界进到了现实的世界。把太平天国文件中所有反满的内容加在一起，与《天朝田亩制度》相比，也微不足道。太平天国的反满色彩淡薄，革命派中早就有人这样指出过：洪杨起事，参加者都以获得财物为目的。革命打击的对象，根本没有满汉的界限。反过来，出死力抵抗、破坏太平天国的，绝大多数都是汉人，足见当时种族之见很薄弱云云。[①]决定农民革命对满族保持这种态度的，是农民与地主两个阶级壁垒分明。对农民来说，唯有地主阶级的存在，地主占有土地，是他们的劳动果实被剥夺、备受艰难困苦的罪恶渊薮。因此农民的反抗目标，是对着地主阶级统治势力，而不只是反抗那个势力中的满族或者汉族统治者。说太平天国“最流行的口号”是反满，事实谬误［认］。这是一条。

“百日维新”的口号不是反满。

“百日维新”是一场资产阶级改良运动，有着爱国的性质。它的口号很鲜明，一个叫“变法维新”，一个叫“救亡图存”。那场运动发生在鸦片战争以后的六十年，中国在半殖民地半封建制度里走了相当一段路程。中日甲午战争刚刚过去。清政府已经逐步和外国结合，变成侵略者的工具。中日战争以后，一方面再一次掀起割地狂潮，中国面临被瓜分的现实危险；一方面民族工业又开始显露出其活动力。挽救民族危亡，发展资本主义，成了社会生活中两个最重大、最紧迫的问题。“变法维新”“救亡图存”是资产阶级改良派对解决这两个问题所提供的对策。康有为在《统筹全局折》里代表维新派宣布的纲领有三条：统筹全局以图变法，大誓群臣以定国是，开制度局以定宪法。

①《蔡元培选集》，中华书局版，第3页。

一为通盘改革行政机构，二为依靠皇帝的权力推行新政，三为变革专制政体，并使维新派参与政权。那三条纲领的具体化，是设立铁路矿务、农工商业机构，允许私人兴办兵工厂，组织商会农会等民间团体，裁撤某些旧衙门，裁减绿营，允许人民上书言事，废除八股，取消书院，准许自由创立报馆、学会，等等。其中没有任何一点与反满丝毫相干。所谓反满口号是“所有人民运动最流行的口号”，“百日维新”尖锐反驳了这种说法。事实~~谬~~误［认］，这是再一条。

义和团运动最流行的口号不是“反满”。

无人不知，义和团的口号是“保清灭洋”（或“扶清灭洋”），与“反满”口号正好对立着。以贫苦农民为主体的广大群众，从山东、直隶忿激而起，进入北京、天津，直至在八国联军残酷屠杀、清政府卑鄙出卖下惨遭失败，一直打着这面旗帜。一九〇一年四月，川东义和团提出“灭清、剿洋、兴汉”，一九〇二年三月，河北广宗景廷宾起义，提出“扫清灭洋”。这个改变很重要，但已是斗争的余波。农民革命运动的口号，从传统的“反清复明”到“保清灭洋”是一个前进。所谓“反清复明”本来意思含混，不足以体现农民阶级的利益和要求。义和团刚刚过去，资产阶级知识分子里就有人指出：百年以来，白莲、哥老、三合、大刀、小刀、安清道友、义和拳民等集会，出没于沿江沿海各行省。“吾尝纵观其间，叩其宗旨，莫不曰吾将反清以复明也。噫嘻！明之弊政何可缕指，与其复一独裁君主之明，何如仍此独裁君主之清，反无杀人流血之惨乎！且不止此也，其宗旨亦不过震震铄铄慷慨谈之，究之所谓反也复也亦并不能践”[①]。农民对帝国主义只有感性认识，他们不可能解决反帝与反封建的关系问题。帝国主义的疯狂进攻，既然迫使他们必须把主要斗争锋芒转向外国侵略者，“保清灭洋”就成了一个有现实意义的号召。当然它也含着对农民不利的方面，所以“扫清灭洋”是一个更大的进步。它意味着农民群众给后来的革命斗争作出了这样的启示：反帝国主义的斗争与反对已经彻底变成帝国主义走狗清朝反动统治的斗争，必须走上结合的道路。人们如果对传统的“反清复明”还能勉强涂上一些种族主义的釉彩，在新口号面前，就再也办不到了。~~齐赫文斯基~~［书］硬说“反满”是所有人民运动最流行的口号，义和团这个人民运动又偏偏不在其内。事实~~谬~~误［认］，这是又一条。

---

①《辛亥革命前十年间时论选集》第1卷，上册，第83页。

列宁说，“布尔什维克”“苏维埃”就像“义和团”那样，曾经为西方所重复而不理解，把它们看作怪诞的字眼。苏联历史家中的反满宣传［论］者，对什么叫“义和团”，至今似乎还没有了解，因为它不首先反对满族人，而要与洋人作对，奇怪！

抵抗英国侵略中国的鸦片战争等等运动的口号不是反满。

鸦片战争、中法战争、中日战争、反对八国联军的战争中，清政府对外宣战，代表中国这一方，反侵略斗争的主要力量则是人民群众。人民在这些运动里的口号，是反对英国、法国、德国、俄国、日本、美国侵略者，不是“反满”，这根本用不着什么论证。“中国所有人民运动”都“反满”，而这些重大历史事变中的人民运动又都没有反满，只有反帝；虽有百口，也无法自圆其说。事实谬误［认］，这又是一条。

齐赫文斯基［教授］等人对于中国历史并非全然盲瞽，在一系列事实上大谬不然，为什么？［全不熟悉。］他们极力想要证实“满族人不是中国人，而清朝是外国对中国的统治”，但一部中国近代史是中国人民反帝反封建斗争史，又绝对无法篡改，于是，只有虚构杜撰，硬着头皮说下去。［这使他们陷入了拔不出脚的误区。］

辛亥革命中，反满问题到底占有怎样的分量，这里不妨引美国研究者的论述，与齐赫文斯基［书作］一个比较。美国芮玛丽编辑的辛亥革命论文集的序言，专有“反满论”一节。那上面说，辛亥革命的任务有三项：一、反对帝国主义；二、要求建立现代化的中央集权国家；三、反满。关于反满的部分，序言从评论国民党出版物上的观点开始，是这样写的：

> 就国民党来说，革命民族主义的第三项主要内容是，汉族对满清异族统治的反抗，满清的统治对内反动，对外懦弱。国民党的这种传统观点，影响了当时的许多著作。要是考察一下，是会很失望的。因为事实说明，民族主义中的反满论，在三项内容之中也许最缺乏重要性，而且也少有什么革命性。
>
> 应该认识到满族并不是一个执行着一种政策的单纯的统治集团。满汉的融合，自十八世纪到十九世纪中叶已经成熟了。国内的叛乱，威胁整个上层阶级，外国的侵略威胁整个国家。二十世纪初，旧制度的改革——其特点有与其他的重大革命相似的地方——其政

> 策的差异之处，并不与种族差别有关。亲王贵族中既有主张维新的，也有反对维新的。整个政府机构中亦复如此……
>
> 一九〇五年七月，革命党人吴樾向出洋考察立宪的大臣投掷炸弹，他的目标亦非指向满族人，因为其中也有汉族大臣。两个吓怕了退出这个使团的人，一个是满族人，一个是汉族人。在我看来，吴樾怀着两种相反的矛盾心情；一方面他怀疑最高当局实行改良的效果和诚意，另一方面又怕因此而削弱了革命的力量。
>
> 满汉两族的头面人物，既有维新派，又有反革命派，因此也有强硬的反帝派和投降派。这里，不可能划分出种族政策的界线。……革命小册子《天讨》所反对的政治领袖人物，上起曾国藩，下到袁世凯。这清楚说明了其攻击的矛头是指向帝制，而非指向满族。……①

不问可知，论文集序言的作者决不相信马克思主义，也不主张辛亥革命是资产阶级民主革命。对于反满斗争当时占有什么地位，她的评论却是“民族主义中的反满论，在三项内容（按：指前面列举的反对帝国主义等三项）之中也许最缺乏重要性，而且也少有什么革命性”。这个论述与《中国历史学中的大汉族霸权主义》的论述，哪一个比较接近事实，哪一个完全背离事实，任何人都不难立即作出评断。

~~辛亥革命中，反满问题到底占有怎样的分量，还不妨引~~希夫林［的］《孙逸仙和中国革命的起源》~~的论述，与齐赫文斯基作一个比较。此~~［一］书广泛涉猎孙中山、章太炎、邹容、陈天华、杨笃生等人的言论以后，关于反满问题的叙述是这样：

> 孙中山当求助于会党时，曾试图利用他们对异族统治者的传统反感，但当他和他们主要关切的外国人谈话时，他就责备满洲人阻碍与西方的友好关系了。而学生则不同，他们是要对中国人讲话，他们责备的是满洲人向西方人让步。正如这个时期的民族主义文献中所反映的情况那样，是反对帝国主义的副产品。为什么外国人能

---

①芮玛丽编:《中国革命——第一阶段(1900—1913)》。〔Mary Clabaugh wright(ed.)：China in Revolution: The First Phase 1900—1913〕1968年版。

够夺取中国的大片领土，侵犯中国的主权？学生民族主义者最普遍的回答是：因为满清统治者宣布“宁赠友邦，不予家奴”。这句话以不同的说法出现于各种各样的文章和小册子中……把满族统治者与帝国主义相提并论，仍是学生的刊物和小册子中所表现的普遍态度。杨笃生指责欧洲压迫者把满清政府看作他们的“守藏之胥”。陈天华则认为满洲人是适应帝国主义征服中国的傀儡。邹容警告说，汉人将被他们目前的监工满洲人移交给外国人当奴隶。他大声疾呼道，孔子的故乡山东这个有如“耶稣之耶路撒冷”一样神圣的地方，已被满洲人送给外国人，他指出满洲人把中国的土地施与外人，有如“他人之财产”。

还有一种排满论点，它的意味深长之处是，它对反清朝的革命具有手段的价值，而不是终极的价值。杨笃生除了警告在满人的统治下中国人只能举行原始的起义来反抗外国侵略者之外……他宣称，推翻满清将激起对欧洲和日本入侵者的有效抵抗。他说满人永远不能把藏、蒙和其他组成中华帝国的种族合在一起，而汉族由于受排满与排外两股刺激力量的推动，却能做到这一点。还有一点也是意味深长的，杨笃生不是要坚持消灭满人，而是宣告，一旦汉族在他们的民族斗争中“自相吸集”，他们就会帮助满、蒙、藏、回各族完成他们的“自相吸集”，然后集权于亚洲中央政府“抵御白祸”。杨笃生认为，满族统治汉族，这就是向白人表明汉族的势力“未及成长”，从而怂恿其侵略。

革命的排满主义，最初是作为一个过渡目标，或是一种手段提出来的，其目的是对抗外国人。但由于醉心革命，就把它本身看成目的了。

（陈天华、杨笃生先后自杀）这种绝望，给排满主义增加了神圣的光彩，而使民族主义的锋芒暂时偏离它原来所针对的西方。这并不是年青的民族主义者忘记了他们反对帝国主义的宿愿，而是他们对赢得这样一场斗争感到绝望，因此只好在对外关系上采取守势。他们也许希望一个国内的政治革命会给中国带来国际上的地位和尊重，从而使中国自动地摆脱帝国的阴谋。[①]

概括这些叙述，辛亥革命中，革命知识分子的斗争锋芒，第一，是指向帝国主义的；第二，反满是反对帝国主义征服中国的傀儡；二者又彼此相关。论点明确，没有犹疑含糊之处。与《中国历史学中的大汉族霸权主义》一类论述相对勘，哪个合乎事实，哪个荒谬，同样任何人都不难立即作出判断。理论家、华兴会的重要人物杨笃生写《新湖南》，透彻揭露、批判帝国主义，在革命派里的思想地位，以前没有受到应有的重视。《孙逸仙和中国革命的起源》上特地介绍他的反帝思想，强调中国社会基本矛盾的所在，卓有见地。

齐赫文斯基［教授］的反满“主线”论相反，把“反满”看作辛亥革命的一切，对尖锐的反帝国主义斗争置诸脑后，一叶障目，不见泰山。

（二）曲解马克思主义著作

齐赫文斯基说，辛亥革命推翻清政府是中国人革“外国”人的命，不止有所谓事实根据，还有马克思主义理论根据。他挑选马克思《中国革命和欧洲革命》、《中国事件》两文，来证实自己的论点。

马克思在《中国革命和欧洲革命》中说：在中国，连绵不断的起义存在了约十年之久，现在已汇合成为不可抵抗的革命。“不管那些起义者带有何种宗教的、朝代的或民族的形式，这一次革命爆发的原因，无疑地是由于英国大炮把名为鸦片的那种麻醉剂强加于中国所引起的”。鸦片战争后中国要付给英国大量赔款，人民负担繁重。一八五三年一月皇帝下一道谕旨，命令南方督抚蠲缓征税。“谕旨中说，否则‘小民其何以堪？’又说‘庶几吾民于颠沛困苦之时，不至再受追呼迫切之累’，我们记得，类似这样的言论和这样的让步，在一八四八年的奥地利——日耳曼的中国——也听到过”；“仇恨外国人并把外国人逐出帝国之外，这在以前仅是中国地理情况和人种情况的结果，到满洲鞑子这个种族征服全国以后，才成了一种政治上的定制……由于这个新王朝的疑惧，它唯恐外国人会支持大部分中国人在被鞑子征服后大约最初

① 希夫林（H. Z. Schiffrin）：《孙逸仙和中国革命的起源》（Sun Yat-sen and the Origins of the Chinese Revolution），美国加利福尼亚大学1968年英文版，第十章《民族主义的和革命的语言》。

半个世纪所存在的那种不满情绪”[1]。《中国纪事》一文说：“在中国，在这块活的化石上，就开始闹革命了。……在东方各国，我们经常看到社会基础不动，而夺取到政治上层建筑的人物和种族不断更迭的情形。中国是被异族王朝统治着。既然已过了三百年，为什么不来一个运动推翻这个王朝呢？”[2]

齐赫文斯基以为马克思既然讲了“鞑子征服”和“异族王朝统治”，就足以证明清朝是外国对中国的统治了，何况其中还有一八四八年的“奥地利——日耳曼的中国”那样的形容。但是核实一下，就知道这完全是对马克思论述的歪曲，拉大旗作虎皮吓人。

第一，马克思在文章里把两个范围的问题区别得一清二楚。一是中国人所仇恨的外国人，所要驱逐的外国人是西方侵略者。所谓“成了一种政治上的定制”，也是对西方侵略者而言。又指出清王朝疑虑外国人支持人民造反，外国人被禁止与中国人发生任何来往，外国人的商务被限定与行商交往等，这都是讲的中国与西方国家的关系，是同一个范围的问题。二是“满洲鞑子这个种族征服全中国”和“异族王朝”即满洲贵族做皇帝的封建王朝的统治，它与汉族及国内其他各族的矛盾，是讲的国内民族关系、封建阶级与人民群众的关系，这是又一个范围的问题。试问马克思这些论述，有哪一点足以证明清朝的统治是外国对中国的统治呢？那两篇文章分别发表于一八五三年和一八六二年。其中讲的连绵不断的起义已经汇合为不可抗拒的革命，“异族王朝”统治已经过了三百年（按：“三百年”时间不准确），为什么不来一个运动推翻这个王朝，谁都知道，是指正在如火如荼进行的太平天国农民战争，指这场农民革命来得很及时！这场革命确实反映出了中国与外国的矛盾。它“无疑地是由于英国大炮把名为鸦片的那种麻醉剂强加于中国所引起的”。中国的封建压迫、英国的侵入造成了革命。试问马克思这些论述，有哪一点足以证明太平天国不是农民与地主两个阶级之间的一次大规模搏斗，而是一场把清朝作为“外国”去推翻的革命运动呢？

马克思、恩格斯的著作中，谈到中国与外国的地方很多。恩格斯的《俄国在远东的成功》一文（说也奇怪，苏联历史家引经据典，偏偏“忘记了”这篇文章）说：“这个帝国是如此腐化，它已经既不能够驾驭自己的人民，也不

---

① 马克思：《中国革命和欧洲革命》，《马克思恩格斯论中国》，1957年本，第24—28页。

② 马克思：《中国纪事》，《马克思恩格斯全集》1963年版，第15卷，第545页。

能抵抗外国的侵略。正当英国人在广州同中国的下级官吏争执不下，并且在英国国内讨论叶总督是否真是遵照本国皇帝的意旨行事这样一个重要问题的时候，俄国人已占有了黑龙江以北的领土和该河南岸满洲的大部分土地；他们在那里建筑了工事，进行铁路线的勘查工作并预定了未来的城市和港口的地点。当英国终于决定打到北京，当法国希望为自己捞到一点东西而追随英国的时候，俄国——尽管它正好在这个时候从中国夺取了一块大小等于法德两国面积的领土和一条同多瑙河一样长的河流——竟能挺身出来充当衰弱的中国的秉公无私的保护人，而在缔结和约时俨然以调停者自居；如果我们将当时所缔结的各项条约比较一下，就不得不承认这样一件一目了然的事实：这次战争不是对英国和法国有利，而是对俄国有利。”①清政府对内“不能驾驭自己的人民”，对外“不能抵抗外国侵略”，这些外国就是英国、法国、俄国。黑龙江以北的领土和该河南岸满洲大部分土地是俄国“从中国夺取”去的。谁是中国，谁是外国，怎么混淆得了呢？

马克思、恩格斯著作中，涉及中国历史、国内民族关系的地方同样很多。他们提到中国时，称为“世界上最古老的国家”、“世界上最古老的帝国”；提到清朝时，称为“帝国”、“中国”、“中国政府”、“中国现存政府”、“中国当局”；称满族为“当今中国统治民族”；提到西藏和满族皇帝时，称“中国的西藏和鞑靼皇帝”；提到中国东北与俄国接壤的边境时，称为“帝国满洲边界”等等。马克思、恩格斯这些提法，丝毫没有认为清朝政权建立是中国历史中断的意思，而认为它是中国历史的继续；也丝毫没有认为满族聚居地区是在中国以外，而认为只有满洲与俄国接壤处才是中国东北的国界。白纸黑字，怎么可以随心所欲，胡乱解释呢？

第二，关于一八四八年的“奥地利——日耳曼的中国”，马克思就讲了那么一句话，没有作任何发挥。齐赫文斯基强调说，这句话“非常有兴味地将满族的政策和一八四八年哈布斯堡王朝的政策作了比较”，对了解满族帝制的反动民族政策“非常有价值”。皮里阳秋，意思很明白：中国其他各族对于满族，应当象匈牙利、罗马尼亚、捷克、斯洛伐克、波兰、塞尔维亚人等对奥地利哈布斯堡王朝一样，来一个一八四八年的民族革命，争取民族独立。也

---

①恩格斯：《俄国在远东的成功》，《马克思恩格斯全集》1962年版，第12卷，第662页。

就是说，中国没有什么反帝反封建问题，只有反满民族革命的问题。可是马克思的话在哪一点上具有这种含义，整个清代的中国历史除了存在国内民族压迫这一点，还有什么可以与哈布斯堡王朝相比的地方呢？

中国内部各民族的关系与奥地利境内各民族的关系不同，就像俄国内部情况与奥国的不同。关于俄国与奥国的民族关系，列宁指出，弄清楚它们的不同，有特别重大的意义。奥国是一个长期由德意志人占优势的国家。一八七一年最终建成独立的德意志国家，在奥地利占统治地位的民族——德意志人竟留在那个国家的外面了。一八四九年奥地利压迫下的匈牙利起来革命，要求民族独立，被沙皇尼古拉一世派出的十四万俄国农奴制军队血腥镇压下去了。至于俄国的情况，列宁认为和奥国相反：俄国境内以及边疆有许多民族，它们都有着非常显著的经济上、生活习惯上的特点等，而且这些民族（除俄罗斯人以外）都是备受沙皇君主政体压迫的。沙皇君主政体不仅排斥各民族的自由与平权，还是欧洲及亚洲的野蛮、兽性、反动的主要堡垒。俄国“这个民族国家的特点是：一，异族人（总计占全国人口多数，即57%）恰恰是住在边疆地区；二，这些异族人所受的压迫比他们在各邻国（并且不仅是在欧洲各国）所受的要厉害得多；三，这些居住在边疆地区的被压迫民族往往有一些同族人住在国界那边，他们就有较多的民族独立（只要提一下住在俄国西部和南部边界以外的芬兰人、瑞典人、波兰人、乌克兰人、罗马尼亚人就够了）；四，‘异族’边疆地区的资本主义发展程度和一般文化水平，往往高于国家的中部地区。最后，正是在邻近的亚洲各国我们看到了资产阶级革命和民族运动已经开始发展起来，并且部分地蔓延到住在俄国境内的那些血统的民族中去了”①。因此，列宁认为，俄国民族问题的具体历史特点，使布尔塞维克承认民族自决权具有特别迫切的意义。列宁对奥国、俄国民族问题的这些分析，确实是饶有趣味的。无论如何，清政府统治下的民族压迫、民族矛盾，决不比沙皇俄国更严重一些。

第三，民族矛盾、民族问题，有国内的，有国与国之间的。马克思主义著作从来没有说，凡民族矛盾都是国与国之间的矛盾。就拿上面讲的沙皇统治下俄国的民族矛盾、民族压迫为例，列宁也没有说，占人口少数的大俄罗斯人对占人口多数的“异族人”的野蛮反动统治，就是外国人的统治；也没有

① 列宁：《论民族自决权》，《列宁全集》1958年版，第20卷，第408页。

说，"异族人"参加十月革命，就是这些占人口多数的民族从外国统治下解放本民族的革命。列宁无情地揭露了沙皇的民族压迫，但仍把它看做国内民族矛盾，没有看做国与国之间的民族压迫。前面指出过，在清代，中国内部民族矛盾怎么也没有俄国那么尖锐。为什么俄国的"异族人"就是本国人，满洲贵族做皇帝的"异族"王朝，就不是本国的封建王朝，而成了外国统治中国的王朝呢？

举出苏联当代的事实，可以更加容易说明问题。就在最近，法国一家报纸刊载的《苏联——各族人民的监狱》一篇研究性的长文，论述苏联今日的民族矛盾说：大俄罗斯沙文主义在很多方面就像任何压迫制度一样在起作用，它摧毁各民族的文化基础，奉行帝国主义的分而治之的原则，进行血腥镇压。在民族平等的名义下，联盟制度已滑上奴役各民族的邪路。部长会议内百分之九十的职务由俄罗斯人担任，联盟机构完全由俄罗斯干部控制，各共和国内关键部都从属中央政府和共和国政府双重领导，纯共和国的部只负责完全地区性的问题，共和国党的第二书记是俄罗斯人，拥有否决权。掠夺资源，推行单一经济，没有或只有落后的工业建设，农民贫困，这些几十年来是帝国主义压迫殖民地的方式，现在已成为克里姆林宫压迫中亚各共和国的方式。据一九五九年官方统计，苏联有一百一十五个民族；但到一九七〇年，只有一百〇四个民族了。十一个民族消失了。就在一百〇四个民族中，有五个民族的人口下降了。三十万摩尔达维亚人被俄罗斯人同化了，六十五万乌克兰人来到了克里米亚已被流放的鞑靼人的土地上，等等，等等[①]。我们知道，苏联今天境内的各民族，除了俄罗斯，还有不少在历史上曾是长期独立的国家。它们的兴盛衰微，记载俱在。把民族矛盾、民族问题一律看做国与国之间的关系问题，那末，是不是说，今天苏联境内的民族矛盾不是国内矛盾，因而那些被压迫民族应当从俄国人统治下解放出来，重新建立独立的民族国家呢？法国报纸的文章，似乎并没有或者不认为需要提出这样的主张。

伪造的科学不成其为科学，伪造的历史不能成为历史。上面几个方面归结为一点：齐赫文斯基等人长期宣传的辛亥革命是中国人革"非中国人"的命，即中国对外国的革命，是向壁虚造的谬说。他们进行这种宣传，企图证

① 若埃尔·费克拉兹：《苏联——各族人民的监狱》。1979年4月10、11日法国《人民日报》。

明：一，满族是外国，不是中国的一个民族；二，清朝政权的建立不是中国历史、文化的继续，而是中国历史、文化的中断；三，满族生活的地区不是中国内部一个民族聚居的地区，而是国与国之间的分界线。历史事实无情地驳斥了他们的荒谬论点。马克思、恩格斯、列宁有关的论述，同样无情地驳斥了他们的荒谬论点。

历史总要这样那样与现实发生联系。人们研究历史，总是直接间接为着某种现实的需要。苏联历史家们所以要费那么大的劲，编造出那么多作品，来宣传“满族人不是中国人，而清朝是外国对中国的统治”，谁都可以看出，那必非偶然，必有重要的现实目的。其目的为何？我们所要讨论的限于辛亥革命的一些观点问题，而不打算论及其他。这里只须指出：他们的目的，如果用“反华”来概括，那至少太笼统了[①]。

马克思在某处分析沙皇侵略政策的时候讲过这样一个笑话：两位研究熊的波斯科学家，其中一位从未见过这种动物，就问道：这种动物是下崽呢还是产蛋呢？另一位较熟悉些的回答说：“这种动物什么事都能做。”应当补充一句，就在今天，这并不完全是个笑话。

丙，关于非“真正的革命”

革命否定论认为辛亥革命是反动的、保守的，至少也不应算作“真正”的革命。这种看法需要进一步讨论，以求得对那场革命作出客观的评价。何谓“真正”的革命，先搁在一边。看看革命否定论者的那些论著，我愿意直率地

①1979 年，苏联某个叫维克托·路易斯的“新闻记者”在美国《时报》书籍出版公司出版了一本题为《中华帝国即将衰亡》的恶毒反华的作品。其中公然叫嚣内蒙古居民渴望与蒙古人民共和国联合在一起，新疆的维吾尔族则渴望与苏联中亚的同种人联合。“满洲问题是学者们正在激烈辩论的一个问题”。随时都可能开始打起来。当他们打起来的时候，苏中边界苏联一方的几十万“志愿人员”将以鲜血和信念来援助他们的“兄弟们”，苏联当局将无法阻止他们。随着战事的发展，苏联大考虑升级到使用核武器，“很难过分估计到这种报复的规模”等等。美国作家索尔兹伯里写的一篇《前言》里说：“路易斯是一个有经验的老牌克格勃特务”，他所写的“是一本内容荒诞、逻辑不清和弥天大谎的书……我们所看到的是一种罕见的政治堕落”。但是，由于路易斯的地位，他的小册子“值得我们注意”。1979 年 5 月 28 日美国《时代》周刊、8 月 5 日《巴尔的摩太阳报》先后发表评论，指出路易斯的书“是为苏联的直接军事干涉找理由的辩护书”，“详细叙述了在苏联指使下肢解中国的借口”，是相当有见地的。

说，他们对近代中国历史上各阶级的地位和作用缺少切实的了解，因此，对各阶级所作的阵线划分是不符合客观情况的，对它们的作用估计是颠倒的。

第一，买办资产阶级与民族资产阶级是两个不同的势力，不是同一个势力，革命否定论把它们混为一谈了。

《辛亥革命研究序说》作者横山英教授说：一般人往往以为清廷守旧派＝满清政权＝封建专制政权，那是不对的。义和团运动以后，清政府内部权力结构起了重要变化。实际操纵政权的是袁世凯、张之洞、刘坤一等为代表的"新洋务派"，而非固有的满族统治阶级。从那时起，"主导权已落入军阀之手，从前的统治阶级即满洲贵族变成了同盟者（阶级），从前的同盟者（阶级）即军阀变成了统治阶级"。也就是说，"从阶级实质上来看，主导权已发生了从传统的地主阶级向半殖民地半封建势力的转移，而后者变成了国家的统治阶级"[①]。把清朝统治者和军阀截然分开，以为前者代表地主阶级，后者代表半殖民地半封建势力，这种区分法肯定不恰当。但从阶级实质上来认识清政权，这比新、旧"反满论"或"反王朝起义"说，都高明何止倍蓰。清政权从第一次鸦片战争、《南京条约》起，开始由以前的地主阶级对中国农民阶级的专政，变为同时又是外国资产阶级统治中国人民的工具。中国半殖民地化、半封建社会化的程度越深，适合外国侵略势力需要的买办阶级在它里面的影响就越大。研究辛亥革命，不能脱离这个问题。但是作者并没有从这里引出相应的结论，而走向了相反的方面。他认为辛亥革命所要打倒的对象，应该是"新洋务派"军阀势力，而事实并非如此。更主要的，是他独特地提出的近代中国历史两条变革道路公式中，民族资产阶级与买办资产阶级被划在一条线上，都定为是走半殖民地化、半封建化道路的势力。同时，又认为"新洋务派"即军阀、立宪派、同盟会派三种半殖民地、半封建变革势力之间，"立宪派与同盟会派为统治形态而存在着敌对的关系是众所周知的事；而新洋务派与立宪派之间，除了袁世凯与张謇等一部分人的勾结以外，从整体来看，见不到有明显的合作关系。大致说来，三种势力是没有合作关系的，倒该可以说是处于对立的状态。不过……三派势力虽然一方面互相对立，并进行独自的变革活动，但客观上却可以说是处于合作的关系"[②]。这一些，既不合事实，又自相龃龉。

---

① 横山英：《清末变革中的领导与同盟》，1966 年《史学研究》，第 97 号，第 79 页。

②《辛亥革命研究序说》，第 102—103 页。

中国学术界对买办资产阶级的研究还很不充分。但已经取得的成绩证明资产阶级中有带买办性的大资产阶级与民族资产阶级的区别。这个论断是科学的，可信的。买办资产阶级是直接为帝国主义服务，并为它们豢养的阶级，与农村封建势力的联系也千丝万缕。单就洋行买办一项而言，据不完全统计，十九世纪末，外国在华洋行达九三三所，估计洋行买办全国在万人以上。其中英商怡和洋行在上海的直属机构达二十九个单位，有正副买办五十余人。他们拥有一定的生产资料，同外国侵略势力直接挂钩。人数不多，能量不小。买办阶级最初在政治上显露作用，是参与反对太平天国。美国旗昌洋行买办吴健彰由美驻华公使支持，署理苏松太道兼江海关监督。他在被上海小刀会俘获逃脱以后，继续镇压小刀会起义。怡和洋行买办杨坊，投靠洋人起家的买办官僚吴煦，勾结美国流氓华尔组织洋枪队，对太平军作战。买办阶级作为一种社会势力，一出现就与人民革命相对立，这是一个特点。以曾国藩、李鸿章为头目的洋务派，也正是中国封建势力与外国资产阶级相勾结，共同镇压太平天国革命的产物。洋务派先后举办一批军事工业和民用工业。它们的机器设备、大部分原材料，加上军火，都由外国进口。仅江南制造局从一八六七年至一九〇四年的三十八年间，花于从外国购买机器设备和原材料的款项，达一，六八〇余万两。机器设备、大批军火的购买，多数通过买办来进行。一部分官僚地主在与外国侵略者的接触中买办化。买办活动范围扩大，人数增多，势力苒苒而上。著名的买办和买办官僚如唐廷枢、徐润、郑观应、胡光墉、盛宣怀等，或为洋务派举借外债、购买军火的经手者，或为企业的主持人。他们拥有相应的官衔，多数人的财产惊人，从几十万、几百万到上千万两银子。买办官僚化，官僚买办化。曾国藩、左宗棠死后，李鸿章为首的洋务派大官僚日益明显地成为买办势力在政治上的代表。他们与外国打交道、受到外国支持的时间越长，办的军事、民用工业越多，手里掌握的镇压人民革命的武力越大，在清政府里的地位也就越来越显赫，成为统治阶级里反对人民的当权派。中国半殖民地半封建社会制度存在，这个社会阶级、势力就存在，而且要继续膨胀。不断改变的不过是它的代表人物的名字，如李鸿章变为张之洞、袁世凯，变为段祺瑞、蒋介石，等等。所以买办资产阶级一开始就是中国革命的对象，而不是中国革命的动力。

民族资产阶级不同，它们带有两重性。既有要求摆脱帝国主义、封建主义压迫、束缚的革命性的一面，又有缺乏坚决反帝反封建勇气的妥协性的一面。它们不是帝国主义豢养、扶植下成长起来的阶级，要求民族独立，要求发展资本主义。辛亥革命以前，它们没有建立过自己的统治，也没有买办阶级那样的反人民的记录。买办资产阶级推进半殖民地化，民族资产阶级抵制半殖民地化，把它们等同起来，划在一条线上，完全失去了科学的意义。人们从这里丝毫不能了解历史的真相或得到什么有益的东西。

说同盟会、革命派不要求打倒袁世凯、张之洞等“新洋务派”，这是明白的自相矛盾。清末政权的阶级基础既然已经起了变化，实际操纵政权的是“新洋务派”，他们“变成了国家的统治阶级”，那末，打倒清政权，不就是打倒“新洋务派”的统治、打倒国家的统治阶级吗？打倒清政权，而又不打倒“新洋务派”，那就等于说不存在他们操纵政权那种事实。左手立起一个前提，右手又推翻那个前提，近于游戏。资产阶级革命派自然没有提出打倒“新洋务派”的口号，也没有“洋务派”那种观念。强烈的反满宣传模糊了革命派的民族意识，更模糊了他们对买办阶级的认识。他们只能从反满的角度来反对洋务派，反对袁世凯、张之洞等为首的政治势力。吴樾意见书指出“袁世凯甘为傀儡，且猜嫌备至”。《汉帜》等刊物上说：“杀汉奸必杀张之洞。”痛骂袁世凯、岑春煊、张之洞、魏光焘为清政府“四大忠奴”。《民报》刊载“过去汉奸之变相”“现在汉奸之真相”的图片，曾国藩蛇身人首，左宗棠兽身人首，李鸿章鱼身人首，袁世凯头从中间劈开，张之洞头在胯下，岑春煊头斜搁在颈上。尽管革命派的认识缺乏深度，他们反对从曾国藩到袁世凯这个势力，态度是鲜明的。就像革命派没提出反帝国主义口号，我们不能因此抹煞革命派反对帝国主义一样，他们没有打起反“洋务派”的旗子，我们不能因此就抹煞他们反对洋务派，反对清政府的统治。

说同盟会与“新洋务派”事实上是处于对立状态，客观上却处于合作状态，这更是明白的自相矛盾。一切事实都是客观的。客观上互相反对，客观上又合作推进中国的半殖民地半封建化，什么意思？同样近于游戏。清政府灭亡，政权落到袁世凯手里，中国继续走着半殖民地半封建道路，那不是革命的罪过，而是反革命破坏了革命的罪过。革命派进行了斗争，革命失败了。所谓“客观上的合作”，等于把革命的失败看作革命的目标，那岂非历史的颠倒！

第二，立宪派受到不正确的评价，革命否定论把它的力量夸大了。

《资产阶级与辛亥革命》的作者玛丽亚·贝热尔女士断言：资产阶级只处于事变的次要地位，远在起义者的地域和能力之外。“资产阶级既不是决策人，也不是组织者”。“事变发展过程中，资产阶级既未加鼓吹，也无法控制”等等。光看这些结论，人们不免怀疑作品上谈论的是否辛亥革命；因为既然这样，革命又怎么发生了呢？作出如此判断的重要原因，是作者对资产阶级上层、立宪派的了解不正确。这表现为：

（一）立宪派被当作了资产阶级全部或主要力量。《资产阶级与辛亥革命》首先划定资产阶级的范围为商业资产阶级，即各式各样的商人、产业资本家。照作者说，这个阶级出现于十九世纪末二十世纪初。一九〇四年商业资产阶级建立起了自己的组织商会，并且有了自己的武装商团。商人不同于绅士，由于废除科举制度，商人的利益与绅士的利益取得一致，二者实际相差无几。一九〇五年，他们作为一个政治势力出现在舞台上，如发动反美运动、收回利权运动等。这些叙述，清楚地告诉我们，那个阶级、政治势力不是别的什么，正是上层资产阶级和它的政治代表立宪派。上层资产阶级、立宪派处在起义者的行列之外，既不是发动革命的决策人，也不是组织者，也没有鼓吹过革命，这完全合乎事实。结论摆在面前：立宪派根本不是革命力量。但作者另有判断：这个势力不革命，反对革命，所以辛亥革命不是资产阶级革命。这显然是把上层资产阶级、立宪派当作了整个资产阶级。立宪派不革命，资产阶级的其他部分也就不革命。立宪派等于资产阶级全体，全体资产阶级等于立宪派。只有这个社会阶层是最有力量的，这就是作者的论点。

（二）重视上层资产阶级抵制革命的事实，忽视了另一部分商人、资本家支持革命的事实。武昌起义以后，汉口、广州、上海等城市的大商人、资本家首先注重的是“保卫地方”，维持“市面”，生怕革命打搅旧的秩序。汉口的情况是有代表性的。武昌起义后第二天，大商人、资本家，即由李国镛、吕逵先等出面，组织“地方保安社”。李国镛经营鸦片生意，在商界有相当实力，又是湖北宪政会、宪政同志会成员，人称“李老板”。“保安社”宣布“专以守中立，保治安”为宗旨；李国镛并以商会名义参与了种种活动。上海大商人、资本家与立宪派首领张謇等态度基本一致。说上层资产阶级抵制革命，是完全正确的。但还有另外一种情况，即中小商人、资本家同情革命。以上海为例：革命党人李燮和、陈其美分别发动起义以后，商人很快组织各种团体，如“馈送军食联合会”“节费助饷会”“售物助饷会”“上海军事募捐团”“民军协济总会”等，支持革命军。不少商业行会还分别捐款助饷，其中有南北货海味业、绍酒业、西药业、纱业、绸业、豆油饼业、木作业、骨器杂货业等等。这说明中小商人、资本家对革命怀有相当的热情。《中国资产阶级与辛亥革命》上划定的资产阶级范围是商业资产阶级，却没有看到这部分人的行动，表明作者重视的是上层资产阶级和它的政治代表，认为只有他们是值得注意的。上层资产阶级就一成不变吗？那不可能。当全国革命高涨的形势已经形成，上海工人、四乡农民反抗风潮兴起，连商团成员都要求参加斗争，以至不可违逆的时候，资产阶级上层的一部分人也迫于形势，不得不改变对革命的态度。如上海商界实力人物李平书、王震（一亭）就是这样，李平书曾为预备立宪公会会董，实际控制着商团，王震出身日商三井洋行买办，在李平书以后当过上海商会会长。在上海起义过程中，他们最后赞成商团武装转向于革命阵营。李燮和先在闸北发动，陈其美想说服江南制造局总办起义，被清军捉拿，得到商团武装营救，才扭转局面，占领上海。李平书、王震并分别任上海军政府民政总长、工商总长。但那种情形，并非如贝热尔所主张的，资产阶级里面革命派与改良派就是一回事；它们之间，只有因时因地行动的差异，没有阶级基础的不同。事实上，哪一部分商人、资本家欢迎革命，哪一部分商人、资本家被迫跟着事变的进程改变态度，两者是有分别的。

（三）以为不是由大商人、资本家，它们的代表立宪派去策划、鼓吹的革命，就不能叫革命，《资产阶级与辛亥革命》上正是抱着这种看法，那除了对立宪派估计不正确，还把资产阶级革命想得过分狭窄了。世界上所有资产阶级革命，主要不是靠商人、资本家亲自来完成的。革命的组织者可能兼有资本家的身份，但他们主要是资产阶级、小资产阶级知识分子，是资产阶级的思想家、政治家、军事指挥人员。在革命中冲锋陷阵的力量，主要来自农民、工人、其他劳动群众，而非商人、资本家。法国大革命中“三级会议”里“第三等级”的代表无疑属于资产阶级的人物。他们是革命的鼓吹者，也是革命的策划者。可是第三等级的代表中，商人、银行家、工业家并不占多数。其中近半数为律师，其次为作家、政论家、传教士。写出著名的《什么是第三等级》一书的作者是教会人员西哀耶斯。前期“国民派”的“三头”迪波尔、巴纳夫、亚历山大·拉梅特是律师、高等法院人员和贵族出身的上校。革命民主派最杰出的代表马拉是贫穷教员家庭出身的自然科学家、政论家，罗伯斯庇尔是律师、法官，丹东是律师、政论家。忿激派的领袖扎克·卢是下级军官家庭出身的教员、乡村教士。从攻打巴士底狱开始的各次事变中的基本群众，如前面叙述过的是各行各业的工人、城市贫民、农民那些“无套裤党人”。贝热尔评论辛亥革命，认为“至少从西方观点来说，这很难说是一次资产阶级革命”。西方资产阶级革命首推法国革命。而法国革命的实际情形远不像她认为的那样，全凭商人、资本家就演出了使路易十六人头落地的雄壮历史戏剧。恰恰相反，法国广大人民群众的流血牺牲，才使那次革命得以在世界资产阶级革命中名列前茅。像中国君主立宪派那种势力，在法国革命中也早就暴露出了它的暂时侧身革命很快就背叛革命的反动本质。

拿上层资产阶级、立宪派的态度、作用为依据，来判断辛亥革命不是一次资产阶级革命，这是《资产阶级与辛亥革命》的中心思想，也是它不同于其他革命否定论的地方。

如果说《资产阶级与辛亥革命》仔细收集了若干事实——当然也提出了一些需要着重研究的问题，来谈论上层资产阶级与立宪派的作用，那末，《辛亥革命研究序说》就制造出了这个问题的一套理论。作者断言：辛亥“变革”的主力，不是代表中小资产阶级利益的同盟会派，而是代表资产阶级和大资产阶级利益的绅商层及其政治上的代表立宪派。“企图点燃‘革命’火种而多方活跃的同盟会的‘革命’活动，虽然采用了以反清为口号的‘革命’战术，但却未能掀起波及全国的影响。……在资产阶级各派政治势力当中，掌握着最进步的生产力，并提出了最具体、最系统、最现实的政权变革即‘政治革命’构想，且在社会上和地方上已经形成并保有着最大的社会、政治影响力的是立宪派。这一派，以不断向资产阶级转化的绅商阶层为其阶级基础，是由集结于各省商会、谘议局、自治局及其他立宪团体机构下的地方上实力派开明人士组成的。从实际的历史过程来看，自义和团运动失败以后，立宪派即通过各种政治、社会、经济活动形成为一股社会上和政治上的领导势力。从武昌起义到民国成立之间，实际上是在立宪派的领导之下，与同盟会派及地方上的旧势力联合起来，共同建立起新政权（各省军政府——南京临时政府）”[①]。总而言之，“以变革的主体来说，作为半殖民地半封建社会变革道路的推动者的主体的三派政治势力之中，以绅商阶层为基础的立宪派扮演了领导者的角色”。作者把自己的意思讲得很明白，那就是：一、辛亥革命是推动半殖民地道路的反动变革；二、革命派、群众的斗争无足轻重；三、立宪派最有力量、最重要，是革命的领导者。辛亥革命一大篇资产阶级革命史，

①《辛亥革命研究序说》，第104—105页。

从头到尾，变成了一篇立宪派领导的变革史。辛亥革命到底推动了历史前进还是阻碍了历史前进，推翻清政府的斗争是同盟会发动的还是立宪派发动的，从武昌起义到政权落入袁世凯手里，立宪派是支持了革命还是破坏、瓦解了革命，对于这一系列问题的回答，都与客观史实截然相反。

症结在哪里？症结就在作者拒绝从历史唯物主义观点、人民群众创造历史的观点看问题。立宪派的极力破坏革命，被说成领导了革命，革命的失败被当作了革命的成功。人们当然要问：既然立宪派那么有力量，确实起了领导作用，他们为什么不防止革命燃起熊熊大火？为什么不保住清政府使它不被打倒？为什么又与据说是处于“对立”地位的袁世凯“联合”起来了？这是立宪派领导变革说所永远解释不了的。

第三，农民和其他劳动群众在革命中的地位和决定性作用，被一笔勾销或至少大大降低了。

夸大资产阶级的地位和作用，反过来必然贬低农民、劳动群众的作用。横山英教授划分的两条变革路线中，农民被列于反帝反封建势力的一边，表面上占有应得的地位，而实际上不占任何地位。他一则说：

> 辛亥革命时期的群众反抗斗争，绝对不是革命斗争，而主要是反对政府政策即新政的群众斗争。它是反帝反封建的变革路线，是同军阀与资产阶级的同盟所推动的半殖民地、半封建主义化的变革处于根本对立的关系的。但同时由于它是潜在的，所以它只能处于酿成革命形势的程度，而客观上竟起到了为半殖民地、半封建政权的树立提供条件的作用。①

再则说：

> 如所周知，列宁在所著《第二国际的破产》一文中，对革命的各种条件有如下的法则性规定：“没有革命的形势就不可能有革命。……只有在上述客观变化加上主观变化的形势下才会产生革命，这种主观变化就是：革命阶级能够发动足以打倒（或摧毁）旧政府

①《清末变革中的领导与同盟》，《史学研究》97 号，第 85 页。

> 的强大的群众革命行动，因为这种政府，如果不‘推’它，即使在危机时代也是不会倒的。……”“如果在这个国家没有一个革命阶级能够把遭受压迫的消极局面变成愤怒和起义的积极局面的话，任何下层社会的遭受压迫或上层社会的危机都还不能造成革命……”在清末辛亥革命时期的革命形势下，“主体的变化”，亦即“能够发动足以打倒（或摧毁）旧政府的强大群众革命行动的阶级”或者“能够把遭受压迫的消极局面变成愤怒和起义的局面”的革命阶级，存在过吗？……我们看不到堪称为“革命的阶级”——当然是“能够发动足以打倒（或摧毁）旧政府的强大的群众革命行动”的阶级动力，或者“能够把遭受压迫的消极局面变成愤怒和起义的积极局面”的革命阶级，又或者这样内容的“主体的变化”曾经存在过。①

农民、人民群众，根据这些叙述，他们的情况是这样：（一）进行过斗争，发生了作用，但进行的“绝对不是革命斗争”，也不发生革命作用。他们与帝国主义、封建势力，由“潜在”的对立，走到了实际的结合。他们没有破坏半殖民地半封建统治，而是客观上帮助反革命树立起了半殖民地半封建的统治。（二）没有进行过斗争，没有起作用。辛亥革命时期不存在革命的阶级，不存在谁能够把遭受压迫的消极局面变成愤怒和起义的局面。“不存在革命的阶级”里面，当然也包括农民阶级、其他劳动群众。第一种情况，农民的地位和作用只能是否定的；第二种情况，农民的地位和作用仍然只能是否定的。中国近代史两条变革路线的理论中，资产阶级革命派发起、领导革命的地位，一开始就直截了当勾销了；资产阶级革命的主力军农民阶级的地位，又拐弯抹角地一笔勾销了。两条变革路线云云，其实只有一条变革路线：半殖民地半封建的变革路线。没有什么革命反革命，大家一起在半殖民地半封建的道路上赛跑，看谁得到冠军。革命否定论就是这样告诉我们的。

农民的革命斗争可以变成推进半殖民地化，革命派的武装起义——其中有武昌起义，可以说成没有全国影响，同盟会的一整套资产阶级政治纲领、政权设想等，可以看成不如立宪派的政治主张、政权设想具体、现实等等，最后集中到一点：上层资产阶级立宪派是辛亥革命的、也是中国社会的领导力量。

---

①《辛亥革命研究序说》，第99—101页。

如此颂扬、抬高资产阶级改良势力，如此贬低、抹煞农民、人民群众，这种观点新奇吗？请看资产阶级改良主义宣传家梁启超关于这个问题的议论吧！辛亥革命以前，梁启超攻击革命派的时候说："吾见夫所欲用之以起革命之多数下等社会，其血管内皆含黄巾、闯、献之遗传性也。……汝而欲言革命欲行革命也，则汝其学克林威尔，汝其学华盛顿，汝其用最善良之市民。……而必曰破坏旧道德为革命家应行之义务，则刀加吾颈，枪指吾胸，吾敢曰：倡此论者，实亡中国之罪人也，实黄帝子孙之公敌也。"①辛亥革命以后，梁启超承认革命不是有罪，而是有功了。但谁最有功呢？他说，同盟会与立宪派"一派注重种族革命，说是只要把满洲人撵跑了，不愁政治不清明；一派注重政治革命，说是把民治机关建设起来，不愁满人不跑。两派人各自进行，表面上虽象是分歧，目的总是归着到一点。一面是同盟会的人，暗杀咧，起事咧，用秘密手段做了许多壮烈行为；一面是各省谘议局中立宪派的人，请愿咧，弹劾咧，用公开手段做了许多群众运动……不约而同的起一种大联合运动。武昌一声炮响，各省谘议局先后十日间，各自开一场会议，发一篇宣言，那二百多年霸占铺产的掌柜，便乖乖地把全盘交出，我们永远托命的中华民国，便头角峥嵘的诞生出来了。这是谁的功劳呢？可以说谁也没有功劳，可以说谁也有功劳"②。痛骂黄巾、闯、献，赞扬"最善良之市民"的大资产阶级，彻底抹煞农民的作用，极力涂改立宪派的破坏作用，资产阶级改良派历来就是这么看待辛亥革命的。不承认人民群众的力量，只承认剥削阶级的力量，这是挂着不同招牌的唯心史观的共同点。所以《辛亥革命研究序说》并没讲出什么新的思想，不过在重复唯心论的一种旧思想。表面上引述科学词句，实际违反科学精神。

非"真正"的革命论或革命否定论，目前相当时髦。上面谈到的著作只是两个例子。革命否定论者的出发点不同，情况各异。有为反驳国民党"正统"宣传的，也有抱某种现实目的，想从历史上找根据的。但不管哪种情况，哪种理论，最后都必然归结到革命取消论。历史既然是不可改变的，革命取消论也就无法为人们所接受。

抽象地谈论什么叫真正的革命，什么叫非"真正的革命"毫无意义。尤

① 梁启超：《饮冰室合集》，第5册，《中国历史上革命之研究》。

② 梁启超；《饮冰室合集》，第13册，《辛亥革命之意义与十年双十节之乐观》。

其不能用资产阶级观点看待革命问题。一切革命斗争都是群众运动。群众在哪里推翻旧制度、旧秩序，建立新制度、新秩序，哪里就在进行革命，历史就在跃进。革命总要有必要的组织、领导、计划等。但革命从来不是按某种预定计划进行的。它打破反革命的意志，也违反革命者的意志。有秩序的革命，从来只存在于书本上，不存在于实际的运动之中。历史正是在这里表现了它的辩证法，表现了不以人的意志为转移的［某种］客观规律性。

中国近代史上没有两条路线吗？有两条路线。一条，帝国主义和中国封建主义相结合（买办阶级正是这种结合的产物），变中国为半殖民地半封建和殖民地的路线；一条，农民阶级、民族资产阶级、工人阶级和广大人民群众反抗帝国主义及其走狗，谋求民族解放、独立的路线。一部中国近代史，就是这两条路线激烈斗争、反复较量，中国人民最后战胜帝国主义及其走狗的历史。不管人们凭着主观臆想，把它列为何种公式，描绘为怎样的图案，都无法从事实上改变那两条路线对立和斗争的实质。横山英氏承认帝国主义的侵略，但同时又认为“外国资本主义并不是单纯的反革命势力，对于中国的资产阶级来说，它是半殖民地半封建的社会体制走向资产阶级化的一个条件”。也就是说，帝国主义侵入还有革命性的一面，而且为中国建立资本主义所必需。模棱两可，没有明确的思想。事物的辩证法变成了事物的不确定性。所谓两条“变革”路线，处处矛盾、混乱。显而易见，最后都和这样一个问题直接相联系。对帝国主义侵略的看法淆黑为白，矛盾、混乱。

四、辨明辛亥革命是资产阶级民主革命的意义

甲，认识世界资产阶级革命的多样性与共同性

十七世纪的英国资产阶级革命，开始了资本主义社会与资产阶级统治，以及这个统治走向没落、衰亡的时期。资产阶级的革命斗争、政治运动和民族战争，彼伏此起，情形极不一样。举例而言，英国革命：十八世纪的法国革命具有划时代的重要性。它们发生在资本主义手工工场时代和工业资本主义时代，不仅仅反映了英国、法国的要求，而且在更大得多的程度上反映了当

时整个世界的要求。法国资产阶级革命走到了自己的顶端，给历史带来的影响，比英国革命更加广泛、深刻。以至列宁评论说，十八世纪是法国革命的世纪。十九世纪四十年代普鲁士的革命、一九〇五——一九〇七年俄国的革命，都发生在后进的资本主义国度里。普鲁士的革命只是在思想上建立君主立宪政体，在事实上建立起资产阶级专政。俄国革命处在帝国主义时代，资本主义国家的资产阶级这时已经变成反革命阶级。所以俄国资产阶级性质的革命是在无产阶级领导下进行的。中国的辛亥革命、一九二〇——一九二三年的土耳其革命，与英、法、德、俄完全不同。它们是半殖民地的资产阶级革命。它们的任务，除了要反对本国封建阶级的统治，还特别要反对帝国主义即外国资产阶级的统治。帝国主义的时代条件，决定了辛亥革命、土耳其革命都不能取得真正胜利的结局。

然而世界资产阶级革命的这种多样性，并不足以掩盖、抵消它们的基本的共同之点。首先它们都是社会生产力、社会经济发展到一定阶段的产物。资本主义生产造成了新的不能为封建生产关系所容纳的社会生产力。封建的生产关系必须打破，而且果然打破了。第二，所有这些革命（除了俄国一九〇五年革命以外），都是资产阶级、它们的代表人物发动和领导的，它们斗争的目标、提出的口号、要求，基本相同或者相似。例如建立共和国、改革封建土地制度、人权、平等的号召等等。甚至英国、法国出现的政治派别如君主立宪派、共和派以及他们的代表人物，在后来的革命中也一再重复出现。第三，它们都在不同程度上推动了历史前进。资本主义近代工业生产是历史上从未有过的大前进。辛亥革命没有触动旧中国的牢固基础，封建土地制度、旧官僚制度、旧军队等照样保持。革命雷声大，雨点小，最后失败了。但它打倒几千年的封建专制政体，改组了上层建筑，仍有重要的意义。它打倒的不是一个朝代，而是一种根深蒂固的制度。民主共和的观念从此深入人心。反革命是皇权复辟的条件，皇权又是反革命复辟的条件。辛亥革命打倒清政府，反革命借以复辟的皇权不再被人们所接受了。皇权和民权的斗争，民权取得了某种胜利。特别这个事件出现在几亿人口的大国，出现在落后的东方，不能不产生很大的影响。资产阶级革命的共同性告诉我们：世界历史是遵循着一定的［基本］规律进行的。那种规律，如果在封建时代还由落后的生产力所掩蔽着，那末，到资本主义出现、资产阶级革命普遍地成为必要之后，它就最后显露出来，为人们所认识了。这个规律就是“人们在自己生活的社会生产中发生一定的、必然的、不以他们的意志为转移的关系，即同他们的物质生产力的一定发展阶段相适合的生产关系。这些生产关系的总和构成社会的经济结构，即有法律的和政治的上层建筑竖立其上并有一定的社会意识形式与之相适应的现实基础。物质生活的生产方式制约着整个社会生活、政治生活和精神生活的过程。不是人们的意识决定人们的存在，相反，是人们的社会存在决定人们的意识。社会的物质生产力发展到一定阶段，便同它们一直在其中活动的现存生产关系或财产关系（这只是生产关系的法律用语）发生矛盾。于是这些关系便由生产力的发展形式变成生产力的桎梏。那时社会革命的时代就到来了。随着经济基础的变更，全部庞大的上层建筑也或慢或快地发生变革”[①]。这个规律支配着世界历史由封建制过渡到资本主义，也支配着世界历史必然由资本主义过渡到社会主义、共产主义。不管人们乐意不乐意，世界历史就是这样遵循自己的轨道运行的。

乙，认识中国民主革命的历史特点

中国资产阶级民主革命，如前面所说，是半殖民地半封建国度的民主革命。这个革命从鸦片战争开始到中华人民共和国成立，进行了一百一十年。它的任务是打倒帝国主义和封建主义。[，争取民族独立，争取中国社会生产近代化。]“五四”运动以前的民主革命是资产阶级领导的，我们称它为旧民主主义；“五四”以后的民主革命是无产阶级领导的，我们称它为新民主主义。旧民主主义从鸦片战争到“五四”以前，一共八十年。其中，第一阶段，以太平天国为中心的农民革命战争时期；第二阶段，戊戌变法、义和团运动，资产阶级改良主义和农民爱国运动并行时期；第三阶段，即资产阶级领导的辛亥革命及其失败的时期。农民和资产阶级的政治运动、革命斗争都遭到了失败，都没有挽救中国半殖民地半封建社会沿着下降线行进。“五四”以后，有了无产阶级的领导，中国革命才由失败转而逐步走向胜利。新民主主义革命从“五四”运动到中华人民共和国成立，一共三十年。其中经过第一次国内革命战争、第二次国内革命战争、抗日战争、人民解放战争，革命是沿着

① 马克思：《〈政治经济学批判〉序言》，《马克思恩格斯全集》1962年版，第13卷，第8—9页。

上升线行进的。一九四九年中华人民共和国成立，标志着中国人民推翻帝国主义封建主义统治，夺得了民主革命的伟大胜利。鸦片战争到中华人民共和国成立以前这一百一十年的历史告诉我们：在帝国主义的侵略、压迫下的半殖民地半封建的中国，没有无产阶级领导，革命就失败，中国人民就不能摆脱帝国主义的剥削、压迫，就不能推翻本国封建阶级的统治；有了无产阶级、中国共产党的领导，有了马克思列宁主义、毛泽东思想的指引，革命就走向胜利，中国人民就能够战胜国内外一切强大的敌人，打碎旧中国、旧社会的沉重枷锁，获得［民族］解放。

中国民主革命这个历史特点极为突出。它必然要对后来的历史发展产生深远影响。民主革命的胜利，打开了中国历史巍然跨进社会主义的大门。社会主义经过种种严峻的考验，已经在中国最后站稳脚跟。它像一棵参天大树，在中国地面上~~永久~~扎下了根。这个根有九亿多条，没有什么力量可以使它动摇得了。社会主义至今仍是人类生活中最大的新鲜事物。它的矛盾、运动规律还没有全部显露出来。人们还需要在探索中前进。无产阶级的政党——中国共产党，既然能够领导人民群众走自己的道路，推翻帝国主义封建主义的统治，也就一定能够领导人民走自己的道路，把落后的中国改造、建设成为一个社会主义的~~先进发达~~［现代化］的新中国。“我们不但善于破坏一个旧世界，我们还将善于建设一个新世界”。不管有什么困难、曲折，历史的车轮正滚滚向前。中国人民既拥有巨大的物质力量，也拥有巨大的精神力量。这都是中国民主革命给我们留下的最宝贵的用之不竭的财富。辨明辛亥革命的性质，说明中国民主革命的历史特点，我们将更好地利用这笔巨大的精神财富。

中国近代史研究的现状

中国近代史研究的现状这个题目包罗的内容很广，我想就自己认为主要的东西作一些介绍。对于以前与有的同行们交谈中碰到的某些问题，这里也顺便说说我的看法。

中国近代史的研究作为一门科学是毛泽东同志开辟的。无产阶级与资产阶级对于如何看待近代中国的历史，存在着两种态度、两种观点的对立。这里有资产阶级重古轻今的学风问题，更有反对还是坚持马克思列宁主义指导的问题。毛泽东同志的科学论述和有关的指示，使我们逐步解决这些问题，有了前进。可以说，成绩显著，有目共睹。林彪、“四人帮”横行的十年里，我们的科学文化事业或者陷于停顿，或者逆转倒退。近代史研究同样遭到大破坏，发生大倒退。打倒“四人帮”，我国各条战线首先必须拨乱反正，同时开始恢复发展。中国近代史研究的现状，和这个背景是密切相联系的。我要介绍的内容有下面几项：

一、恢复建立机构，制订发展计划

我国的社会科学研究工作，“文化革命”以前，就分别在三个系统里进行。它们是中国科学院哲学社会科学部的研究所、地方研究机构和大学有关的教研室。“文化大革命”期间，教学、研究基本停顿。一九七五年以后高等院校陆续开学，研究工作仍然没有真正进行。最近几年期间，我们一面整顿建立机构，一面进行研究，工作成效是显著的。

目前上述三个系统的机构全面恢复，并有了新的发展。一九七七年成立了中国社会科学院。它与中国科学院平行，直属国务院。中国社会科学院院长胡乔木是著名的马克思主义理论家，早已为国内外学术界所知。社会科学院现在有近二十个研究所。其中专门研究历史的有考古、历史、近代史、世界史四个研究所。经济、民族、宗教、文学、哲学等研究所都设有研究室和组，担任本门科学历史的研究。各省市的研究机构，有称某地社会科学院的，有称社会科学综合研究所的。如上海、吉林、辽宁、四川、内蒙古、新疆、湖北社会科学院，广东、云南、黑龙江、湖南、广西社会科学综合研究所，等等。研究历史，特别是研究本地区的历史，研究近代史、革命史，是它们的重要任务之一。地方的研究机构属各省市领导，与中国社会科学院的研究所保持密切的协作关系。高等院校是历史研究的一个重要阵地。综合大学、师范大学、师范学院一般都设有历史系或政史系。少数大学并设立单独的历史研究所。如中国人民大学的清史研究所，专门研究清代历史。主要的博物馆如故宫博物院、历史博物馆等，也都聚集着相当的人力，从事历史研究工作。与研究机构恢复并行的，学术界组织了不少的研究会，近代史方面如太平天国研究会、辛亥革命研究会、中俄关系史研究会等先后成立。其他还有一些研究会正在酝酿筹办中。研究会是群众性的学术团体。它与几个系统的研究单位合作，组织推动学术活动。

机构恢复，使工作计划提上了日程。去年六月、今年四月，我们举行了两次全国性会议，制订规划。中心是选定研究项目，确定主编或负责单位。选题包括专题、专史、综合性著作、资料、档案、工具书等等。专题研究和资料工作在规划中被放在重要的地位上。中国近代史领域要研究的题目很多，任务艰巨。三十多年前，毛泽东同志就号召我们对中国近百年的经济史、政治史、军事史、文化史进行分析的研究，然后作综合性的研究。至今学术界还没有写出有系统的分析研究的专著。新近出版的近代史读物，重复劳动多，新增加的东西少。陈陈相因，了无新制，引起读者的批评。专题、专史的研究，将帮助我们打开新的局面，提高科学水平。规划中包括编辑出版百科全书。中国历史的部分正在着手编写。工作量虽然很大，也要争取早日完成。

二、坚持马克思主义，解放思想

拨乱反正，根本的一条，是坚持马克思主义，把人们的思想从林彪、“四人帮”制造的现代迷信禁锢中解放出来。这需要做深入的思想理论工作。中国正在进行的实践是检验真理的唯一标准的讨论，就属于这种思想理论工作的重要组成部分。它对于中国革命、社会主义现代化建设，在理论上、实践上都有极其重要的意义。历史研究者，其中包括近代史，特别是思想史的研究者热烈参加了这个问题的讨论。目前历史刊物上讨论活跃，和打破现代迷信的禁锢是直接关联的。

坚持马克思主义，对于历史科学，首先要求坚持阶级、阶级斗争的观点，坚持人民群众创造历史的观点。这方面，中国历史研究者在批判“四人帮”狂热宣传的“儒法斗争论”中所做的工作是值得注意的。现在我们知道，“四人帮”讲儒法斗争论与研究历史全然无关。他们是借这个题目搞政治阴谋，实行篡党窃国。“醉翁之意不在酒，在乎山水之间也”。因此，历史研究者批判“儒法斗争论”，首先必须集中于政治上的揭露。不然，就没有击中要害。但是“四人帮”既然谈论历史，并且打着马克思主义（实际是封建主义）的旗号，就不能不涉及历史观点。批判者也就不能置他们的观点于不顾。其中有一些问题，例如中国两千年的历史是阶级斗争史还是儒法斗争史？奴隶们创造历史还是法家帝王将相创造历史？无产阶级先进还是“法家”人物先进？等等，经过集中的批判、论述，“四人帮”那一套唯心主义宣传被彻底揭穿了。我们不可以把那种批判估计为只有政治上的意义，并无科学研究上的意义。历史唯心论绝非那么简单。它本质不变，长期存在，显然很善于用不同形式适应环境，去争取群众。同样地，马克思主义也并非走到哪里，就一下子最后站稳脚跟，不再受到摇撼。中国革命的胜利是马克思主义、毛泽东思想的胜利，这是谁也不会怀疑的。所谓“法家”完全是封建文化范围的、中国政治思想史上学术研究中的一个问题。可是以前谁又会想到，那种封建的东西居然可以挂起马克思主义的牌子，在革命胜利了的中国一时大行其道呢？这说明马克思主义总要在克服各种特殊形式的历史唯心主义的抵抗中反复斗争，才能扎实前进。否则必然原地不动，以至复古倒退。批判“儒法斗争论”是个特殊性的问题。但经过这场批判，人们取得了识别历史唯心论的新经验，马克思主义的水平得到了提高，那种批判因此就有了科学上的普遍意义。

有的朋友提出这样一个问题：你们主张解放思想，是不是会把马克思主义“解放”掉？提出这样的疑问是可以理解的，或者说也是自然的。我的看法如下：第一，前面讲过，我们说的解放思想，是指解除林彪、“四人帮”制造的现代迷信的束缚、禁锢，捍卫马克思主义。不过，既然讲“解放”，一定就会有各种不同的意见出现。目前我们的学术讨论正是这样。其中肯定有坚定不移贯彻马克思主义的，也难免有在某些问题上发生动摇的。对于马克思主义，事实上并非由于有人说要解放思想，才产生了不同意见。从马克思主义出现的那一天起反对的意见就存在。可以说，马克思主义存在了一百多年，也被人们批判、反对了一百多年。但是它并没有被批判倒，相反，它的科学力量越来越为世界所承认了。中国在“文化革命”以前，学术界同样有人不赞成马克思主义。一九六二年前后，某位大学教授就主张，阶级分析只适用于近代史，不适用于中国古代、中世纪的历史。人们并没有觉得有什么了不起。因此，现在即使有人不赞成马克思主义，那也不稀奇，更没有什么可怕的。第二，我们坚持马克思主义，同时认为要用科学的态度对待马克思主义。马克思主义与宗教教条没有丝毫共同的地方。它是在各国人民的斗争中不断发展的，无论是谁都不能用任何形式加以垄断和固定化。世界在发展前进，马克思主义也要发展前进。它必须研究新的情况，回答新的问题。对于社会科学的研究，马克思主义是提供了辩证唯物主义与历史唯物主义这种唯一科学的观点方法。运用这种观点方法去进行研究，或者由于理论解释的差异，或者由于客观实际的发展、变化，在某些问题上出现不同主张，并不就等于异端邪说。事实和时间会检验它们是否正确。如果不管什么问题总要照经典著作的话写出千篇一律的答案，那种态度正好与马克思主义背道而驰。我们说解放思想，就是要坚持前者，排除后者。第三，马克思主义是科学，科学真理是推翻不了的。它的威力只会一往无前。中国今天的情况，学术界第一流的马克思主义者可能是少数，完全拒绝马克思主义的人也只是极少数，多数人读过一些经典著作或受过科学的教育，是可以跟马克思主义走的。再加上社会主义制度的优越性，这就决定了历史不会倒退下去。当然这里存在一个与反马克思主义的思潮作斗争，与历史唯心主义划清界限的问题。四个“坚持”其中就有要坚持马克思主义、毛泽东思想。只要我们随时重视这个方面，科学真理就会发挥出它的力量。所以我们主张坚持马克思主义，解放思想，并不怕马克思主义“被解放掉”。相反，人们从各种各样的历史唯心论中解放出来，只会加速在马克思主义的道路上前进。

三、关于培养干部的工作

近代史研究的专业人员，以前主要吸收大学历史系毕业的（也有其他系的）学生，在工作中培养。一般经过三四年的学习，然后参加一部分集体工作或专题研究。他们的职称，有研究实习员与研究生两种，实际上没有多少差别。

现在中国社会科学院设有研究生院。研究生一般应在大学培养。中国社会科学院设立研究生院，是要有效地在短时间里解决一批干部来源的问题。大学历史系有的也在去年开始了招收研究生的工作。所有的研究生是经过严格考试录取的。每个研究生都有一位固定的导师，由各研究所和大学的有关人员担任。第一年上基础课，各科研究生是共同的。后二年由导师指导写毕业论文。学位问题尚在酝酿，确定以后会公布章程。有的朋友说，你们的研究生每人有一位固定导师，实在幸运。但也有个问题，研究生是否在学术观点上过分受导师的影响？我说这是可能的。因此，导师必须十分注意发扬学术民主，不要把自己的见解强加于人，而要引导学生反驳自己的意见，去深入钻研，独创奇辟。同时，我们也要注意到，真正有见解、有深刻思想的研究生是不会受学问平平的导师所束缚的；反之，导师确有成就，足以成为马克思主义的一家之言，立唯物主义的一派之说，那么学生继承发扬下去，正是极大的好事，求之不得，是我们所需要而又欢迎的。

中国革命的胜利，是和毛泽东、周恩来、刘少奇、朱德等第一代的无产阶级革命家的活动紧相伴随的。在这一代人手里建立了中华人民共和国，取得了社会主义革命、社会主义建设的伟大成就。一些最早的领导人相继辞世，中国无产阶级的革命事业，有一个承先启后，继往开来的问题。学术文化研究工作也大体上这样。我们的开国一代，学术文化方面人才济济。但时间过去了三十年，自然规律促使老成凋谢。老一辈的马克思主义历史学家郭沫若、范文澜、翦伯赞，用中国传统方法研究历史而著有声望的陈寅恪、陈垣，都是最近十年里去世的。他们的去世，或在这一点上或在那一点上留下了空白。健在的较早的马克思主义历史研究者如侯外庐、吕振羽等年事渐高，难以再负担繁重的工作。更加重要的是林彪、“四人帮”的破坏，白白断送了中、青年人上十年的大好光阴。历史研究工作的队伍因此出现了某种青黄不接的现象。我们需要采取各种措施，弥补损失掉了的时间。培养研究生只是途径之一。不过照我想，这种青黄不接只会暂时存在。中国实施四个现代化，掀起经济建设的高潮，随着而来的，将要出现一个学术文化建设的高潮。许多新人会涌现于世。清代著名诗人、历史家赵翼有两句诗“江山代有才人出，各领风骚数百年”。我们的社会主义江山肯定要出社会主义的才人，群星灿烂。在中国大地上，马克思主义历史学的更加繁荣、发展，是可以预卜的。

四、学术活动与问题讨论

各位从报刊上可以知道，我们的学术刊物、学术讨论很活跃。学术刊物如雨后春笋般兴起，究竟有多少种，我没有作过调查，有人说在百种以上。学术会议和刊物上讨论的问题多种多样。历史学方面，从对马克思主义基本原理的理解到许多历史人物的评价，议论纷纷，体现了“百家争鸣”的精神。“四人帮”横行、霸占舆论阵地，把许多历史问题的是非颠倒了。现在的讨论使其中一些重大问题得到纠正，并在群众中进行教育。有关孙中山的评价就是这些问题之一。

孙中山的重要革命活动贯穿在三个不同时期里面，那就是：在民主革命的准备时期，领导建立资产阶级革命团体兴中会、同盟会，提出和宣传资产阶级民主革命纲领三民主义，站在鲜明的革命民主派立场上，同资产阶级改良派作斗争，以及领导和发动了多次武装起义。在辛亥革命和那以后的一段时期，领导人民推翻清朝，结束两千多年的封建帝制，建立了资产阶级共和国“中华民国”，领导“二次革命”和反对袁世凯独裁卖国，以及领导“护法运动”，进行反对军阀的斗争。在第一次国共合作时期，在苏联和中国共产党帮助下，改组国民党，实现了第一次国共合作，推动工农运动，准备北伐，提出“联俄、联共、扶助农工”的三大政策，重新解释了三民主义，把旧三民主义发展为新三民主义。毛泽东同志多次评论孙中山的杰出贡献，称之为中国革命伟大的先行者，这完全合乎事实。中国社会科学院近代史所研究人员写的《孙中山传》不久以前出版了。那本书太简略，有的地方还相当粗糙，不过基本上是试图照毛泽东同志的评价去叙述的。孙中山的一生，是随着时代不断前进的一生。他在中国革命中的功绩，应当永远受到历史的承认。企图用这种那种理由来否定孙中山的历史地位的说法，都不可避免地要陷入到历史唯心论，最终为人们所抛弃。

谈到这里，或者有人问：你讲了第一次国共合作，后来又有第二次国共合作，中国要完成祖国的统一大业，而台湾现在还处在国民党统治下面，那么，是不是可以有第三次国共合作呢？我的回答是：祖国统一、人民团结、社会主义建设现代化、民族兴旺发达，这是包括台湾人民在内的全体中国人的根本利益所在，也是摆在现在这一代人面前的伟大历史使命。以往两次国共合作都带来了中国历史的前进，事实昭然。台湾当局如果以中国人民的根本利益为重，对统一祖国的大业作出贡献，这样的“第三次国共合作”我看值得加以讨论。人民群众中，特别是海外对台湾当局不满的群众中，有人会对此想不通。但是只要我们着眼于全中华民族的根本利益，照我们先民的古训“往者不可谏，来者犹可追”，放弃过去，成就未来，这也就可以想通了。我作为一个历史研究者，相信历史总要不断前进，就像地球总要不停息地旋转一样，是没有什么力量能够阻挡得住的。台湾统一到社会主义祖国的怀抱里，不管采取什么形式，终归是要解决的。

上面我说，学术问题的讨论中体现了“百家争鸣”，这当然不是认为所有的讨论都很有意义，或者所有的意见都能成立。例如今年五月在南京举行的学术讨论会上，个别人主张太平天国革命政权与历代封建王朝没有区别，是又一个封建政权。我接触到的东京大学几位研究中国历史的教授，都认为那种看法不能接受。《中国研究月报》一九七九年十月号上刊登的两篇文章，也都是反驳那种观点的。但是不同的意见能够发表出来，对于开展辩论、促进研究工作的深入，仍有其意义。

五、反对霸权主义与历史研究有关的问题

关于这方面，目前受重视的，大致地说，一是中俄关系史的研究，一是东南亚、中越关系史的研究。

长时间以来，苏联的所谓中国学、俄中关系史的研究，完全变成了苏联霸权主义的工具。那里一些挂着马克思主义历史学幌子的人，用资产阶级种

族主义、大俄罗斯沙文主义和实用主义的手法，从头篡改中国近代史和整个中俄关系的历史，替沙俄侵略、扩张辩护，诬蔑、攻击中国。他们写的这类著作汗牛充栋。中国近代史、中俄关系史的论文、专著应有尽有，不胜枚举。苏联利用历史学这个领域替霸权主义制造根据，掀起一阵阵反华恶浪，我们当然也要在这个领域进行反击，恢复历史真相。因此，近些年里，中俄关系史，中国东北、西北边疆地区的历史，一直受到研究者的重视。前面说过的中俄关系史研究会也就是这样产生的。报刊上发表有这方面的文章。西北、东北、内蒙古等地都有人在撰写俄国侵华史一类的著作。余绳武（近代史研究所副所长）主编的《沙俄侵华史》共四卷，第一、二卷已出版，全书预计在一九八一年写完。

苏联的中俄关系史研究首先是篡改事实，但远不止于篡改事实。他们最露骨地为沙皇俄国的侵略、扩张辩护。马克思主义的阶级观点、历史唯物主义被抛到了九霄云外。但他们反过来说中国揭露沙俄侵略是所谓“大国霸权主义”。列宁写的《旅顺口的陷落》一文[①]极其精辟，其中有一段文字，朋友们要是有兴趣，我觉得不妨读一读。那段文字的要点是：一、马克思主义不袒护封建阶级、资产阶级，指出日俄战争是殖民主义战争，即日俄两个帝国主义争夺中国东北，进行殖民掠夺的战争。二、无产阶级敌视资产阶级的一切，但要区分进步和反动，强调日本资产阶级击溃专制主义俄国是完成了一项革命任务。三、严格区分压迫阶级与被压迫阶级、统治者与人民，人民对统治者的战争、压迫行为不负任何责任。列宁讲日俄战争的这段话，以前很少为人所引用，可能是因为它对日本打败俄国作了肯定的评价。仔细读过以后，知道它是对阶级观点、历史唯物主义最深刻的论述。

我们拿列宁的观点来对照一下苏联历史编纂家关于中俄关系史的论述，马上可以看出它恰好处处相反。他们袒护俄国资产阶级，为沙俄的侵略扩张拍手叫好。他们不敢敌视俄国资产阶级的反动——当然也不敢承认例如战胜俄国的日本资产阶级所起的进步作用。他们不区分压迫阶级与被压迫阶级、统治者与人民，把别人揭露沙俄侵略等同于反对俄国人民，实际也就是把沙皇贵族等同于俄国人民。不用说马克思主义、阶级观点被彻底抛弃了，俄国资产阶级有过的谴责沙俄侵略扩张的进步观点也被否定了。他们的立场变成

① 《列宁全集》1959 年版，第 8 卷，第 29—37 页。

了旧俄国统治者的立场。不管用多少马克思主义的词藻也掩盖不了这个事实。为什么这样？苏联的中国学、中俄关系史的研究，变成了苏联霸权主义的工具，这就是问题的实质。

中国近代史研究者有关中俄关系的研究，在考订史实、叙述过程、恢复历史真相方面，做了如前面所讲的那些工作，是有成绩的。但范围狭窄，理论性的研究太少。仅就历史学领域说，例如苏联历史学的过去与现在，像这类问题显然有意义。但还没有人着手去做。不从理论领域打开局面，就难于有大的进展。这是我们要努力解决的问题。

中越关系，一向是中国近代史研究中的一个课题。近代史上的大事件之一——中法战争吸引人们去研究这个课题。那场战争与中越关系直接相联系。中国史学会编的《中法战争》一书，收集的材料不少，人们至今仍在利用。关于刘永福、黑旗军等，中越双方以前的出版物上分别有过论述。某些看法不同，也完全属于学术探讨。

近年来，越南一些报刊文章的作者唯心史观和资产阶级实用主义恶性发作。他们仿效苏联人的榜样，用讲历史和所谓社会“调查”等，极力煽动资产阶级民族主义的情绪，为越南现在的领导人推行的反华政策、地方霸权主义服务。他们还在对美国激烈抗战期间，就开始了宣传中国历史上如何侵略越南。据说越南人一向是胜利者。今天这个胜利纪念日，明天那个“大捷”。与此相反，对于历史上，特别对于近代、现代历史上中越两国人民共同抵抗西方侵略，互相支援进行革命斗争的传统友谊，讳莫如深。这种极端反常的情况，不能不引起中国历史学者来注意研究这方面的问题。目前他们并不急于发表自己的研究成果。而这方面是有成果的，一旦需要，当然会发表。

无论怎样，照我的看法，中国历史学者关于中越关系史的研究有两点是不会动摇的。一、遵循马克思主义观点，坚持科学的态度。中越间两千年以上的交往，有和平，有战争，有所谓“宗藩关系”，那都早已成为历史，没有什么可以争辩、需要回避的。它的本质、作用是什么，就是什么。我们站在工人阶级立场上只应当依据事实，批判中国封建阶级，决不能像前面讲的苏联历史家那样，为本国剥削阶级辩护。中国人民、越南人民，那时他们同样受剥削受压迫，同样处于无权的地位。他们对本国剥削阶级的行为不负任何责任。他们的所作所为，都应当是为了推翻压在他们头上的封建统治。二、着重研究中越两国人民传统友谊的历史。这是近百年来支配两国命运的主流。两国的农民阶级、资产阶级、无产阶级，在反抗外国侵略、推进革命事业的斗争中，互相支援，共同斗争，史不绝书。十九世纪七八十年代，中国的农民武装黑旗军及其领导人刘永福响应越南国王的号召，驰骋北圻疆场，抗击法国侵略军，先后达十三年（刘永福在越南活动共十八年）。刘永福屡建奇勋，越南国王授为三宣副提督、提督，封义勇男爵。黑旗军的英勇事迹长期在两国人民中流传。十九世纪末二十世纪初，中国资产阶级知识分子的爱国、革命宣传，强烈影响到越南革命知识分子。一九〇五年，越南维新会的创始人、著名革命家潘佩珠改华装、冒华籍，到日本会见孙中山、梁启超等人。两国的爱国者和革命家互相支援。东京出版、云南同盟会办的革命刊物《云南》成了双方共同斗争的阵地。《云南》杂志上若干作品，就是直接写给越南人民的。潘佩珠口述、梁启超笔录的《越南亡国史》一书，传诵一时。同样地，孙中山的革命活动也得到了越南人民的积极支援。孙中山亲自领导的反清武装起义里面，有名的一九〇七年镇南关之役、一九〇八年河口之役，就是以越南为基地进行的。辛亥革命以后不久，潘佩珠等齐集广州，在孙中山的热情支持下，建立起了新的革命团体"越南光复会"，继续斗争。至于越南无产阶级的领袖胡志明主席、越南其他革命家与中国共产党合作共事的光辉历史，人们耳闻目睹，记忆犹新。所有这些，谁对前途怀有信心，谁就不应当隐瞒起来，而应当表而出之，让人们评判是非，选择他们要走的道路。

说到越南与印支、东南亚其他国家的关系，越南领导人更直截了当，用历史作为推行地方霸权主义的借口。今年四月二十七日，路透社记者安东尼·古德曼自河内报道，联合国秘书长瓦尔德海姆同越南总理等人会谈，瓦尔德海姆提出，东南亚国家对于越南对其邻国的意图感到不安。越南领导人回答说："越南对柬埔寨采取行动是由于这两个国家之间的历史关系，还由于波尔布特部队骚扰和袭击了越南。"[①] 那么，什么是越南和柬埔寨"两国之间的历史关系"呢？

略查一下越南和柬埔寨历史就知道了。柬埔寨以前叫真腊国。十八世纪以前，越南阮王朝吞并柬埔寨领土二分之一，即现在越南西贡以南最富庶的地方，当时号为水真腊。一八〇七年，柬埔寨被迫臣服越南，规定三年"进贡"一次。贡品包括两头五米高的公象、三只犀角、两枚象牙、五十斤金腊、

① 路透社河内 1979 年 4 月 27 日电。

二十瓶黑漆等等。一八一三年，越南打着“保护”的幌子，实际上在柬埔寨建立了自己的统治。一八三五年，阮朝进一步阴谋把柬埔寨并入越南，分柬埔寨领土为二十二府、二县，任命将军、参赞大臣、提督、正副统兵官管理一切军民事务。在要害的地方设宣抚使和安抚使防守。柬埔寨人民受到残酷剥削压迫，屡次发动反越大起义。暹罗势力也乘机而入。战争连年不断。一八四六年，越南因遭到柬埔寨人民反抗的打击，再也无力统治下去，与暹罗讲和，各自撤回军队，柬埔寨向双方进贡，接受“保护”。这种状况维持到法国殖民主义统治建立为止。越南与柬埔寨“两国之间的历史关系”，就是如此。越南领导人居然把这种历史关系作为出兵柬埔寨的理由，那岂不是公开说，越南要重新吞并柬埔寨，或者起码要使它重归自己“保护”吗，所谓“印度支那联邦”不过是一块透明的遮羞布而已，还有什么比这更霸权主义呢！

在这里我想提到一下，越南教育出版社一九六五年出版的潘辉黎、周天等编撰的《越南封建制度历史》一书。它写得不坏。越南最后一个封建王朝阮王朝侵略柬埔寨、老挝的过程，在这部书里有详细生动的叙述，值得一读。中国历史学界关于这方面的研究，比较之下，显得相当落后。

最后，总括一下前面的叙述，我们可以这样说：一、中国近代史研究在马克思主义的指导下前进，思想活跃；二、组织恢复发展迅速，正在为实现四个现代化的目标做好准备；三、坚持实事求是，坚持与形形色色的历史唯心主义作斗争。贵国著名的文学家、诗人吉川幸次郎先生前年寄给我一首诗，最后两句是“今闻日月重开朗，蓬矢桑弧兴未除”①。借这两句话来形容我们今天的近代史研究状况，我想也是恰当的。

---

①1978年秋天，吉川寄给我《刘大年先生贶大作依韵奉酬》一首。诗曰：“名士江东敢自居，惟欣禹域积薪书。谰言徒足酱瓿覆，陋巷愧停星使车。修史胜朝黄万似，杂诗论世魏龚如。今闻日月重开朗，蓬矢桑弧兴未除。”“陋巷”句，指1963年我参加中国学术代表团访问京都时，曾在左京区西园寺别墅“清风庄”与日本学者聚会，吉川住址就在那附近。1975年夏，我写有《吉川辛次郎先生率日本学术文化代表团访问中国，为北京公报后中日文化交流又一盛举，赋赠一律》的俚句，1978年7月，始由井上清先生转去。其词曰：“久说神农带水居，北京新展一编书。谈文晓下留宾榻，讲学星驰使者车。人是东瀛刘沛国，艺兼西汉马相如。太平洋上鲸飞浪，待听鸿词壮扫除。”日本报纸称誉吉川代表团成员均系第一流人材，所以这里用了晋朝沛国人刘惔的故事。鲸飞浪，指超级大国在太平洋上兴风作浪，追求霸权。

附录

承先启后　责无旁贷

——祝中国史学会重建

中国史学会重新建立了，我想用“承先启后”几个字向学会、向从事历史研究的同志表示自己的祝愿。

承先启后，承什么？启什么？我认为，承先，就是继承中国马克思主义历史学先驱们的光荣事业；启后，就是开启中国马克思主义历史学更光辉、远大的未来。中国封建时代历史学留下的遗产异常丰富，早期资产阶级某些著作也对历史学有所贡献，但它们都没有、也不可能使中国的历史研究真正成为一门科学。马克思主义传入，打开了科学的大门。毛泽东同志的著作分析中国“国情”，评述中国历史，也促进了马克思主义的历史研究。郭沫若、范文澜、翦伯赞、侯外庐、吕振羽等写的中国古代史和近代史，政治史和文化思想史，一些地区和民族的历史，对中国原始社会、奴隶制、封建制、半殖民地半封建社会的研究，对不同时代经济基础与上层建筑的研究，对奴隶制以来的阶级、阶级斗争状况的研究，或者建立起了科学基础，或者有了新的开端。中国历史学从此一洗唯心论，树立唯物论，面目为之一新。马克思主义历史学与中国无产阶级领导的革命运动紧密联系在一起。革命实践提高人们的思想认识，提出需要研究的课题，而历史研究反过来又为革命扫清前进的道路。马克思主义历史学在这里表现出了它的科学性和革命性的统一。如果说革命者对这一点还没有充分的估计，反革命派却是充分地估计到了。马克思主义历史著作一开始就受到国民党的禁止、封锁和围攻，便是证明。今天老一辈的马克思主义历史家有的相继辞世，有的在高年颐养之中。无产阶级革命事业要前进，历史科学要前进。承先启后，这个艰巨任务不得不落到我们大家的肩上。责无旁贷，义不容辞。

马克思主义是一个科学的、完整的体系，它对历史研究提供了科学的指导思想。为什么是这样？马克思、恩格斯的著作，列宁的著作，毛泽东同志的著作早就作了回答，用不着详加论述。列宁说，“阶级斗争学说是马克思全部观点体系的重心”[①]，一个即使稍微熟悉马克思思想的人对此也不能够否认。照马克思主义研究历史，就必须坚持这个思想体系，坚持这个重心。历史是人类社会充满着矛盾的运动过程。不论革命阶级、反动阶级，都要在运动中表现出各自的地位、作用和本质，但往往又不是并无矛盾地表现它们的本质。研究者的任务是不要把复杂的现象、矛盾的现象加以简单化，而又必须抓住阶级、阶级斗争最本质的东西。例如中国近代史上，代表大地主和买办阶级的洋务派，与维新运动中的资产阶级改良派、辛亥革命中的资产阶级革命派，它们是否一脉相承，同样对历史“前进”作了贡献？义和团运动抵抗外国侵略、瓜分的功绩与它的严重落后性，受欺骗，究竟何者为主，何者为次？辛亥革命中的资产阶级立宪派与革命派，到底谁是代表历史前进的方向？不抓住阶级本质，就会看不清楚它们的地位和作用。阶级划分这个界限一泯灭，历史研究顿然失去科学基础，历史规律、人民群众创造历史等，便不知从何谈起。我们要解放思想，研究问题要“求深”“求新”，这都毫无疑义，而且必须坚持下去。解放思想，同遵守马克思主义学说思想体系和重心并无矛盾。不坚持阶级斗争、阶级分析的观点，那肯定只有旧，不会新；只能浅，不会深。封建的和资产阶级的历史学足以为鉴。马克思认为他的理论的全部价值，就在于这个理论“在本质上是批判和革命的”。其中当然也包括批判资产阶级历史唯心主义。林彪、“四人帮”横行，天天高喊“批判资产阶级”。如今我们知道，他们所说的批判资产阶级，其实是批判马克思主义。他们不允许别人进行学术讨论，学术批评，把学术问题一概变为政治问题，实行“全面专政”，而他们那个帮派则肆无忌惮宣传封建主义，宣传资产阶级唯心主义。十年重雾，不能指望一个早晨就彻底澄清。“四人帮”覆灭以后，历史研究中不少问题在重新评价，重新辩论，涉及古今中外。很显然，马克思

① 列宁：《什么是“人民之友”》，《列宁全集》1955年版，第1卷，第286页。

主义要在这个领域争地位，资产阶级唯心主义、旧思想也要在这个领域争地位。情况就这样摆在我们面前。马克思主义历史学不与资产阶级唯心主义作斗争，就失去了自己的全部价值。可能有人担心，与唯心主义作斗争会妨碍“百家争鸣”。这个问题不难说明白。所谓“百家争鸣”无非是说学术研究中不同的意见可以自由争论，有发表创见的自由，有批评反批评的自由。谁也无法想象那些争论、批评，只可以在马克思主义者内部，或唯心主义内部进行，而不能在两者之间互相进行。马克思主义如果不能批评资产阶级思想，或不能进行反批评，“百家争鸣”就成了子虚乌有。“争鸣”的作用在于促进人们提高认识，接近客观真理。前人解说“争”字：“凡言争者，谓引之使归于己也。”马克思主义历史学批评资产阶级唯心主义，正是要“引之使归于己”，即引历史研究归于科学真理。问题是这种批评，应当建立在深入研究的基础上，应当彼此平等，充分发扬学术民主，反对形而上学。中国历史科学要承先启后，大踏步前进，必须全面应用马克思主义来进行最深入、最广泛的研究。坚持阶级斗争、阶级分析的观点，克服资产阶级唯心主义，克服旧思想，在今天，我觉得是需要十分重视的问题。

中国传统的历史学留下了丰富的遗产，无人表示异议。就在当代，如陈寅恪、陈垣用传统的方法研究历史，各有成就。既然要承先启后，为什么只讲马克思主义历史学，不讲中国的传统呢？我们知道，古往今来的历史著述，总要反映一定阶级的观点，从属于一定阶级的利益。否则这门学问就不会存在了。据说，夏太史终古见桀惑乱，载其图法出奔商。商太史向挚见纣迷乱，载其图法出奔周。晋太史屠黍也干过类似的事情。要是这种传说多少有一点真实性，也只表示那些史家由甲奴隶主投奔乙奴隶主，根本不是背叛了它的阶级。也就是说，对传统要作阶级分析。与此同时，我们今天的历史知识，主要从前人的大量著述中汲取来的。一旦抛开那些著述，我们就前不见古人，后不见来者，眼空无物。马克思主义历史学必须凭借先进的遗产才能发展起来，这是常识。马克思主义与人类先进文化的关系，照列宁的说明：“在马克思主义里绝没有与‘宗派主义’相类似的东西，它绝不是离开世界文明发展大道而产生的故步自封、僵化不变的学说。恰巧相反，马克思的全部天才正在于他回答了人类先进思想已经提出的种种问题。”[①] 从原则上说，马克思主义历史学与中国传统的关系也是这样。老一辈马克思主义历史家能够作出创造，不是由于他们离开了中国文明发展的大道，恰巧相反，是由于他们在不同程度上通晓中国传统，对我们民族的遗产有批判，有继承。例如郭老、范老熟谙、运用遗产的范围更广，他们的开辟作用也就更为显著。所以马克思主义历史学与中国传统，不是平行或对立的两件事。讲马克思主义历史学的承先启后，其中就包含了吸收遗产的精华。只有把前者当作与某种宗派主义相类似的东西，才会发生单独的继承旧传统的问题。

马克思主义历史研究，过去为中国革命的胜利尽了力量，现在、今后应当为无产阶级的事业，为中国社会主义建设尽更大的力量。我们要做的工作很多。一一列举，将要开出一长串的单子。马克思主义历史学上不少理论问题需要探讨；中国从原始社会到社会主义社会发展的全部历史，需要写出科学的著作；中国社会的必然走上社会主义前途，四个现代化必然要实现，需要从历史上加以阐述，提供科学根据；世界各国的历史也需要广泛进行研究，等等。所有那些工作都联系到一个“启后”的问题。我们要用有益的知识、科学的观点武装年轻的一代。这是一项极其严肃的工作。我们要努力在这项严肃工作中，加进自己最有价值的一份。道理很简单：年轻的一代是我们的未来，是历史发展的未来；他们要准确知道中国的昨天和前天，他们要掌握历史规律，善于辨明历史的前进方向；四个现代化的实现靠他们，推动中国从社会主义向共产主义目标迈进靠他们；至于马克思主义历史学的光辉未来，当然也靠他们。

恩格斯说：我们根本没有想到要怀疑或轻视“历史启示”；历史就是我们的一切，我们比任何一个哲学学派，甚至比黑格尔，都更重视历史；在黑格尔看来，历史不过是检验他的逻辑结构的工具。恩格斯的话告诉我们应当如何重视研究历史。关键在于一条：要有灵魂作指导。这个灵魂就是马克思主义。

---

①列宁:《马克思主义的三个来源和三个组成部分》,《列宁全集》1959年版，第19卷，第1页。

王芸生先生和他的《六十年来中国与日本》

三四十年以前，凡查考中外关系、中国近代史的人，总要看看《六十年来中国与日本》这部书。我接触王芸生先生的大名，就是从这部名著开始的。那是一九四七年的春天，我在北方大学工作，利用养病时间收集一些中美关系的历史资料。解放区只有少数小图书馆，材料贫乏。某次我同校长范文澜同志谈起这件事，他指出可以注意两部书，一部是李鸿章全集，一部是《六十年来中国与日本》。拙作《美国侵华简史》那本谫陋的小册子上有关的部分，就大量利用了这两部书的材料。也就在那前后，我间接听到了王芸老关于时局的精辟言论。他反对蒋介石打内战，说一打黄河为界，再打长江为界，三打共产党统一中国。作为资产阶级重要舆论阵地的《大公报》的主笔，发出如此尖锐的抨击，不同一般。

中国革命飞跃前进。十年以后，中国人民早已打倒蒋介石，实现了社会主义改造。一九五七年春天，王芸老特地来近代史研究所找我，就修改《六十年来中国与日本》一书征求意见。怎样改法，他自己认为大改困难太多，小改意思不大，倾向于中改。所谓中改，其实也近乎重新写过。自那时起，我们不断对一些学术问题交换看法。十年动乱期中当然谁也无法跟谁见面。彼此都在“牛棚”里，情况大同小异。重新工作以后我们碰见的次数多了，谈话也比以前深一些。王芸老长期办新闻，与各方面打交道，习惯于独立观察和判断，不苟同别人的意见。但他和所有的爱国主义者、革命知识分子一样，确信中国只有走社会主义道路，才能实现国家的富强和现代化，舍此别无他途。在历史观点上，他不讳饰以前对某些问题的看法不可取。之所以毅然改写旧著，首先就是承认那上面有错误或欠妥当的地方。七十余高龄，继续勤奋治学，孜孜不倦，这是何等顽强的追求真理的精神！

去年七八月间，王芸老来寓所欣然相告：改书的工作有进展，一、二卷即将杀青。《修订导言》写出了初稿，打算听取意见后再作润色。我建议他压缩原定的“中改”计划，剩下各卷基本维持原状，只作最必要的改动，这样比较现实。他也同意。此后不久，我受聘讲学，到日本去了。今年一月初，在东京忽然连得芸老两封急信。一看是：

> 世事难料，有如此者。忆上旬（按：时间隔了四个多月，不是“上旬”）晤谈，我尚在病院拘养。病不大，惟属慢性，尚须休养，直无可奈何之事。拙书尚在修订，计划今年完毕。第一卷将近期出版。修订序言，须作准备。前草初稿，修改不多。惟在邦交关捩之际，应有说明。国家方面，自有方针。国无常仇①，史例甚多。望在此方面有所发挥，亦突出之史论也。专此拜恳，盼能于旬日内拜读大作。

> 昨呈芜缄，想已赐鉴。病中困顿，思绪紊乱，忘记一句要紧话，就是请您给我的拙书写一篇序言，以为荣光。并希于旬日左右交稿，最为感幸。

这两封信顿时使我非常不安。一是担心他的全书修改计划难以亲手完成；二是在那样短的时间里我肯定写不出序言，徒然增添老人的企望、焦急。一月中旬我回到北京，赶紧去医院探望。王芸老问我写序的事如何，并说全书分七卷印行，序言刊在哪一卷上都行。我只好答应等书出来以后，写个读后记。但是没有想到这是我们最后的一次谈话。

《六十年来中国与日本》从第一卷出书到现在，时间过去了近五十年，仍有修订再版的必要，说明它自身有足以流传下去的生命力。这是最好、最有力的评价。分别来说，第一，此书在当时动员抗日斗争的舆论中，所起的积极作用是明显的。虽有若干缺陷，并没有妨害它激发读者的爱国思想、民族感情。第二，它是那个时代的一部代表作。无论从思想、风格来说，都是这样。某些重大事件的真相，依靠它，才得以披露于世，为人们所知。书名标举中国与日本，实际涉及中美、中俄等更广泛的范围。例如杨儒与俄国财政、外交大臣的《问答节略》，暴露俄国的侵略凶相，材料独一无二。第三，新改一、二两卷，史料翔实，事例整齐，与旧著相比，大踏步前进了，完全是一

---

① 作者于“国无常仇”语下划双横线，旁注：“先秦文献中未见，顾炎武《日知录》中有此语。”按：《日知录》中亦无此语。——编者注

部新书。没有改出的各卷，鉴于它具有的特色，由原来协助著者工作的张篷舟同志，加工整理，继续印行，还是很需要的。尽管二次世界大战后新出的史料甚多，如日本外务省的《日本外交文书》等，但各种史料重点不同，并不能使这部书再无足观。旧著上有的地方议论陈旧，如说袁世凯在“二十一条”交涉中指导颇为正确；对当事人留下的记录，如《总统密谕》、曹汝霖致陆宗舆书等，不加批评，过分相信，这自然是著者所处的时代、环境留下的烙印。诸如此类，我们整理的时候应当注意。台湾前些年出的一本《中日二十一条交涉》的书上，抓住这些地方，有意贬损，而对于王著的功绩只字不提。在对待前人的研究上，至少是很欠公道。

不用说，王芸老和他的著作，早就广为日本人士所知。今年一月六日，东京史学界的朋友同我在学士会馆举行座谈，出席者中有市古宙三、坂野正高、佐伯有一、田中正俊等二十几位先生。坂野是东京大学名誉教授，著有《近代中国外交史研究》等书行世，他问起王芸老近况，并说前几年访问中国，在北京机场受到芸老的欢迎，曾谈起《六十年来中国与日本》等等。我告诉他，此书将出新版，最近著者并有信来，要我写篇序言，讲一下“国无常仇”的想法。后面这一点，更引起朋友们的兴趣。

“国无常仇”，确实史例甚多，我们应当用马克思主义阶级观点来看待这个问题。一种情形，国与国、民族与民族间的统治阶级，他们为本阶级、集团的利益，“争城以战，杀人盈城，争地以战，杀人盈野”。双方人民都处于无权的地位，被迫遭受牺牲。他们只有仇恨本国的统治阶级，同情对方被压迫的人民。统治阶级间的斗争，不论胜负谁属，一反掌之际，又可以言归于好，化干戈为玉帛。因此，封建阶级的国，资产阶级的国，都不存在“常仇”的问题。这是很普遍的。再一种情形，一个国家、民族的统治阶级，压迫、侵略另一个国家、民族，或者公然灭人之国，或者强占领土，订立不平等条约，变后者为附庸、殖民地半殖民地。民族恶感、民族仇恨随之而起。第二次世界大战结束以前，近代的中国与日本的关系就属此类。当斗争激烈，被侵略国家的统治阶级，他们的利益、权力受到威胁时，往往不惜出卖民族利益，投降外国，充当走狗、儿皇帝。对他们说来，确实是国无常仇的。被压迫国家、民族中的人民，尤其是劳动群众，他们受到双重、多重压迫、剥削，沦为奴隶牛马。他们仇恨出卖民族利益的本国统治者，当然也仇恨外国侵略者。侵略、压迫存在一天，民族仇恨就存在一天。对他们来说[①]，又是国有常仇的。这同样是很普遍的。又一种情形，中国与日本现在的关系可以作为代表。中国革命的胜利改变了中国人民的地位，正义伸张了，国家、民族遭受侵略、凌辱的历史一去不复返了。中日两国人民的根本利益，要求确立中日两国间正常、睦邻、友好的关系，而这样的关系到底确立下来了。国无常仇，现在从中国人民看来，基础牢固，意义一新。中日间二千年正常关系的历史，值得我们回顾，我们更应当打开眼界，瞻望长远的未来。这样一点越来越突出：世界历史的动向，最后是由大多数人民群众的实际利益、意志向背所产生的社会运动、历史潮流所决定的。而这种潮流一经形成，即使有支流，有停滞，迂回曲折，终究要无可阻挡地进行下去。因为人民的意志、巨大力量是不能违逆的。中日两国关系长远的未来，肯定也是这样。

我们谈论历史，首先必须承认历史事实是不能修改的。它原来怎样，就是怎样。中国、外国的剥削阶级有什么罪恶，就讲什么罪恶。用甜言蜜语叙述他们的活动，等于蒙骗读者。离开基本事实，今天这么说，明天那么说，那是资产阶级实用主义。我们谈论历史又必须承认历史本身是不断发展前进的。阶级斗争的客观形势变换了，仇与非仇的位置也就跟着变换。辩证法不承认世界上有那种永远的、绝对不变的事物。揭露阶级、民族的压迫，是为了最后消灭产生它们的根源。笼统地讲民族恶感，不是无产阶级思想，是资产阶级民族主义。王芸老在他的《六十年来中国与日本》书中不赞成“历史糊涂主义”，同时又主张“国无常仇”。这两者结合在一起，是合乎辩证法的，而且表现历史的眼光辽阔。

《六十年来中国与日本》新改本没有出齐。照我所知，叙述一点著者改书的经过、最新的思想发展，就勉强算个《读后记》吧！谊厚而言薄，一定远不足以副王芸老生前的殷切期望。中国古人把记载国家大事的文字或著名的文章家叫作大手笔。王芸老称得是一位大手笔。即使读完全部新改本，我对这位大手笔的著作也难于说出什么有价值的东西，这是可想而知的。

---

① 作者于“对他们来说”一语旁批：“中国被压迫阶级、人民群众。”——编者注

横滨、东京孙中山遗迹访问记

日本女子大学教授久保田文次先生在一篇题为《同刘大年先生在一起的时候》的文章里有下面这样的叙述：

> 刘大年先生此次访日期间，对于历访东京周边与孙文及中国革命有关的史迹表示强烈的愿望。在横滨方面，幸得辻达也、伊东昭雄诸先生的协助，访问了与孙文、冯自由有因缘的文经商店，孙文曾经寄寓过的温炳臣旧居，梁启超的新民丛报社，孙文、李烈钧曾短期居住过的极乐寺“义烈庄”等地，还参观了鹄沼的聂耳纪念碑。在东京，由我做向导访问了新宿区的民报编辑部旧址、弘文学院、孙文寓居、黄兴旧寓、港区的同盟会成立大会会场以及二次革命后孙文来日时寄寓过的海妻氏旧宅（头山满旧居紧邻）等处。
>
> 这些地方虽名曰“史迹”，然而日本的文部省或自治团体并未予以应有的指定或加以适当的保护。更惭愧的是我本人长年身居日本，又是研究中国近代史的一个学人，也不知道这些史迹的确切地址。虽曾向尊敬的先学之士进行询问，也没有得到明确的回答；只是略知昔年的街道名称和门牌号码，在日本和中国史前辈学人的协助之下，一一对照现今的街道名称和门牌号码，巡历走访，借以缅怀当年的“庐山真面”而已。
>
> 经过核实勘查以后，明确了当年冯自由、孙文、梁启超的寓居相距很近；从民报编辑部到孙文、黄兴寓居以及弘文学院等处转一遭，其间不过只有徒步十至二十分钟的距离而已。刘大年先生说，诚如冯自由的书上所述，他们当年确能时相过从，日夕聚首讨论问题。刘先生对于此番史迹考察深以为乐，故而无意中流露出上述感

想。我本人原属后进，有幸伴随，获益良多……[1]

久保田先生的热情叙述，把我访问东京孙中山先生遗迹的经过和日本朋友为此所做的可贵准备工作，讲得很清楚了，有的地方我还说不这么准确。司马迁主张读万卷书，行万里路，以为研究历史要重视实地调查。今天行万里路，可以朝发夕至，算不了什么。作调查研究，却必须下一番工夫。我的访问只能叫走马看花，但毕竟留下了一些现场印象，并接触到某些不见于前人记载的史事。

一、横滨、镰仓“义烈庄”

十二月二十四日，上午十一时，从东京车站出发赴横滨。同行的有东京大学教授、前东洋文化研究所所长佐伯有一先生和其他几位朋友。我这次讲学，东京大学推定佐伯主持全部接待、组织工作。所有史迹访问，他不但事先联络布置，而且每次也一同行动。横滨下车，已经有辻达也、伊东昭雄、今井清一、古岛和雄、菅野辛助等十几位朋友在那里等候。他们很快给了我一个参观的书面计划表：

一、“义烈庄”（镰仓市极乐寺一—七—十二号，现在是旭化成会社的宿舍），孙文（在一九〇〇年左右）和博斯（印度独立运动家—一九四五）避难隐居的地方。

二、聂耳纪念碑(藤泽市鹄沼海岸)，一九三五年聂耳在此淹殁。

三、孙文最早所住的地方（横滨市中区山下町）文经商店（文经活板所，山下町五十二号或五十三号，一八九五年左右），冯镜如创立。

温炳臣故居（一二一号，一八九八年）。

卖粥铺（一五六号，一八九五年左右？）。

四、清议报、新民丛报社（山下町一五二号）。梁启超等人居

---

①《燎原》1980年4月号。

住、活动的场所。

镰仓是头一个目的地。横滨驱车至镰仓，不到一小时。镰仓市南面濒临相模湾，近海一带山峦穿插，地形幽奥。以前的“义烈庄”，现在的旭化成公司宿舍就在这个地区的一条山岗下面（图一）。公司宿舍管理人担任向导，领我们一行参观。宿舍左侧有用栅栏挡住的荒园，曲径数十步，间有石阶。拾级而登，山脚下一片大小足以容纳一连战士集合站队的平地，平地上原有小屋两间，现已荡然无存。这就是孙中山躲避日本警察追捕住过的地方了（图二）。平地面对荒园和园外参差重迭的居民房舍，后倚山坡。山的背面峭壁悬岩，高处达十几公尺。遇有紧急，人可以从低处跳跃下去，沿山涧通向海岸。据说孙中山隐蔽此处，为时一两星期，极端秘密。他通过一名华侨得知警察局的动向。警察追捕，本系应清政府请求所采取的行动。上面不逼得紧，下面也就睁一眼闭一眼。孙中山人生地不熟，并非真能逃过无孔不入的警察跟踪。山脊和平地各保存石碑一座。山上石碑的位置在山脊最高处。周围灌木茂密，地上落叶新陈相间，罕有人迹。石碑高一公尺多，一九三三年二月十一日立。正面几个大字“东洋平和发祥之地”，头山满题（图三）。又小字数行，说明孙中山、李烈钧、印度独立运动活动家博斯先后在这里住过；日本、中国和印度联结一致，东洋的和平就可以期待了云云。头山满为著名浪人首领，与日本军国主义声息相通。他认为的“东洋平和”，大概就是后来军国主义者所宣传的“东亚共荣圈”的意思吧！博斯其人其事，见于章炳麟写的《记印度西婆耆王纪念会事》《送印度钵逻罕、保什二君序》。后面的一篇，载明写于“日本明治四十年四月”[①]，即一九〇七年，当时章氏与博斯见面未久。据此可知博斯来此，远在孙中山以后，他们彼此并无联系。平地的石碑高近三公尺，一九二三年立。日军参谋总长陆军大将上原勇作署款，文学博士藤远隆吉撰文（图四）。内容记载封建时代的武士新田义贞在此打过仗，李烈钧当“二次革命”失败后来过这里，也提到博斯的居停。荒园土地所有权现在属于旭化成公司。宿舍管理人讲，他居住此处已二十年，不曾有人来访问。因为神奈川县志上有一段记载，所以人们还能找到这个史迹。

十二月下旬正值严冬，当天上午又沥沥淅淅下雨。天气并不寒冷，景色

---

①《章氏丛书》，别录第 2 卷。

犹如北京深秋。大家察观地形，辨认碑文，热烈谈话，盘桓了约一小时。返回横滨时，绕道藤泽鹄沼海岸聂耳纪念碑，日本朋友并代备鲜花致意。

孙中山和中国、外国许多革命家一样，一生不知经历过多少艰难和风险。《伦敦被难记》讲了最惊险的一幕，其他不见于记载。“义烈庄”那一段，显然也不会是平静度过的。孟轲说“天将降大任于斯人也，必先苦其心志，劳其筋骨，饿其体肤”，考验他，锻炼他，培养、提高他的优异品质和才能。孟轲从唯心主义出发，把事情的原因和结果颠倒了。但他发现一切担任“大任”的人物，总要经过许多磨炼，备尝险阻，这一点讲得很对。革命家和无所作为的人，差别主要不在于智慧、才能，而在于与群众的联系，坚定不移的革命信念。民族、阶级、人民群众斗争的趋向，与群众的联系，艰难困苦的磨炼——正是这一切，造就了孙中山这位杰出的资产阶级革命大人物。

横滨是孙中山在一八九五年广州起义失败后，流亡日本的第一个立脚之地。他先后十年间往来于此，住的地点随手可以查到六七处。我的走访以华侨聚居区山下町为中心。从冯镜如文经印刷店旧址（五十二号）起，往南到原清议报、新民丛报社（一五二号）和对门的温炳臣旧居（一五一号），向东穿过中华街（图五），边谈边走，停停看看，总共一二十分钟。原有房屋没有保存下来的。当时的面貌只能从现存的照片中窥见一二了（图六）。但街道、地形没有大变，房屋门牌号码依然照旧。文经商店与清议报社址，只隔几幢房子，步行三五分钟可至。温炳臣寓所有两处，孙中山都住过。日本外务省外交史料馆所存横滨知县的报告，一八九八年八月，孙中山先住一三〇号，后来迁至一二一号温炳臣新居。[①] 从中华大街出来，我们一直往南走了，没有绕弯子去一二一号。冯自由记载：“己亥（一八九九年）夏间，梁启超主办横滨《清议报》，与孙总理时相过从。”[②] 一三〇号、一二一号都距清议报社址很近。孙梁互相来往，举步可至。

温炳臣、温惠臣兄弟，是横滨华侨中一直受人尊敬的两位人物。关于温炳臣，冯自由的《兴中会会员人名事迹考》中说：温芬，字炳臣，广东香山人

① 菅野辛助著:《日本的华侨》记载，温炳臣最初住横滨居留地（即现在的中华街大道）151号。《日本外务省文书》与神奈川县档案中，都有神奈川知事浅田德则 1898 年 8 月 30 日给外相大隈重信的如下报告：“清国人亡命者孙逸仙，原寄寓于横滨居留地 130 号馆寓。此次在居留地 121 号住户（温炳臣家）租得居室，已于昨 29 日迁入该处。”

② 冯自由：《革命逸史》，初集，第 54 页。

（按：冯误为南海人）。一八九五年，在横滨加入兴中会。一向在某洋行任职。孙中山居横滨，彼常在寓所担任招待。辛亥革命后，经营煤炭生意。一九三七年，日军侵华以前，横滨兴中会仅存温等少数人。[1] 孙中山自己也提到过温炳臣的事。一九〇一年，《致南方熊楠书》上说："别后于翌日已到横滨……温炳臣亦寄语问候先生并贵昆季安好。"[2] 炳臣广有交游，掩护孙中山，做过不少工作。关于温惠臣，菅野辛助先生见赠所著《日本的华侨》一书，专门有温惠臣的回忆一节。其中讲炳臣接待孙中山住在自己家里，躲避清政府"缉拿的黑手"，以及他本人受乃兄指使，替中山送信、购物、搬运物资等。可惜温于一九七八年以九十高龄与世长辞了，我没有赶上拜会这位爱国华侨老前辈。温氏兄弟受到尊敬，是因为他们追随孙中山从事革命活动，是横滨兴中会的鲁殿灵光。

横滨兴中会曾经落而复起。一八九八、一八九九年间，革命派在横滨的地盘，大部分被保皇党夺去。兴中会只剩下寥寥十余人，孙中山处境艰难。一九〇一年以后，情况逐渐好转。一九〇一年粤籍学生发起"广东独立协会"，横滨华侨参加的达二百余人。据说每次开会以前，发起人都到前田桥中山寓所商谈进行办法。[3] 一九〇二年，横滨举行支那亡国纪念会，兴中会公宴章炳麟、秦力山等，赴会者七十余人。孙中山提议，每人敬章炳麟酒一杯，章如数饮了七十余杯。横滨兴中会这时显然又恢复了活力，一直到一九〇五年并入同盟会为止。温惠臣回忆：同盟会成立，横滨兴中会员冯自由、梁慕光、炳臣、惠臣兄弟同时加入，成为第一期会员。留日学生中的兴中会员李自重、黎勇锡、卢少岐、胡毅生等，这时也正在日本。胡毅生并且是朱大符（朱执信）、李文范、古应芬、胡汉民等加入同盟会的介绍人。事实证明，并非如有的研究者所说，兴中会加入同盟会的只有孙中山、冯自由二人，似乎它已经无足轻重了。一九〇五年是一个分界线。在那以前，孙中山多次流亡日本，居住、活动的中心在横滨。[4] 因为他所联系、依靠的群众，那时基本上是以兴

---

① 冯自由：《革命逸史》，第 4 集，第 45 页。

②《国父全集》，台湾，第 3 册，第 22 页。

③ 冯自由：《华侨革命开国史》，第 40 页。

④ 黑龙俱乐部《国士内田良平传》载：1897 年 10 月 12 日，大限重信出主意，孙中山以平山周的雇员名义，在东京麴町区平河町五丁目与平山周住在一起，后来迁往早稻田鹤卷町。但 1898 年夏孙又移居横滨。

中会为核心的华侨中小商人群众。这就是横滨成了孙中山最初的、也是牢固立脚之地的背景。《日本的华侨》一书上面说：孙文研究者统计，包括密航在内，孙文先后居留横滨，共达十一次之多。这是因为，横滨华侨中广东同乡甚多，他们对孙文予以温情的接待，并有宫崎滔天等日本友人的支持。所以民国肇造之初，孙曾以“华侨为革命之母”一语，对华侨予以高度赞扬，等等。这是符合实际的。一九〇五年以后，情形就大不相同了。

晚上七点，日本朋友设宴款待。餐馆名“扬子江”，在横滨车站外面。镰仓、横滨访问中担任翻译的黄君，是中国近代文学史研究者，也就是餐馆的主人。席间谈话，自然集中于孙中山在横滨的种种。有的朋友提出应当组织人力，系统地调查日本的孙中山遗迹，我表示赞成这个主意。十一点以后，返回东京文京区春日寓所。

二、民报社、筑土八幡

《民报》第一期起，就载有编辑部的地址：日本东京市牛込区新小川町二丁目八番地。二十多天以前，我从六本木国际文化会馆迁来春日二丁目一番六号公寓。因为街道地理不熟，也不知道距民报旧址究竟多远。十二月二十九日下午三点，参加访问的人会齐，久保田向导。出寓所向西百余步，跨过白鸟桥，一看街道指示牌，新宿区小石川町到了。原来民报旧址、孙中山故居、黄兴故居等几个主要访问目的地，远在天边，近在眼前。

新小川町一带为小作坊、小商店和住宅区。第二次世界大战后期遭受美机轰炸，建筑物绝大部分被毁。我访问的几处遗迹，房屋都是战后重建的，所得到的印象深浅不一样。

民报旧址：新小川町二丁目街道东西行（东京街道极不规则，以下说的东西南北只是大致方向）。八号在路南，离街道东口约七十步。门面不宽，三层楼房。一楼入口处刻着醒目的字迹：“仲俣齿科”（即仲俣牙科医院）。因非交通要道，来往车辆较少。但街道西口往北一拐，另有一个八号，建筑物比较宽敞。两处相距约二百步，方位也不同。民报旧址是哪个八号，现在无法确定。

筑土八幡二十一号孙中山故居：筑土八幡以当地神社所在的高地为中心，

东、西、北三面街道相连。东面为正面，街道宽阔，南北行。北面为侧面，街道狭窄，全长九十步，东西行。二十一号在侧面街道西口路南，后墙紧靠神社高地。三层小楼房，第一层分开成两个门面。一个叫“光雅写真制版株式会社”，另一个看样子像住宅。往东隔三个门，一座日本式小房，招牌上写“旅馆筑土”。十二月二十九日下午，所有机关、工厂都放年假了，“光雅制版”门前临时燃起一堆火，工人还在劳动或者作节日前的最后扫除。我们一群人在那里照相，指手划脚，未免引起主人注目。由西口往南、往东绕上高地，不过一分钟。八幡神社（图七）面向东，居高临下。当年自称高野长雄的居民孙中山，暇时大概也会到这里来眺望、凝思，浮想联翩。日本《风俗画报》一九〇四年第二八二号的《新撰东京名所图绘》中载有牛込区八幡神社图。景象逼真，人物栩栩如生。其中一幅为神社（图八），另一幅左边为筑土八幡正面大街，右边为侧面小街。小街紧贴高地，约十来家店铺。最后一所房子，就是二十一号的留影了（图九）。七十多年前孙中山居住的环境，当时的社会生活，牛込区街市风貌，一一重现在我们眼底。

东五轩町四十九号黄兴故居：东五轩町街道南北行，南头通筑土八幡正面大街。四十九号三层小楼房，坐落路西（路东为新小川町三丁目）。门首精工制作的字迹，说明是一家打字复制照相制版作坊（图十）。看过现场，已经不能指望发现什么了。事有偶然。这里碰巧是佐伯有一教授的母亲童年生活的地方。黄兴曾在附近的弘文学院学习，一九〇三年发起华兴会，一九〇四年联合马福益准备长沙武装起义，同盟会成立以前，他已经成了东京革命学生界一位著名的“造反”人物。不难想象，左邻右舍的日本人会知道他，谈到他。一九〇六年，佐伯母亲六岁。她的记忆力很好。谈起黄兴，还保持童年的清晰的印象。我请佐伯代为访问，对老人的回忆摘要笔录。今年一月十日，我得到一份孙黄旧居方位示意图（图十一），并附回忆笔录如下：

（一）我娘家姓伊势（Ise），住在旧牛込区（现在的新宿区）东五轩町十九号。（二）娘家住宅占地约一七〇平方米，一楼面积为一三〇平方米，二楼四十六平方米。（三）黄兴先生当年寄寓在我娘家比邻第四个院落林谷（HAYASHIYA）某的家里。林谷家有一个小女孩是我小学的同学，比我低一个年级。林谷的“谷”字也可能是“屋”字，因为这两个字日语同音，都念“YA”。林谷家有较高的院墙，关起院门从外面仅能看到院内的二楼。房屋比伊势家稍小。这家并不依靠出赁房屋给外人居住来维持生计，所以黄兴先生恐怕是托了人情才住进这家里的。（四）伊势家的对面拐角处是一家小印刷店，印刷店的二楼租给清国留学生居住。（五）伊势家的另一处房屋（在斜对面专供佣人居住和作仓库使用）的隔壁紧邻，当年是中国人经营的一家中国点心铺，那里有一位上了年纪的中国男人，很和善，我儿时去玩耍常常给我们点心吃，那是非常好吃的点心，现在还不能忘记。记得那是一个小巧玲珑的铺子，铺里有个玻璃橱，各式点心整齐地排列在玻璃橱内。（六）由此往北向右拐的一条胡同内的右侧，有一户人家姓母屋（MOYA）。这家有个小女孩是我小学同年级的同学。这家专靠租房给清国留学生居住来维持生计。“母屋”这个姓氏，在日本人中间是很稀少的，所以至今还记得很清楚。（七）当时的清国留学生一般都垂着长辫，黄兴先生却剪了发辫，常见到他穿着和服棉袍，拖着木屐，悠然漫步，给人一种很敦厚的感觉。（八）当年这一带商店、作坊都很少，而是住户较多。住户大都是学校的教师和政府机关的公务人员，是一处极为恬静的所在。（九）筑土八幡神社附近的孙文先生旧寓一带，更是人迹稀少的地方，那里更为幽静。（十）较之于方位图所示，当年这一带还有许多小岔路，每个小岔路中必有井，并栽种着杨树或柳树。这大概是江户以来为了防火和用水方便而设置的，因为当时还没有地下水道。①

这个“回忆”很有意思。黄兴以外，还叙述了“清国留学生”们的生活状况。所描绘的城市街道也远非今天的样子，与《风俗画报》上的“名所图画”正相一致。后者是前者的绝好注脚和解说。一九〇五年七月底以前，黄兴居住牛込区若宫町。孙、黄第一次见面在神乐坂（图十二）一家中国餐馆。

---

①此件附有佐伯有一原注：“关于孙文、黄兴先生当年寓居的方位等情况，本图所示大体上可以认为是正确的。”按：本图最北的箭头“新小川町民报社所在方面”，是指新小川町二丁目所在方向。民报所在地，还要从那里往南，再往东。图上的“茶叶零卖店”与“筑土八幡神社”之间，现在还有一条东西街。

不止一种记载，讲到他们会见的情景。[1] 那年冬天起，黄兴游历香港、新加坡等地，一九〇六年九月再到东京。他居住东五轩町四十九号，应当就在这以后。佐伯老人回忆说，常见到黄兴穿着和服棉袍，也说明时间是在冬天。

民报旧址和孙中山、黄兴故居的位置，分布成一个不等边三角形。十二月二十九日以后的十来天中，我几次晚上来这一带徒步测量。白天也走过一两次。从民报旧址（假定为“仲俣齿科”八号）出新小川町二丁目西口，往南走，至新小川町一丁目十字路口，往西走，至新小川町三丁目大街再往南，至筑土八幡小街东口再往西，至中山寓所，共约六二〇步。从孙寓出小街东口，往北直至黄寓，共约三九〇步。总共十分钟就够了。黄寓至民报直径不远，因为绕道，只比孙寓至民报略近一些。冯自由记载：一九〇六年，孙中山住筑土八幡二十一号，与民报社相隔不远。章炳麟、胡汉民、汪精卫等人每日恒至孙宅叙谈。他没有提到黄兴的名字，因为黄有大半年不在东京。

牛込区东五轩町又是梁启超创设的东京高等大同学校的所在地。东京高等大同学校出过一些富有革命思想的知识分子。蔡锷也是这所学校的学生之一。

东京与中国辛亥革命有关的地点，多数集中于新宿区东北角和它的周围。一看地图，非常显眼（图十三）。距孙、黄寓所和民报最近的有弘文学院（新宿区西五轩町二十号），富士见楼（千代田区饭田桥三丁目十一号，旧饭田河岸十八号）（图十四），社会主义讲习会（民报对面巷内），国学讲习会（文京区小石川町四——六号，旧小石川久坚町二十七号），天义报（国学讲习会地址）；稍远一点的有早稻田鹤卷町孙中山另一故居，千代田区神田骏河台中国留学生会馆等处。原因是：（一）大批留学日本的中国学生住在新宿区东北部上学便利。弘文学院、东京大学、法政、早稻田大学等都在附近。（二）这一带并非政治、商业中心，居民大多数为普通公教人员、城市平民。中国留学生可以租到廉价的住处，容易生活（前面佐伯老人的回忆，就一再说到她的邻居向中国留学生出赁房子的事）。因此，这一带成了中国留学生、流亡知识分子集中的地区。孙中山来到这里，正意味着他深入到了中国资产阶级小资产阶级知识分子人群之中，和他们密切结合起来了。从此，孙中山在日本居住、活动的中心，始终在东京。因为他联系的群众，与以横滨为基地从事活

---

① 《宫崎滔天全集》第 1 卷，第 282—283 页；黑龙俱乐部《国士内田良平传》，第 294 页。

动的时候不同了。一九〇五年对孙中山的革命斗争有划阶段的意义，上述具体情节也足资证明。不消说，爱国华侨商人，追求欧美自由民主理想的革命知识分子，他们的阶级属性是共同的，或者相通的。我们把孙中山领导的革命叫作资产阶级民主革命，兴中会、同盟会等团体活动分子的阶级成分，自然是重要的根据之一。

三、同盟会诞生地赤坂葵町三号

同一天下午五点，我们一行又从新宿区来到港区虎门二丁目十号，即旧日赤坂葵町三号。当时是议员并有子爵头衔的坂本金弥住宅，一九〇五年八月二十日同盟会在此宣告成立。和新宿不一样，赤坂接近东京政治枢纽地带。首相府、清廷公使馆均离此不远。赤坂葵町三号所在地又名灵南坂。日文坂字与汉文坡字意思略同。凡言坂，都指高地或山坡，如神乐坂、富坂（我所住的春日寓所高地）等。灵南坂北口往南，一路上坡。右边为美国大使馆，坂本金弥宅在左边。现在的虎门二丁目十号夹在日本矿产大楼与大仓集古馆（大仓文物陈列馆）两座建筑物中间。坂本金弥原宅“大仓邸”样子完全改变了。我们从《风俗画报》第二一七号上所载的“大仓邸之图”还可以看到它的轮廓（图十五、十六），气派不俗。高地南端一条横街，与从北口来的上坡路合组成一个“丁”字形。头山满旧宅在横街路南。它的西邻，就是后来孙中山居住的海妻宅。同盟会成立的景象，据《宋渔父日记》上说：参与此会的约百人，下午三时开议，六点多钟议程进行完毕。散会时高呼万岁，正赶上下大雨等等。来到此地，想起上述记载，仿佛在近处观看了那幕历史剧的演出。

同盟会找到一个显贵人物邸宅来宣告成立，和这个组织出现的本身一样，反映了革命形势的跃进。清政府已经失去控制，革命者借机显示自己的力量，向反革命示威。这是主要的。但也有日本势力作用于其中。黑龙会就是这种势力之一。七月三十日，孙中山、黄兴等七十余人在赤坂桧町内田良平宅，即黑龙会本部举行过一次会议。也就是所谓筹备会。成立会的地点又选在头山满宅近邻，肯定黑龙会人物的作用是少不了的。内田良平、头山满等的活动，在政界中至少得到犬养毅、大隈重信的支持。宫崎滔天当时对人说过：“现今各国，无一不垂涎于支那，即日本亦野心勃勃。日本政党中，始终为支那者，唯犬养毅氏一人而已。余前往支那一切革命之事，皆犬养氏资助之。现今大隈重信之政策，皆其所主张者也，孙逸仙亦深得其助动力，盖纯然支那主义者。”[①]宫崎滔天认为的什么“纯然支那主义”当然并不存在，但他所讲的犬养毅、大隈重信暗中与革命者接触，事实确凿。日本当权势力对中国的一贯政策是煽动内乱，破坏中国统一。犬养、大隈与革命者搭桥，助款、济械，并非同情中国革命。他们的目的是要叫中国长久分裂，内乱不休，自己坐收渔人之利。孙中山对日本当权势力曾经抱有幻想[②]，同这种情况分不开。

当我们在灵南坂丁字路口停留时，遇着当地两位年长的妇女。日本朋友询问街道建筑变迁，她们一一回答，了如指掌。六点多钟，由原路走出高地。穿过好几道大街，才来到商业繁盛地段。大多数店铺都放假关门了。最后找到一家日本菜馆，我请同行的朋友晚餐。大家为走访史迹而兴奋、欢快。

四、海妻与梅屋旧宅

孙中山的斗争生活，在武昌起义以后转到国内，但为时不长。“二次革命”

---

①《宋教仁日记》，《辛亥革命》，第2册，第209页。

②1900年致犬养毅书和1914年致大隈重信书，希望日本实意支援中国革命，“济弱扶危”，援助中国摆脱不平等条约，实行关税自主；以及希望日本改变从前的对华政策，“示大信于支那”等等，都是表现了这种幻想。1900年致犬养毅书全文如下：“木堂先生足下：10月6日，郑军起惠州。前经电达，想得尊览。自起事以来，连获胜利，所向无敌，势如破竹。今已据有惠州为进取之地。此外，陈君起海丰、陆丰，而进取潮、嘉二州；吴君起香山、顺德二县，而进迫广东省城，以牵制清兵；史君起西江，以窥梧州、肇庆；邓君起阳江、阳春，而据高、雷等府。清兵处处败北，吾徒人心大振。惟当草创之初，百事未备，徒手奋起。铳炮弹药，皆从清兵夺来而用，初未尝如他人之有资财数十万而运用之也。所恃者，人心勇敢而已。敌兵败后，举国兴师。南省大兵，已陆续云集。清朝虽颓，犹俨然一大帝国。北地虽糜烂，而南部尚金汤无缺。广州城内之铳炮弹药，犹有取不尽而用不竭之多。吾徒人心虽勇，而兵器弹药尚乏接济之源。久持非计，不得不先作未雨之筹谋。敢乞先生一为尽力，游说政府，为吾人借一臂之助。若今得洋铳万杆，野炮十门，则取广州省城如反掌之易耳。广州既得，则长江以南为吾人囊中物也。时不再来，机不可失。支那兴亡，在此一举。贵政府如允济弱扶危，则各物可从台湾密送。文当划一切施行之策，可保无虞。如何之处，务乞早示佳音。专此谨托，即候道安不备。弟孙文拜启。10月21日书。”致犬养毅书（图十七）藏冈山乡土文化馆，致大隈重信书（图十八）藏早稲田大学图书馆。

失败，再次流亡日本。一九一三年秋天到东京，一九一六年四月离开，连续四个年头。海妻猪勇彦与梅屋庄吉宅、青山原宿“中山寓”，是孙中山这段时间里主要的居住、活动地点。

海妻猪勇彦宅在赤坂灵南坂町二十七号（图十九），前面讲过。当时天色已晚，只能略事浏览。但可以看出房舍轩昂，庭院宽敞，并非寻常百姓之家。后来知道，那是旧藩主黑田侯行在，就无怪其然了。以前的记载都说孙中山一九一三年流亡到日本住在头山满家里。因为孙刚到东京，与日本资产阶级大人物涩泽荣一见面——很久以后孙还希望这位大资产阶级的代表支持他的事业[①]，涩泽首先询问住处，孙回答尚未确定，目前暂住头山满宅。实际孙与海妻并无交往，安排这个住处的仍是头山满。据海妻猪勇彦之子，日本亚细亚大学教授海妻玄彦（已去世）的回忆文章说：当时孙中山遭到严重危险，必须有一个安全的栖身之地。头山同他的邻居海妻商谈借房子的事，后者欣然应诺。与这同时，头山又经过法学博士寺尾亨和犬养毅向首相山本权兵卫询问，请求予以充分保护。八月十八日深更，孙中山偕护从人员数名，一同住到海妻宅中布置的几个房间。赤坂警察署派两名便衣担任警卫。大概到一九一六年四五月间，孙中山身边的危险减少，遂在原宿另觅一居，迁往该处。[②]海妻回忆认为一九一六年四五月迁往原宿，这个时间、地点都不对。但孙较长时间住在灵南坂二十七号，则确然无误。我从日本外务省外交史料馆找到了两件有力的证明材料。一个材料是警察同“孙文的宿主”海妻猪勇彦谈话记录。其中叙述，两三天前头山满生病，海妻去探望。头山对他讲，别人都认为孙中山要发动“第三次革命”，为时尚早，而他头山满则不以为然，

---

①1924年9月18日致涩泽荣一书，全文如下：“敬启者，暌隔光仪，每深企仰。遥承勋问与日俱隆，以为颂慰。世界潮流，已为民气所激荡，有一日千里之势。吾人内觇国情，外察大局，惟本互助之主义，奋斗之精神，以顺应趋势，积极进行。迹其所至，岂惟两国人民蒙其幸福而已。执事领袖名流，高掌远疏，知有同情。吾国方从事于讨贼，文已率师北伐，以答国人望治之殷。特派李参谋部长代表东渡，奉候左右，兼致鄙怀。讦谟所及，并望随时接洽。不胜驰情，顺颂时祜。此致涩泽先生阁下。孙文。”（图二十）书中的“李参谋部长”即李烈钧。同一天又有致糟谷义三书（图二十一），内容文字与致涩泽书相同。孙中山与涩泽交涉的详细记载，见涩泽青渊记念财团龙门社（理事长植村甲午郎）编纂的《涩泽荣一传记资料》，第38册。

②海妻玄彦:《回忆孙文》(孙文诞辰一百周年纪念文章),《读卖新闻》1966年11月12日晚刊。

胸有成竹云云。谈话时间是一九一三年十二月二十一日[①]（图二十二）。再一个材料，反袁斗争失败以后，在孙中山前后流亡到日本的还有黄兴、胡汉民、张继、李烈钧等许多人，大部分住在东京。日本警察搜集情报，秘密编成一个《在本邦亡命支那人名簿》，共四十余人，分姓名、伪名、前职、现住址、备考等项，一目了然。黄兴、孙逸仙名列第一、第二。黄住芝高轮南町五十三号，孙住赤坂灵南坂町二十七号海妻宅。《名簿》上写着"大正三年一月廿日制"[②]（图二十三）。大正三年即一九一四年。至于孙在海妻宅住到何时为止，现在已经有可靠材料能够作出确实回答。孙中山给美国商人雅克·德崔克的一批信，说明直到一九一四年十二月底，他都住在海妻家里。一九一四年七月，孙中山在日本组织中华革命党，规定入党的人都要按手印、立誓约，绝对服从总理，其间经过不少讨论和争论。海妻的回忆说：那时几乎每天都有几名同志前来，在中山的房子里侃侃交谈，有时甚至争论起来。中华革命党的成立会举行于筑地精养轩，那么，海妻旧宅，就是它组织、孕育的场所了。而这个场所与同盟会成立的坂本金弥宅只有几百米之隔。两个组织建立的时间，相距正好十年。

---

① 日本外交史料馆档案《各国内政关系杂纂，支那之部，革命党关系》，第9卷，1门6类1项4–2–1号。

② 同上。《在本邦亡命支那人名簿》46人名单、职别如下（现住址略）：黄兴，孙逸仙，胡汉民（林理、仲恺，广东都督），张继（姜白，参议院议长），李烈钧（吉田清风，江西都督），柏文蔚（朱华斌，安徽都督），胡瑛（参议院议员），谭人凤（林泉逸，川汉铁道督办），熊克武（陈颐丰，四川省师长），钮永建（林耕、林天心，吴淞炮台司令），周震鳞（周为在，参议院议员），居正（刘子静，参议院议员），田桐（田子勤，参议院议员），刘英（众议院议员），杨时洁（众议院议员），白逾桓（众议院议员），耿鹤生（九江镇守使），唐蟒（湖南省师长），何成濬（魏洁吾，江苏讨袁军秘书），黄恺元（田中龙，江苏讨袁军参谋长），林虎（柳家汉，江西省旅长），金佐之（关声振，南京都督府参谋），方声涛（高桥诚一、富永菊夫，江西省旅长），何子奇（田中吉八，江西省旅长），陈其美（上海讨袁军司令），何海鸣（郭涛、河合正雄，南京讨袁军司令），李平书（江苏民政总长），季雨霖（高永亟，湖北省师长），李书城（关达，江苏讨袁军谘议官），戴天仇（岛田正一，孙文秘书），何天炯（林桃芳），王孝缜（石田福二，南京第十六旅旅长），熊仁（熊博云，民权报记者），管鹏，刘廷汉（陈禅民，吴淞炮台副司令），宋嘉树（孙文秘书），陆惠生，詹大悲，王宪章（南京讨袁军何海鸣参谋长），俞应麓（江西省军务司长），张尧卿（王华三，据传担任过江苏都督），陈强（陈守愚、陈乐天，湖南省军务司次长），彭程万（江西省代理民政长），沈缦云，刘艺舟，魏斯（江西财政司长）。其中沈缦云、刘艺舟二人名下的现住址是"大连"。

说孙中山在日本遭到严重人身危险，也有证明。反袁斗争失败，袁世凯随即通缉孙、黄、李烈钧、廖仲恺、朱执信、谭人凤等，大肆搜捕革命党人。八月间，孙中山还在赴日途中，袁世凯就请日本政府拒绝孙登岸。以后又在东京设立办事处，派遣暗探混入革命党人中，准备行刺。头山满、犬养毅等保护孙中山，这件事做得不错。

孙中山住梅屋庄吉宅，以前不见于中文记载。梅屋庄吉其人，据现在所知，早在一八九五年，他就与孙中山相识了。当时梅屋在香港中环大马路开设照相馆，中山曾往访问。广州筹划起义时，梅屋为供应武器效过力。《民报》创刊，又提供资金。孙中山一九〇七年被勒令离日，大资本家铃木久五郎捐赠一万元，也是梅屋从中联系介绍的。以后不止一次为革命派的活动捐款。一九一三年孙中山再次流亡日本，梅屋已经是拥有资金一千万元的“日活”电影托拉斯的董事。同时，他与日本大批“大陆浪人”一直联系密切，支持他们的种种活动。我在东京大学参观“明治文库”，知道“文库”中有梅屋等人与孙中山、辛亥革命相关的资料。① 佐伯有一教授并问：孙文与宋庆龄结婚就在梅屋家，你们知道吧！梅屋旧宅位于现在的新宿区百人町二丁目二十三号（旧大久保百人町），已毁于战火。梅屋小女国方千势住在神乐坂，我决定去作一次访问。

事先联系以后，今年一月六日下午二时，我同佐伯等五人，往神乐坂一座公寓的四层楼上拜访国方春男、国方千势夫妇。他们年事已高，仍殷勤对客。家里至今藏着与孙中山有关的书信、文件、照片、题字等许多册。其中有中山手迹，宋庆龄用英文写的书信，以及稀见的照片。我们仔细倾听千势女士的谈话，也重点翻阅一些资料。四点左右告辞，并同到楼下照相。

孙中山与宋庆龄结婚的时间，一直存在不同的说法。结婚时间，又和中山在东京住的地点联系在一起。台湾出的新订《国父年谱》、过去日本许多研究孙中山的著作，都认为孙宋结婚的日子为一九一四年十月二十五日或十一月二十五日。事实证明此说不对。② 当我去访问国方千势女士的时候，关于这个问题的某些资料或者还没有发掘出来，或者早就存在，而我尚无所闻，想从

---

①《明治文库》中的梅屋庄吉、宗方小太郎、宫崎寅藏资料显微胶卷现存中国社会科学院近代史研究所。

② 久保田文次：《关于孙宋结婚的日期问题》，指出 1914 年说的谬误，肯定了 1915 年说。久保田文载《朝日新闻》1979 年 7 月 2 日晚刊。

她那里作些了解。现在完全清楚了。原有的和最新出现的各项资料，一致说明孙宋结婚的日子是一九一五年十月二十五日。（一）国方千势是今天能够寻见的孙宋结婚的唯一目击者。她那年六岁，正是一九一五年。她的回忆，详载于车田让治《日中友好密录》一书里。[①]一九七八年九月，国方夫妇应邀访问中国，孙夫人宋庆龄特地同他们会见，亲切话旧。（二）《日本外务省文书》保存的警察厅几乎每天都提出的关于"孙文动静"的密报中，一九一五年十月十五日以后，即陆续有关于这件事的报告。如某日孙同梅屋妻一同外出选购衣橱，某日将举行宣布结婚的宴会等。十月二十五日动静报告中说：下午一点十分孙文乘汽车外出，一点五十分到达东京车站，迎接从上海来的宋庆林（按：原文如此）和另一名中国妇女。他们同乘汽车于两点三十分返回住所。[②]（三）一九七九年八月一日，孙夫人会见日文新本《宋庆龄选集》译者仁木富美子女士，本人言明："比自己的生日更重要的日子"，是一九一五年十月二十五日与孙中山结婚的那一天[③]（图二十四）。今年二月二十三日，宋答复这个问题的一封来信，进一步叙述说："和孙中山先生结婚时期是一九一五年十月二十五日，在东京著名律师和田瑞家中办的手续，由和田瑞去东京市政府办理登记。我和孙先生各有执照一张。日本军阀侵入上海时，到故居打开保险箱，取去孙先生许多材料，连同结婚签名证二张，一起送到日本（听说解放后卖给我国政府，周总理付出一笔代价买下，存在历史博物馆）。"[④]（四）孙宋结婚《誓约书》日文原件已经发现。其内容为尽快照中国法律履行婚姻手续；永远保持夫妇关系，争取相互的幸福；违背誓约，愿受法律和社会制裁。《誓约书》末尾载明：本书写成三份，誓约人各有一份，其他一份为立会人保藏。誓约人孙文、宋庆琳，立会人和田瑞。"千九百十五年十月二十六日"。孙夫人亲自鉴定："此系真品。"同时并说明，"龄"字写为"琳"是简笔。日本习惯，结婚取双日，不取单日，所以二十五日写成二十六日。四条

---

① 车田让治著：《国父孙文与梅屋庄吉》，1975年东京六兴出版社版。1979年再版，书名改为《日中友好密录——诸君，请举革命之兵》。此书不属历史学专著，一些事实，如宋庆龄结婚时的年龄、孙宋结婚的时间等欠准确。但也有相当的资料，是讲孙中山与梅屋庄吉的仅有的一本书。

② 久保田文次前文。

③ 仁木富美子：《宋庆龄选集》，第644页。

④ 宋庆龄1980年2月23日复尚明轩的信。原件存尚处。

证据，铁案如山。其中一、二两条，同时表明孙宋结婚地点是梅屋旧宅，不是像海妻回忆的，直到一九一六年四五月，孙中山才迁往原宿新居。[①]时间、地点，两个问题一起解决了。

孙宋结合，最初似乎只是建立起一个新的家庭。从后来的历史发展看，这个家庭，无论对于孙中山和宋庆龄的波澜壮阔的生涯所发生的影响，都绝非浅鲜。而此段历史至今却没有受到客观的对待。例如台湾关于孙中山的研究，论著不少。唯独对孙宋结婚的历史总是避而不谈。前几年台湾民国史料研究中心编的《孙中山先生旅日年表》，逐一列举中山在东京的住址，偏偏没有梅屋庄吉旧宅和原宿住址。[②]其所以这样，台湾老资格的国民党党史研究家黄季陆氏在一篇书评中作过分析。他说：

> 关于中山先生与宋庆龄女士的相爱与结婚经过，在其他写作中山先生传记的人，往往都避讳不言，而此书却为详细的记述。避讳的原因不外两点：第一，从旧伦理的观点，认为中山先生与卢夫人分离而另行结缡，总是一件不好的事；或根本否定此为一种出于道德的行为，而不暇计及其在人生的权利幸福上的是非得失，特别是忽视家庭生活对一个献身人类的伟大人物的重要。第二，基于现实的原因，孙夫人宋庆龄女士目前尚陷身大陆为共党所利用。从治历史的观点来说，勿论孙夫人目前身陷大陆的情景及未来历史的发展如何，现在似乎均不能遽下结论。而她与中山先生相爱与结婚的经过，却已成为了历史，既已成为历史便不能改易；纵然不说，历史仍然是存在的了。相反的，我们对历史有忠实的态度，把曲折原委说个明白，便更能使此一历史的经过表现出当事人物的伟大。我们读本书对中山先生与宋庆龄女士相爱与结婚的委婉经过后所得的印象，即是一个很好的例证。[③]

---

①海妻玄彦回忆说孙1916年4、5月迁往原宿，其讹误一眼就可以看出。1916年4月是孙中山回国的日期。东京市外丰多摩郡原宿町109号，确实也是孙中山住过的地方。时间当然在1916年4月以前。一说中山住到梅屋家以后，因事务日繁，又找了原宿的房屋，门口挂起“中山寓”的牌子，本人依旧住在梅屋宅。孙宋结婚时，迁往该处。

②《研究中山先生的史料与史学》，台湾，第518—543页。

③同上书，第108页。

黄氏指出的第一点未必重要，第二点道破了实情。文中主张对历史要有忠实的态度，并试图照这种态度来评述孙宋的结合，对此我以为很值得称赞。中国古代史家主张史才、史德、史识三者并重。所谓史德，大概指立场，也指忠于事实。中国人研治历史，应当重视我们先民这些非常宝贵的思想。但黄文接着说什么孙夫人目前尚身陷大陆为“共党”所利用，“未来的发展如何，现在似乎均不能遽下结论”。这显然又不顾事实，直接推翻了应当忠于历史的正确主张。

宋庆龄女士一贯坚决维护孙中山的革命理想，忠实继承中山遗志，把自己的一生同光荣的中国人民解放事业结合在一起，勇敢奋斗，六十余年如一日。大致划分一下，她为中国人民解放事业所进行的斗争，贯穿在三个不同的时间里。第一，协助孙中山进行革命活动的时期。孙中山反对袁世凯，反对北洋军阀的统治，提出“三大政策”，改组国民党，实现第一次国共合作等一系列的斗争，宋庆龄或是参与谋议，或是协助执行，无一不亲身经历其事。其中有一段是在日本度过的。日本的当事人、历史学者、中日关系研究家写的著作不少，有详细记载。第二，孙中山去世到中华人民共和国成立以前的时期。她坚定地站在中国革命人民一边，对内反抗法西斯白色恐怖，对外反抗日、美帝国主义侵略，再接再厉。其中一段时间里，她同中国革命文化的旗手鲁迅，与国民党元勋、开明的教育家蔡元培先生等一起，共同斗争。在国民党统治区里，人民从他们的言论、行动中看到了中国前途的一线光明和希望。第三，中华人民共和国成立以后的时期。三十一年来，宋庆龄女士一直是我们国家的领导人之一。她拥护毛泽东主席和中国共产党的领导，拥护我党的马克思列宁主义方针政策。她受到我们党和我国广大人民群众的极大尊敬，也受到国际进步人士的极大尊敬。三十年来，如果中国人民每人都在社会主义建设中贡献了自己的力量，那么，宋庆龄女士的贡献是极其重要，极其光辉的。现在她年逾八旬，仍在为台湾归回祖国怀抱，实现社会主义现代化建设，增强全民族的兴旺发达而工作。过去的斗争已经垂诸史册了，今后的斗争将要继续垂诸史册，传之久远。这就是历史，这就是结论。试问谁能改变这个历史，重下什么结论呢！

当然，真正客观对待历史，需要一定的勇气。台湾一些出版物上对孙宋相爱与结婚的经过避讳不言，或者言了而又设词解说，那是可以理解的。好在历史终究不会改变。今天不讲，将来人们总会讲。它不会像《桃花源记》上所说的，“后遂无问津者”。

国方千势跟我们的谈话，有些是不见于《日中友好秘录》上的。照她的回忆，孙中山在梅屋家住过不止一次。其中时间最长的一次连续几个月。开头住做茶道的房间。为了掩护，从拍电影的工作室出入。结婚时换住另外一间房子。先在教堂举行婚礼，然后在楼上开宴会，招待日本方面的要人。她那时年纪小，也活泼，甚得孙夫人喜欢。某次早晨一起床就跑到孙宋卧室去玩，结果挨了母亲的骂。一九七八年国方夫妇访华，孙夫人见到千势女士，仍像对她小时候那样，抱住亲吻，使她非常不好意思。回想孙宋结婚的情景，就像昨天一样。

*　　*　　*

孙中山在日本土地上，特别是在横滨、东京深深留下了自己的足印。我谈到的限于几个主要地点。横滨访问时有的研究者倡议的系统调查那些史迹，未知能否实现。把这种调查工作同整理、发掘有关的公私文书资料联系起来进行，也许能产生相当成果。我的记载粗枝大叶，不确切的地方，请日本朋友们纠正。

横滨、东京史迹访问，使我产生一些感想。同盟会成立到辛亥革命，是中国资产阶级政治上独立迈进的黄金时代。一批多数出身“中等社会”，在不同程度上受过西方民主自由思想陶冶，起初手无寸铁的留学生、知识分子，放胆鼓吹革命，顽强从事一次又一次武装起义，猛往直前。他们以社会进步事业的代表者自居，仿佛历史的命运完全掌握在自己手里。龙跳虎卧，真是何其壮也。武昌蛇山一声炮响，各地群众闻风而动，同盟会的领导人忽然被抛到了远离斗争前线的地方。原来反对革命的立宪——保皇派，一转瞬间，挤进革命阵营，来争夺群众斗争果实。对于这种局面，革命领导者们是谁也不曾料想到的。孙中山十二月下旬自海外回国，路过香港，给宫崎滔天题字，宣布一九一一年是“清之亡年”（图二十五），并坚持前往上海、南京，身当其冲。所谓东南底定，天下向风，革命仍在高潮之中。但南京临时政府一旦成立，形势马上倒转了过去。孙中山这时不但遭到帝国主义、袁世凯的高压，遭到立宪派的破坏，更遭到自己同志的沉重压力，要求与反革命尽快妥协，他四顾空虚，一筹莫展。其他的革命有力人士，一个个意志涣散，或者堕落分裂。他们以为得到一个“共和”空名，就满不错了，不惜使革命半途而废。转胜为败，偃旗息鼓，又何其衰也。看来情形确实是这样：人创造历史，但不是按照自己的意志创造历史。反革命阶级如此，革命阶级同样如此。历史事件的参与者，他们奋力追求的或者不是已成之事，或者那已成之事又引起完全不同的从未预料到的后果。重大历史事件，也总在不知不觉之中完成，并不以人的意志为转移。辛亥革命就是这样一个实例。

一九八〇年十月

追　记

《横滨、东京孙中山遗迹访问记》属稿于一九八〇年十月。同年十二月至今年一月底，我陆续看到黄一欧回忆辛亥革命的文章、孙中山致德崔克的十封信，以及得知孙夫人关于孙宋结婚地点有新的说明。其中有证实、补充《访问记》的，也有情节差异，需要继续研究的。兹分别追记如下：

一

黄一欧文载《湖南文史资料选辑》第十辑上，题目叫《辛亥革命杂忆》。其中叙述说：

> 我是一九〇五年冬天到东京的，其时先君已去南洋。到东京后，最初在民报社住了几天，随即搬进牛込区若宫町二十七番地章士钊寓所（先君离开东京后，章士钊迁此）。第二年……秋间，先君从南洋回来，才跟他住在牛込区东五轩町林馆。”（三十七页）

> （宫崎寅藏夫人的姐姐前田卓子）她那时住在民报社，替报社当生活管家，跟大家相处很好。

陈天华于一九〇五年十二月八日在东京大森海岸投海自杀，当时先君不在东京，他是第二年秋天才回到东京的。从这时起，我跟他住到牛込区东五轩林馆，此地隔中山先生的寓所不远。（四十页）

这些叙述，有两处与《访问记》直接相关。一是黄兴东五轩旧居，以前不见于记载。佐伯老人的回忆相当具体。我分析当时的环境、黄兴在东京的时间等，全部采用了那个回忆。现在黄文证明，佐伯老人的回忆是正确的，甚觉可喜。二是我的访问中，民报旧址的问题没有解决。黄文讲，他在民报社住过几天，又叙述民报社管家妇女的情况等，证明他很熟悉情况。要确知民报地址的究竟，黄一欧先生当然是最有资格的解说人。于是我提笔写了下面这封信：

……最近我撰制《横滨、东京孙中山遗迹访问记》一稿，其中一节讲民报、筑土八幡中山旧居和克强先生东五轩町旧居。后者为以往记载所无。幸得一位佐伯老人回忆，得知克强先生曾在此居住之梗概。读《湖南文史资料选辑》第十辑大作，两处提到牛込区东五轩町“林馆”，佐伯老人的回忆，是为信而有征矣。据回忆者言：“林馆”门牌为东五轩町49号。主人姓林谷或林屋，家境宽裕，不靠出租房屋生活。房子是日式楼宇，院墙较高。克强先生去辫短发，常着日本缊袍漫步云云。拙制《访问记》将于明年一月号《文物天地》刊出（按：现已改为载在《文物》1981年3、4月号上），届时再邮上请政。

中山筑土故居亦能准确查明，唯新小川町二丁目八号民报遗迹所见寥寥。当年房屋固已毁荡无余，即地址亦不能确指。新小川町二丁目街道大致东西行，离街道东口约七十步，路南一楼即八号，门朝北；又街道西口往北拐，另有一八号，门朝西。两处何者为民报旧址，叩诸长老、先学，概莫能言之。七十余年后之今日，曾居住、往来于民报社者，先生而外，海内外料无其人。我想请您回忆一下，或就上述两处门牌地点作一判断，或另作描写，留一可资印证的记录。如果明年一月间得诵复函，我拟录在大约三月间出版的《访问记》第二部分后面，公之于众。事虽细末，能予解决，亦一快事也。未识尊意以为如何?

信是十二月二十五日挂号发出的。对于等待复信确定民报旧址，抱有相当希望。今年一月十三日傍晚接到一封电报，封面上印有“长沙”字样，我很高兴，果然复信来了。拆开一看:“黄一欧同志因病于一月十二日在长沙逝世，定于一月二十日在湖南省政协礼堂举行追悼会，谨此讣告。黄一欧同志治丧委员会。”没有想到，事情竟然这样不巧。第二天，我发了一个电报，请湖南省政协转黄一欧同志治丧委员会:“惊闻一欧先生逝世，谨致如下挽词，以志悼念:名著两代，辛亥遗老无多位;书迟一步，民报旧址问何人!”问何人呢?研究辛亥革命的日本学者很多。如果哪位有兴趣，这个小问题总可以解决的吧!

二

孙中山致美国商人雅克·德崔克的十封信，译文载一九七九年《近代史资料》第四期。其中几封信也见于台湾出的《国父全集》上。它们发出的时间、地点，有:“日本东京赤坂灵南坂 26 号，1914.8.14.”。“1914.11.19.，日本东京赤坂灵南坂 26 号”。“1914.11.20.，于东京赤坂灵南坂 26 号”。“东京赤坂灵南坂 26 号，寄于 1914.12.25.”。“1915.11.18.，东京青山原宿”。根据那些信件发出的时间，孙中山至少到一九一四年十二月二十五日以前，还住在海妻家里。发信地点又都写的“26 号”，即头山满宅。显然后者是当时对外通讯用的地址。一九一五年十一月十八日，已经从青山原宿发出信件，移居在这里的时间大概还要早一些。从前的记载只提到青山原宿“中山寓”，没有门牌号数。这封信注明是“109 号”，见于原抄件，译文漏译了。同一个时间里，中山必定还有给其他人的英文信件。例如《研究中山先生的史料与史学》所载有关的英文史料上，就列有“中山先生致康德黎夫人函，一九一五·三·一九·东京”的条目。要更详尽地知道中山这二三年的住处，查找那些注明地址的原函，是不可缺少的。

头山满住宅是孙住灵南坂时对外通讯用的地点，除了《访问记》中列举的资料，还有直接证明。一九一四年四月十八日中山给邓泽如的信，末尾写着:

Toyama 26 Reina Nzaka Tokyo Japan。信载《国父全集》第三册，二八六页，注明“据邓编手札”影印。

三

孙宋结婚的地点，我引用孙夫人自己的叙述，办理结婚手续是在著名律师和田瑞家，这很明确。住在什么地方，却没有说。今年一月底，听说孙夫人讲到，结婚时的住处并非梅屋庄吉宅。这当然是个新情况。我决定给她本人写信，并提出一些问题，请予解答。信是这样写的：

…………

一年以前，我在日本东京大学讲学，曾访问横滨、东京孙中山先生遗迹。回国后，写有一篇《访问记》，追怀革命先进风烈，记录一些实地印象。

其中一节，讲您同中山先生结婚的时间、地点，并批驳台湾出版物上某些别有用心之说。关于结婚时间，各种材料证明为一九一五年十月二十五日，已无疑义。结婚地点，《访问记》上写的是梅屋庄吉住宅。根据为：一、《日本外务省文书》中警察逐日作的“孙文动静”秘报所述情节；二、我访问梅屋小女国方千势女士时，她的回忆叙述；三、〔日〕车田让治《国父孙文与梅屋庄吉》一书的记载。不过车田的书并非历史专著，而且不少地方也是以国方千势的书简为依据的。

日昨听尚明轩同志转述，据您记忆，与中山先生结婚的地点，是在著名律师和田瑞家。倘若如此，对此事便须重新研究。历史事实的时间、地点直接联系在一起。为求准确起见，下面几个问题，不知能否回忆一下，酌予解答：

（一）日本警察秘报，说您是一九一五年十月二十五日下午到达东京车站的。这个日子是否对，或者前几天就到东京了？

（二）到东京以后最初住在何处？照警察秘报情节看住在梅屋宅，另一说住在青山原宿，何者为是？

（三）您和中山先生办理结婚手续和举行结婚宴会，全都在和田律师家，还是分别在和田、梅屋两处举行？

（四）中山先生一九一五年十一月中旬住在原宿，有给美国商人德崔克的信件为证。问题是结婚住的地点，如果不是梅屋宅，那么，警察秘报、国方千势女士的回忆，何以均言之凿凿呢？

问题很繁琐，时间又相隔六十余年，不敢望您逐一回答。能就记忆所及，撮述要点，就已经极为难能。辨明有关记载的是非真伪，实利赖之。拙稿《访问记》正由《文物》杂志排印中，一俟刊出，当即呈请裁正。有劳清虑，伫候教言。

二月二日去信，二月三日孙夫人住宅秘书转来答复如下：

（一）我是一九一五年十月二十五日和孙先生在律师和田瑞家行结婚礼。在那里签名，午后到梅屋先生家用茶点，然后到孙先生住宅（10，Harajiku Aoyama）。（二）我是一九一五年十月二十四日晨到东京（和二位广东同志），那晚，我住在头山满先生和夫人的家（25，Reinangaka Akasaka）。

照这个答复，有两点是清楚的：（一）再一次确证结婚时间是一九一五年十月二十五日。（二）当天下午曾在梅屋家聚会。因此，国方千势女士的回忆，并非全属子虚。增饰失实，在所难免。另外两点与以前的说法不同：（一）十月二十五日起，即住青山原宿，并非住梅屋宅。（二）宋是十月二十四日早晨到东京，不同于日本警察所报告的十月二十五日下午。后面这个歧异是怎么产生的，现在还无从作出解释。答复中指出的头山满宅、“中山寓”两处地名均确切无讹，想系留有记录，非光凭记忆所能办。唯两处门牌号数，不知何以又都有出入？三月十四日我路过东京，曾托佐伯有一教授转告久保田文次先生，能否再查查日本外务省文书，把事情进一步核实一下。不过在我来说，辨明主要事实，目的已经达到。打破砂锅璺到底，俟诸热心于此的同志。

一九八一年三月二十日

图 片

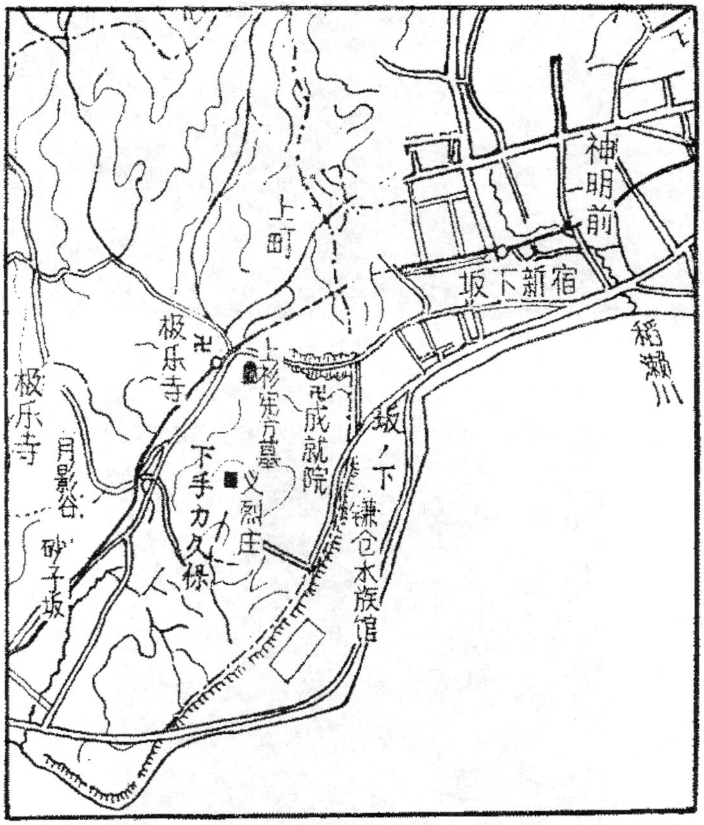

图一

图二

图三

图四

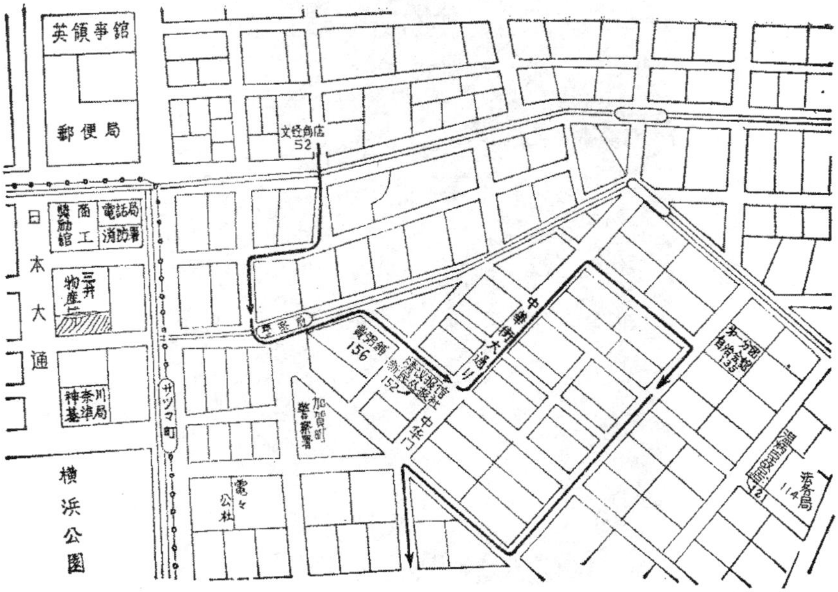
英領事館
郵便局
文经商店
52
日本大通
商工奨励館
電話局
消防署
三井物産
神奈川基準局
サツマ町
横浜公園
公社
加賀町警察署
156
152
中华门
中華街大通り
135
121
114

图五

图六

图七

图八

图九

图十

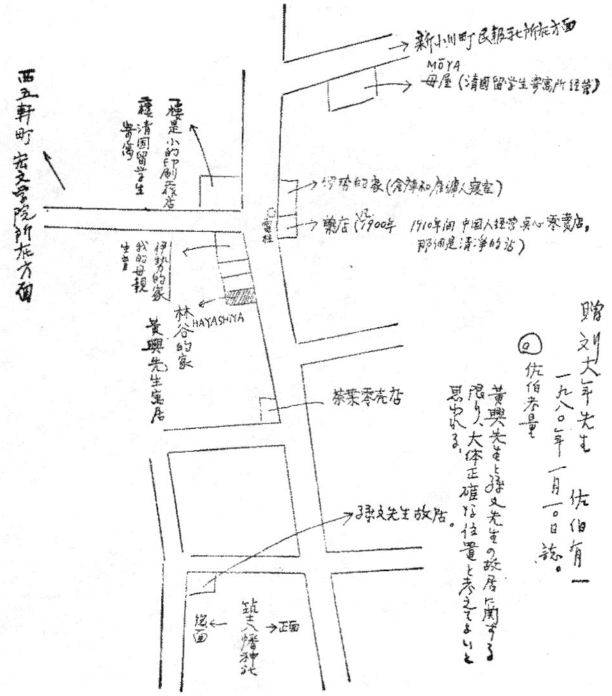
新小川町民报社所在方面
MOYA
母屋（清国留学生寄寓所经营）
西五軒町 宏文学院所在方面
楼是小的印刷工夜店
清国留学生寄寓
伊势的家
药店
电柱
伊势的家
我的母親
林谷的家
HAYASHIYA
黄興先生寓居
孫文先生故居。
正面
後面
筑土八幡神社
贈刘大年先生
一九八○年一月一○日誌。
佐伯有一
佐伯考量
黄興先生と孫文先生の故居に関する限り、大体正確な位置と考えてよいと思われる。

图十一

图十二

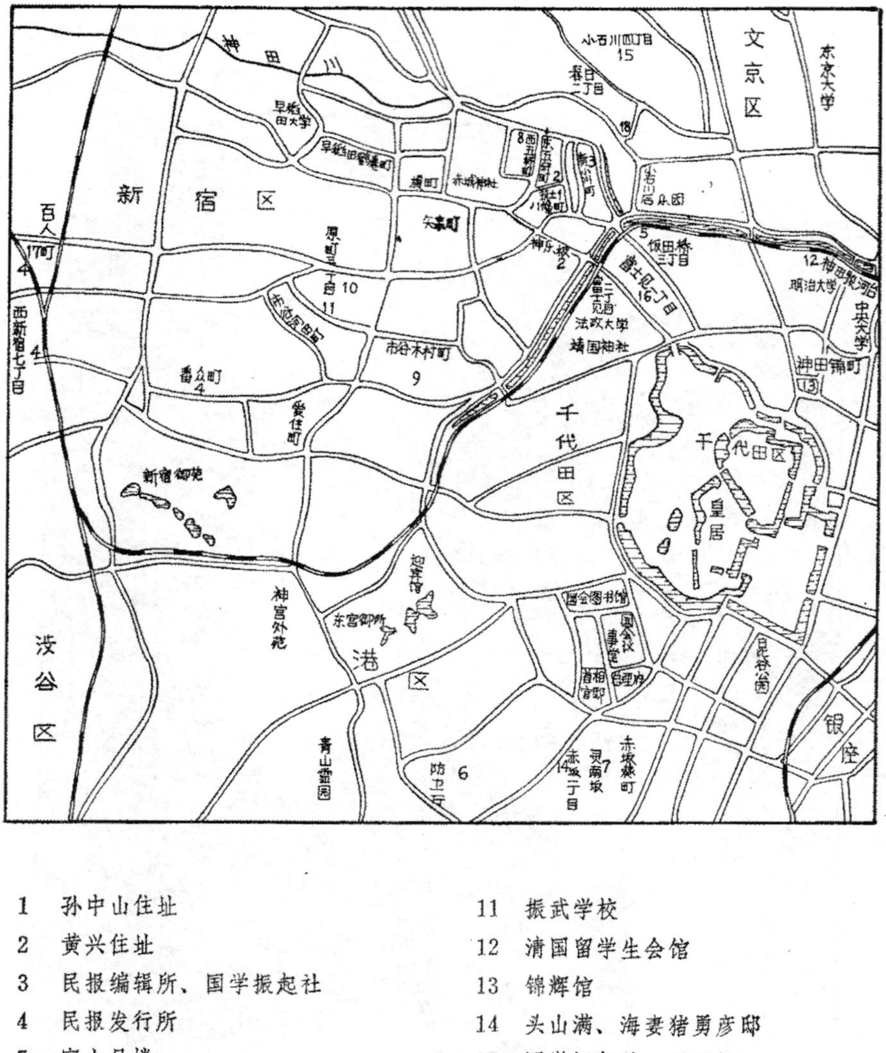

1　孙中山住址
2　黄兴住址
3　民报编辑所、国学振起社
4　民报发行所
5　富士见楼
6　同盟会筹备会会址(黑龙会本部)
7　同盟会成立大会会址(坂本金弥邸)
8　弘文学院
9　陆军士官学校
10　成城学校
11　振武学校
12　清国留学生会馆
13　锦辉馆
14　头山满、海妻猪勇彦邸
15　国学振起社、天义报
16　天义报、国民报、二十世纪之支那社、社会主义讲习会及章炳麟住址
17　孙中山宋庆龄结婚集会地点（梅屋庄吉邸）
18　作者寓所

图十三

图十四

图十五

图十六

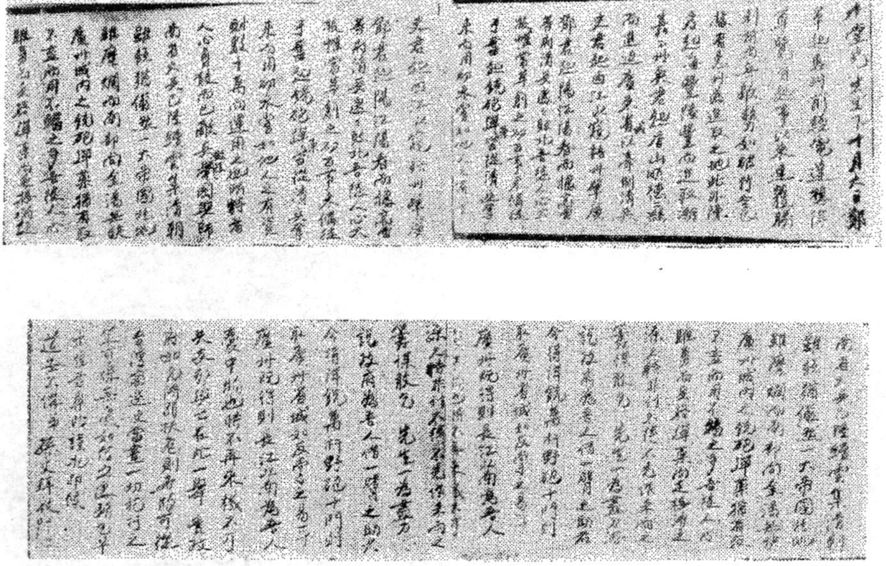

图十七

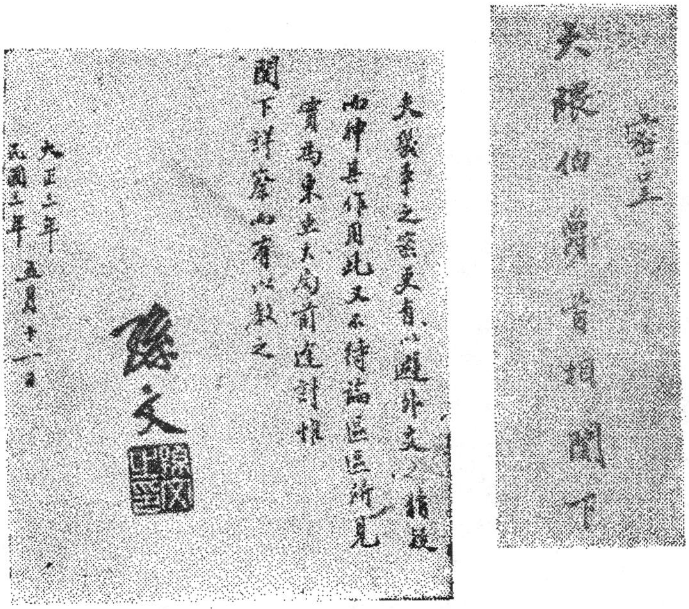
夫裁奪之際更有以遇外交之精鋭
而伸其作用此又不待論區區所見
實為東亞大局前途計惟
閣下詳察而有以教之
大正三年
民國三年 五月十一日
孫文

大隈伯爵閣下
密呈

图十八

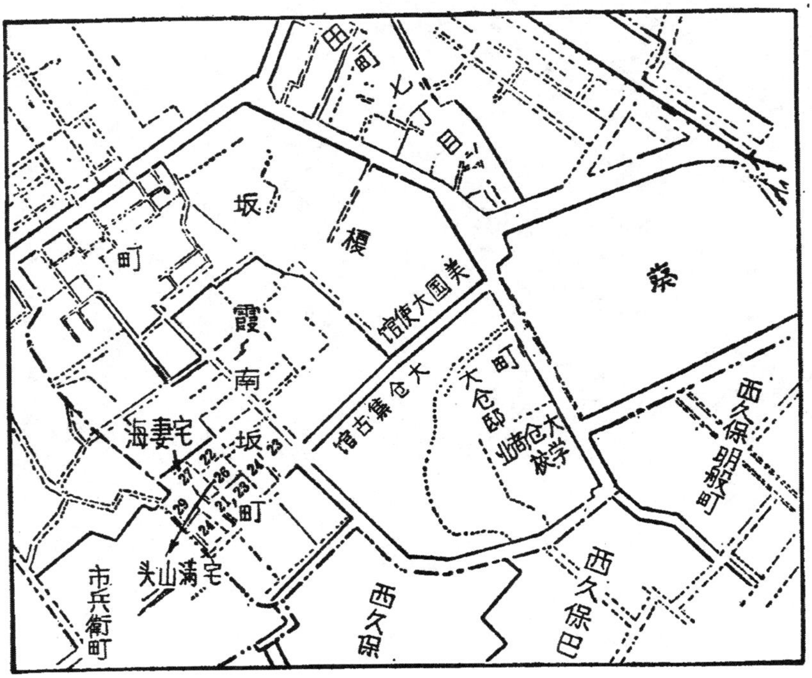

图十九

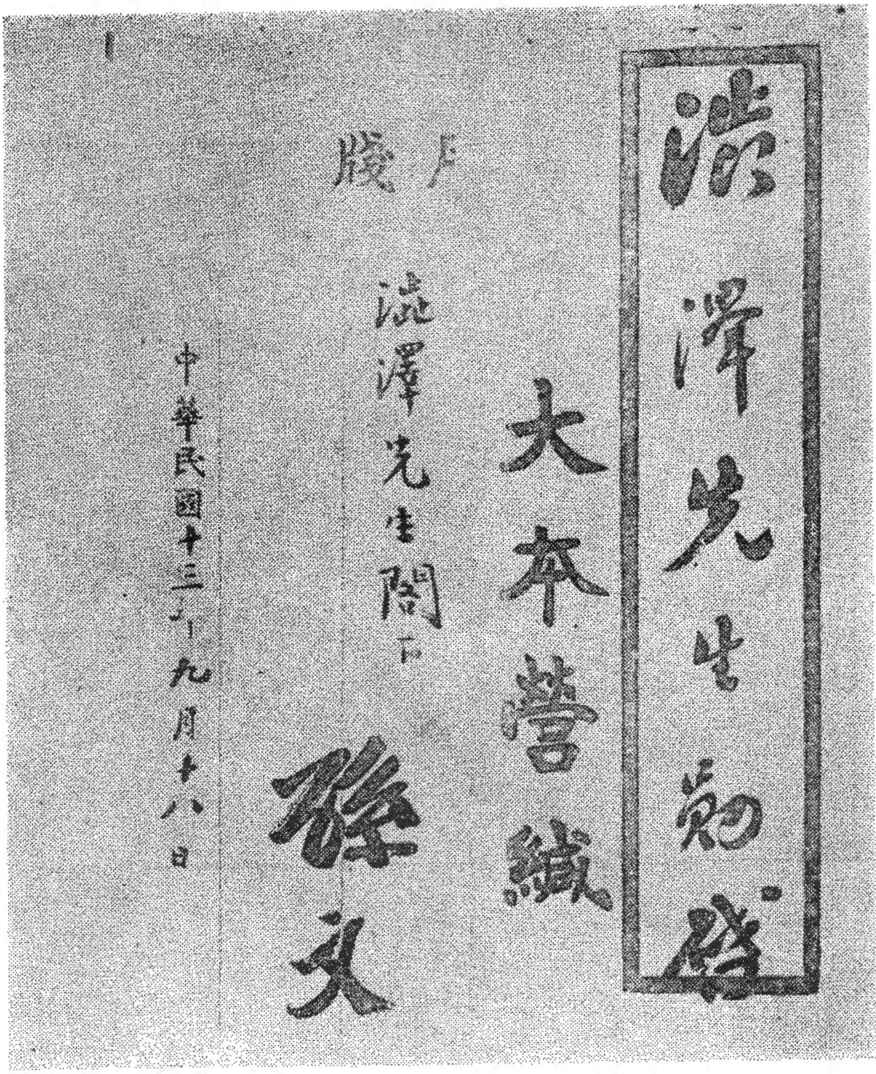

图二十

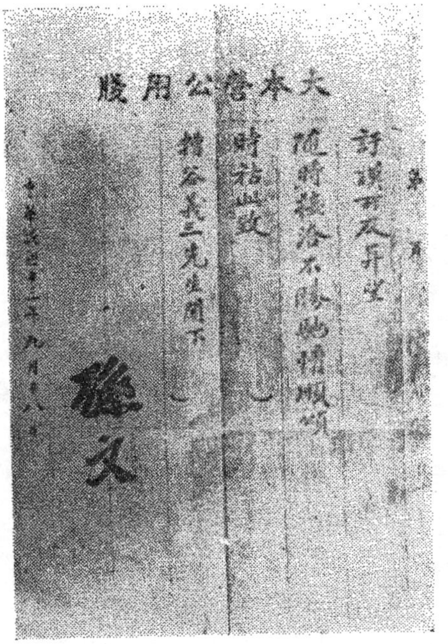

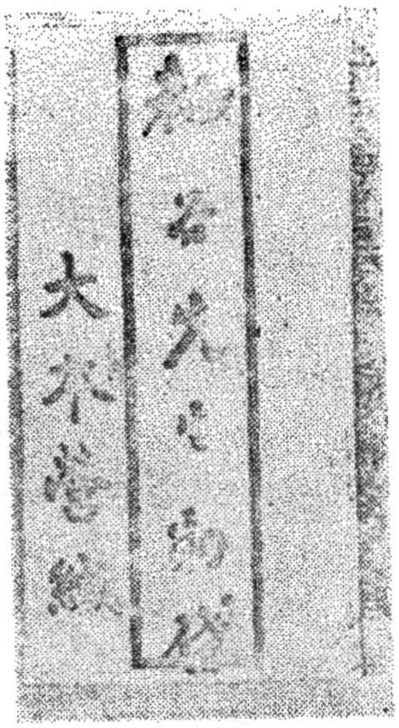

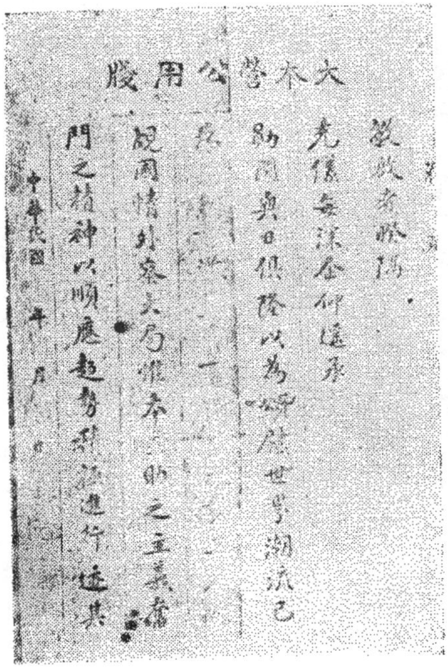

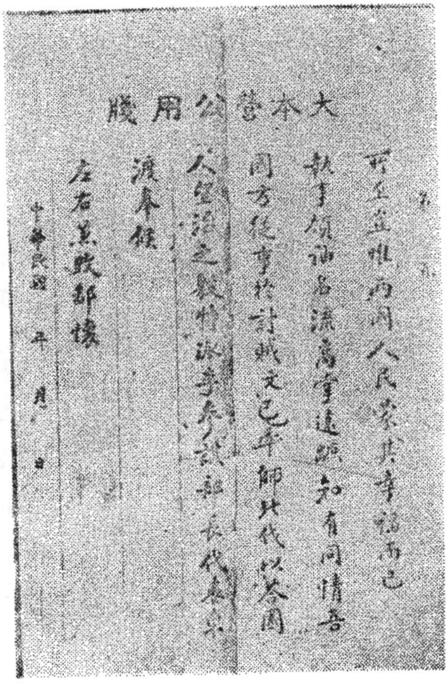

图二十一

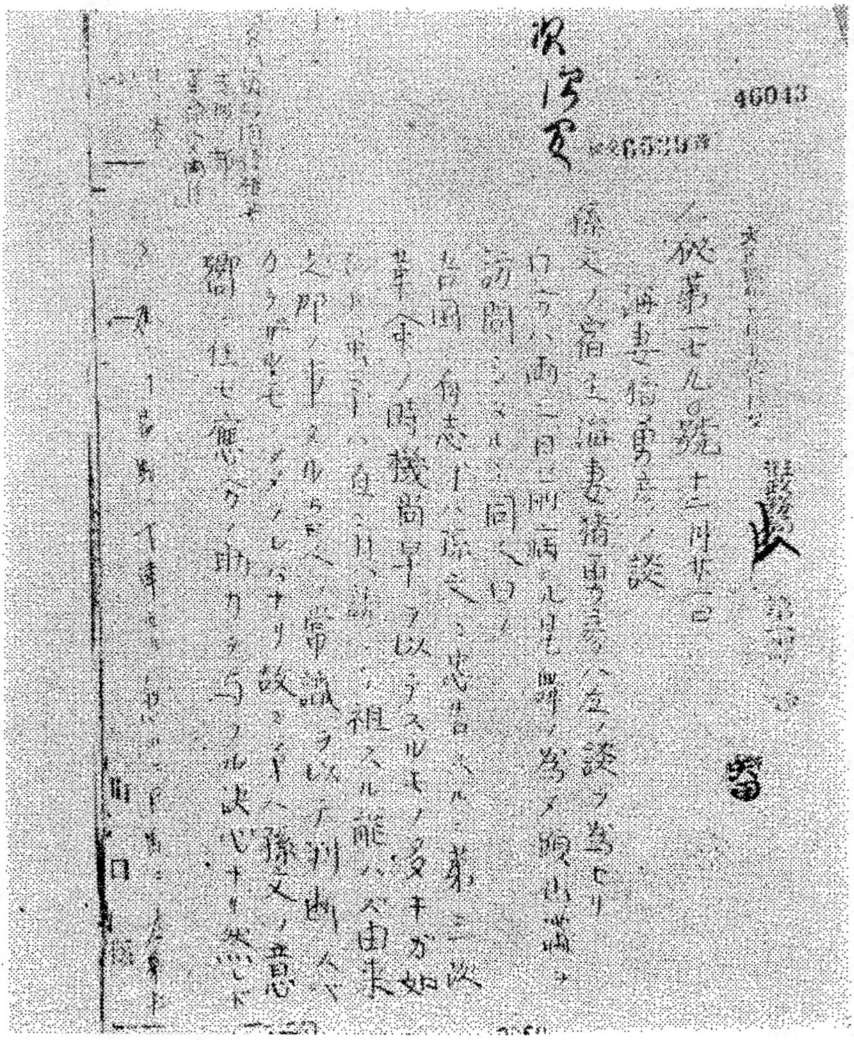

图二十二

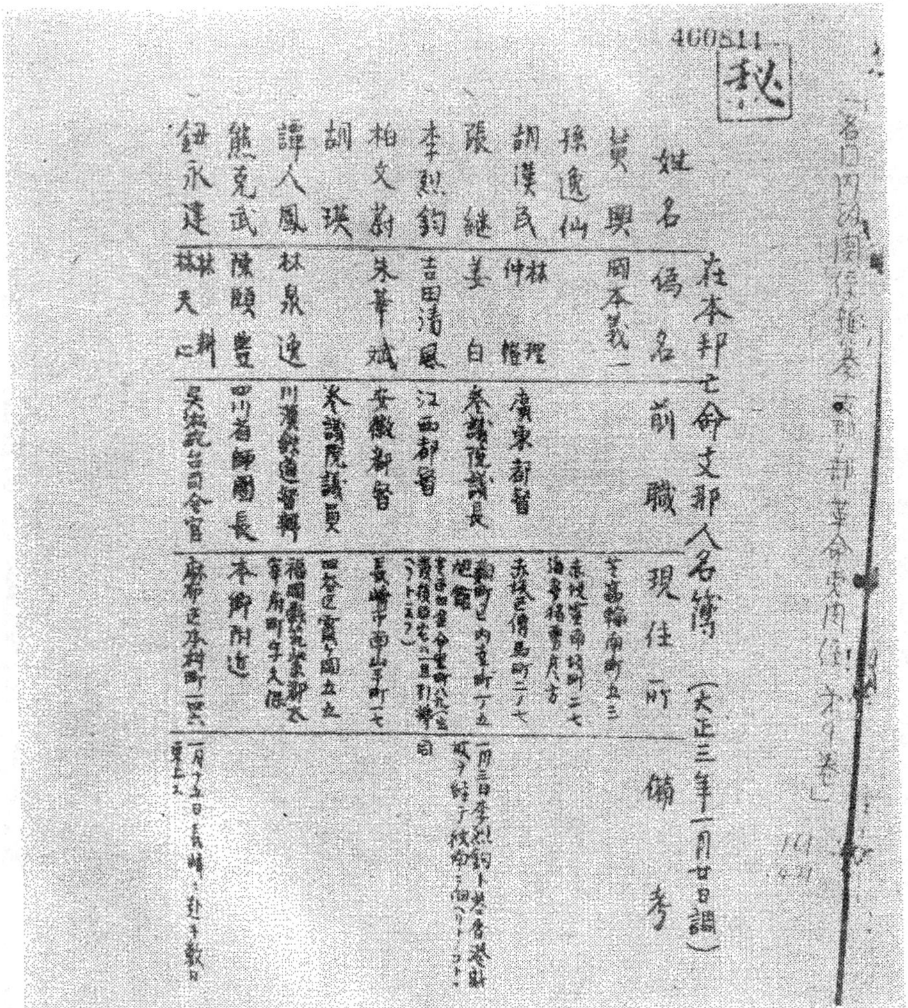

460814

秘

在本邦亡命支那人名簿（大正三年一月廿日調）

姓名	偽名	前職	現住所	備考
黄興	岡本義一		芝高輪南町五三	
孫逸仙	林理		赤坂霊南坂町二七 [illegible]	
胡漢民	仲惟	廣東都督	赤坂区傳馬町二ノ七	
張継	姜白	参議院議長	麹町区内幸町一丁五 旭館	一月二日李烈鈞ト共ニ香港ニ赴ク [illegible]
李烈鈞	吉田清風	江西都督	[illegible]	
柏文蔚	朱華斌	安徽都督	長崎市南山手町一七	
胡瑛		参議院議員	四谷区[illegible]五五	
譚人鳳	林泉逸	川漢鉄道督辦	福岡県[illegible]	
熊克武	陳顒豊	四川省師団長	本郷附近	
鈕永建	林天心	呉淞砲台司令官	麻布区本村町一四六	一月十五日長崎ヨリ[illegible]

图二十三

图二十四

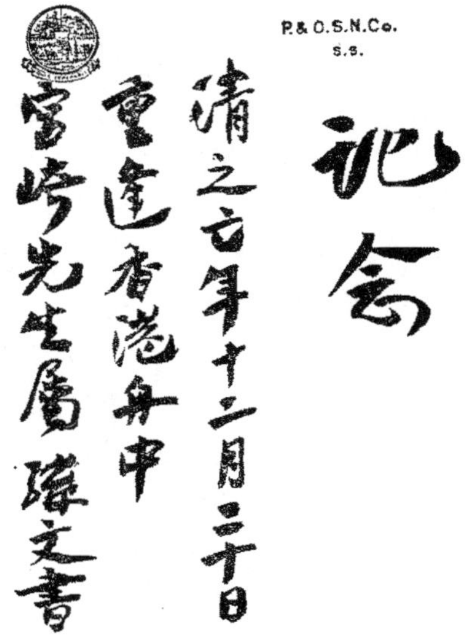
P.& O.S.N.Co.
S.S.
纪念
清之亡年十二月二十日
重逢香港舟中
宫崎先生属 孙文书

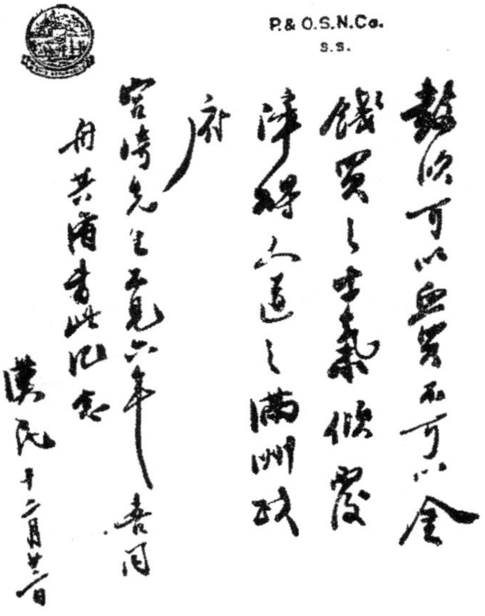
P.& O.S.N.Co.
S.S.
数仞可以无实不可以金
钱买之生气彼发
津得之道之满洲政
府
宫崎先生见六年春同
舟共酒书此记念
汉民 十二月廿二日

图二十五

评近代经学

引 言

王国维在告别他心爱的哲学研究时说："余疲于哲学有日矣。"近代经学这个题目，我捡起来，又搁下，反反复复，耗费了不少精力和时间。现在要作个了结。不过没有可能像王国维那样从此开个新的头。

当前中国正处在现代化建设中，阐释孔子学说的经学与人们关心的现代化建设中的种种问题，相隔何止像隔山！如今为什么还要提出来评论呢？任何一种思想学说都有一定的范围。要求对历史上思想理论的评述，如全要直接和现代生活联系起来，将会最终取消学术研究，肯定行不通。孔子思想理论是中国包罗最广的文化资源。评论近代经学虽然不是讲的眼前的事，但它涉及对孔学的看法和认识问题。事物不是要从运动中去认识吗？中国近代社会历史剧烈变动，近代经学的状况、地位与作用迅速演变。在这个过程中，经学反映出的孔学思想理论的地位与作用是从其他地方看不清楚的。

中国近代社会历史的基本问题、主要矛盾斗争，一是民族丧失独立，要求从帝国主义侵略压迫下解放出来；二是社会生产落后，要求实现工业化、现代化。近代经学从传统文化深层解读出了近代社会历史的这种症结。今文、古文两派讨论和激烈争论如何评价孔子学说和某些孔学典籍，根本事实是争论人们是否应当照旧遵循或怎样应用孔学来看待、处理当前社会最尖锐的矛盾斗争问题。他们在维新运动与辛亥革命的舆论准备中，或者自信在领导时代潮流，或者希望追赶潮流。民族思想是他们的共同思想。但当那些重大事件像昙花一现，成为过去，反映新的社会势力、寻求中国出路的新思想文化运动兴起的时候，他们又一齐向后转。改造孔学不提了，批判孔丘悔不当初，代替的主张是尊孔读经，与五四运动提出的民主与科学背道而驰。复古主义现在是他们的共同思想。近代经学用大字书写在人们面前的两个词是："民族思想""复古主义"。非常明白，这两个词是把孔子思想理论固有的内涵突出起来了，而非近代经学外加进去的。前一条与认识中华民族悠久绵延的历史、反对外来侵略相关联；后一条不认为中国社会是发展前进的，肯定小农生产、血缘关系、封闭社会的准则是永久适用不变的准则。你说它前后矛盾，不合逻辑，但事实就是那个样子。一般地说，每个民族走向现代化，都不能摆脱传统文化的根基。同样地，不彻底清理与批判古老的、主要是反映停滞社会生活的传统，便无所谓发展创新，更谈不到近代化。今天中国的现代化不是在脱离传统文化与周边环境条件绝缘的状态中进行的，它必定要碰到辨认传统文化的根基与彻底清理、批判其中阻碍发展更新的废弃物的问题。近代经学这个话题虽然已老掉牙齿了，我想，加以分析批判，我们从中还可以找到一些与今天相关的有价值的认识，只要不拿它当时事手册答问一类。

据熟悉孔学的研究者说，经学研究正在成为孔子学说研究的热点之一。缺少西方汉学家的参与，大概也不能成为某种热点。我见到的西方学者研究经学的著作不多，最近江苏人民出版社翻译出版的美国加州大学洛杉矶分校艾尔曼教授的《经学、政治和宗族——中华帝国晚期常州今文学派研究》可能是同类著作较新的一种。[①]著者的出发点是把他认为一向被断裂为两截的“思想史”与“社会史”研究连接起来，给人一种思想与社会结构有机地联系地了解。用大家习以为常的词，这是一个接近唯物论的出发点。书上的大意是：沉沦了一千五百年的西汉今文经学在乾隆年间忽然兴起，那是一场政治斗争的产物。担任礼部侍郎的庄存与反对乾隆宠臣和珅擅权枉法，双方矛盾不和。庄年迈失势，回到常州家乡讲今文经学，借以批评和珅。庄氏家族广有势力，与本地另一大家族刘氏联姻，那就是刘逢禄出生的家族。庄的今文经学传给外孙刘逢禄，刘终于成了清代今文经学的领导者。思想史与社会史断裂就这样打通了，连接起来了，形成为“经学、宗族与政治的三向互动”。著者的关键性断语是：“常州的思想史反映出儒学一旦解决国家或地方性难题，必须依赖自身没有自觉意识到的社会结构”，“由于过度强调‘现代中国’和康有为的思想，中国和日本史学家竟误解了清代今文经学的性质”。“我们应该以开端代替终结。这并非轻视今文经学在 1898 年改革维新里的重要性，而是要将开端当作开端去发掘。……庄存与和刘逢禄站在帝国晚期政治世界的舞台中心。相较之下，魏源和龚自珍乃是边缘角色。……我们必须从研究‘康梁’转为研究‘庄刘’”。全书确实是做了对清代今文学“将开端当作开端去发掘”

---

①〔美〕艾尔曼（Benjamin A. Elman）著，赵刚译：《经学、政治和宗族——中华帝国晚期常州今文学派研究》，江苏人民出版社 1998 年版。

的工作，给人们提供了新的知识，对此应当充分肯定。其中的一些重要论点，间接或直接与我对近代经学的评述相关，这里顺便说明一下自己的看法。

一、清代的今文经学起因于庄存与同和珅的政治斗争说，虽然不能排除，但现在只是假说。庄与孔广森同时，都讲今文经学，谁先谁后，还不清楚。孔任翰林院编修，著《春秋公羊经传通义》，1786年盛年早逝。庄所著《春秋正辞》，当完成于1786年辞官回常州以后。此点如果属实，则孔书在前，庄书在后。庄年长，据说孔一度向庄问学。但两人均非专讲今文学，各有不少古文学著作。孔向庄问的是今文学还是古文学，不得而知。撇开对孔广森的政治态度和庄孔今文学完成的时间的考察，今文学起因于政治斗争便不能落实。公羊学有所谓“春秋讥世卿”“春秋为贤者讳”等说法。又有三科九旨“诛贬绝”的说法。至于对何人何事或褒或贬，那是圣人孔子的特权，别人不能染指。别人所要做的是准确地了解那些“褒贬”一两个字或一半句之差，或含糊其辞的“书法”，准确地了解孔子表达了什么样的微言大义，而不能加进著者的私货、假货。庄存与身为朝廷大臣，在位时，对和珅的贪渎弄权缄默旁观，而在事后则利用私人著述暗中攻击。堂而皇之的经学著作被变成了含沙射影的伎俩。这不像个以道德文章育人的有道之士的行为。何况讥刺和珅，间接也就是指责乾隆。在当时的文字狱高压下，艾著也认为这是非常危险的。凡此数端都说明，今文经学起源于庄、和矛盾斗争，存在极大的疑问。

二、从常州庄、刘两大家族与今文经学兴起，来考察思想史与社会史的关系，就个案研究而言，艾著引人入胜。个案研究与综合研究不可分割。比如研究康有为家族和他早期的经历，对他在上清帝书中讲的“陈胜辍耕于垄上，石勒倚啸于东门”，即主张改良也含有防止农民起义的意思，我们对他思想的了解，就会多了一层社会内容。但也只限于此。因此，仅仅凭对某些特殊的大家族的研究，显然不可能达到解决思想史与社会史“断裂”的目的。家族纽带并不等于儒学“自身没有意识到的社会结构”。家族内部是分裂的，它不是社会起决定作用的基础结构。儒学依赖的自身没有意识到的社会结构，只能是与当时社会生产力与生产关系相联系的普遍存在的社会基础结构。社会基础结构变动，人们的思想认识、学术观点相变动。学术传播通常是“师傅教什么，徒弟学什么”。其中有与地区相关的，多数无关。龚自珍、魏源、凌曙、陈立、戴望、王闿运、廖平、康有为、梁启超、皮锡瑞、谭嗣同都讲今文，谁也找不出他们与家族、地域纽带有什么关系。他们的思想在很大程度上是自觉地与时代重大的矛盾斗争相联系的。而那种矛盾斗争最终又和社会基础结构息息相关；对于后一点，则不是他们自觉地意识到的。这说明要解决思想史与社会史的“断裂”，必须对社会基础结构进行研究。某些特殊家族与思想文化联系密切，多半是一种例外。

三、庄刘与康梁今文经学的时代背景完全不同，艾著在这个问题上看法混乱。庄 1788 年去世，在鸦片战争以前半个世纪，在康梁讲今文经学以前一百年。刘 1829 年去世，到鸦片战争还有十年，到康梁讲今文经学还有五六十年。艾著认为“庄存与和刘逢禄站在帝国晚期政治世界舞台的中心”，“我们必须从研究‘康梁’转为研究‘庄刘’”。照这么讲，只要把庄刘研究清楚了，康梁也就清楚了。也就是说，鸦片战争以前和以后，中国社会的基本矛盾、社会结构没有两样。社会基本状况依旧，占支配地位的政治思想学说当然也就依旧，于是，无凭无据的所谓庄、刘是站在帝国晚期政治舞台的中心人物，就这样从地底下冒出来了。但是我们知道，这都是经不起历史事实反驳的。著者并非不了解中国历史，也并非对西方侵略中国胸存庇护。西方一些论者编造所谓“亚洲儒学资本主义”或“太平洋边缘地区研究”新领域，艾著批评说，这种东西作为一种意识形态的结构提出来，让人想起日本发明的“大东亚共荣圈”。但由于他对庄刘过于偏爱，不自觉地走到了极端，难以自圆其说。其实庄存与今文经学著作讨论的问题，对近代经学毫无影响。刘逢禄闻名，是因为所著《左氏春秋考证》否定古文经学，成为近代今文、古文经学斗争的焦点之一。龚自珍、魏源向刘学到的东西是今文学文献知识。龚、魏学问的重点则在于社会现实问题，而这正是刘逢禄极力回避、不敢接触的。康有为、梁启超的今文学又非龚、魏所能梦见，更不用说刘逢禄了。乾嘉今文古文两派的共同点多于相异点，即都是在书本子上做文章，远离社会现实。近代今文学则不同。它是近代社会结构变动、社会现实剧烈矛盾斗争的反映。艾著评论庄存与的今文学观点说：“他的追求实质上只是维护经学遗产。他倾向视古典理想为治理现代混乱的药方，这种保守的政治观点……成为他阐述保守的学术观点的媒介。”“当然保守主义在庄存与的后继者——今文经学家龚自珍、魏源那里消失了。”这个评论再中肯不过了。就像改造原始孔学然后才有西汉今文学一样，改造保守的乾嘉今文学——当然是在更大程度改造孔学，然后才有康梁为顶点的近代今文学。他们尽管都讲孔学，而所讲的精义都只是各自时代的产物。艾氏博览，不知何以见不及此。

四、艾著说，中国和日本史学家都误解了清代今文学的性质。所谓误解性质，看来还是说不应该把乾嘉与近代分开。对于近代今文学性质的了解究竟是正与误，只须翻阅一下近代今文、古文两派斗争的关键是什么，就可以一目了然。在此无须一一论列。

《经学、政治和宗族》是一部严肃的著作。其中讲到孔子思想研究在中国近代化进程中到底起什么作用，认为不能用投票方式解决，要分析研究，这是很有见地的。但作者书上涉及中国近代经学的论点，如上所述，不能认同。

章太炎一向自居学问文章中国第一。前期一度说文章王闿运第一，自己第二，后来对王也不恭维了。晚年他认为，“学问之道当以愚自处，不可自以为智。偶有所得，似为智矣。尤须自视若愚”。“愚三次，智三次，学乃有成”。这应当是他对自己一生治学经验的深刻总结。所谓三智三愚并不是说的次数，而是说人的认识是有反复的。智与愚都是前进的过程。做学问要经过不断多次反复和检验才达到可信的程度。我对近代经学要点自以为有一点体会，但事实上肯定是智少愚多。恐怕难以避免像孔子批评某人说的那样：其智可及也，其愚不可及也。

一、今文经学传播，思想解放萌芽
（鸦片战争前夕）

历史上长期沉沦的两汉经学，在清代乾嘉年间又勃然兴起，造就出一群学术界明星。它是一种特定的社会政治环境的产物，同时也反映了学术思想变化自身的某种规律。乾嘉年间兴起的经学同时有两派，一派是世称戴（震）、段（玉裁）、二王（王念孙、王引之父子），号为考据学“正统派”的古文经学派；一派是庄存与、孔广森、刘逢禄代表的今文学派。两派宗旨互异，分道扬镳。近代经学中，今文、古文并存。今文学的传播引起思想界的变动。

（一）主要学者及其著作

龚自珍（1792—1841），号定盦，浙江仁和人。道光年间进士，历任宗人府主事、礼部主事，晚年到江苏丹阳书院讲学。著作有《定盦文集》等。魏源（1794—1867），字默深，湖南邵阳人。进士出身，历任知县、知州。著有《圣武记》《古微堂内外集》《海国图志》等。《海国图志》是在林则徐《四洲志》及林则徐在广东收集的材料的基础上编纂而成的。但其中确有新的思想。宋翔凤（1777—1860），字于庭，江苏长洲人。嘉庆年间举人，历任县训导、知县。著作有《过庭录》《论语说义》等。凌曙（1775—1829）、陈立（1809—1869），也都是鸦片战争后知名的公羊学家。

魏源1814年至京师，刘逢禄（1776—1829）这时任礼部主事，著书讲学。刘的代表性著作《左氏春秋考证》，认定《春秋左传》为刘歆所伪造。又著《箴膏肓评》发挥同一观点。魏源向刘问今文学，年二十四。龚自珍1819年再到北京，参加礼部会试，落选。自这一年起，从刘逢禄受《春秋》公羊学。龚、魏两人治今文经学，魏源在前，龚自珍在后。他们都是直接向刘逢禄学习的。魏源研究经学的著作，完成于1830年以前，龚自珍的经学撰述，大部分写于1828年至1838年之间，都接近或者就在鸦片战争前夕。封建统治制度、社会生产长期停滞的固有矛盾，与英国日益加紧输入鸦片，对中国社会生活造成严重破坏的矛盾，纠结在一起。一场不同于以往的社会危机的爆发，正在酝酿中，若干关怀世事的知识分子敏锐地感觉到了这一点。龚、魏与前期的今文学派在知识上有传授关系，但思想上并非一脉相连。他们是积极地对待自己的时代的新的一派。

（二）经学研究的思想主张

龚自珍的经学撰著主要有《五经大义终始答问》《六经正名》《六经正名答问》《大誓答问》《说中古文》《春秋决事比答问》等篇，总计约两万字。《五经大义终始答问》着重说明《公羊传》里讲的“大一统”“三世”说。他认为公羊学上的所谓据乱、治平、太平“三世”有各种各样。有属于《洪范》八政里面某部分代表某世的，又有一个部分内部分工再分为代表某世的；有上古、中古、近世分为三世的；又有同一个时期如“春秋”二百四十二年分为三世的。语意简短，只有论断，没有讲出什么道理。《六经正名》批评关于《十三经》的说法，指出孔子没有出生以前，天下早有六经。孔子说他述而不作，足为明证。后世喋喋纷扰，由六经增至十三、十四经，“舆台之鬼与昊天上帝”并列，不伦不类。《大誓答问》对于何谓今文、古文持独特见解。他说，伏生所传书，实即古文，欧阳生、夏侯胜、夏侯建之徒，依着今文读法传给博士，后世因此称伏生做今文家鼻祖，名与实发生错乱。孔壁的藏书自然也是古文，孔安国用今文去读，与博士传习的书并无异样。而人们因此称孔安国为古文家鼻祖，名与实又一次发生错乱。今文、古文同出于孔子所删订。前者为伏生及其门徒所读，后者为孔安国所读。他们未读以前皆为古文，既读以后皆为今文。读者不同，解说也就不同，源一流二。譬如后世的翻译，同一语言，有两种以至多种译法。译者不同，译法各异，原来的语言并无差别。这就是今文家、古文家的来历和区分大概。照这些叙述，《十三经》一半以上为奴隶鬼卒，它们的神圣性被戳穿了。今文、古文不过来自翻译出入，围绕它们无休止的争论，岂非徒然多事！其中正好也包括他自己讲求的公羊学。

龚自珍的所有经学著作中，《六经正名》《大誓答问》等较为平实、新颖。《六经正名答问》中，相信刘歆篡改过《左传》。《春秋决事比答问》对董仲舒的“公羊治狱”没有任何批评，只增加了一些解说，个别地方提到“公羊氏受春秋改制大义”，并无申说。某些考辨，例如引庄子《天运篇》证明孔子不作六经，也不足以驳倒对方。大抵那些撰述今文宗旨突出，也表现了那个学派长于议论的本色。

魏源的经学著作，主要有《诗古微》《书古微》《董子春秋发微》《两汉今古文家法考》等。在这以前，清代今文经学有专门研究《尚书》、三家《诗》的，但限于讲家法异同，没有提出真伪问题。《诗古微》力辩《毛传》为晚出伪作，力主齐（申培）、鲁（辕固生）、韩（韩婴）三家说。《书古微》给西汉《今文尚书》补亡、正误，认为不止阎若璩《古文尚书疏证》所辨驳的《古文尚书》《孔传》为王肃所伪造，东汉马融、郑玄的《古文尚书》也并非孔安国的旧说。魏源认为讲今文经学的意义，在于这个学问可以联系现实。他在替他的老师刘逢禄遗书所作的序言里说，今天讲复古，不要停滞不变。古文经学讲文字声音训诂，只停留在东汉的典章制度上，应该再往前追溯，去探寻西汉的微言大义，然后“贯经术、政事、文章于一”[①]。《董子春秋发微》阐述董仲舒关于公羊学的变易思想。董仲舒面对西汉社会的现实矛盾，主张为政之道在善于“更化”。他指出，琴瑟发生严重不调，必须改弦更张，然后可以操鼓；为政遇到窒碍难通，必须“更化”改革，然后局势才可以理顺。琴瑟当改弦而不改，虽有良工巧匠，也不能调整；政治当改革更化而不更化，虽有大贤大智，也不能很好治理。《董子春秋发微》对这方面的思想作了一些改易和论述。关于公羊家的“三世”说，魏源所著《默觚》和《老子本义》讲得更多。他有时把“三世”和“三代”混合在一起，引述它来考察历史。他说，汉文帝废肉刑，三代酷而后世仁；柳宗元批判封建，表明三代私而后代公；古昔权力世袭，后来改为贡举，其意义相当于废封建，设郡县。他由此得出“三代私而后世公”[②]、后代胜于三代的进化观点。这种对社会历史的看法，在言必称三代的儒学理想中，要算一个进步。不过魏源严格限于讲古代历史，避免和自己的时代发生接触。他用太古、中古、末世的概念划分历史

① 魏源：《刘礼部遗书序》，《魏源集》上册，中华书局 1976 年版，第 242 页。

② 魏源：《默觚下 · 治篇》九，同上书，第 60 页。

时代，说它们由于某种不可知的“气运”或“气化递嬗”，周而复始，循环往复。西汉经学里面，本来就有阴阳家的阴阳五行历史循环论。“三世”说从这方面去解释，除了复古陈腐气味，又别无内容。董仲舒讲天人合一、天人相通。魏源极力发挥那种思想。他描绘古代文献中的尧、傅说、文王等人物，通于幽明之理，升降出入于人的世界和神的世界。《书古微》中说：人类初期，天与人相通，天通于下，人通于上，天与人早晨讲话，晚上讲话。古代职官或以龙相称，或以鸟相称，或以云相称，龙、鸟、云就是天与人相通的媒介。[①]他认为纯以天治和纯以人治都不对，要“天人合治”，神道设教并行。魏源经学著作涉及面较广，但并非如有的评论者所认为的，他是清代今文经学的奠基者。他鼓吹的“气运嬗化”、天人合治等，根本不存在什么孔学古义，纯属今文学的糟粕。他的“天人合治”主张，表现的不是起码的智慧，而是神学愚妄。

今文经学的一个重要取向是“经世致用”，联系现实需要，解决实际问题。

从以上可以看出，汉代公羊学直到刘逢禄《左氏春秋考证》提出的今文经学上的一些最主要的问题，龚自珍、魏源的著作都涉及到了。它们是：

“大一统”说，即以一统为大，以一统为尊。“大一统”何以就为大、为尊？《公羊传》引据史实，并作出解释，“一统”的意思，是政治上的统一，也是民族的融合。照这种解释，“大一统”的思想是进步的，符合历史运动大趋向的。不管这种思想来自《春秋》或来自汉人都是一样。“大一统”是贯穿《公羊传》的基本思想，讲公羊学，首先就是主张这个基本思想的。汉武帝采纳董仲舒建议，罢黜百家，独尊儒术，在很大程度上是尊《公羊传》，采纳大一统思想。这是对于历史走向的认识和要求。

以《左传》为中心的古文经出于刘歆伪造说。今文经学的主要经典是《公羊传》。它以前全凭口传，汉初人公羊高开始著于竹帛。西汉出现的完全属于神学预言的纬书《春秋纬》上，有一条神学上叫作谶的预言，说孔丘作《春秋》是“为汉制法”。公羊家吸取这个说法，认为孔丘受命为王，为汉制法，即给中国封建社会制订社会政治制度。但孔丘并没有真正的王位，他只有把自己的主张隐含在《春秋》的“微言大义”里面。《公羊传》就是阐述那些

---

① 魏源：《顾命篇发微》，《书古微》第11卷，光绪四年，淮南书局，第16页。

微言大义的经典。《左传》是由汉以前的古文书写流传下来的，被认为不传《春秋》。要推尊今文，就要打倒《左传》。刘逢禄明白系统提出《左传》出自刘歆的伪造。龚自珍没有注重古文辨伪，魏源的《诗古微》《书古微》都是辨伪之作。与此相关的还有六经为谁所作的问题。龚自珍认为孔子述而不作，六经只经过孔丘的删订。这与古文学派的观点相同，为后来的今文学派所反对。

关于孔丘学说的"托古改制"宗旨问题。董仲舒《春秋繁露》、何休《公羊解诂》，都讲孔子学说的宗旨在于"托古改制"[①]。所谓孔丘为汉立法，也就是为汉改制。"改制"说由此成了公羊学的灵魂。龚自珍点到一下，但马上撇开了。其原因很明显：今文经学与古文经学争论的焦点，一在古文伪不伪，二在孔丘学说的宗旨在不在改制。古文经学伪不伪属于学术问题，改制不改制则直接触及政治现实。所以从刘逢禄到魏源，尽管大讲古文经学为伪造，并没有引起社会上的反对。不但没有反对，而且古文、今文两派，在政治上完全协调一致。"改制"说与此不同，它涉及批评现行的社会政治制度。鸦片战争前夕的环境条件，还不可能展开这方面的议论。半个世纪以后，情况才完全改变了。

（三）如何看待《春秋》"三世"说？

《春秋》分鲁隐公至哀公为三世：昭、定、哀三公为孔丘所见世，文、宣、成、襄四公为孔丘所闻世，隐、桓、庄、闵、僖五公为孔丘所传闻世。《公羊传》上说，三世之中，"所见异词，所闻异词，所传闻异词"。照何休的讲解："于所传闻之世，见治起于衰乱之中，用心尚粗略，故内其国而外诸夏。""于所闻之世，见治平，内诸夏而外夷狄。""至所见之世，著治太平，夷狄进至于爵，天下远近小大若一。"[②] 照这么说，历史由远至近有三个阶段，时间越

① 董仲舒《春秋繁露》多处讲"春秋改制"。《玉杯第二》"孔子立新王之道"，"春秋托新王，受命于鲁"。何休《公羊解诂》"春秋何以始乎隐"条下说："托记高祖以来事可及闻知者。"犹曰："我乃记先人所闻，避制作之害。"它们都是讲"托古改制"，不过都没有把这几个字直接连缀在一起。

② 何休：《春秋公羊解诂》，隐公元年，四部丛刊经部，上海涵芬楼版。

靠近，社会越进步。也就是孔丘认为所见世是历史上最好的时代。一方面认为历史有不同阶段的发展，一方面又认定当前为历史发展的最高点。表现“三世”说的自相矛盾。其实孔丘并没有认为他处在历史上最好的时代，他明确地讲，那是“天下无道”的乱世。“三世”说又有一个特别的要点：同一类事件，在三个不同的“世”里面存在不同的“书法”，即所谓“异词”。《春秋》上的微言大义，孔丘为汉制法，就是通过这些“异词”表现出来的。《公羊传》《穀梁传》对那些“异词”作出种种解说，胡乱猜测，异义可怪，难以究诘，公羊学者都以为它们是传达了孔丘高深的历史思想、立言准则。“三世”说在今文经学与古文经学的斗争中不占重要地位。但在今文经学本身则占有极大的重要性。

一个“大一统”说，一个尊周王和辨别华夏与夷狄的关系即尊王攘夷说，一个“托古改制”说，一个“三世”说，是《公羊传》和西汉公羊学的几个主要部分。它们有的分立，有的相互联系。它们中去掉某个部分，《公羊传》与公羊学就残缺不全了。它们合起来，构成了《公羊传》与西汉公羊学的核心。思想深邃，景象开阔。但它是充满矛盾的。不可究诘的臆说，方士般的神学呓语，极大地冲淡或湮没了自身的思想价值。

改制说，《传》无明文，要凭人们去推论，“三世”说，则贯穿于全《传》过程中，显得尤其重要。龚自珍、魏源讲今文经学，就必定要讲这个问题。总起来看，在今文经学的几个最主要的问题上，龚自珍、魏源的论述，有非纯粹今文经学的，有意思含糊不清的，随意性很大。它们本质上仍旧是宗经说经，维护孔丘学说，并非怀疑和批评孔丘学说，去另觅蹊径。仅仅看这种状况，很难找出那些著作的时代特色。说它们之中存在思想解放的萌芽，简直毫无着落。但是，第一，龚、魏把前人对今文经学的研究继承下来，在一些主要问题上议论发挥，显出新奇可喜。这就告诉人们，孔学中尚另有天地，可供驰骋。对于在学术上有志追逐的封建知识分子，这是有吸引力的。第二，更重要的是，他们在讲今文经学的同时，注意讨论现实世界的问题，有些话大胆尖锐，骇人听闻。人们对他们讨论现实问题的注目，也就增加了对那些经学议论的注目。他们的经学研究也就由此突出起来了。

龚自珍、魏源各有相当多的作品，是讲求所谓“实学”或“经世致用”之学的。近人的论说因此把他们列为“实学派”的学者。经学在他们的著作中只占较小的部分。魏源评论龚自珍的著作说：龚自珍通公羊春秋、西北地理、六书小学，文章摘取周秦诸子吉金乐石为词藻，“以朝章国故、世情民隐为质干”[①]。关键在于“以世情民隐为质干”。龚自珍表达“世情民隐”看法的著作，有的干脆拿时间作标题，如《乙丙之际箸议》《壬癸之际胎观》等，反映其中思考讨论的问题，来自当时社会生活的矛盾。另外一些政论如《古史钩沉论》《尊隐》，明眼人容易看出它们的寓言性质。龚自珍用日近黄昏，暮气充塞，凄风骤起，人畜悲痛，来形容封建社会的现状。他用自己的语言说明农民与地主两个阶级的尖锐对立和农民阶级具有的巨大威力。那就是“山中之民”与“京师”的对立[②]，“京师”受到了“山中之民”的极大威胁。他说，“京师贫，则四山实矣”。“京师贱；贱，则山中之民有自公侯者矣。如是则豪杰轻量京师；轻量京师，则山中之势重矣。如是则京师如鼠壤；如鼠壤，则山中之壁垒坚矣”。“朝士寡助失亲，则山中之民，一啸百吟，一呻百问疾矣”。“夜之漫漫，鹖旦不鸣，则山中之民，有大音声起，天地为之钟鼓，神人为之波涛矣”。[③]冯友兰评论说：龚自珍所说的“山中之民”，“主要的还是指有才而不被用的‘隐士’，并不是指乡村农民。不过他的话预示当时的社会即将有重大的变革”[④]。龚自珍当然没有阶级的概念，也没有用农民这个词，更不会愿意农民的力量压倒地主阶级。但这里所讲的“山中之民”，首先是与地主统治地位对立的，而封建社会的“隐士”多半就是乡村的地主，他们的利益并不与地主统治势力对立，只有基本一致。同时，这个“山中之民”的力量又是伟大的。在当时，社会上只有农民阶级有这种伟大力量，以至天地替他们作钟鼓，神人替他们作波涛，使京师受到威胁。不当权的地主“隐士”随时会去反对农民，却不可能形成威胁朝廷的巨大力量。没有农民阶级这个客观存在，就无法凭空构成那种描写。龚自珍强调“一祖之法无不弊，千夫之议无不靡，与其赠来者以劲改革，孰若自改革”[⑤]；主张冲破封建等级网罗，重视个人的个性，推崇自我，说天地人所造，众人自造，非圣人所造。“众人之宰，非道非极，自名曰我”[⑥]。议论如此大胆，可谓直接向神灵皇帝圣人挑

① 魏源：《定盦文录序》，《魏源集》上册，第 239 页。

② 龚自珍：《尊隐》，《龚自珍全集》上册，中华书局 1959 年版，第 87 页。

③ 同上，第 88 页。

④ 冯友兰：《中国哲学史新编》第六册，人民出版社 1989 年版，第 57 页。

⑤ 龚自珍：《乙丙之际箸议第七》，《龚自珍全集》上册，第 6 页。

⑥ 龚自珍：《壬癸之际胎观第一》，同上书，第 12 页。

战。

魏源也善为文词，撰述同样涉及的方面很广。他在《默觚》一书里抒发哲学观点，指出天下没有数百年不弊的法，“变古愈尽，便民愈甚”①。“更法”革新为势所必行。《圣武记》《海国图志》，回顾清代历史，讨论时事。《海国图志》尤其表现编者思想开放，敢于打开眼睛看世界。其中《筹海篇》分析鸦片战争失败的教训，提出一些强国御侮的办法，中心思想是主张学习西方长技，“师夷之长技以制夷”。又介绍西方国家社会政治状况，说美国以部落代君长，其章程可以垂诸久远，称瑞士为“西土之桃花源”②。

一是经学研究，一是经世论议，两者在龚魏的撰著里都占有重要地位。不论龚自珍、魏源，他们除个别例外，很少在自己的政论、文学作品里引据今文经学的言词，或者相反地在公羊学的著作中直接谈论时事。尽管如此，绝不能认为龚魏的学术思想与关于时务的思想，两者可以截然分开。他们的经学撰述与政论、时务讨论，是交叉进行或同时并进的。龚自珍的头一篇《箸议》写在开始治今文学以前。《古史钩沉论》先有初稿，定稿于从事经学研究以后。“具稿七年，未写定”③。《五经大义答问》与著名的《胎观》一同写于1822年。《六经正名》各篇撰成最晚，显然经过了长时间的酝酿。魏源先著《诗》《书》古微，往后便注重时务讨论。照同时代人姚莹叙述，“默深始治经，已更悉心时务”④。不管他们怎样对待经学研究和观察社会现实的关系，公羊学的理论和思想方法，不可避免地要与后者发生某些联系。这不是今文经学有什么秘密。18世纪末、19世纪初，清王朝统治衰落和中国封建制度的危机，在白莲教农民大起义和英国输入鸦片日益严重的冲击下，一并暴露出来。龚自珍、魏源思想敏锐，感受深切，在这个特定背景下撰写出了他们的政论和讨论现实问题的著作。公羊学长于议论，思想不那么受到束缚。这很有利于他们深入观察现实。他们一只脚伸向传统学问，一只脚踩在社会现实矛盾上面，两者发生某种联系，“改革”“变法”的呼声，就这样喊出来了。正像那种经学研究没有滑离尊孔崇经的轨道一样，他们的“改革”“变法”要求也

① 魏源：《默觚下·治篇五》，《魏源集》上册，第48页。

② 魏源：《海国图志》，第47卷，巴蜀善成堂1887年刻本。

③ 吴昌绶：《定盦先生年谱》，《龚自珍全集》下册，第610页。

④ 姚莹:《汤海秋传》,《东溟文后集》卷一一,《传状一》，页十一下,《中复堂全集》安福县署1867年刻本。

没有滑离封建制度的轨道。但他们毕竟从两千年前的是非争论，跨进到了社会现实生活争论之中。社会生活中的矛盾越发展，他们提出的问题，也就越发招引人们的注意。

张之洞在1903年回顾说，二十年来，京中经学讲公羊，文章讲龚定盦，经济讲王安石，学术风气大坏，最后闹到知识分子群起造反的地步。理乱寻源，龚自珍的学术文章，难逃罪魁祸首。[①] 张说的“二十年”前，也就是康有为等的维新运动开始酝酿的时候。章炳麟在《訄书》和稍后的《说林》里说，魏源夸张荒诞，晚年宦途不得意，以治经学求名于世。但不懂得师法略例，又不通小学，杂乱无条理。龚自珍也讲公羊学，与魏源互相称誉。龚的文章巧猾淫丽，后生少年受他炫耀欺诳，尊之为大文豪，争相仿效。那种文风不仅使学术价值扫地无余，而且还会成为导致民族灭亡的妖孽。梁启超说，龚自珍思想复杂，对于《春秋》自有心得。其集中政论若干篇，颇能发明民权主义。考察近世思想自由的向导，必数龚定盦。[②] 又说，龚氏喜好玄妙深邃思考。“往往引《公羊》义讥切时政，诋排专制”。晚清思想的解放，龚自珍确实著有功绩。光绪间的所谓新学家，大概人人皆经过了一个崇拜龚氏的阶段。“初读《定盦文集》，若受电然”[③]。张之洞从反面道出了学术风气变化的最初情节。章炳麟认为魏源晚年才治公羊学，违背事实，对龚、魏一味贬责，门户之见支配了是非判断。梁启超把龚、魏的经学研究和政论混为一谈，说龚氏往往引《公羊》义讥切时政，这造成了后来长期的误解。他叙述晚清先进士子深受龚自珍思想的刺激，“若受电然”，则摹写出了当年的直接观感；亲切逼真，言人所不能言，留下了第一手思想史记录。张之洞等人的说法各异，它们又有一个基本共同点，即认为龚、魏经学思想与政论以至文学作品，对后来社会生活的变动，产生了相当影响，无可怀疑。

一种学术能够产生出那样的客观效果，必有一些新的特点，新的现象。事物的矛盾性使那些现象也要存在矛盾。它们有丰富自己的一面，也包含否定

---

① 张之洞:《学术》，王树枬编《张文襄公全集》第227卷，北平文华斋1928年刊本，第12—13页。

② 梁启超:《论中国学术思想变迁之大势》,《饮冰室合集》，文集之七，中华书局1989年重印本，第96—97页。

③ 梁启超:《清代学术概论》，朱维铮校注《梁启超论清学史二种》，复旦大学出版社1985年版，第61页。

自己的一面。

龚、魏学术研究，首先重新体现出了原始孔学现实地和积极地对待社会生活的特点。孔子学说把现实的人和人际关系，作为论述、说教的主体。这是它一个大的长处。孔学，包括《公羊传》的大一统说，在西汉定于一尊，也正来自地主阶级国家要求统一的现实需要。清代两汉经学兴起，今文、古文相对峙，在畸形偏枯、远离现实这一点上又完全契合。它们不但离开了原始孔学，也与西汉经学主旨乖异。刘逢禄作为清代公羊学的主要代表者之一，并没有与经学研究相联系的讨论时务的专门著作。龚、魏来了一个新的开端。他们研究经学，同时讨论时务，批评专制，按照一定方式，表现出了原始孔学的现实精神。这是当时为程朱道学、繁琐主义所笼罩的经学考证思想界吹起的一股新风。龚、魏学术就这样与庄存与、刘逢禄等区别开来了。他们吹起的新风把清代经学研究划分出了一个新阶段。

孔子敬鬼神而远之，不积极肯定神鬼，注重理性，这是孔子学说又一个长处。西汉儒生与方士相结合，对孔学作了一番神学性的大改造。其时阴阳家的"五德终始说"盛行。按照那种说法，凡作君主的是受命于天的。从传说中的黄帝到西汉，每个朝代按照天，即上帝的安排，分别体现为木、火、土、金、水五种"德"相克相胜、循环运行。董仲舒因袭和改造五德说（现在见到的《春秋繁露》本，存目八十二篇。其中用"阴阳""五行"标题的十三篇），提出"三统"说。他在《繁露》上叙述说：每个朝代都要从一年的子、丑、寅三个月中挑出一个为岁首，实行所谓"改正朔"。建子的朝代色尚赤，称为"赤统"，建丑的朝代色尚白，称为"白统"，建寅的朝代色尚黑，称为"黑统"。[①]"统"是"新王受命"的一种标志。它是"天意"决定的，是不能改变的。它们自成规律，周而复始。君主于是和上帝紧密联结在一起。君主强烈的神性，证明他们地位的尊贵和统治人民的天然合法性。这是孔学本来所没有的东西。顾颉刚评论说：两汉经学的骨干是"统治集团的宗教"创造。统治者创造这种宗教来装饰自己的身份。无论最高主宰是上帝还是五行，每个皇帝都可以用它来证明自己是"真命天子"；儒生和官吏也就是帮助皇帝代天行道的孔子的徒孙。[②]事实就是如此。

---

① 董仲舒：《三代改制质文》，《春秋繁露》第二十三。

② 顾颉刚：《秦汉的方士与儒生》，上海古籍出版社 1978 年版，第 9 页。

一些论者常常引用董仲舒天人合一，天人相通的话。有的认为他讲的天就是自然，天人合一就是人与自然的统一，人与自然的和谐一致。有的认为这是东方文化与西方文化最大的区别所在。有的则认为这似乎是哲学思想上最美妙的境界。他们各有所见。然而董仲舒说的天不是自然，而是神或神的化身。他认定封建统治秩序的三纲五伦是出自天象种种的规定性，或者是天象种种的反映。与天象一致的社会秩序，当然是不能反对，也不会动摇的。董仲舒说的天人合一，不是自然的天与自然的人的统一，而是神性的天与社会生活中封建统治阶级、统治者的合一，明白无误。章炳麟称董仲舒为神人大巫，董仲舒为主的西汉公羊学硬把孔子学说认定为是所谓孔子为汉制法的神学预言及相关的无稽之谈。章的批评教人不要盲目崇拜、鼓吹。

龚、魏今文经学反对阴阳五行那一套神学喧嚷。龚自珍特地写了一篇《非五行传》，他认为刘向有大功，有大罪；功在《七略》，罪在《五行传》。又说，京房的《易》学，刘向的《五行传》，他最为厌恶。班固《汉书》不作《五行志》就好了。与经学相对待的纬学，进一步借孔子鼓吹神学。龚自珍称赞《春秋》纬，说它在纬书中最合古义。公羊家所谓的"张三世，存三统，新周、故宋、以《春秋》当兴王，而托王于鲁"的说法，在那里都能找到。然而其中好讲五行灾异，那是汉代儒生的通病。两说的性质大不一样，不去批判也可以理解。① 原始的"三世"不好简单地认为就符合于历史进化观点，却都立足于人的世界。"三统"说则把历史推定为上帝安排的规律性运动。龚、魏讲三世，不强调讲三统。他们贬神学，重理性，很大程度返到了原始孔学的理性主义上。缺少这一条，就不能使后人受到启发。当然，他们仍不免拖着一条神学尾巴。其中魏源尤为明显。截去那种尾巴，也就不成为今文经学了。

龚、魏经学保持着孔学封建意识形态的基本内容，他们与经学并行的论著又同西方资本主义社会思想多少有点接触，这是一种前所未有的现象。关于西方的知识，龚自珍只是在《西域置行省议》等处，偶尔有所流露；魏源则由于编纂《海国图志》，有了较广泛的涉猎。封建意识形态的突出特点是自我封闭，保守主义。它一旦接触到近代西方思想，并展开较量，其腐朽性和落后性就充分暴露出来。这种接触表明孔学的统治地位受到威胁，发生动摇，

---

① 龚自珍：《最录春秋元命苞遗文》，《龚自珍全集》上册，第250—251页。

终至于没落的日子快要到来了。

意识形态可以作用于社会经济基础，到头来又要以社会存在为前提。梁启超评论龚自珍的作用，把他比作法国启蒙思想家卢骚。表面上看也许有点近似，实际他们所处的社会地位完全不一样。卢骚提出“主权在民”，扮演了资产阶级民主先驱的角色。鸦片战争前后，中国是一个封建国家，根本谈不上存在资本主义、存在资产阶级民主要求。龚、魏学术与法国启蒙运动，在时间上相去不过半个世纪，而中国与欧洲在历史发展上却落后一个社会发展阶段。龚、魏与法国启蒙学派完全不能相比，就在于中国历史进程与西欧社会进程不能相比。龚、魏表现了他们是地主阶级的怀疑派或革新派。他们集今文经学研究和时务讨论于一身，一方面在尊崇、宣传孔学，一方面又间接批评孔学，近代思想解放因之出现萌芽。这是他们的功劳。但也仅仅到此为止。

宋翔凤的学术最初和刘逢禄一起，出自清代今文经学开辟者庄存与和庄述祖的直接传授。刘逢禄《左氏春秋考证》中，几次提到他与宋翔凤讨论刘歆是如何伪造《左传》传经的。“宋乃大服”，说刘发现了何休、许慎以下没有人发现的大疑问。宋在龚自珍、魏源面前足称前辈。但他学问很杂，没有特色。号称通晓公羊微言大义，迷信谶纬。[①] 凌曙、陈立的学术，照《清儒学案》的评论，说陈立撰《公羊义疏》集公羊学之大成。皮锡瑞也说，陈立的书可以使今文学者奉为瑰宝。凌曙是现在见到的《春秋繁露》的注释者。这说明凌、陈做了不少搜集材料的工作。然而整理资料不过是学术研究的开始。学术研究的价值，在于推进人对人类历史发展和社会生活的认识。学术研究提供的知识对于推进那种认识可以有直接的，可以有间接的，它们都要推陈出新，不能靠反复重演旧文去实现。宋翔凤、凌曙等人的今文经学，名之曰讲微言大义，通经致用，其实仍没有脱离书本的旧套，内容狭隘。像龚自珍、魏源那样参加到时务论说里去，讨论“世情民隐”，是他们难以想象的。他们的今文经学与同一个时间的古文经学一样，著书满家，思想像个空壳。人们从那里得不到认识历史发展和了解社会生活的启示。这就是为什么近代思想解放的最早萌芽只可以从龚、魏讲起，而不是要排列上同时的其他一连串公羊学家。

---

① 刘师培：《南北学派不同论》，《刘申叔遗书》，江苏古籍出版社 1997 年版，第 558 页。

二、今文经学古文经学同时衰落，认识停滞
（太平天国农民战争及其以后）

1851年，太平天国农民战争爆发，掀起了连绵十多年的全国性的农民与地主两个阶级的大搏斗。这时喊得最响的两个声音，一是“杀妖”，一是“讨贼”。侵入中国的西方资本主义势力在内的各种社会势力都卷进到了这个斗争里面。地主阶级知识分子中的许多人直接投身到军事等实际活动中去，对抗太平军，并从这条道路上去求取功名利禄。他们根本顾不上研究学问。清代经学发源和兴盛的地区，本来在东南数省。太平军与清军的战场恰恰长时间在东南地区。太平天国失败以后，那个地区并没有、也不可能马上形成有利于经学研究的环境和条件。再有，经学经过以前的繁荣，如果没有新的思想，可做的文章已经不多了。今文经学与古文经学就这样同时衰落下来，思想停滞。当然经学并非就没有人研究了，那些研究，对于后来者也有相当关系。

（一）主要学者及其著作

邵懿辰（1810—1861），字位西，浙江仁和人。道光举人，做过刑部员外郎。在杭州协助清军抵抗太平军，城破自杀。讲今文经学，著有《尚书通议》《孝经通论》《礼经通论》等。俞樾（1820—1907），字荫甫，号曲园，浙江德清人。道光年间进士，历任翰林院编修、河南学政。在河南学政任上，以乡试出题割裂，被劾罢官。后来先后主讲江苏紫阳书院、上海求志书院，最后担任杭州诂经精舍掌教，长达三十年。著作汇编为《春在堂全书》（俞殿试所作诗有“花落春犹在”句，受到阅卷官曾国藩赏识，平生得意，故以《春在堂》名集）。戴望（1837—1873），字子高，浙江德清人。自幼家境贫寒，在颠沛流离中读书不辍。戴望只有秀才功名。他尝从老今文学家宋翔凤学习今文，又曾向俞樾问学。晚年在曾国藩所办金陵书局任校勘。著《论语注》二十卷，

为世所知。王闿运（1832—1916），字壬秋，湖南湘潭人，只有举人功名。早年以文学出名，游幕讲学，先后做过曾国藩、肃顺门客，民国初年任袁世凯国史馆馆长。他不是今文学家，但受戴望的影响，讲今文经学，又做过四川尊经书院山长，后来的今文学家廖平是他的学生。这使他在近代经学史上留下了名字。王闿运说自己遍注群经，最精的唯有《尔雅》。[①]

（二）经学研究中的思想、主张

邵懿辰认为古文《逸书》《逸礼》是刘歆伪造的。后人对他的著作评价很高。廖平称赞《礼经通论》内容石破天惊，为二千年来未有之奇。[②]梁启超说，邵书出来以后，《逸礼》的真伪成了问题。

俞樾治学以乾嘉正统为依皈，自称对于清代汉学大师王念孙、王引之最为心折。[③]所著《群经平议》（1860）、《诸子平议》、《古书疑义举例》等，皆遵二王宗旨。俞治学严谨，在当时的古文学者中最被推诩；但也有说他轻于更易传注，有时以臆见改本经，说多凿空的。他第一部著作《群经平议》完成时年已四十。到了晚年，他的学生章炳麟在民族危机刺激下，由赞成改良转向主张革命，宣传反满。俞责备章不忠不孝，不再承认他们的师生关系。他表现了自己是个纯粹的守旧的经学家。章太炎写《谢本师》一文，宣布与老师决裂。文中说，俞学问笃实，一辈子想做官，终未如愿。所说都合乎实际。

戴望引《公羊》义例解释《论语》。梁启超说，《论语注》虽多新解，恐非真义。章炳麟在《哀后戴》中说，戴望的学问流传于湖南、岭广间，康有为采取他的理论，写成了《新学伪经考》。后来流传一个说法：戴望的学问传给王闿运，王闿运传给廖平，经过廖平又传到了康有为。这个说法大概就是由章炳麟的著作而来。叶德辉也讲，康有为的学问来自廖平，廖平则是王闿运的"下楼弟子"。刘师培说，王闿运治公羊学，弟子以廖平为最著。"其学输入岭南，而今文学派大昌"[④]。章炳麟等人这里似乎讲出了廖平、康有为

---

① 王闿运：《致王祭酒》，《湘绮楼文集·笺启》第1卷，第28页。

② 廖平：《知圣篇提要》，《家学树坊》，第12页。

③ 俞樾：《群经平议·序》，又《上曾涤生爵相》，《春在堂尺牍》第2卷，第3页。

④ 刘师培《南北学派不同论》，《刘申叔遗书》，第558页。

的学术渊源，其实似是而非。清代今文经学庄存与以下就一直流传，刘逢禄、宋翔凤、龚自珍、魏源等人，学者家喻户晓。廖、康的学术，何必来自后起，又非影响太广的戴望。章、叶、刘等人的说法，用意都在贬低康有为。廖、康确有关系，但他们的学术绝非戴、王等所能想象。

王闿运的经学论述，很像文学上的浪漫主义。章炳麟说王闿运以文学语言讲经，其学盖非为己，是为了装饰穿戴，向别人炫耀。王闿运在两卷《论语训》中，提出《论语》本文有十大问题，人们没有注重。那些问题是：有的话悖谬，有的话妄诞，有的话鄙陋，有的话猥亵，有的说法分歧，有的说法拙劣，有的话重复，有的说法固执不通，有的话近于儿戏，有的话愚蠢。①这等于说《论语》根本不成其为什么圣人经典，而是一叠浅薄矛盾的零散记录。但是王闿运说《论语》本身并没有过错，问题在于要有正确的训释。《论语训》就是对这个问题所作的解释。他极尽牵强附会之能事，表现了今文学派惯用的手脚。邓实在《国学今论》中评论说，王闿运"以公羊并注五经，而今文之学愈光大"。今文学"盛于龚、魏，而集其大成者王氏"②。邓实只看到了王闿运"并注五经"的数量，与王氏自己认为的唯有《尔雅》最精的评说也不相符合。其说皮相。

邵懿辰等人的个人经历与经学研究有两个特点：第一，他们都与反对太平天国的支柱人物、讲求程朱道学、以封建文化的代表者自居的曾国藩有直接联系。邵懿辰在北京刑部任职时与曾国藩过从甚密，两人屡次在一起讲论，长谈不舍。邵当面说曾国藩虚伪，对人能作几副面孔，又见曾升官迅速，赋诗嘉勉。曾国藩在南康、祁门军中，邵远道去访问，谈论军事。邵懿辰死后曾国藩为邵作墓志铭，追述他们相交二十余年，极力褒扬。③铭文中提到邵的著作，但没有一句话加以评价，反而说邵文之精者不复存，存者又未必能传世，不赞许今文经学，意思显然。俞樾对于深受曾国藩赏识，表示"每饭不敢忘"。他在南京参与曾国藩的游宴，说自己受到曾的优礼，远过于任两江总督时的尹继善对待袁枚。④曾国藩称赞俞樾奋力著书，俞的《群经平议》《诸子平议》刊行，他题词赞扬，评价那些著作足以使清代江戴段钱二王等古文学

---

① 王闿运：《论语训 · 序》，《湘绮楼文集》第 3 卷，第 8 页。

② 邓实：《国学今论》，《国粹学报》第一年，第 1 册。

③ 曾国藩：《邵位西墓志铭》，又见邵懿辰《半岩庐遗集》，第 1 页。

④ 俞樾：《上曾涤生爵相》，《春在堂尺牍》第 2 卷，第 5 页。

大家首肯心折；题词把俞比作汉代的扬雄，宦途不达，学问反而得到成就。[①] 戴望经过俞樾荐举，由曾国藩安排在金陵书局任职。戴望劝曾国藩功名成就，急流勇退。王闿运以湖南同乡资格，出入曾国藩幕府，受到优礼。1856 年，太平军正在全盛时期，王闿运致书曾国藩，论述清政府军事政治种种腐败情形，他要曾国藩出来说话，建非常之功。他以为只要照自己设想的那样去做，太平军就会成为釜底游鱼，很快覆亡。[②] 邵懿辰等与曾国藩的关系，有学术上的交往，但主要是政治观点、立场相同。他们有的人对曾国藩多少有依附的关系。

第二，他们的讲论严格限于书本，思想停滞。他们或讲今文，或讲古文，各讲各的，从来没有争论。不但没有争论，而且能够密切合作。俞樾与戴望在这方面表现得特别明显。俞樾称赞戴望《论语注》成一家之言，说戴好学深思，治经有家法，希望他能够使已经衰落的经学振兴起来。戴望则自称为俞樾“亲炙弟子”，给俞樾倡议的续刻《皇清经解》提供详细目录，准备促成其事。他们那些人的共同点是不谈世事。邵懿辰、戴望所做的是守今文学家法，与古文派争孔学真传。俞樾对人表白“生平不谈世务”，写过一篇《磬圃罪言》，那是唯一的例外。[③] 从他们的著作、言论中找不出新的思想踪影。但是太平天国在进行军事、政治、经济斗争的同时，向以孔学为中心的封建文化发动猛烈进攻，以及相继而来的群众起义的事实，在他们的思想上的反应当然是激动、痛苦的。俞樾说，清代乾隆时期，文治武功都达到极盛。那时士大夫皆研究朴学，实事求是。现在国家有事，造反的人多如牛毛。后生小子厌恶实学，喜好空谈。学术的盛衰关乎世运。有权位的大人君子应该如何来重视这个问题。[④] 俞樾的话是有道理的，农民起义，经学的衰落，表明了封建统治的衰落。

太平天国与地主阶级在封建文化，首先在孔学问题上的尖锐对立，最终连及到经学的功能应当如何解说。太平天国领袖洪秀全原是教读四书五经的私塾教师。他在发动起义以前，受基督教影响，即有反孔思想。太平天国定都天京不久，宣布凡一切孔孟诸子百家妖书邪说，尽行焚除，一律不许买卖

① 曾国藩：《题俞荫甫所著〈群经平议〉〈诸子平议〉后》。

② 王闿运：《与曾侍郎言兵事书》，《湘绮楼文集》第 2 卷，第 29 页。

③ 俞樾：《与曾劼刚袭侯》，《春在堂尺牍》第 6 卷，第 7 页。

④ 俞樾：《与吴和甫前辈》，同上书第 1 卷，第 21 页。

收藏，违者治罪。这种反孔有宗教信仰的关系，但它只有同农民群众自发的反封建意识结合起来，才能造成深刻的影响。反对封建文化、反对孔丘教义，成了农民与封建统治阶级斗争的一部分。农民不懂得批判继承古代文化遗产的道理，他们按照自己的理解去破除封建文化。地主阶级对太平天国农民的进攻迅速反击。曾国藩在《讨粤匪檄》上大讲保卫孔孟之道，痛骂太平天国使士不能诵孔子之经，举数千年礼义人伦、诗书典则，一旦扫地以尽，他号召地主阶级知识分子起来反抗太平军，保卫"圣道"。革命的农民与地主统治势力在物质利益上的对立，现在表现为在如何对待孔学问题上两个立场、两种观点的对立。这时不管今文学派、古文学派，在对待农民造反、保卫孔学上，他们是一个统一的派。他们谁也没有越过统一界线的表示。

一种持久、普及的意识形态理论，总有核心部分，有边沿或其他部分。孔学经典"六经"尤其是这样。"六经"是中国古代历史、传统文化的基本部分。它综合前代文献，又加进后人的伪托增益，内容极其多样。它的不少记载，是独一无二的。没有那些记载，中国的古老文明就会变得无从了解，漆黑一团。因此，孔学经典虽是封建意识形态的载体，却绝对不等于其中所有思想、文化资料唯有封建阶级能够利用，农民和其他阶级则只能一概排斥之。事实上那是不可能的。洪秀全的著述强调说明了这一点。

《礼记 · 礼运》上记载着据说是孔丘回答子游的话："大道之行也，天下为公。选贤与能，讲信修睦。故人不独亲其亲，不独子其子，使老有所终，壮有所用，幼有所长，矜寡孤独废疾者，皆有所养；男有分，女有归。货恶其弃于地也，不必藏于己；力恶其不出于身也，不必为己。是故谋闭而不兴，盗窃乱贼而不作，故外户而不闭。是谓大同。今大道既隐，天下为家……禹、汤、文、武、成王、周公，由此其选也。此六君子者，未有不谨于礼者也。以著其义，以考其信，著有过，刑仁讲让，示民有常。如有不由此者，在势者去，众以为殃。是谓小康。"洪秀全在他写的《原道醒世训》[①] 中一字不漏地引用了"大道之行也，天下为公……是谓大同"那段话。据考证，《原道醒世训》作于 1847、1848 年间。1852 年，太平天国刊行自己的正式文献《太平诏书》，《醒世训》作为经典之一，排列其中。这篇著作在表达洪秀全改造社会

① 向达等编：《太平天国》第 1 册，第 92 页，《中国近代史资料丛刊》，神州国光社 1952 年版。

的理想上十分重要。他“遐想唐虞三代之世，天下有无相恤，患难相救，门不闭户，道不拾遗，男女别涂，举选尚德”。“天下多男人，尽是兄弟之辈，天下多女子，尽是姊妹之群。何得存此疆彼界之私，何得起尔吞我并之念？”《礼运》正是洪秀全著作的理论根据和思想来源。很明显，先有《醒世训》，然后才有更具体、周密的《天朝天亩制度》。1853年，太平天国删改孔学典籍，《礼运》的“大道之行也”一段被删掉，但事实上什么也没有改变，因为《天朝田亩制度》规定的乌托邦已经使太平天国的整个面貌确定下来了。《礼运》描写的是原始共产主义社会，儒家认为那是人类社会的最高境界，称为“大同”；往后禹、汤、文、武、周公、成王等“圣人”治理下的封建社会，也不过是“大道既隐”的“小康”之世，人类社会向后退步了。其所以如此，是由于儒家为要设想出一个人类的理想社会，但不懂得历史是由低级阶段往高级阶段发展的，不懂得原始共产主义将经过不同阶段发展走向科学共产主义。他们为了使设想能够成立，必须从历史上找出根据，提供榜样。历史上不曾有那种榜样，只有原始共产主义那个榜样。洪秀全引用《礼运》并没有曲解或误解儒家经典，他不过拿它作了一次空前规模的空想社会主义的实验。于此也可以确切知道，太平天国改造社会的方案、理论完全来自中国传统文化，即来自《礼运》，加上《周礼》《孟子》等等。西方基督教没有在这方面加进任何东西。以往人们的研究似乎没有足够重视这一点。

《礼运》大同、小康说，作为一种看待社会历史变迁的认识，“大同”作为人们羡慕向往的理想世界，出现以后似乎就长期沉沦，二千年间不为人所注意。不论汉学、宋学，今文、古文，都对它保持沉默。如今由洪秀全郑重其事提出来，并特别把“大同”倒过来，由原来是指原始社会的变为是指未来理想世界的。要说“突破”，洪秀全在这里确实是实现了一个突破。在中国近代史上，洪秀全以后《礼运》屡次受到人们的推崇、评论。资产阶级改良主义运动领导人康有为、梁启超讲《礼运》，改良运动思想家谭嗣同讲《礼运》，资产阶级革命运动领导人孙中山也讲《礼运》，而且他们都实际上接受洪秀全的办法，也不认为要作什么解释，就是把本来想象的原始共产主义“大同”倒过来，改变成了未来理想的共产主义——尽管他们只叫“大同”不叫共产主义。

“大同”说出自《礼运》，但近人也有指为“西俗”加以贬斥的。钱穆批评康有为时说，康认为中国二千年所行皆孔门之小康，而非“大同”。“实则大同即西俗，小康则中国之故有而已”。[①]《礼运》上的“大同”忽然变成了“西俗”，不知其根据是什么？莫非大同是可以令人联想到“西俗”的共产主义思想的！孙中山多处题字，写“天下为公”，反驳了所谓大同“西俗”说。

今文学、古文学同时衰落，但并不是从此中断。如果注入新的思想，改换一种角度，今文学还有充分发挥的余地，古文学在思想观点上更需要研究讨论。关键在于如何认识、对待社会现实。对传统文化，包含多种资料的孔学典籍，要区分精华、糟粕，具体问题具体分析。形而上学的办法不能增进认识。

① 钱穆：《中国近三百年学术史》，商务印书馆 1997 年版，第 780 页。

三、今文经学与古文经学并起，学术斗争与政治斗争相结合

（维新运动到资产阶级革命运动兴起）

19 世纪八九十年代，中国连续在中法战争、中日甲午战争中遭受失败。从鸦片战争以来，中国社会生活中两大主要矛盾或两个基本问题，越来越突出：一是民族丧失独立，中国面临被世界列强瓜分的危险；二是社会生产落后，缺少工业化、近代化。如何去争取民族独立，如何去实现近代化；从输入西学、兴办实业、改良政体到推翻清政权统治等各种主张、办法，先后或同时问世。经学作为传统文化中的主流部分，首先受到强烈的冲击，而被卷进到现实的矛盾斗争中来，充当一定的角色。这是不可避免的。它反映出社会矛盾的尖锐性，也表示它支持和反对哪样的主张、办法。在这里，经学显示出自己有暂时存在的价值。因为它和社会生活现实、民族命运、国家社会前途联系到了一起。

自 19 世纪末维新运动酝酿开始，至 20 世纪初，今文学与古文学突然打破沉寂，同时活跃起来。它们彼此对立，围绕着社会基本矛盾，连续展开了两场斗争，学派与政派相联系。两派学者也有不参与政治争论的，那是些抱残守缺的经生老儒。

（一）第一场斗争，今文学挑战，古文学反攻

1. 今文学、古文学双方出场学者及其著作

康有为（1858—1927），号长素，广东南海人，维新运动的发起者和思想家。1895 年中进士，授工部主事。“百日维新”失败，流亡海外。他的《新学伪经考》（1891 年刻成）、《孔子改制考》（1892 年开始编纂，1896 年出版）

是引起思想界震动的两部书。另一部受人注意的著作《大同书》，成书时间较晚，性质是超今文学的。其他如《春秋董氏学》《春秋笔削大义微言考》《礼运注》等等，都不占重要地位。

梁启超（1873—1929），字卓如，广东新会人。在维新运动中的影响仅次于康有为。1889 年考中举人，第二年到北京会试落第。回程路过上海，见到上海制造局翻译的西书若干种，心中喜好，开始接触西学。回广东后，慕康有为名，拜康为师，学习今文经学，协助康撰写《新学伪经考》《孔子改制考》。他说自己曾经是今文学的“猛烈宣传者”。梁启超的著作有《饮冰室合集》。晚年写的《清代学术概论》《中国近三百年学术史》一直是学术界重视的著作。

皮锡瑞（1850—1908），字鹿门，湖南善化人。光绪年间举人。担任过湖南高等师范馆、中路师范、长沙府中学堂教员。维新运动期间，参加发起南学会，任学长，宣传变法。维新运动失败，革去举人，由地方官管束。皮毕生治今文经学，自名所居曰“师伏堂”，即师法西汉《尚书》今文学大师伏生。晚年所撰《经学历史》《经学通论》自成系统。范文澜说，《经学历史》是一部比较好的书。他偏重于今文学，但对各家的评价基本上是公允的。①

廖平（1852—1932），字季平，自号四译，又号六译。四川井研人。光绪年间当过县学教谕（一说曾中进士），晚年任成都高等师范学校教授。他长期讲经学，著作有《群经凡例》《今古学考》《公羊补注》等多种（1899 年刻《四译馆经学丛书百种目录解题》，大部分是些短篇论文和札记）。全部著作中以《知圣篇》《辟刘篇》最为有名。廖在政治上与维新运动无关，但康有为的震撼思想界的著作，确实是来自他的启发。反对今文学的人，也就反对他的论说。

谭嗣同（1866—1898），字复生，湖南浏阳人。激进思想家，维新运动的殉道者。他不专讲今文经学，主要著作《仁学》中利用今文学发议论。

徐仁铸，维新运动时担任湖南学政，著《輶轩今语》，宣讲今文学观点。

樊锥，湖南邵阳县拔贡，维新派支持的邵阳南学分会会长。著《开诚》《发锢》等篇，主张用孔子纪年，与今文学持同一论点。

---

① 范文澜:《经学讲演录》，中国社会科学院近代史研究所编《范文澜历史论文选集》，中国社会科学出版社 1979 年版，第 335—336 页。

古文经学出场人物及其著作：

张之洞（1837—1909），号香涛，直隶（今河北）南皮人，这时任湖广总督。他不屑于以经学家自诩，但对维新运动与经学的态度，极大地影响着两湖以至全国的动向。他先是插足维新运动，极力拉拢康梁（1896年他给梁写的一封亲笔信，称二十几岁的梁启超为“卓老”，阿谀奉承），很快又掉过头来极力反对维新运动。他实际上是古文学派反对今文学派的挂帅人物。1898年4月所著《劝学篇》刊行，强调“旧学为体，新学为用”，遵守封建纲常伦理。

王先谦（1842—1917），字益吾，号葵园，湖南长沙人。先后任翰林院编修、国子监祭酒、江苏学政。回湖南后任城南书院、岳麓书院院长。著作和纂集的书有《尚书孔传疏证》等，讲古文。[①] 他的《汉书补注》被称为“荟萃群言”的著作。[②] 与王关系密切的叶德辉则很瞧不起他，说王“乃抄书，非著书”。王国维评论《尚书孔传疏证》也说，“网罗众说，无所折衷”。

叶德辉（1864—1927），字焕彬，号郎园，湖南长沙人（祖籍江苏吴县）。光绪十八年进士，授吏部主事。长期在籍，参与地方的政治活动。1910年长沙饥民反对米贵，发生暴动，统治者内部追查肇祸原由，叶以囤积米谷，为富不仁，革去吏部主事。辛亥革命中长沙群众改黄兴居住过的坡子街为“黄兴街”，叶德辉命人撤去街牌，恢复原名，并著文嘲骂。惹怒群众，逃往上海。袁世凯设筹安会期间，叶主张由清室复辟，恢复帝制。湖南人驱逐皖系军阀张敬尧，他与张相接纳，人称“安福党”。大革命期间，他恶毒攻击农民运动，北伐军设立以革命人士郭亮为庭长的特别法庭，审判处死。50年代，张治中致函郭沫若，认为郭的抗日战争回忆录关于长沙遭大火焚毁的记载，引用的资料有问题。信上说：“您还记得湖南有叶德辉其人吗？他不是对中共领导的农民运动写过极恶毒的对联吗？”那类出自地主豪绅的文字是不能作为根据的。[③] 叶的经学著作有《经学通诂》和与经学相联系的《说文解字故训》等。讲版本目录学的《书林清话》一直称为名著。晚年印有《郎园先生全书》。

朱一新（1846—1894），字蓉生，浙江义乌人。金华学派理学家（金华学

① 王先谦又著《诗三家义集疏》，三家《诗》属今文，因此也有称王为今文家的。

② 徐世昌：《葵园学案》，《清儒学案》，第190卷。

③ 张治中：《张治中回忆录》，中国文史出版社1985年版，第275页。

派又称婺派，主张以南宋吕祖谦为代表的对朱熹、陆九渊争论采取调和态度的学派）。光绪二年进士，翰林院编修，后任御史。1886 年上疏弹劾宦官李莲英，遭那拉氏怒责，降为候补主事。张之洞任两广总督，聘其主讲肇庆端溪书院。著作有《无邪堂答问》《拙庵丛稿》《佩弦斋文存杂存》等。《无邪堂》是广雅书院中张之洞题的一个堂名。《无邪堂答问》五卷汇集回答学生提问的记录，内容很杂。讲经学的见于他的学生 1897 年编刻的《义乌朱先生文钞》所载《复康长孺孝廉》《与康长孺孝廉论性》等五篇文字，也就是《翼教丛编》所收的《朱侍御答康有为五书》。

苏舆（1874—1914），字嘉端，湖南平江人。王先谦主讲岳麓书院时的学生。1904 年中进士，入翰林院。以后不久游日本，考察邮电，补授邮传部郎中。攻击维新运动，反对今文经学。据记载，著作有《春秋繁露义证》。①

梁鼎芬，江苏吴县人，两湖书院院长，是张之洞的策士（人称“小之洞”）。他在今文、古文两派的斗争中所持的态度和观点，也正是反映的张之洞的态度和观点。

2. 今文、古文两派经学研究中的思想主张

今文学派的思想主张：

康有为早年研究古文经学，著《何氏纠谬》，批判今文学；研究《周礼》，写成《政学通议》，讲古文学。受廖平影响，改攻今文学，思想主张上一百八十度大转弯。康有为这种经学思想主张上的转变，只从书本上的外来影响去看待，撇开社会现实矛盾、时事剧变，引起他的思想矛盾、变化，是片面与表层的，说不通的。这在《孔子改制考》表现得尤其明显。如果《新学伪经考》主要还只是发挥了刘逢禄等人的说法，《孔子改制考》则是又隐又显指如何对待当前的政治现实，并力图改变这种现实而言的。倘若不如此，他就根本不成其为一个思想家和维新运动的发起者。梁启超把这一点说得很明白：近代人祖述何休治公羊学的如刘逢禄、龚自珍、陈立等都讲改制，但康有为与他们不同。“有为所谓改制者，则一种政治革命，社会改造的意味也”②。

---

①〔美〕艾尔曼：《经学、政治和宗族》，第 250、280 页。《繁露》是今文，苏与乃师王先谦一样，似乎治经没有严格区分家法，对今文、古文都抄录编纂。

② 朱维铮校注：《梁启超论清学史二种》，第 65 页。

《新学伪经考》全面否定古文经学。康有为所说的“伪经”，指西汉刘歆提出立于博士的《周礼》《逸礼》《左传》及《诗》的毛传。清代正统考据学派把他们奉行的包括《周礼》等书在内的许、郑古文学叫作汉学。“新学”是对汉学名称的更改。《新学伪经考》认为西汉经学并无所谓古文，凡古文皆刘歆伪作。刘歆为了掩盖他的作伪，在秘阁校书时，对一切古书多所窜乱。刘歆所以要造作古文，是为了佐王莽篡汉，湮没孔子的微言大义。康有为就这样把长期统治中国，被当作天经地义的圣经大法，宣布为乱臣贼子所窜乱的假古董，甚至成了一千多年来中国社会一切罪恶活动的靠山，是必须彻底抛弃的。比《新学伪经考》更进一步，《孔子改制考》认定《春秋》是孔丘为了改制而作的书。不但《春秋》一书，六经也都是孔丘为托古改制论述自己的义理制度的巨著。经典中的尧舜盛德大业，皆由孔子的理想所构成。《公羊传》留下了孔丘的“通三世”“张三统”“受命改制”的微言大义。“三统”意味着夏、商、周三代不同，当随时因革；“三世”指明了据乱世、升平世、太平世，愈改愈进步。康有为所说的托古改制，字面上讲的是孔丘和孔丘学说，事实上讲的是中国社会的现实，是说清政权要在政治、经济、思想文化上进行改革，才能统治下去；清政权统治下的中国，需要由封建主义的衰乱世，改为他所设想的资本主义的升平世。《孔子改制考》表面上是一部讲今文经学的书，实际上是一部宣传资产阶级变法维新的动员书。资产阶级的民主、议院以及男女平等都一一出现在书上。它穿起古人的服装，是为了演出现代的戏剧。康有为说，孔丘主张改制，而又托诸古圣人的行事，那有两个原因：一是“无征不信，不信民不从，故一切制度托之三代先王以行之”，即要打着古代圣王的招牌才易于使人们接受。二是“布衣改制，事大骇人，故不如与之先王，既不惊人，自可避祸”，即要披上合法外衣以免遭受政治迫害。[①]康有为这种对孔丘托古改制的解释，正是他自己心理和实际活动的写照。《孔子改制考》1896年出版，立刻掀起轩然大波，几次遭到禁止毁板。这正说明了它的现实政治意义所在。

现在的研究者评论说：康有为著《伪经考》《改制考》是打着尊孔的招牌，举亡灵的旗帜，抒发自己的政治主张。严复的《天演论》则是借洋人之书

---

①康有为:《孔子改制考》第11卷,《康有为全集》第3集，上海古籍出版社1992年版，第314页。

来表达自己的情感。这是中国民族资产阶级还十分弱小的时候，进行反封建斗争的一种“迂回”战术。[①] 事情就是这样。而且也就是凭的这种迂回战术，头一次在上层知识分子思想上和社会现实斗争中掀起了汹涌的波澜。梁启超 1898 年以前，除了在《时务报》等处发表《变法通议》一类政论文章，宣传资产阶级改良主义变法理论，又连续发表《春秋公法学》《春秋界说》《孟子界说》《读西学书法》等，大力展开今文学的宣传运动。在主讲长沙“时务学堂”时，他应用今文学观点讲授《公羊》《孟子》，批答学生札记。学堂中空气大变。顽固派仇视他和仇视康有为一样，百般攻击。戊戌变法失败，梁启超流亡日本，创办《新民丛报》等杂志，继续从事宣传，海内文风很受他的影响。

梁启超的今文经学出自康有为，但并不一味附和师说。康有为撰《新学伪经考》时时流露出武断，又好纬书，以神秘性解说孔子，梁启超均不以为然。他自己说，三十岁以后“绝口不谈‘伪经’，亦不甚谈‘改制’”[②]。康有为流亡海外，倡议设立孔教会，定孔教为国教，国内有人赞成。梁启超著文反驳说：自汉以来，孔教行于中国二千多年，学者各自以为孔教，而排斥他人以为非孔教。如群猿得一果，跳掷相攫，如群妪得一钱，诟骂相夺，情状可怜。这是两千年来保教党所产生的结果。他在这里表示了与康有为截然不同的态度。

皮锡瑞在甲午战争后，主张变法不可缓，赞扬康有为的《上清帝第四书》。维新运动期间，在南学会多次演说，讲经学义例，阐述春秋素王改制，鼓吹变法。在顽固派激烈攻击下一度避往江西。他崇尚今文学，但认为康有为武断太过，说康指《周礼》等书皆刘歆所伪造，恐怕刘歆无此本领；康既相信《史记》，又以《史记》也遭刘歆所私窜，更不可据。[③] 但今文经学所特有的神学迷信说教，也照样保持在他的著作上。

廖平的经学主张变了六次。第一次讲“今古”（1883），主张古文为周公所作，今文为孔子所作；第二次讲“尊今抑古”（1884），认为今文是孔子的真学，古文为刘歆的伪品；第三变讲“小大”（1898），说今文主旨在《王制》，

---

① 郑永福、田海林：《〈天演论〉探微》，《近代史研究》，1985 年第 3 期。

② 朱维铮校注：《梁启超论清学史二种》，第 70 页。

③ 皮名振：《皮锡瑞年谱》，翦伯赞编《戊戌变法》第 4 册，第 191 页。《中国近代史资料丛刊》，神州国光社 1953 年版。

为小一统，古文主旨在《周礼》，为皇帝大一统；第四变讲“天人”（1902），第五变讲“天学”（1918），越说越离奇。后来著《孔子哲学发微》，认为全世界最后要归孔学所统一。附会荒唐，不知所云。

廖平讲经学名声很大。这除了他与大官僚潘祖荫等有交往，学术观点散播很广而外，也与康有为曾受他的影响有关。前面说过，西汉今文经学的核心在于认定孔丘学说，是为汉制法，托古改制。廖平《知圣篇》照董仲舒的说法，讲孔子学问的宗旨在于托古改制。这正是全部近代今文经学的核心内容。龚自珍、魏源讲今文学，讲变法，也没有注重到这个核心问题。《知圣篇》反复讲孔子托古改制、刘歆伪造古文。例如说，“先师改制之说，正谓是矣”。“其与改制之说，不能异也”。“若改制，则事理平常”。“六艺本孔子新义，特自托之于述”。“以六艺推之旧文，此欲掩改制之迹”。清代经学家惠栋、戴震等人，“名衍汉学，实则宗法莽、歆，与西汉天涯地角，不可同日语”。[①] 康有为受廖书启发，从治古文经学转而改治今文学。康有为掩盖这件事，廖平则在自己的著作里反复讲这件事。他说，《知圣篇》初成于 1888 年，不久游广州，打算刊印，因有所顾虑而延搁下来。结果“乃有用其义著书立说，至形之奏牍”的。“外间所流传之《改制考》，即祖述《知圣篇》；《伪经考》即祖述《辟刘篇》而多失其旨”等等。廖也亲自致书康有为，讲其原委。[②] 康有为的《新学伪经考》刊于 1891 年，在他与廖平于广州见面以后。梁启超指出：公羊学的研究，是康有为从廖平一转手而归于醇正的。康有为早年酷好《周礼》，见廖平所著书，乃尽弃其旧说。廖其人不足道，康有为的思想确实受他的影响，不可诬罔。梁启超又指出，廖受张之洞贿逼，著书自驳。[③] 据廖著记载：戊戌变法以前，他反对《周礼》，批驳刘歆，张之洞告诉他，不赞成攻击《周礼》，并认为《知圣篇》大有流弊，要他改用“退笔”[④] 即放弃以前的观点。他于是改变主意，删去与微言大义有关的一切论述，用帝、王二字标题，不立今、古名目。[⑤] 经学第三变与第二变自相矛盾，由此可以得到解

---

① 廖平:《知圣篇》上卷，清光绪刻本，第 5 页上、第 6 页上下、第 21 页下、第 22 页上、第 38 页上。

② 廖平:《知圣篇读法》,《家学树坊》上卷，第 3 页；又，摘刻本《四变记》，第 2 卷。

③ 朱维铮校注:《梁启超论清学史二种》，第 63 页。

④ 廖师慎:《读易记闻》附录最末，第 4 页。

⑤ 廖师政、廖师慎辑:《家学树坊》上卷，第 39 页。

释。戊戌变法以后，廖平著《群经大义》，特别指出："因撰此篇，以副香帅作育苦心。"[①] 这是他继续希望得到张之洞的谅解。廖平去世以后，章太炎撰墓志铭说，廖的经学六变中，以《周礼》《王制》所治理的大小不同，最为可观。康有为所接受的不过是廖氏第二变的观点，不足称道。廖学有根底，熟悉经学历史，不像康有为剽窃别人的东西。世人以廖与康并论，那是妄说。章太炎在这里主要是批评康有为，当然也因为廖第三变的主张，与自己的古文经学观点比较接近，所以加以肯定。钱穆说：廖平力求找出一个为什么必须尊孔的道理，但是又总是找不出。"乃屡变其书，以求一当。其学非考据，非义理，非汉，非宋，近于逞臆，终于说怪，使读者迷惘不得其要领"[②]。钱这个说法是对的。

谭嗣同是维新运动中重要的活动家，激进思想家。他并不单讲经学，没有这方面的专门著作。但他在《仁学》一书里面说，《春秋公羊传》是自己的思想来源之一。其中凡涉及孔丘学说，都要拉上今文经学观点任意发挥。例如他说，从公羊学推断，"三世"有"逆三世""顺三世"两种。"顺三世"中的"太平世"，"君主废，则贵贱平。公理明，则贫富均。千里万里，一家一人。视其家，逆旅也；视其人，同胞也。父无所用其慈，子无所用其孝，兄弟忘其友恭，夫妇忘其倡随。若西书中百年一觉者，殆仿佛《礼运》大同之象焉"[③]。"孔虽当据乱之世，而黜古学，改今制，托词寄义，于升平、太平，未尝不三致意焉……汉衰而王莽术之于上，竟以经学行篡弑矣；刘歆术之于下，又窜易古经以煽之矣"[④]。"天子既挟一天以压制天下……民至此乃愚入膏肓，至不平等矣。孔出而变之，删《诗》《书》，订《礼》《乐》，考文字，改制度，而一寓其权于《春秋》。《春秋》恶君之专也，称天以治之，故天子诸侯，皆得施其褒贬，而自立为素王。又恶天之专也，称元以治之，故《易》《春秋》皆以元统天。《春秋》授之公羊，故《公羊传》多微旨。……彼君之不善，人人得而戮之，初无所谓叛逆也"[⑤]。"方孔之初立教也，黜古学，改今制，废君统，倡民主，变不平等为平等，亦汲汲然动矣。岂谓为荀

① 廖平：《群经大义 · 凡例》，民国六年四川存古书局刻本，第 6 页上。

② 钱穆：《中国近三百年学术史》，第 724 页。

③ 谭嗣同：《仁学》四十七，《谭嗣同全集》（增订本），中华书局 1981 年版，第 367 页。

④《仁学》二十九，同上书，第 335—336 页。

⑤《仁学》二十七，同上书，第 333—334 页。

学者，乃尽亡其精意……由是二千年来君臣一伦，尤为黑暗否塞，无复人理。沿及今兹，方愈剧矣……奈何使素不知中国，素不识孔教之奇渥温、爱新觉罗诸贱类异种，亦得凭陵乎蛮野凶杀之性气以窃中国！……凡为孔徒者，又宜如何太息痛恨，而况不一扫荡廓清之耶！”①

谭嗣同这些论述，除了认定孔丘托古改制，刘歆伪造古文，以及联系《礼运》解释公羊“三世”说，集中起来，是把孔丘打扮成一个反对君主专制、主张民主主义的伟大思想家、改革家，强调复兴中国出路在于恢复孔学改革精神，实行民主主义。他断言，孔丘学说宗旨是黜古学，改今制，“废君统，倡民主，变不平等为平等”。二千年被当作天经地义的“三纲五伦”，不过是专制君主控制人民身心的工具。它使人民不得自由，黑暗否塞，无复人理。联系到现实，就是应该推翻清朝统治，复活孔学教义，使民主主义得以实行。后面这些话已经不是什么谈论改革，而是公然号召革命了。谭嗣同的今文学观点多半出自康有为，但两人在对待孔学和对待清政权的态度上很不一样。谭嗣同提出“冲决网罗”，力图从孔学牢笼中解脱出来，并宣传反满。康有为不以为然，背后咒骂他“鬼幽鬼躁”，不得好死。谭嗣同《仁学》的部分印稿戊戌变法前已经在一些人中间流传。1897年梁启超发表在《时务报》上的《说群自叙》中说，他得到严复《天演论》、谭嗣同的《仁学》，“犁然有当于心”。大概古文派不知道《仁学》内容，他们与今文派论战中，也就没有指名攻击谭嗣同的今文学观点和主张民主、平等的激烈言论。《仁学》那些号召革命的文字，可以直接构成大逆不道，杀头定罪的依据。如果反对派知道了，也不会不揭发出来。

古文经学派的思想主张：

张之洞说，他一贯主张古文学，反对今文学。他自己说：“平生学术最恶公羊之学，每与学人言，必力诋之，四十年前已然，谓为乱臣贼子之资。至光绪中年，果有奸人演公羊之说以煽乱，至今为梗。”②他曾想收买康有为放弃《孔子改制考》，“频劝勿言此学，必供养”③，被康拒绝。他又批评廖平，迫使廖改变学术观点。他打电报给徐仁铸，斥责《湘学报》议论怪诞，“或推

---

①《仁学》三十，《谭嗣同全集》，第337—338页。

②张之洞：《抱冰堂弟子记》，《张文襄公全集》第228卷，第27页。此书张自撰，托名《弟子记》。

③康有为：《康南海自编年谱》，《戊戌变法》第4册，第135页。

尊摩西，或主张民权，或以公法比《春秋》”，不许《湘学报》在湖北发行。[①] 他又打电报给湖南巡抚陈宝箴等，指责新出《湘报》的文章，其偏尤甚，要他纠正。[②] 所著《劝学篇》凡讲到与经学有关的地方，都站在古文学的立场上批评今文学。张之洞自己说，《劝学篇》是为辟邪说而作的。他的幕客辜鸿铭指出，张之洞“盖欲借富强以保中国，保中国即所以保名教。厥后文襄门下如康有为辈，误会宗旨，不知文襄一片不得已之苦心，遂倡言变法行新政，卒酿成戊戌、庚子之祸。呜乎，文襄之作《劝学篇》，又文襄之不得已也，绝康梁，并以谢天下耳”[③]。也就是说，《劝学篇》就是为了反对康梁而作的。

王先谦在地方上广有势力，与叶德辉、张祖同、孔宪教同称为湖南四大绅士。他在维新运动期间是湖南顽固派反对维新派的首领。他联合张祖同、叶德辉等致函湖南巡抚陈宝箴，要求改组时务学堂，驱逐维新派人士。函中攻击梁启超等秉承康有为的学术，宣传平等平权，“自命西学通人，实皆康门谬种”。又指责谭嗣同、唐才常、樊锥、皮锡瑞等，说他们乘风扬波，肆其簧鼓，使无数青年子弟不知忠孝节义为何事。[④] 他也是章太炎斥为“湖南腐儒”的主要人物。

叶德辉讲古文经学，推崇《周礼》《左传》，反对《公羊》《穀梁》。他认为《周礼》分官治事，因事设官，与泰西政教大概相近，能够见于实用。《左传》的文章与传记各尽其能事，可以从中了解笔削褒贬的旨意。《公羊》《穀梁》都是文章家，非传记家。刘逢禄提倡《公羊》，后来人们假借《公羊》推行邪说，离经叛道。叶德辉这些言论都是古文家的言论，同时也是抱着明显的政治目的而发的。

朱一新《复康长孺孝廉》等五篇文字，都是反驳康有为《新学伪经考》的。他指出康曲解了西汉今古文争论的关键。“汉儒断断争辩者，但谓《左氏》不传经，非谓其书之伪也”[⑤]。又指出康的方法也不对头。引用《史记》，出尔

---

① 张之洞:《张孝达尚书电致徐学使书》，苏舆辑《翼教丛编》第6卷，光绪二十四年(1898)八月武昌重刻本，第1页。

② 张之洞:《致长沙陈抚台、黄臬台》，《张文襄公全集》，第155卷，第20页。

③ 辜鸿铭:《张文襄幕府纪闻》，《辜鸿铭文集》上册，海南出版社1996年版，第419页。

④《湘绅公呈》，《翼教丛编》第5卷，第12页。

⑤《朱侍御答康长孺书》，见康有为《与朱一新论学书牍》附录，《康有为全集》第1集，上海古籍出版社1987年版，第1026页。

反尔，自相矛盾。那些信件都是平心静气的学术争论，摆事实，讲道理。据康有为记载：他与朱辩难颇多，经过交底，朱醒悟过来，同意康讲的所谓孔子大道。朱的公开言论和书札，不过是些门面话。只谈学术，不谈政治，在这一点上，朱一新就像今文学派中的廖平。

苏舆维新运动期间攻击维新派，反对今文经学。他搜集古文派批判今文学的论著，编成《翼教丛编》，于百日维新失败后出版。他写的《丛编》序言上说，梁启超主讲时务学堂，以康有为的《新学伪经考》《孔子改制考》为主，加上平等民权、孔子纪年等说，“伪六籍，灭圣经也；托改制，乱成宪也；倡平等，堕纲常也；伸民权，无君上也；孔子纪年，欲人不知有本朝也”[①]。这些都是可以置对方于死地的大帽子。章太炎作《翼教丛编书后》说，此书批驳康有为说经，未尝不中要害。牵涉政变立言，自造伤疤，无异于“逆阉之陷东林”，居心险恶。梁启超说叶德辉著《翼教丛编》数十万言云云，是出于印象，不准确。但苏舆给论战对手戴的大帽子，使用的是叶德辉等人的说法，则是准确的。

3. 今、古文学派争论的主要问题

从康有为的《新学伪经考》开始大张旗鼓宣传今文学，全面否定古文学的过程，就是古文学派起而应战，双方论战斗争的过程。双方争论中不免涉及许多细节，大致可以分为两类问题：第一类，以前今文、古文学就有争论的；第二类，这次争论中新提出来的，也就是双方斗争的关键问题。

第一类问题：

古文经学是否出于刘歆的伪造？

今文学派对于刘歆伪造了古文，异口同声加以肯定。他们说，刘歆凭借在秘阁校书之权，伪撰古文，错乱诸经。后世古文盛行，是人们受到了刘歆的欺骗愚弄。所以刘歆之伪不黜，孔子之道不著。古文派反驳说，所谓刘歆作伪一说，是凭空捏造出来的，没有确实证据。指刘歆伪造古文虽然繁征博引，主要的论据是《汉书·王莽传》《西京杂记后序》和《史通·正史篇》上的叙述。《王莽传》上说刘歆“颠倒五经，毁师法，令博士疑惑”。这句话明

---

① 苏舆：《翼教丛编·序》。

明说刘歆“颠倒五经，毁师法”，并没有说他伪造了什么。刘歆提议立古文为官学，立即遭到今文博士的激烈反对，但今文博士们也只是说刘歆变乱旧章，非毁先帝所立，没有申张他有何伪造古文的罪证。《西京杂记后序》与《史通》同样没有提供什么证据。班固担任兰台令史，纂修《汉书》，他的时代与刘歆相隔不及百年，怎么也毫无所闻？贾逵、马融、许慎、郑玄又都是经学大师，何以又都受到刘歆欺骗愚弄，没有一个人出来揭发？《新学伪经考》上忽而引《史记》为立论依据，以为铁案不移，忽而又斥《史记》上的有关叙述为伪造，不足凭信。同是一部书，任意取舍，唯我所需。这样得来的结论，如何能够成立。六经流传了二千年，一旦被定为刘歆撰造的伪品，所有研究者由此便不能坚守其说，于是，凡古书上与自己见解不合的，就指为伪说，就连孔子也要俯首受我驱策，真正岂有此理！

经学应该讲微言大义还是应该讲训诂名物，应该重视口说还是应该重视传记？

今文学派认为经学应该讲求微言大义，不能为考据所困惑。他们指出有清一代的学者，以为训诂名物以外别无经学，不知多少人为此疲耗心力，而无实用。人们因此认为经学无用。这种情形必须改变。讲求微言大义就应该重视口说的内容。孔子要回避当时的人事，作《春秋》列举事例，仅仅是作为记号，而微言大义皆传于口说。也就是说，孔子学说真谛全在传口说的今文学，不在讲传记的古文学。汉代公羊家何休说，“贵文章者谓之俗儒”，就是这个意思。古文派反驳说，微言大义与掌握训诂不可偏废。微言大义是后世义理之学的出发点，名物训诂是后世考据之学的出发点。不懂得名物训诂，何以能了解微言大义？今文学派如此强调口说，无非是便于贩卖自己的私货。刘向、班固说孔门七十子丧而大义乖，那是一种感慨的话，孔学大义并没有丧失。有保留于七十子的，见于《论语》；有保留于七十子后学的，见于诸子百家和汉儒的称引。口说没有一定，记忆恍惚，意义参差，何况还有那些非常异义可怪之论。重口说而轻传记，一部《春秋》就真成为断烂朝报了，更从何处去求它的微言大义？

《周礼》、《左传》、古文《尚书》等几部书的价值应当如何看待？

今文派说，《周礼》、《左传》、古文《尚书》是刘歆伪造的。左氏不传《春秋》，汉代人就讲过。《左传》是当时史家之言，不过偶然与《春秋》同时，并非替后者作传。指《左传》为传经之作，那是后来好事者的说法。古文派反驳说，《周礼》比较复杂，但不能断定为刘歆所伪造。《左传》上有些论断不中事理，可能出于后人附加。汉朝人说左氏不传《春秋》，并非认为其书便是伪造的。刘逢禄著《左氏春秋考证》，提出刘歆伪造《左传》之说，深文周纳，难以取信。《史记》不少地方采取《左传》，如果左书确系伪造晚出，司马迁从哪里去采择呢？以《春秋》为经，《左传》为史的说法并不对。“六经皆史”。古代没有以“史”名书的。《左传》《公羊》《穀梁》三传，各自附经而行，最初也没有“经”的名目。汉以后经与史才分开称呼。现在公羊家一定要把《左传》说为史，与经无关，目的在于废弃《左传》，独尊《公羊》。经史本无区别，强加区别并无意义。东晋出现的伪古文《尚书》，已经由阎若璩、惠栋等考证明白，与汉代的古文《尚书》完全无关，这是人们熟知的。

讲求经学当抱何种主义？

今文学派说，讲求经学当以通经致用为主义。清儒讲经学，动辄曰，经学所以考古。此言最谬。古已经过去了，考它何益。六经所载大义，虽不可尽行于今日，但那上面所讲的公理原则、政治制度，有相当部分今天仍可以采取。我们讲求经学，就是为了通经致用，解决今天的问题。古文派争论说，你们这些今文派不是主张西汉微言大义吗？以考古为谬，何以能够知道有西京微言大义之学，又何以知道有东京考据训诂之学。孔子说信而好古，又说好古敏求。孔子何尝以为讲求往事无益！

治经应当先通哪一经？

今文学派说，治经应当先通《春秋公羊传》。孟子每次讲到孔子，就要谈到《春秋》，以为孔子生平最大事业无过于此的。司马迁、董仲舒称道孔子，也必列举《春秋》。他们都深知《春秋》是孔子经世之书。西方人有私人著书，则为国际公法，由各国遵行的。《春秋》一书，就是孔子所定的万世公法学。这就是为什么孔子会成为“素王”的。《公羊传》一书所传《春秋》的微言大义最为深切著明。学者先通《公羊传》，就可以谈到致用，观察现实问题了。古文派反驳说，春秋“素王”说是七十子之徒推崇孔子的说法，并非孔子自称素王。而且这种说法最初来自纬书，本来可疑。西方所谓的万国公法，强国用之处处得利，弱国用之，朝夕为人牵制。西方人在中国的行为，从来不讲什么万国公法，彰彰在人耳目。康有为之徒提倡变法，假托于无凭无据之公羊家，煽惑人心，其实是要实现其会党私心。那正是孔子所说的言伪而辩的少正卯。中国采行西学，制造洋器，已经行了三十年。中法、中日两次战争，何以毫无效果？这证明变法而不变人，不值外人一笑。孔子的公法并未行于春秋，更何以能够行于今日。要揭穿经学讲论中那种骗人的把戏，不管它打扮得怎么美丽。

六经为何人所作？

今文学派说，六经为孔子所作。廖平在《知圣篇》上说，今、古文的不同，“孔子述、作之辨，为千古一大学案”。他在《群经凡例》《古学考》等著作上，同样认定，六经为孔子所撰，而流传下来的经书也完好无缺。康有为袭取廖平的观点，在《孔子改制考》上专立《六经皆孔子所作考》一章，指出《诗》《书》《礼》《乐》是孔子借前代的书删定的，《易》与《春秋》则全部出于孔子的手笔。他说，讲经学的人先要知道六经为孔子所作，然后才能了解孔子的所以为大圣、为教主，以及其学说足以范围世界、地位独尊。其他宣传今文学的作品上也都认为孔子被尊为万世师表，就因为他制作了六经，比前代圣贤伟大多了。坚持孔子作六经，对于这时的今文派来说，和坚持刘歆伪造古文同等重要。孔子如果不作六经，今文派说的孔子托古改制就不推自倒了。古文派说，孔子赞《易》象，删《诗》《书》，定《礼》《乐》，修《春秋》，秦汉以后百家所载，无不皆同。《论语》《孟子》上也都有同样的记载，历历在目。孔子自己讲他述而不作。现在忽然把孔子没有做过的事说成做了的事，好比黄袍加身！表面托尊孔之名，暗地行反对六经之实。所谓反对六经之实，显然没有击中今文派的要害。

《春秋》一书的价值在什么地方？《春秋》与孔子托古改制的关系问题。

今文派说，《春秋》非记事之书，宗旨在表明微言大义，不重在纪述事实。它是孔子改定制度以教万世的书。孔子是一个创造学派，热心救世的人物。改制是孔子所创学派学说的中心。其实不独孔子，战国诸子也都是假托前代圣王来创造自己的学派的。古文派反驳说，事与义不能偏废。非见其事，不能明其义。《春秋》为后世立法，孔子不可能教人只知道空言，不知道事实。孟子说，孔子作《春秋》而乱臣贼子惧，就因为有事实可以印证。今文学家痛斥纪事的《左氏》，而独崇明义的《公羊》，目的在抹煞事义并陈，便于推行康有为之学。孔子改制，经无明文，传亦无明文。《公羊传》有“制春秋之义，以待后圣”一句话，不论怎么解释，也没有托古改制的意思。孔门七十子后学才有孔子改制的传说。何休用它来解说《公羊》，便造成了今天邪说的来历。所谓《春秋》托王于鲁，托鲁国的君主隐公为受命王，那是董仲舒《春秋繁露》的说法。《春秋繁露》的可信性前人著作已经表示怀疑。《汉书》董仲舒传上说，当时他的弟子吕步舒已经不知道其师说，称为“大愚”。董仲舒因此差一点送掉了性命。一千多年以后，我们怎么能够相信那一家之言，以为他独得了孔子改制的秘密。孔子修《春秋》是站在鲁国的角度讲话的，就像后世修郡县志，是站在某个地方的角度讲话一样。春秋诸侯并立，各国自有纪年，《春秋》用周朝的正朔，纪鲁国的年号，不过是表示它是按鲁国历史顺序叙述各国发生的事件的，没有不可理解的地方。后来的公羊家愈阐愈奇，异议蜂起，经义盲晦，祸害不可胜言。

孔子托古改制是这时今文经学紧紧抓住的一个关键，古文学派因此也不能不特别重视这个问题。王仁俊著《实学平议》，其中一篇就叫《改制辟谬》。文中列举十条理由，批驳改制说的荒谬，说现在有人为本朝臣子，忽然著书立说，要把清朝改为明朝的制度。这径直是叛逆①，是不可不反对的。

孟子在经学上的地位问题。

今文派说，孔子的学说后来分成了两大派，孟子为一派，荀卿为一派。孟子的学术在经世，荀子的学术在传经。秦汉以后，孔学都掌握在荀卿一派手里。荀学是孔学的孽派。孟子于六经中得力在《春秋》，而《春秋》中所传为大同之义。大同之义与“三世”说是相通的。古文派反驳说，荀卿所传是孔门正学。把它说成是孔学孽派，用意是要把二千年来汉宋诸儒的学说一扫而空，只留下传口说的《公羊》。什么叫三世？《公羊传》上有明文，三世指所见世，所闻世，所传闻世，后来的公羊家推演为据乱世，升平世，太平世，与《公羊传》上的三世无关，更与大同之义无关。《左传》上说，《春秋》内其国而外诸夏，内诸夏而外夷狄。经书上没有哪个地方说夷夏可以混为一统，变为大同。所谓孟子独传大同之义，不知何以见得！康梁之徒到处讲演《公羊》《孟子》，以宣扬其大同之说。照此看来，他们主张孔子纪年，目的在废除君主，而不在尊崇孔子。

第二类，双方斗争的关键问题：

开新还是守旧、变法还是反对变法。

中国社会的基本矛盾或主要问题是什么？这时由维新派用充满危机感的语言鲜明地提出来了。那就是“救亡图存”“维新变法”以及“振兴实业”的

---

①王仁俊：《实学平议》，《翼教丛编》第3卷，第25页。

口号和要求。“百日维新”载湉颁布的一百余件诏令，关于“振兴实业”的占相当部分，包括政府设立铁路矿务部门、提倡私人兴办实业、奖励发明创造、许其专利等。也就是说，中国社会的基本矛盾或主要问题是中国濒临瓜分危机，民族遭受压迫，要求独立、解放；社会生产落后，要求实现近代化。严重的问题是，走什么样的路去达到民族独立、国家近代化的目的。维新派的方案是“维新变法”，即改革封建专制政体，兴民权，直到仿效日本、俄国的君主立宪。顽固派和原来也主张枝节“改革”的洋务派一致反对。变法与反对变法，成了时局激荡的漩涡。

今文经学、古文经学两派的争论，现在也就同维新派与维新运动的反对派直接联系到了一起。双方那些书本子上的是非得失争论，现在变成了社会现实问题、政治主张上的对立与争论。双方的政治主张有夹杂在经学中一起申述的，有援引经学词句替自己助长声势的。他们把彼此间政治主张的对立，明确归纳为“开新”与“守旧”对立，实质上是主张变法与反对变法的对立。具体地说，是变法、民权和平等几个问题的对立。今文学派以及与他们抱着同样政治观点的人，主张开新，要求变法，提出民权、平等。古文学派以及与他们抱有同样政治观点的人，主张守旧或实际上要求守旧，反对变法，反对民权，反对平等。经学上“伪经”与“改制”与否的争论，不过是现实斗争的一种手段而已。

关于变法：康有为在谈论经学的时候。采用“托古改制”的语言进行宣传，在上书、上折的时候，便直接改为主张变法了。康有为在《上清帝第一书》里明白提出了变法口号。《上清帝第一书》上，一则说，“皇上知旧法之害，即知变法之利”，应该“讲求变法之宜，而次第行之”。再则说，一旦“变法，则治可立待”。康有为并且指出，所谓变法，不是指已经有的设立商局、学堂、开矿公司，创办电线、机器、轮船、铁舰之类，而是要改变“上体太尊，下情不达”的局面。旧的局面不改变，“虽良法美意反成巨害，不如不变之为愈矣”①。《上清帝第二书》引董仲舒“为政不调，甚者更张，乃可为理”的话，强调“穷则变，变则通”，批判所谓祖宗之法不可变的观点，提出

① 康有为:《上清帝第一书》,《康有为全集》第1集，上海古籍出版社1987年版，第360页。

设立“议郎”的主张。[①]“变法维新”是康有为和维新派活动的口号和旗子，也是今文学宣讲的内容。

古文派反对变法，极力替自己守旧辩护。他们把新学斥为邪说，把兴洋务、办实业等同于变法。张之洞在《劝学篇》里，一面主张派人出洋游学、办报馆、奖励农工商业等，一面反对改变封建统治秩序的“伦纪圣道”“三纲四维”。他说：“不可变者，伦纪也，非法制也；圣道也，非器械也；心术也，非工艺也。”“法者，所以适变也，不必尽同；道者，所以立本也，不可不一。……所谓道本者，三纲四维是也。若并此弃之，法未行而大乱作矣。”[②]湖南城南、岳麓书院一些人发起订立的《湘省学约》，里面说，现在人们开口就讲维新、守旧，其实并不知道什么叫新与旧。研究经史、阐述义理，致力词章训诂，均为学人应修之业，何旧之有。所谓新学，应当是讲求工艺制造，通晓外国的政治学术。那些号召改制、创教，宣传民权、平等邪说的人，自称为维新，是冒新学之名，行西教之实，要“严杜假冒，以正岐趋”[③]。《湘省学约》并规定，凡省城“新学书局”一律改名为“西学书局”，避免人们想起新学与旧学对立。湖南学政徐仁铸查问《湘省学约》的来历，王先谦其势汹汹说，他就是倡议者、主笔人，雷霆斧钺一切由他承担。王先谦绝口不道“变法”二字，一味用一些抽象贬责的调头反对维新派。他说振兴世道，在做实事，不图虚名。日本维新，从举办制造业入手，现在中国求新，却从讲论入手，言满天下，所务在名，所图在私。到头来，只有一切落空，毫无实际。他又说，今日地球大通，各国通商来往不可阻止。中国必须讲求工艺制造，抵制外国货物。声光化电及一切制造矿学，皆当开通风气，力求精细。朝廷倡导西学，是于万难之中求自全之策，没有什么不对的。自己参与创办湖南火柴、机器各公司，诚心以为应办，至今并无他说。但朝廷所采者西学，并非要人信从西教。康梁自成一教，他们讲平等，西国并不平等，他们讲民权，西国人并无权力。康梁谬托西教以行其邪说，是中国的巨蠹。[④]王先谦这里说的西学，指西方自然科学技术知识，西教指西方资本主义社会的政治制

① 康有为：《上清帝第二书》，《康有为全集》第2集，上海古籍出版社1990年版，第85、100页。

② 张之洞：《劝学篇·变法第七》，《张文襄公全集》第203卷，第19、22页。

③《湘省学约》，《翼教丛编》第5卷，第15页。

④《王祭酒与吴生学兢书》，《翼教丛编》第6卷，第9页。

度、意识形态。叶德辉对曾经是他师长的徐仁铸所著含有变法思想的《辅轩今语》，撰文逐条批驳，诋毁徐为所谓“康门之士”。他宣称“鄙人素不言变法，而只言去弊”[①]。他指责维新派的变法宣传，说中国之事无不误于空谈，讲学托名于开民智，伸民权，其实是搅乱时政，使四境鸡犬不安。[②]严参康有为的御史文悌说，他早年留心西学，并非绝口不谈洋务的人。中国讲求西学，贵在使人了解西学，为中国所用，并非要将中国一切典章制度尽行摧毁，使人潜移默化，尽变为西洋人。古文派以及与他们政治观点相同的人，在一些具体问题上说法不同，他们的共同点是反对维新派要求变法，用举办洋务代替和抵制变法。

关于民权：今文派中梁启超讲得最明白，他说，《春秋》大同之学没有不讲民权的。把六经中讲民权的地方编辑成书，会大有可观。一个国家要夺取或灭亡另一个国家，必先取得民心顺从。凡能兴民权的，断无灭亡之理。议院制度虽然创始于西方，中国五经诸子上，其实都可以找到类此意思的记述。中国君主统治的时间太长，君权太重，民权日衰，没有人敢明白讲出来。美国总统违法，议院可以根据法律撤换总统。英国虽为君主立宪国家，议会也曾废除君主。中国古代舜为君主，实际也是由民人公选的，并非尧所能私自授予。臣下与君主是一同办理民事的，他们没有私属的关系。康有为在推行变法过程中，没有发表正面提倡民权的言论，似乎还有意回避使用民权这个词。但他既然要求变法改制，主张设立议院，实行君主立宪，也就是主张君有君权，民有民权。变法的反对者指责康梁倡导民权，那是根据确凿的。

古文派以及持相同政治观点的人反驳说，治天下者大权不可以旁落，何况大权移于民下。试问权既下移，国谁与治。民可自主，君主还有何作为。主张民权是要煽动天下大乱。民主之说，经上没有，传上也没有。想要变历来乾纲独揽的天下为泰西民主之国的人，是汉奸之尤。张之洞在《劝学篇》里专列《明纲》一篇，大讲民权之害。他说：三纲“乃五伦之要，百行之原。相传数千年，更无异义。圣人所以为圣人，中国所以为中国，实在于此。故知君臣之纲，则民权之说不可行也”[③]。又说，民权之说，无一益而有百害。

①《叶吏部答友人书》，《翼教丛编》第6卷，第30页。

②《叶吏部与南学会皮鹿门孝廉书》，同上书，第22—23页。

③ 张之洞：《劝学篇 · 明纲第三》，《张文襄公全集》第202卷，第13页。

中国目前并非雄强，百姓所以能够自安其业，是由于有朝廷法纪维持。民权之说一旦流行，愚民必喜，乱民必作，势将大乱四起。外洋各国必借口保护侨民，兵舰陆军深入占据，全局只有拱手而属于他人。所以民权之说，最是国外敌人所愿意听到的。外洋讲民权，不过是指国家有议院，民间可以发公论而已。以为议院便等于民揽大权，那是误解。总之民权在中国万不可行。《劝学篇》中又有《正权》一篇，指斥维新派“倡为民权之义，以求合群而自振”，是“召乱之言”①，坚决反对维新派要求实行君主立宪政治。王仁俊著《民主驳议》，他特意引一些孔子素王、公羊家、太平之世的字眼反驳民权主张。他说，中国的一切，必须以孔子的“经制之学”为断。根据君为臣纲的原则，“民主万不可设，民权万不可重，议院万不可变通”。民主非中国的学说，乃泰西的学说。民主在西方实行的结果，是罗马死党私会横行，法国民党叛君主，南美洲民众争权大乱。中国如果行民主，不要十年，二十三行省就要变成盗贼的渊薮了。几年以前刚在檀香山成立兴中会，国内一般人还根本不知的“会匪孙文”——孙中山的活动也被作为反对民主的根据来使用了。王仁俊反复议论孙中山起事、揭出民主号召、失败逃亡海外、无法将他捉拿归案惩处等等。②《民主驳议》全文中心在驳民主之非，硬把孙中山的事迹扯到一起来议论，意思是要人知道，孙文讲民主，而孙是乱臣贼子。

关于平等：今文学派说，平等是人的自然属性。孔子说“性相近，习相远”。性相近就是指的人的自然性质是平等的。最初无所谓小人，无所谓大人。问题在于学与不学。

古文派反驳说，平等之说源出于佛经。耶教《旧约》加以推广，演为万物平等之义。康有为、梁启超以民权、平等立教，那是抛弃孔学，引人崇信异教。人人平等，权权平等，就是没有了尊卑亲疏。没有尊卑，就是无君，没有亲疏，就是无父，更谈不上孝悌。不平等则已，一平等就一切倒行逆施，人伦绝灭。

变法、民权、平等几个问题的争论，看起来是分散的，没有构成系统的论述。但在思想实质上，它们明显地属于两个不同体系、两种意识形态。今文学与维新派反映的是资产阶级意识形态里的一些东西，不过很初步，很不

---

① 张之洞：《劝学篇·正权第六》，《张文襄公全集》第202卷，第23—26页。

② 王仁俊：《实学平议·民主驳议》，《翼教丛编》第3卷，第16—20页。

完全；古文学与顽固派坚持的则是传统的封建主义思想体系加上一些洋务派的观点。当人们的争论和以前一样，尚停留于经学本身的一些具体问题，诸如古文是否出于刘歆的伪造等，那只能从同一思想体系内部去看待它们的分歧。当争论卷入到变法、民权、平等这些问题的时候，它们与不同的体系有关便清楚显示出来了。因此，双方的争论很快就带有了特别深刻的社会性质。它事实上是不同社会阶级势力、不同利益的人们现实政治斗争的一部分。双方在变法、民权、平等与在孔学分歧上的不可妥协性，就是来自他们的政治立场、实际利益的不可妥协性。

今文派、古文派以及双方支持者讲过的一些话，充分反映出了那场斗争的激烈程度。樊锥在《开诚篇》中说："自民之愚也久矣，不复见天日也抑已甚矣。其上以是愚之，其下复以是受之。二千年沦肌浸髓，梏梦桎魂……束之缚之，践之踏之，若牛马然，若莓苔然。""今宜上至百寮，下至群丑，俱如此类，网罗净尽，聚之一室，幽而闭之，使其不见日月，不与覆载。"[①]王先谦的某学生上书说，康有为、梁启超专以民权、平等无父无君之说为立教宗旨，论其罪状，同于叛逆。承其风者，樊锥、易鼐、唐才常肆无忌惮，显悖伦常。丧心病狂，莫此为甚。[②]叶德辉说：康梁之书，外假大同之说，内溃名教之防。"海内不学之士可以文其固陋，不轨之徒可以行其党会。其始创言变法以乱政，其继阴乘变法而行教。粤人黄遵宪主之，湘人谭嗣同和之……乃相率而鸣于众曰'康学'。……假素王之名号，行张角之秘谋。……吾终见其灭亡而已"[③]。坚决反对"康学"、反对今文派的梁鼎芬宣布，他的政治和学术宗旨是六个字："大清国，孔子教。"他致信王先谦说："崇奉邪教之康有为、梁启超乘机煽乱，昌言变教。恰有阴狡坚悍之黄遵宪、轻谬邪恶之徐仁铸聚于一方，同恶相济。名为讲学，实与会匪无异。……悲夫，廉耻日丧，大局皇皇。群贼披猖，毫无忌惮。吾党君子闻风相思，风雨凄凄，不改其度，请告张、黄、叶（按：指湖南绅士张祖同、黄自元、叶德辉）诸公，誓戮力同心，以灭此贼。……皇天后土，实鉴斯志。"[④]从这些文字中可以看出，今文派与古文派的斗争，不但各自的言论有很强的党派性，他们的行动实际上

① 樊锥：《开诚篇》三，《樊锥集》中华书局1984年版，第9—10页。

②《王猷焌上王院长书》，《翼教丛编》第6卷，第3页。

③ 叶德辉：《长兴学记驳议》，《翼教丛编》第4卷，第35页。

④《梁节庵太史与王祭酒书》，《翼教丛编》第6卷，第2页。

也是结成党派的。彼此间怀着极大的政治仇恨。卷入斗争的今文派与古文派的言论，显然反映的是维新派与顽固派斗争全局中的一些最尖锐的问题。因此，他们的言论是从思想理论领域把那场斗争的全局和实质指示在人们面前了。今文派不能概括维新派，但多数人物与维新派同属一个阵营；古文派不等于顽固派，但多数人物与顽固派同属一个阵营。今文、古文两派是各自阵营的理论家、代言人、宣传者。学术观点与政治立场、意识形态与阶级关系在这里紧密地结合在一起。

经学那种古老的思想观念，竟然产生出了改变政治制度的变法与民权、平等要求，为什么？它是由中国社会历史的基本矛盾、险恶的现实生活强烈摩擦、冲撞迸发出的火光。今文、古文两派辩论中，涉及到现实问题的看法时，对这个问题说得非常明白。两派辩论中处处攻击对方，但双方同样强调外国入侵，民族危机空前严重。中法战争、特别中日战争《马关条约》以后中国的危险局势常常出现在他们辩论的文字里，只是各自的结论不一样。如何对待当前的现实，古文派主张守旧或照洋务派的路子走下去，今文派则主张开新，要求变法救亡。樊锥在《开诚篇》里试拟的载湉诏书说：“今事已至此，危迫日极，虽有目前，抑无所用。与其肢剖节解，寸寸与人，税驾何所，蹶天无路，不如趁其未烂，公之天下。朕其已矣，宗庙可质。支那父老，或其谅我。”又说：“四海一心，一心者，人人有自主之权，人人以救亡为是。穷极生变，郁极生智。”①八九十年代，西方的民权、平等观念已经进到了一些阅读西书的知识分子头脑里。民族危亡，“郁极生智”，他们现在就生出智慧，要使用这种新学说了。经学那种古老思想观念所以与资本主义意识形态的民权、平等结合起来了，就正是在这种民族危亡的严重环境下产生的。人们在挽救民族危亡的斗争中，改变着旧的观念，同时，也吸收、产生新的观念。特殊的历史条件使古与今相凑泊，不期然而然。民权、平等反映了中国早期蒙笼的启蒙思想。救亡呼唤出早期启蒙思想，启蒙也推动救亡运动。后来的历史在此作了一次预演。

今文学派与古文学派的斗争，从书本上到与政治问题联系起来，愈演愈烈，康有为经学的影响始终贯穿其中，极其突出。究其原因，是由于康有为的经学已经远非孔子学说，而是加进西方资产阶级观点放胆改造过的、挂着

① 樊锥：《开诚篇》，《樊锥集》，第11页。

孔子招牌的学说。新酒要用旧瓶来装潢，时髦的货色必须挂上老招牌去出售，强烈表现了时代的特点。

《新学伪经考》《孔子改制考》是康有为变法的主要理论著作，也是他改造孔子学说的主要著作。《春秋董氏学》《礼运注》《中庸注》《论语注》[①]等，也都一一为那种改造的需要服务，或者抒发同样的观点。康有为阅读过西方资产阶级学者哪些哲学、逻辑、社会、历史、政治、经济学的书，难以确指，其中有些书，例如严复译的赫胥黎《天演论》、斯宾塞《群学肆言》，肯定是引起过他的重视的。据说《天演论》出版的好几年以前，他就通过梁启超知悉了译稿的内容。《论语注》上说："人类进化皆有定位，自族制而为部落，由部落成为国家，由国家而成大统。由独人而渐立酋长，由酋长而渐至君臣，由君臣而渐为立宪，由立宪而渐为共和。盖自据乱进为升平，升平进为太平，进化有渐，因革有由。验之万国，莫不同风。"[②]其来源就出于《群学肆言》。西方那些讲进化论和社会学的书，唯物论和形而上学夹杂在一道，有的可以说半截唯物论，半截唯心论。康有为从它们中间汲取营养，来讲经学，发议论，在主要观点上形成了与孔子学说的直接对立。这样的观点有两条，最为引人注目。

头一条，关于历史发展的观点。孔丘讲述夏殷周三代的历史，说它们只有损益，没有发展，今后也会如此，"百世可知"。中国永远只会在封建主义轨道上慢慢爬行。康有为解释《春秋》"三世"说，在这个问题上实现了一个飞跃。第一，《春秋》讲所见、所闻、所传闻三世，以为所见世就到了太平世。照那样看，历史往后就不再进步了。康有为按照洪秀全的发明，把上述三世倒了过来。现在，即所见世是据乱，往下进行到小康、升平，最后才是太平、大同。这使原有"三世"说那种在历史进化问题上自相矛盾的观点变成了历史进化的观点。第二，与《礼运》大同说沟通、糅合在一起讲三世，描绘出了一幅使人向往的社会历史发展蓝图。康有为说，三世中的"乱世者，文教未明也；升平者，渐有文教，小康也；太平者，大同之世，远近大小如一，文教全备也"[③]。社会历史就是按照据乱、升平、太平的顺序前

① 康有为记载：《中庸注》《论语注》均撰于广州讲学时期。戊戌变法失败后，书稿散佚。1901年在槟榔屿再修《中庸注》，1902年在哲孟雄大吉岭再修《论语注》。见两书序。

② 康有为：《论语注》卷二，《万木草堂丛书》第2卷。

③ 康有为：《春秋董氏学》，《康有为全集》第2集，上海古籍出版社1990年版，第671页。

进，由野蛮发展为文明，由低级发展为高级的。他说："孔子生据乱世，虽不得已为小康之法，而精神所注，常在大同。"[①] 又说："孔子生据乱世，而志常在太平，必进化至大同，乃孚素志。"[②] 也就是说，最高级、最文明的社会为大同之世，是孔丘设想的理想社会，而且照孔丘的学说来看，现阶段就应该实行立宪制度。这样，维护封建主义，抱着历史静止观点的孔丘，一反掌间被装扮成主张资本主义和未来最高级、最文明社会的追求者了。这是一个大改变。

再一条，是关于变易、变化是客观世界的普遍法则的观点。《论语》上有"天道"的观念，没有讲变不变。又有"齐一变至于鲁，鲁一变至于道"的话，也只承认齐、鲁某些事情可变，没有认为道也可以变。儒学传统一直坚持"天不变，道亦不变"，认为这才符合孔丘的思想。近代的经学家，例如魏源主张变易，但又认为有"真常不变之道"[③]，以为变只适用于"势"，不适用于"道"。说到底，还是天不变，道亦不变。康有为反过来，认为世界一切都是变化的，天道也是变化的。他说："盖变者天道也。天不能有昼而无夜，有寒而无暑，天以善变而能久。火山流金，沧海成田，历阳成湖，地以善变而能久。人自童幼而壮老，形体颜色气貌，无一不变，无刻不变。"[④] "夫物，新则壮，旧则老；新则鲜，旧则腐；新则活，旧则板；新则通，旧则滞，物之理也。"[⑤] 他强调《易传》等古籍上提出了但没有着重发挥的一个重要思想，即认为事物的变化、新老交替，是由事物内在的矛盾对立运动所造成的。他说："若就一物而言，一必有两。……知物必有两，故以阴阳括天下之物理，未有能出其外者。"[⑥] "盖太极两仪之理：物不可不定于一，有统一而后能成物；不可不对为二，有对争而后能进。"[⑦] 此处一物"不可不对为二"的话，可能与宋代唯物论哲学家张载说的"有象斯有对，对必反其为，有反斯有仇，仇必和而解"有联系。康有为改"仇必和而解"为"有对争而后能进"，似乎

① 康有为：《论语注》卷二，《万木草堂丛书》第 2 卷，第 3 页。
② 康有为：《礼运注》，《演孔丛书本》，第 2 页。
③ 魏源：《老子注》第一章。
④ 康有为：《进呈俄罗斯彼得大帝变政记·序》，《戊戌变法》第 3 册，第 1 页。
⑤ 康有为：《应诏统筹全局疏》，同上书，第 198 页。
⑥ 康有为：《春秋董氏学》第 6 卷上，《康有为全集》第 2 集，第 799 页。
⑦ 康有为：《论语注》，《万木草堂丛书》第 3 卷，第 4 页。

是对辩证法更好的解释。应用这个说法来观察社会历史，那必定要得出结论：封建社会制度、封建主义的纲常伦理，无一不在矛盾对立运动中；因此，它们的改变、消失是不可避免的。这把孔子学说极力维护的封建统治制度和秩序，一概给推翻了。康有为没有在什么地方对自己勾画出的社会历史发展蓝图与矛盾变化是事物变化的普遍法则，联系在一起加以叙述。这是因为他从西方了解到的进化论和哲学，主要是庸俗进化论和形而上学的哲学，在它们那里，社会历史的发展与客观世界矛盾运动的法则，本来是彼此割裂、不相联系的，而且是不能容忍那种联系的。但是康有为拿它们来讲经学、发议论，却收到了改造孔子和孔学的效果。孔丘由一位封建主义的至圣先师，变成了近代半资本主义的大政治家、改革的祖师爷；孔丘学说则面貌刷新，由封建社会思想理论的准则，变成了与西方思想相通、适合于资产阶级改良主义政治运动的指南。

现在可以看出，孔子学说在历史上经过了几次大改造：董仲舒改造原始孔学，形成西汉带神学蛊惑性的今文经学；程颢、程颐、朱熹改造宋以前的孔学，渗入佛学，形成专讲性理的程朱道学。但那种改造，都是封建意识形态的旧说。康有为对孔学重新大改造的今文学，则把资产阶级意识形态的某些内容镶嵌到封建意识形态的镜框里，形成了一种新学说。封建理论加资产阶级观点，这就是康有为今文经学的实质。这个学说，理所当然地要受到古文学派的坚决排斥。某个拥护古文学的官员上折载湉，请跟孔子杀少正卯一样杀康有为，就不足为怪了。康有为作为思想家气象不凡，不过他的学说已经再也没有董仲舒、二程朱熹学说那样长期受人宠信的幸运。它刚一走上历史舞台，就宣布了过时。因为近代中国新的斗争接连兴起，已经不允许存在古代封建制度那种长期不变的幸运了。说到底，也就是中国争取民族独立、要求实现近代化的两大基本问题，已经不是依靠现有幼弱而且带有很大封建性的资产阶级政治代表者的活动，自上而下地改良一下某些政治措施所能奏效的。它需要依靠新的社会力量、选择新的方案去进行斗争了。

4. 余波

戊戌变法失败，今文、古文两派斗争的形势骤变。参与变法活动或讲“康学”的人，这时受到迫害，不可能再从事原有的宣传讲论。现实的政治斗争也使经学不再成为他们制造舆论的手段了。古文派或顽固派由于在反动政变后获得政治上的利益，气势嚣张。他们刊出《翼教丛编》以及在《湘学报》等刊物上发表论著，继续打击今文派。学术思想界形成一股反动的逆流。

一直讲今文学但与变法活动全无瓜葛的廖平，这时也受到古文派的攻击指责。廖平自己也觉得与康有为讲经学“宗旨偶同，引为心咎”[①]。他于是写出《知圣篇读法》，一面极力划清与康有为的界线，一面在公羊学、孔子改制、素王说等问题上，回答古文派的指责。他表示当初著《知圣篇》，讲孔子改制，开始并没有刊刻。康有为用它的意思著书立说，造成祸乱，现在应该重加说明，“既曰自明，更以辟谬”。他认为，“素王之说与素封同”（按：“素”字此处作空讲，素王即空王），孔子作六经，成为百世师法，后人不能仿效，其理甚明。康有为等“乱法者”假借旧说，推行变法，以为孔子改制立教，人人皆可改制，更由言论变为行动。这是他们的曲解，并非孔子本义有误。但是，现在攻击的人不加考察，“竟以素王二字，指为叛逆”，那是不对的。他又认为，自康有为等“托之《公羊》以为变法宗旨，天下群起而攻《公羊》，直若《公羊》故立此非常可怪之论，为教人叛逆专书。遂云，凡治《公羊》，皆非端人正士”。这太可悲叹了。照此说去，人们对于公羊学的鼻祖董仲舒不知该怎么评价。西汉一代公羊学盛行，议礼断狱，皆作为依据。由讲公羊学进入仕宦的人布满国中。他们尊君亲上，治乱锄奸，处处得《公羊》的利益。当时《公羊》何以不为毒害，到今天便忽然毒性大发了！难道那些讲公羊学的人都是些痴愚聋瞽，不了解《公羊》含有的毒性？因为治公羊学而成为罪魁乱首的，历史无其人其事。王莽、刘歆掠夺汉室政权，《周礼》《左传》都由他们表彰过，我们并不能因为责备王莽、刘歆，就废弃《周礼》《左传》二书，何况对于《公羊》？“《翼教丛编》攻《公羊》，并因而罪《孟子》。其不因而攻孔子几希矣”。[②]

在康有为及其讲今文学的同道被剥夺了发言权的情况下，廖平对古文派的追击作出一些回答，是做得对的。要不然，就只有向古文学一面倒了。在这个意义上，廖平的答辩，可算那场斗争的余波。但也只是余波而已。

廖平说他讲经学与康有为“宗旨偶同”，是指他们都治公羊学，宣讲孔子

① 廖师慎、廖师政：《家学树坊》，第6页。

② 同上书，第3—6页。

改制等公羊学的主要观点。其他就没有什么相同的。就是讲孔子改制，讲法也不一样。廖平说："旧著《知圣篇》专明改制之事，说者颇疑之。然，既曰微言，则但取心知其意，不必大声疾呼，以骇观听。"对于这种只限于"心知其意"的叙述，他到1898年也作了修订。从此改为就经言经，严格按照字面"专述经言，不详孔意"[①]。也就是说，只讲书本子上有的，其他一概不去涉及。像康有为、梁启超那样，用孔子改制来宣传变法，并直接间接提出民权、平等观念，是廖平所不敢设想的。康、廖都讲今文经学，又都处在民族危机深重，举世要求救亡图存的时代环境下，但他们所讲论的相同，而所以讲论的则大不相同。这除了个人原因，也暴露了经学那种植根于封建制度的意识形态本身固有的缺陷。它毫无客观依据，是非随人解说。这是一切旧的社会历史学说所共有的不可克服的固有缺陷。

廖平的今文经学，在维新运动期间始终只是旁门支流。这时今文经学运动的性质、地位，不是由他的研究和影响决定的。廖平在《知圣篇》等论著中多次强调，孔子一生事功在为后世立法，不这样理解，孔子就不过是一个碌碌无所建树的、选本多、门徒众的教授老儒而已。廖平的这个话很适合于说明他自己的地位。康有为讲今文经学受过廖平影响，但康有为是一代思想家，改革实践家，廖平则正是一位碌碌教授老儒。1898年以后，他的经学主张又变了几变，但越变越不成样子。钱玄同批评说，廖氏之书，东扯西拉，凭臆妄断，拉杂失伦，有如梦呓，正是十足的昏乱思想的代表。[②]钱赞成今文学，而没有回护他的同道。

梁启超、章炳麟往下的评论者，都肯定康有为的今文学源出于廖平，但都缺少进一步点明康有为到底从廖平接受了什么东西。梁启超说康的今文学从廖平一转手而归于醇正。所谓归于醇正，也就是不像廖平那样杂乱无章了，除此看不出别的意思。章炳麟说廖平学有根底，不像康有为剽窃他人的东西，康不能与廖并论等，那只表现了章炳麟的偏见，不足以成为学术上的公论。周予同说，廖平为人盖敏于学而怯于胆，屡次改变论点，自相矛盾。近著《孔经哲学发微》极尽附会荒唐的能事，真不知在说什么话了。康有为是袭取廖

---

① 廖平：《古学考》，第1页。

② 钱玄同：《重论经今古文学问题》，附康有为《新学伪经考》，中华书局1959年版，第383页。

的旧说而成为集清代今文学的大成者的。[①] 这里也没有指明“旧说”的内容。范文澜说，廖平堪称今文学大师，他讲今文学比康有为早些，康有为的《伪经考》《改制考》是从廖平的《知圣篇》《辟刘篇》推衍而来的。[②] 这个论述准确，如果再点明一下，《知圣篇》的要点是讲孔子托古改制，就更具体了。廖平今文学提供的新的东西，是他重新恢复董仲舒、何休关于孔子托古改制的宣传并且把它与刘歆伪造古文说，再加上孔子作六经说同时提出来了。托古改制，古文为伪，它们一个上篇，一个下篇。没有上篇，下篇就没有存在的前提，要求改制就无从提起；没有下篇，上篇就没有现实的目的。刘逢禄、魏源等讲古文学为伪，但没有现实目的，所以他们的今文学是零散的，不过在故纸堆里炒来炒去。廖平头一次把这两条联系在一起，构成了从龚、魏到康有为的一个中间环节。这就是廖平在近代今文学上地位的所在。康有为的今文学正是把廖平的两条一并接受下来，充分加以推行和发展了。康有为因此成了清代今文学的思想体系的集大成者。今文学的要点在实践。“托古改制”几个字，体现出了今文学的神髓。章炳麟说，康不能与廖并论。实际上应该倒过来：廖根本不能与康并论。廖谈改制，但坚持与现实斗争划清界限；康讲改制，是给维新运动制造舆论。一个只谈兵法，不打仗；一个谈兵法，也带领兵将披挂上阵。所以，廖、康学术的区别就像一个纸上谈兵者与一个真正军事家的区别那样。

综观这场斗争，其特点是：

第一，与维新运动起落相始终；

第二，今文学挑战，古文学反攻；

第三，今文学带有封建外衣包裹的资产阶级意识形态成分与封建主义斗争的色彩；

第四，今文学反映了社会前进运动的要求和趋向，今文派的言论是变法宣传的一部分。

---

① 朱维铮编：《周予同经学史论著选集》，上海人民出版社 1983 年版，第 21 页。

② 范文澜：《经学讲演录》，《范文澜历史论文选集》，第 296 页。

（二）第二场斗争，古文学派挑战，今文学派退出政治争论

前一场斗争刚刚结束。后一场斗争就开始了。古文学派现在发起进攻，今文学派防守。现在的古文学派是一些政治观点激进或暂时趋向激进，完全不同于前面那些政治立场保守、反动的人物。他们的活动是和历史演进的一个新的阶段相联系的。

1. 有关学者及其著作

章炳麟（1868—1936），字枚叔，号太炎，浙江余杭人。他曾被江浙反清团体光复会推举为领导人之一。孙中山集合原有的兴中会、黄兴为首的华兴会和光复会建立革命同盟会，推进了中国资产阶级民主革命的进程。因此，在有的历史论著上孙、黄、章并列。章太炎政治思想主张的高峰是在 1903 年。他发表《序革命军》《驳康有为论革命书》，举起反清与批判改良派的旗子，给思想界增添了活力。他以学者兼革命家主编同盟会机关报《民报》，也产生过正面影响。后来反对孙中山，接着实际上退出革命活动。辛亥革命后，组织统一党，与孙黄对立。热衷卷入政治，宗旨动摇不定。晚年著书讲学。九一八事变后要求南京政府抗日，呼吁奔走。历年著述见上海人民出版社《章太炎全集》。

刘师培（1884—1920），字申叔，号左庵，一度改名光汉，江苏仪征人。在东京讲反满，又狂热鼓吹无政府主义。他与章太炎宣传反满和讲论古文经学的观点相同，彼此视为同志。1908 年他暗地向两江总督端方自首，并建议端方出资，让章旅居印度学佛。为此与章有书信来往。后来与章闹翻，又向东京同盟会总部举报，说章被清方收买。辛亥革命后加入筹安会，助袁世凯实行帝制。后来担任北京大学教授，讲文字训诂与古文经学。他的著作，后人辑为《刘申叔先生遗书》。

黄侃（1886—1935），字季刚，湖北蕲春人。在东京，师事章太炎，治音韵训诂和古文经学。历任北京大学、东南大学等校教授。著作中讲古文经学的有《春秋疑义》等。

与章太炎、刘师培关系直接的《国粹学报》编辑者撰稿人邓实、诗人黄节，或研究、或附和古文经学。

2. 经学研究中的思想、主张

章太炎治经学最初并没有严格区分今古文，只反对刘逢禄关于"《左氏》传经为刘歆伪造"的观点。二十八岁起，开始分别今古师说，专意古文。自己刻印称刘歆私淑弟子。康有为成立强学会，章捐币赞助。梁启超、夏曾佑在上海办《时务报》，章违背乃师俞樾的意思，离开诂经精舍，去参与撰述。但在经学问题上一开始就与康有为不合。他推尊惠栋、戴震"真我师表"，而"与长素辈为背道驰"。中间一度表示同意今文学的绌周王鲁，改制革命，不久也抛弃了。到了晚年，他评价自己的经学研究说："《春秋左传读》乃仆少作，其时滞于汉学之见，坚守刘、贾、许、颖［按：指刘歆（子骏）、贾逵（景伯）、许淑（惠卿）、颖容（子严）］旧义，以与杜氏立异，晚乃知其非。近作《春秋左氏疑义答问》，惟及经传可疑之说，其余尽汰焉。先汉贾太傅、太史公所述《左传》故文旧说，间一及之。其《刘子政左氏说》已先刻行，亦间牵摭《公羊》，于心未尽慊也。"又说："方余壮时，《公羊》之说盛行，余起与之抗。然琐屑之谈，无预大义。"① 所谓琐屑之谈"无预大义"，是晚年心境改变以后的说法。

章太炎的著作中讲经学或涉及经学的有几种情形：第一种，专门的经学著作。其中有《春秋左传读》（1891—1896年撰写，1913年有石印本，1982年收入《章太炎全集》）、《今古文辨义》（1899）、《春秋左传读叙录》（1907年发表于《国粹学报》）、《驳箴膏肓评》（以前未发表，据姜义华分析②，与《叙录》均系撰写于1902年）、《刘子政左氏说》（1909）、《驳皮锡瑞三书》（1910），以及后来的《太史公古文尚书说》《古文尚书拾遗》《春秋左氏疑义答问》等。第二种，《訄书》《国故论衡》《检论》上关于经学的论述。《訄书》最初刊行于1899年，汇集经史政论为一编。讲经学的不占主要篇幅，但它以《尊荀》开头，以《独圣》结尾，穿戴着经学靴帽，俨然一部经学论战著作。

---

① 汤志钧：《章太炎年谱长编》下册，中华书局1979年版，第924页。

② 姜义华：《章太炎思想研究》，上海人民出版社1985年版。

1902 年《訄书》修订重印，改为《原学》第一，《订孔》第二，删去了原先带有尊孔内容的《尊荀》《独圣》，讨论经学的地方仍然不少。1910 年在日本初版的《国故论衡》地位与《訄书》相当。章氏对此书自视甚高，说胜过陈澧的论述经史小学的著作《东塾读书记》十倍，后人自有识者。1915 年完成的《检论》，仍是由《訄书》改订而成的。评论孔学经学的某些内容也仍然保留在上面。第三种，杂著与书信，不少是讨论经学的。《自述学术次第》尽管简略，经学仍占相当位置。在这三种情形里面，比较有现实意义的，是本世纪第一个十年里写的著作。

梁启超说，章太炎好谈政治，在经学上稍荒厥业。杨向奎说，章长于音韵小学，而短于经。[①] 实际上在长达三十年时间里，章氏一直与公羊学相抗，《春秋左传读叙录》是一部足以驳倒刘逢禄的系统著作。杨伯峻在《左传》研究上推重《叙录》是有道理的。章氏在思想上所达到的高度，是不可以单从经学专著多寡上来加以衡量的。

刘师培著有《经学教科书》（以后又改名《经学传授考》）第一册，比皮锡瑞的《经学历史》更为简略。他的主要著作收集在《刘申叔遗书》中。其人阅读宏富，有时议论含糊。例如《经学教科书》上划分两汉至清代的经学有四派，说大抵两汉为一派，隋唐为一派，宋元明为一派，“近儒别为一派”。这当然不能叫作学派的划分，只能说是时代的划分。他是主张经学有用论的，说六经浩博，虽然不能当作教本，然“经学所该甚广，岂可废哉！”[②]

邓实的有关论著散见于《国粹学报》上。他是今文经学的坚决反对者。照他说，清代道光、咸丰以后，外国接踵入侵，清政府顾不上对内思想控制，知识分子从此开始讲经世致用之学。西汉今文经学注重议论，便于附会引申。公羊家的“三世”“改制”等说，尤其与主张变法的思想相吻合。一些人专讲今文学，表面上是探求学问，自相尊贵，实际上是拿学术作敲门砖，觊觎权位利禄。“故今文之学出，而神州益不可为矣。盖今文学者，学术之末流，而今文学盛行之世，亦世运之末流也”。紧接这段话，他还加上了两个“吁，可慨欤！吁，可慨欤！”[③] 邓实不止门户之见极深，像章太炎那样痛斥龚自珍、

① 杨向奎：《绎史斋学术文集》，上海人民出版社 1983 年版，第 349 页。

② 刘师培：《经学传授考》序。

③ 邓实：《国学通论》，《国粹学报》，第一年，第一册。

魏源的学术，而且一笔抹煞康有为发起的维新运动，以至瞎扯一通，咬定当时中国的衰败，今文经学也不得辞其咎。这样的议论，令人想起王先谦、叶德辉等对维新运动的攻击。

3. 今文经学、古文经学两派的争论

现在的这场争论，主要是章太炎对康有为、廖平、皮锡瑞今文经学的批评。其中对廖平、皮锡瑞的批评限于学术观点，不涉及政治争论。

第一类，今文、古文是非争论的继续：六经为谁所作，如前次一样，仍是争论焦点之一。

廖平强调孔子作六经，康有为采用廖说，在《孔子改制考》上认定六经为孔子所作，前面已经讲过。皮锡瑞在《经学历史》与《经学通论》上也重复，必须确认六经为孔子所作，确认孔子作六经的宗旨在于垂教万世，才可以谈论经学。[①] 章太炎争论说，孔子贤于尧舜，自在性分，并非专在著作。孔子自有独至，不在六经。六经自有高于前贤的地方，但不得因此谓其中无前贤现成之书。知道这一点，许多怀疑就可以冰释。[②] 又说六艺是墨家、道家所共知的。墨子的言论中就曾称引《诗》《书》《春秋》。当时"老墨诸公不降志于删定六艺，而孔子擅其威"[③]。这个事实证明六经并非孔子制作，是孔子依据旧籍删定而成的。1910 年，章太炎作《驳皮锡瑞三书》即《孔子作易驳议》《孔子制礼驳议》《王制驳议》，进一步反驳孔子作六经的说法。不过这一次反驳的对象主要是刘逢禄、王闿运、皮锡瑞。他说，皮锡瑞作《王制笺》《经学历史》《春秋讲义》三书，"乃大诬谬"。《王制笺》以《王制》为素王改制之书，说已荒忽。《经学历史》钞疏原委，妄以己意为断，疑《易》《礼》皆孔子所为，愚妄滋甚。《春秋讲义》不能守师说，糅杂三传，施以评论，上非讲疏，下异语录，"锡瑞之恇惑兹亦甚矣"。《国故论衡·原经》篇也一再指出"刘逢禄、王闿运、皮锡瑞之徒"以为六经为孔子所作，是没有根据，不能成立的。

刘师培也反复讲，六经乃先代旧典，非孔子所作。孔子以前早有六经。东

---

① 皮锡瑞：《经学历史·经学开辟时代》，中华书局 1959 年版。

② 章太炎：《今古文辨义》，转引自汤志钧《章太炎年谱长编》上，第 93—94 页。

③ 章太炎：《訄书·订孔》，日本东京翔鸾社 1905 年版，第 3 页。

周之际，讲论六经的不止孔子一家。管子、墨子都见过六经，他们的著作中常有称引。不过东周诸子虽然同治六经，但他们没有定本，到孔子才有了编定的本子。后来其他的本子失传，只有孔子删定的本子保留下来了。也就是说，有周代未修的六经，有孔子已修的六经。后人所见的只是孔子已修的六经。所以六经为古代典籍，非儒家所私有。什么叫“经”，刘师培也像章太炎那样从字义学上加以解释，指出许慎《说文》“经”字取象治丝，“纵丝为经，横丝为纬”，引申为组织的意思。六经并没有什么神秘，它们或为学校讲义，或为教学课本。《易经》是哲理学讲义，《诗经》是唱歌课本，《书经》是国文课本兼政治教材，《春秋》是本国近代史课本，《礼经》是修身课本，《乐经》是唱歌课本和体操模范。[①] 刘师培的这些话浅易平实，神圣不可侵犯的六经，原来不过如此。

孔子删定六经的目的是什么？

今文经学热衷于宣传神学目的论。康有为、廖平、皮锡瑞都以为孔子受天命为素王，制作六经，为后王立法。廖平多次强调，不了解孔子作六经是为后世立法，就是不了解孔子的一生事功，就太卑视孔子了。章太炎着重批评了这种说法。他要求“夷六经于古史”。他反复讲，六经只不过是古代社会历史的记录。看待六经，应当用历史的方法，别其门类，考其制度，核其名实，从而去了解古代历史及其因革变化。[②] 六经作为古代历史的面目恢复了，那种以为孔子作六经为后王立法的说法，就被从根本上否定了。章太炎指出，今文学家以为孔子作《春秋》是为汉代订立法制，那完全是汉代五行家以经术求富贵编造出来的说法。汉朝的官号、郡县、刑罚都沿袭秦代而来。秦法是李斯制订的。所以真正为汉代制法的是李斯，而非孔子。[③] 至于说孔子作《春秋》是为百世立法，那就更荒唐了。法制要与社会生活随时变革。古今时世不同，孔子何以能够事先预定。今文学家援引谶纬说明经义，随意曲解文字，“单文节适，肤受以求通。辞绌则挟素王，事谬则营三统”[④]。那是由种种蔽锢造成的。扫除那些蔽锢，就像把黑夜变为白昼，鬼物便不能显其神奇了。

关于“三统”“三世”说问题。

---

① 刘师培：《经学传授考》，第二章、第四章、第五章、第八章。

② 章太炎：《訄书 · 订孔》，第 3 页。

③ 章太炎：《原经》，《国故论衡》，上海中西书局版，第 116 页。

④ 章太炎：《明解故上》，《国故论衡》，第 137 页。

康有为在戊戌变法以前，讲“三世”说，宣传变法。他流亡国外后再次撰修《中庸注》(1901)、《论语注》(1902)，仍在讲三世问题。《中庸注》上说，据乱世、升平世、太平世“每世之中又有三世焉，则据乱亦有乱世之升平、太平焉，太平世之始，亦有其据乱、升平之别。每小三世中又有三世焉，于大三世中又有三世焉。故三世而三重之为九世，九世而三重之为八十一世。展转三重，可至无量数”①。《论语注》上也说：“世有三重。有据乱世中之升平、太平，有太平中之升平、据乱。……一世之中可分三世，三世可推为九世，九世可推为八十一世，可推为千万世，为无量世。太平大同之后，其进化尚多，其分等亦繁，岂止百世哉！”②两段话意思相同。(按：有的文章上根据《中庸注》这段话，认为康有为在这里取消三世的不同内容，提出大三世、小三世等无数三世，是故弄狡猾，在“三世”说上倒退了。《中庸注》原来的稿子现在无法见到，康说本来如此还是后来改变了，难以断言。)章太炎争论说，康有为喜欢讲三世，以说明时代进化，可是什么叫“三世”说呢？“察《公羊》所说，则据乱、升平、太平，于一代而已矣。礼俗革变，械器迁讹，诚弗能于一代尽之”③。《公羊》的三统指三代，三世指一代。两者本不相同，妄人多混为一谈。康有为在致南北美洲华侨书上说，“三世”说中的据乱世指君主专制时代，升平世为君主立宪时代，太平世则为民主平等大同时代，中国现在是君主专制之世，民主平等必须等到千年以后。章太炎批评说，“今日固为民族主义之时代”，对于满族与汉族应当区别看待，不能把它们等同起来。现在既然是君主专制的据乱世，康有为又大讲未来的太平世，岂不是自悖其“三世”说。

第二类，双方斗争的关键：“纪孔”“保皇”还是批孔反满，革命还是反对革命？

乍一看，古文派与今文派争论的范围与前段没有什么不同，问题也还是那一些。但实际上，这次争论是在完全不同的斗争环境下进行的。吸引过许多

---

① 康有为：《中庸注》，演孔丛书本，第36页。

② 康有为：《论语注》，《万木草堂丛书》第二卷，第11页。又康对《论语》评价甚低，认为它出自曾子门人弟子手笔。曾子学术专主守约，注意辞气、容貌粗迹，《论语》主要反映了曾学狭隘内容，缺少孔子大道的记载。“论语之学实曾学也，不足以尽孔子之学也”(《论语注·序》)。

③ 章太炎：《訄书·尊史》，日本东京翔鸾社1905年版，第188页。

人的改良主义浪潮，这时已经成为过去。一部分知识分子的思想认识，发生了和正在发生重要的变化。他们开始由爱国、变法到主张革命。现在的经学斗争，正是这种思想认识变换的一部分。与上次争论相比，无论政治上、学术思想上都跨到了一个新的阶段。“纪孔”“保皇”还是批孔反满，革命还是反对革命的问题，是这次争论的关键。

1903 年，章太炎明确地讲，爱国知识分子要经过纪孔、保皇两个关。他在致上海爱国学社学生陶亚魂、柳亚子二人的信中说：“知二子昔日曾以纪孔、保皇为职志，人生少壮，苦不相若，而同病者亦相怜也。……当知生人智识程度本不相远，初进化时，未有不经纪孔、保皇二关者。”[①] 反对纪孔、保皇，在思想理论上就必定要去批孔、反满。章太炎就是这样做的。

对于孔丘与孔学，章太炎不像今文学派那样，塑造出一个现代的孔丘去与传统的孔丘相对立，而是直接对孔丘作出客观批判。他在《訄书》修订本上说，孔丘下比孟轲，博习故事则贤，而智德少歉。汉代的刘歆，名与实都足以同孔子相抗衡。1906 年，他主编《民报》，同时讲演诸子学，重点在论证“儒学之害，在淆乱人之思想”。他叙述孔丘的学问和行事说：孔丘干七十二君，给后来的游说开了头。孔丘自己讲，“无可无不可”；又说，“可与立，未可与权”；又说“君子之中庸也，君子而时中”。孔丘的教义唯在趋时。其行为、主张因时而变，所以说“言不必信，行不必果”。所谓中庸，其实就是乡愿。提倡中庸可以使人变为国愿，更甚于乡愿。孔丘反对乡愿，而不反对国愿，可见他是如何热衷于利禄。孔丘主张“时中”“时申”“时绌”，结果是道德不必求其是，理想也不必求其是，只要便于一时的行事就可以了。应用儒家的道德，使艰苦卓绝的人很少，冒没奔竞的人很多；应用儒家理想，是宗旨在可否之间，议论止于函胡之地。孔丘的学问本来出自老子，其权术更有过之。孔丘用诈术骗取老子保存的典籍，来自己完成六经编纂。他担心被揭发出来，又用威胁的手段把老子从东方诸国逼走。老子到了秦国，才著《道德经》，披露其事。老子的书如果早出，必不免于杀身之祸。孔丘对于老子师徒之间忌刻如此，其心术可知，其流毒害人可知，等等。今文学派极力把孔丘打扮成垂教万世的圣人，章太炎则极力剥去长期以来人们安在孔丘头上的

---

① 章太炎：《致陶亚魂、柳亚庐书》，汤志钧编《章太炎政论选集》，中华书局 1977 年版，第 191 页。

灵光圈。在此以前，著述家里面还没有人这样彻底地批判过孔丘和孔学。

章太炎以外，这时其他知识分子也有反孔批孔的。1908年，中国留学生在日本出版的刊物《新世纪》《河南》，分别发表《排孔征言》《无圣篇》，对孔丘和孔学进行批判。《排孔征言》说，孔丘砌起专制政府的基础，荼毒中国二千余年。中国人想要获得幸福，必须先对孔丘革命[①]，即彻底批判孔丘的学说。《无圣篇》说，历史上的圣人是一种不可思议的怪物。中国有了“至圣”孔子，便“沮人生之自由，禁学术之发达”。人民要自由，就要反对孔圣人。[②]它们把反对封建专制制度与反对孔学直接相联系，与章太炎从经学上贬孔相比，各有各的意义。

对于清政府，章太炎与康有为号召“保皇”相对立，要求推翻清朝统治，实行反满革命。1902年《訄书》修订本开始订孔、反满。《訄书》开头加上的“客帝匡谬”中指出：“满洲弗逐，欲士之爱国，民之敌忾，不可得也。”1903年，他在著名的《序革命军》《驳康有为论革命书》中讲的都是反满问题。《序革命军》按照传统的说法，把推倒清政权叫作“光复”，说是改制同族，谓之革命；驱除异族，谓之光复。“今中国既灭亡于逆胡，所当谋者，光复也，非革命云尔”。《驳康有为论革命书》反驳康有为说，康以前崇拜《公羊》，诵法董仲舒《春秋繁露》，以为那是一字一句皆神圣不可侵犯的。可是《公羊》明明主张复九世之仇，这与今天的反满革命相合。康有为为了替清政府辩护，任意歪曲《公羊》复仇之义，阻挠人们革命。《驳康有为论革命书》引人注目地写着“载湉小丑，未辨菽麦”。“公理之未明，即以革命明之；旧俗之俱在，即以革命去之。革命非天雄、大黄之猛剂，而实补泻兼备之良药”。章太炎这样激烈的反满言论，在当时抱有爱国思想的知识分子里面是很突出的。

批判孔学、宣传反满革命，光靠经学本身并不能讲出许多道理。革命是历史提出的最新要求。论述它的必要性和合理性，就必须从新的理论观点出发提出新的论据。上一次斗争中，今文学派应用西方民权、平等观念来宣传变法思想。这一次，古文学派论述革命的必要性，把应用西方思想理论的范围扩大到了社会学和民族主义理论方面。章太炎熟悉斯宾塞，吉丁斯，日本学者岸本武能、有贺长雄等人的社会学著作。1902年，他翻译出版过岸本武

---

①《排孔征言》，《新世纪》第52期。

②《无圣篇》，《河南》第3期。

能的《社会学》一书。从那些著作上他获得了不少西方资产阶级的政治见解、民族问题的观点。《驳康有为论革命书》上一面罗列着不少经学掌故、名词，如三世三统、《公羊》《繁露》《春秋》之义、纬书、素王玄圣等，一面又写着今日为民族主义之时代，人生的智慧自竞争而发生，人心进化，猛进不已，“不自由，毋宁死”，等等。全文援引古今中外的历史和社会、民族学说，证明反清革命是合乎社会进化的公理的。

孔学以外的其他古代典籍，也是章太炎宣传反满革命征引利用的资料。辛亥革命前一年，章氏发表《国故论衡》，认为“经国莫如《齐物论》”，同时在专著《〈齐物论〉释》上强调：“齐物者，一往平等之谈。”资产阶级革命派都信仰法国启蒙思想家卢骚的社会平等学说，在他们的言论中极力宣传卢骚的学说。章太炎把中国古典文献与西方政治理论结合起来，从哲学思想理论上加以阐述，带有浓厚的个人色彩，归根结底，它又是在一定程度上表现出了中国旧民主主义革命者向西方社会历史学说寻求斗争武器的共同性。中国古典哲学的形式，西方政治思想学说的某些内容相糅合，可以从哲理玄谈解释，也可以从现实去观察。

在经学研究上，章太炎有几点明显地超过康有为和他同时所有的人。这几点是：

首先，头一次用新的眼光评价孔丘，把孔丘由一个完美无缺、至高无上的圣人，降到了一个普通的历史家的地位上。孔丘的形象由完全虚假变得比较接近真实了。孔丘不过是先秦诸子中的一家，孔丘学说不过是先秦诸子学说的一种。孔丘没有、也不可能制订出千秋万世应当遵行不逾的典则。世界上不可能有那种永久的典则。孔丘和孔学后来被捧得越来越高，以至到了无以复加的地步，那是西汉独尊儒术和后来长期的封建统治所造成的。那种形象是虚构的，绝对不真实。

其次，改变经学研究的性质，经籍由历来阐发、颂扬的教条，变成了客观研究、了解的对象。什么叫“经”？班固、郑玄以下的学者普遍把它解释为经天纬地、永恒适用的真理。章太炎指出，六经都是历史记录或历史资料，研究经籍，目的在于了解古代社会历史真相，而不在于所谓“通经致用”。经籍一点也没有神圣性。往后他对什么叫“经”还解释说，世人以“经”为常，以“传”为转，全都出自后代训说。一些书籍所以名之曰“经”，不过起源于古代的书籍装订。“经者，编丝缀属之称”。它是用来串联竹简、木简的绳索。古代印度文字写在贝叶上，称为修多罗，和这是一样的。修多罗直译为线，意译为经。这虽只是从语源学上说明“经”为何物，而未能指出它的社会属性，但是揭露了“经”原来不过如此，人们的迷信可以破除了。

再次，强调指出孔丘和孔学的主要功绩，在于保存民族历史，保存民族文化，它们在长时间里，成了中国民族精神支柱的主要部分。章太炎指出，一国的历史正像一国的家谱，使往事世代相传。如果一国的历史没有了，就可以知道这个国家人民的爱国心一定衰竭了。历史记载翔实，阅览的人从中得知国家贫弱的原因，战争胜负的由来，民族盛衰的变迁。人们处世论事不可以不知道这一些。章太炎特别强调古史重点在《春秋》一书。他说，孔丘不传播《春秋》，后人无从知道前代事迹，一旦被侵略，就会相安于奴隶牛马的地位，不思反抗。自秦朝到如今，四夷交侵，王道中绝多次，然而入侵者无法毁弃旧章，又多次拨乱反正。“令国性不坠，民知自贵于夷狄，非《春秋》，孰纲维是？”[①]他晚年作《春秋疑义答问》，说自己治此经近四十年。又说，《答问》是自己“三十年精力所聚之书”。在他看来，《春秋》的中心在辨明夷夏大防。如果早年讲《春秋》在于反满，后来就是从原则上讲反抗外国侵略，宣传民族思想了。

这几点，是章太炎讲经学的精粹。它体现了古文经学的求实态度，在思想观点上又是迈越古文经学的。如何看待孔子和孔学，人们从这里头一次看到了一个科学性的评说。

比较一下，章太炎与康有为的经学研究，两人一开始就走着不同的路子。在动摇二千年来孔学的至高权威，卸下人们的思想枷锁的工作上，两人各自建立了重要的业绩。康书在前，论述集中，产生的震撼大；章书在后，论说分散，冲击波小一些。康有为批判了刘歆的伪经，并没有批判孔经为伪。推倒刘经，目的仍在树立孔经；宣传孔子改制立法，同时也是连带宣传了孔学神圣。章太炎最初出版《訄书》带有尊孔印记，但很快就自我匡正了。康有为是站在孔学的一边动摇孔学，章太炎则是站在孔学以外来评价孔学。他们的起跑点不一样，到达的终点有近有远。章太炎继续了康有为的工作，又是同前者对立，对前者的否定。梁启超说，章对于思想解放其勇决程度不及康氏。这是注意了他们经学论述的直接反响的一面，没有注意对立、深入的另

---

① 章太炎：《原经》，《国故论衡》，第117页。

外的一面。一个坚持“纪孔”，一个反对“纪孔”，从这里可以看到谁到底更勇决一些。康有为的开辟作用自然不可忽视。章太炎的著作在后，这也使他便于展开论说。世事的急剧变迁更极大地促进了他。

综观今文学与古文学第二场斗争，其特点是：

第一，与 20 世纪初，资产阶级革命运动兴起相适应；

第二，古文学派挑战，今文学派防守；

第三，古文学与今文学都在引申中带有资产阶级意识形态的成分，但两者立场不同，又都拖着封建主义的尾巴；

第四，古文学派反映了社会前进运动的要求和趋向，古文派的一些言论，间接地、或多或少地构成了资产阶级革命宣传的一部分。

4. 两次斗争中的经学与西学

第一、第二两次斗争中，今文派与古文派不只有对立，也有重要的共同点，这就是他们讲经学时往往夹杂一些关于西学的议论，或者讲经学，也兼讲西学。有人即使本身不讲西学，也要把对于西学的态度问题提出来加以解释。1897 年，年事已高的古文派学者俞樾在一篇文章中对他的学生们说，最近三年中，时局一变，风气大开，人人争言西学。我与各位同学抱着古老的遗经不放，这是前人所说的不通世变的鄙儒。战国时期有孟子，又有荀子。孟子法先王，荀子法后王。你们如果想作孟子之徒，我愿与大家一起继续讲经学；你们如果想作荀子之徒，就请去讲西学。[①] 俞樾的话表明他本人虽然坚持不讲西学，但是他也认识到再也不能阻止他的学生们去讲西学，更不用说阻止其他人了。这反映了西方资本主义文化日益增强的冲击，导致中国思想界发生了中学与西学、新学与旧学的激烈斗争。作为中学核心部分的经学，必然要卷进这个斗争的漩涡里面。

康有为、章太炎讲经学，也兼讲西学。他们的学问，在不同程度上是不中不西，或者中学表层涂抹些西学釉彩，亦中亦西。这使他们从旧学派分裂出来，成了新学派。不中不西，难免肤浅或者支绌灭裂，但是他们毕竟因此各自构成了自己学说的特色。

---

① 俞樾：《诂经精舍课义第八集》序言。

康有为、章太炎以外，经学家里面不少人谈论西学，是拿中学比附西学，即认为西方的一些事物、学说是中国古已有之的。从西方把那些学说介绍过来，正好比“礼失而求诸野”。今文派使用这种比附手法，古文派也使用这种比附手法。

在今文经学家里面，皮锡瑞的观点是有代表性的。他认为西学源出于中学，讲西学的人应该先通中学。他说，西学最先出于中国周秦诸子，庄、列、关尹诸书证据俱在。《史记》《汉书》上，都说西汉七国之乱，畴人子弟分散于海外。大约中国这时学艺失传，为外国所得，现在又由外国传回中国了。讲西学的人要能先通中学，方有实用，只能说几句洋话，认几行洋字者无用。[①]又说，西学虽然有用，也要先通中学。不先通中学，对于圣贤义理、中国政教得失，古今变革，都不可能了然于心。此等人讲西学，未必能精，即使能够通专门之学，也不过一技之长。再次等的略通语言文字，只可当通事买办。此等人才，又何足用。[②]皮锡瑞断言西学出于中学，又极力抬高中学，贬低西学，实际是表明西学已经闯进经学殿堂，讲经学的人回避不了要涉及西学。

廖平附会西学表现得尤其突出。他在经学《二变记》上批评以前的经学研究说，那些说经者如议瓜（按：指秦始皇令儒生议瓜故事），如圆谎，经学研究成了一个众人聚讼的场所。凡学问应该愈深入，愈增加智慧，唯独经学不然，愈学愈愚蠢，深为学术政治的大害。[③]廖平这个批评，对自己比对别人更加适合。他的经学变了许多变，但有一条始终没有变，那就是拿春秋时代比今天的西方，认为春秋时代的状况相当于今天欧洲的状况，孔丘立的法适用于春秋时代的中国，也适用于今天的西方世界。他在《知圣篇》上大段议论说，孔丘没有出生以前，中国的政教与今天的西方相同。西方人梯山航海到中国以求圣教，就是《中庸》上讲的“施及蛮陌”。但西方人只须取法六经，就有了师法，西方不必再生孔丘。中国春秋之时，无所取法，天所以特生孔子，立经垂教，由中国推及海外，由春秋推及百世。这是事物的规律。今日的泰西，正如中国春秋之时，无所取法。泰西仪文简略，上下等威无甚差别，君臣之分甚略，以谋反叛逆为公罪。父子相殴，其罪同等。男女婚嫁自行择

---

① 皮锡瑞：《皮鹿门学长南学会第二次讲义》，《湘学报》第六号。又《师伏堂未刊日记》。

② 皮锡瑞：《皮鹿门学长南学会第四次讲义》，《湘学报》第廿一号。

③ 廖平：《经学四变记》，第3页。

配，父子兄弟如同路人，尊祖敬宗之义缺略无闻。“故孔子特建纲纪，以拨其乱。百世以俟，正谓此耳”[①]。照廖平的看法，孔丘的学说不单是对中国的春秋之世讲的，也是对两千多年以后的西方世界讲的。中国与外国不分，古代与现代不分。在《知圣篇》和以后的著作上，他一直坚持这种说法，不断地加以重复。和这相联系，廖平极力想从中国古代典籍上，找出一些字句，来证明西方的某些知识、社会观念，是中国古已有之的。例如他说，近代知道有五大洲或九州万国，《周礼》上“大行人”有九州，邹衍有海外九州之说，“与今西人说若合符节”。地球上南北有极，东西无极。中国经书上的“昊天罔极”“士也罔极”“畏此罔极”“匪东方则明，月出之光”都是南北有极，东西无极之说。西人重公，公理公法皆不主一偏，原本也出自经书。《诗》所谓“薄浣我私”“骏发尔私”“退食自公”“夙夜在公”皆是讲的公私之分，以公为重。又天主之说，专尊天，薄诸神，经传亦同其义。随手抓来些片言只语，信口妄言，是廖平附会西学的特点。

在古文学派中，叶德辉从宗教方面捏造根据，证明西学出于中学。他说，天下古今的宗教或教派，没有比道教再宏大、开辟再早的。孔丘问礼于老子，道教一变为儒，再变为法。其中传往国外的一支变为释教。释教盛行于印度，今天的西域、海外各种宗教，如回回、天方、天主、耶稣，又都是释教的支流余裔。那些宗教纵横于五大洲之间，究其来源，最终要归于道教。[②]又说，周秦诸子分为九流，经过婆罗门教介绍，传往西方，成了泰西学、教鼻祖。[③]叶德辉显然知道中学与西学不好任意比附，所以改为从宗教上立论。但归根到底，还是认为西学出于中学。王仁俊则言之凿凿，认为西方民主之说来源于墨子。墨子主张“尚同”，意思就是主张选举天下贤能的人，立为君主。《墨子》上说，天下万国的君主互相攻伐，是天下的巨蠹。要使天下万国的君主从事于“一同”“非攻”。这是泰西合众国建立民主制度的滥觞。墨学被中国摒弃放逐了二千多年，想不到现在又从西方传回来，实在是四万万黄种的不幸。[④]

另一老辈古文派学者孙诒让（1848—1908）没有参加政治争论，也主张

① 廖平：《知圣篇撮要》，《家学树坊》，第 14 页。

② 叶德辉：《明教》，《翼教丛编》第 3 卷，第 32 页。

③ 叶德辉：《读西学书法书后》，《翼教丛编》第 4 卷，第 68 页。

④ 王仁俊：《实学平议》，《翼教丛编》第 3 卷，第 17、18 页。

西学起源于中学。孙诒让的书以《墨子间诂》《周礼正义》最为著名。他说，中国开化四千年，文化的兴盛，首推周代。“故《周礼》一经，政治之精详，与今泰东、西各国所以致富强者，若合符契。然则华盛顿、拿破仑、卢骚、斯密亚丹之论，所经营而讲贯，今人所指为西政之最新者，吾二千年前旧政已发其端”[①]。孙诒让的说法，涉及的范围更广。他分不清封建时代与资本主义时代不同历史阶段的区别，分不清两种不同的社会政治制度，把它们搅混在一起，显得不通世变。

1902年，梁启超有一段批评用中学比附西学的话，痛切地指出了那种作法的弊端。他说，今天讲保卫礼教的人袭取近世新学理加以比附，说某某是孔子已经知道的，某某是孔子已经讲过的。他们所爱的仍在孔子，不在真理。万一四书六经上没有可以比附的地方，那就明明知道是真理，也不敢相从了。万一有人挑剔所比附的地方，说孔子并非如此，那也就不敢不抛弃了。照这样下去，人们永远没有掌握真理的一天。“故吾所恶乎舞文贱儒，动以西学缘附中学者，以其名为开新，实则保守，煽思想界之奴性而滋益之也”[②]。

这些讲经学的人，这些孔教保卫者，为什么偏偏要拿中学比附西学呢?他们中间有人说这是自大，不够谦逊。其实这种说法仍是自我夸饰。他们不是什么自大，而是内心慌乱和自卑，是在西学冲击面前无能为力的彻底的自卑。中学比附西学，把西方当今一些学说、事物指为与中国古代相合，与孔学一致，其实际的意义是，这时中国封建的文化已经丧失了独立的地位，它抵挡不了资本主义文化的侵袭，而要去攀附后者，寻求依据来保护自己的生存地位。纵然它含有抵抗西方文化侵略而发出呐喊的某种意义，但却表明自己是没有能力来抵抗那种文化入侵的。因为那种文化入侵来自外国资本主义的全面入侵。这不是单从文化思想上所能解决的。何况那种比附出于虚构捏造，强作解人，不能掩人耳目。

中西文化关系上的西学中源说，自然不是近代经学讲论者的发明。它的来源较早。当明代末年耶稣会传教士把欧洲一些科学知识带到中国的时候，就引起了少数知识分子试图解答中学与西学的关系问题。他们的设想是“会通以求超胜”，先使两者“会通”，然后由中学“超胜”西学。徐光启最初提出

① 孙诒让：《周礼政要·序》。

② 梁启超：《清代学术概论》，朱维铮校注《梁启超论清学史二种》，第71页。

了这样的主张。但那个理想并没有坚持下去。清代前期逐渐出现了一种“西学东源”论，认为西学源出于中学。考据家兼数学家王锡阐、梅文鼎首先倡导这个说法，戴震、梅珏成（梅文鼎孙子）等人相继引申发挥。戴震并在《四库全书》天文算法类书目提要中列举资料，证明西方的某些算法是先从中土流入西方然后又转而流回中国的。“西学东源”由此差不多成了清朝官方学说。阮元撰《畴人传》，介绍清代经学家兼历算家，也极力宣扬这个说法。戴震在清代学者中最称巨擘，学术淹博，有新思想。但现代人的研究指出他在天文算学中拿中学比附西学，株守执拗，信古而愚，穿凿妄断，令人齿冷。[①]这方面，以前人们对他的称誉言过其实了。《四库全书》编纂以后一百余年，近代经学讲论者仍在西学东源说上打转，而知识却远远落后于他们的先辈。这不止是经学的悲剧。

中国文化有自己的独特内容和价值观念。任何一种文化不可能拒绝吸收他种文化中的有益成分，而不妨害自己更新和发展。明代末年以后，西方一些科学知识的传入，是中国传统文化吸收新知和发展自己的一个机会。清代经学家们完全错过了这个机会。爱因斯坦说：“西方科学的发展是以两个伟大的成就为基础，那就是：希腊哲学家发明形式逻辑体系（在欧几里得几何学中），以及（在文艺复兴时期）发现通过系统的实验可能找出因果关系。”[②]清代经学家中一些人熟知西方几何学，但是他们没有发展形式逻辑体系的思维方法，不重视发展理论几何学，即与数量无关、纯粹依靠公理和公设作为讨论基础来进行证明的几何学。戴震撰《孟子字义疏证》，模拟欧几里得《几何原本》，每题先下定义，次列公理，然后解题、推论，批评宋明理学家的“理”只是意见，并非真理。他自以为这部书代表了平生学术的最大成就，但强调的是形式逻辑对于经学考据的工具作用，而不是形式逻辑体系的思维方法。当时一些人被戴震的学术浩博所震撼，崇拜推服，唯独瞧不起《孟子字义疏证》，以至认为它在戴著中无足轻重，不值得提及。这除了出于拒绝接受批评宋明理学，也是拒绝接受形式逻辑体系的思维方法。那些经学家们一如汉代经生，把经学方法作为思维的最高方法。凡有辩论，总要引证诗云子曰作为根据。孔

---

① 中国科学院自然科学史研究所编：《钱宝琮科学史论文选集》，科学出版社 1981 年版，第 153、163、164、165 页。

②《爱因斯坦文集》第 1 卷，商务印书馆 1994 年版，第 574 页。

学经典上的是非，就是他们认识上的是非。独获创知，首先从方法论上被扼杀了，无法产生。他们强调研究学问要“实事求是”，何谓“实事”，除天文算学等少数门类以外，这里只有儒家经典以及与之相关的繁琐无边的考辨资料。自然界的诸般现象被排除在他们的视野外面。进行系统的实验发现，简直无从谈起。在中世纪，西方经院哲学把自然科学变为神学的奴婢，清代经院哲学——经学则把历算科学变为孔学的奴婢。“西学东源”论盛行，说明从孔学体系羁绊下解放出来，是中国传统文化吸收新的方法论、认识论，更新自己的决定性关键。

那么在清代前期，中国古代思想文化中是否也确有某些内容传到西方，并产生过一定影响的呢？

欧洲早已接触到中国的丝、火药与磁针，但对中国文化思想了解模糊。儒学思想理论、中国历史大量介绍到欧洲，是1596年利玛窦到达中国内地南京等处以后的事。十七世纪耶稣会传教士翻译的《五经》《四书》和他们编纂的多种《中国历史》《孔子传》等，分别用拉丁文、英、法、德文在欧洲出版。近人的研究，这些书的译者、编者、书名、出版时间，记载明晰。[①]儒学崇理性、尚人文、强调人的道德修养，受到十八世纪法国启蒙运动思想家卢骚、孟德斯鸠、伏尔泰、魁耐、狄德罗诸人的重视。孟德斯鸠《法意》、伏尔泰《风俗论》都论及儒学典籍或中国历史。《史记·赵世家》公孙杵臼、程婴舍死立赵氏孤儿的故事，就是伏尔泰称誉的中国伦理道德的事例之一。1658年卫匡国的《中国通史》在慕尼黑出版，使《圣经》的真实性发生动摇。《中国通史》上说，中国历史从伏羲开端。伏羲早在洪水以前，这说明《圣经》有问题。启蒙思想家们利用他们了解的儒学理论、中国历史文化，作为武器，推进反对教会、反对封建专制的斗争。德国哲学家莱布尼茨怀着极大的热情，研究了解中国思想、文化，拿中国文化与欧洲文化加以比较、评论。[②]他坦然表示，自己发明的对当今计算技术至关重要的二进位制数学系统来自《易经》阴阳八卦的启发。他写信给人说，中国皇帝和士人应该知道伏羲的发明并非浅薄的东西，人们要由此去注意古代哲学起源。大量事实说明，孔学典籍，中国

---

① 阎守诚编：《阎宗临史学文集》，山西古籍出版社1998年版，第26—28页。

② 莱布尼茨:《中国近事序言》《致闵明我的两封信》，〔德〕夏瑞春编《德国思想家论中国》，江苏人民出版社1995年版，第1—20页。

文化，通过耶稣会教士传播到欧洲，对西方思想界产生过深刻的影响。

中国传播到西方去的思想文化其中是否又有以“西学”资格回到故乡来显露神奇的呢？英国学者李约瑟照自己的研究，认为辩证唯物主义渊源于中国，由耶稣会教士介绍到西欧，经过马克思主义者一番科学化以后又回到了中国。[①] 这是一个新说。《易经》《老子》是人们首先可以举出的含有丰富的朴素辩证思维内容的典籍。它们理应受到哲学家、科学史专家的重视，深入发掘。对于李约瑟的论断要继续研究，而它应当是有根据的。不过即令如此，也与清代经学家们的“西学中源”说，风马牛不相及。他们说的出于“中源”的西学，是讲的畴人、方伎一类，而且时间也不对头。

① 转引自窦宗仪著，刘成有译《儒学与马克思主义》中译本序，兰州大学出版社 1993 年版。

四、穷途末路，二千年儒学统治的终结

（辛亥革命至五四运动）

辛亥革命过去不久，中国思想界发生了极大的变化。五四新文化运动大张旗鼓地宣传资产阶级民主主义的新思想、新道德、新文化，批判封建主义的旧思想、旧道德、旧文化，给思想界带来了全新景象，扬葩吐艳。作为封建文化主体的经学，本来已经从根本上动摇，现在走到山穷水尽了。

（一）今文、古文两派学者及其著作

康有为、章太炎、廖平这时都继续在从事经学著作。

两派中不见于前面的活动，这时或稍后以著作知名的有：

崔适（1852—1924），字怀瑾，又字觯甫，浙江吴兴（今湖州）人。早年从俞樾受学，后来改攻今文经学。北京大学教授。著有《史记探源》《春秋复始》《论语足征记》《五经释要》等，是康有为、廖平以后今文学派的主要著作家。

吴承仕（1881—1939），字检斋，安徽歙县人。清光绪举人。师事章太炎，研究古文《尚书》。北京大学、北平中国大学、天津南开等校教授，中共党员。抗日战争中在天津坚持地下抗日斗争，遭日军杀害。著作有《尚书集释》等。

钱玄同（1887—1939），字德潜，浙江吴兴人。留学日本，从章太炎学古文经学、音韵学。北京大学、北京师范大学教授。《重论经今古文问题》是他讲经学的主要著作。

（二）经学研究中的思想主张

今文学的情况：康有为在辛亥革命以后生活了16年，没有专讲经学的著作。辛亥革命发生以后，他提出“中华救国论”，夹杂一些大同小康之类的言词，目的在于反对共和制度。他说“《春秋》据乱之后，为升平、太平之世，《礼》于小康之上进以大同共和主义”。共和制度应该重在道德、物质，不重在政治。如果误用这种制度，那就成为暴民政治，可以亡国。[①]1917年他参加张勋复辟遭到失败，幽居美国使馆，决定重刻《新学伪经考》，改名《伪经考》。书上有一篇《后序》，强调的是“辨伪经而得真经”。1920年、1922年，他自己加上题记，重印《孔子改制考》。那些都不过是旧书翻印，已经毫无现实意义。康有为这时批评廖平说，廖平一面尊今文，攻古文，一面又尊《周礼》，讲所谓皇帝王霸之运，矛盾自陷，界地自乱，脉络不清，条理不晰，杂糅今、古，与自己道不同不相为谋。这里所说的“道”是指今、古文不可杂糅，没有其他的意思。廖平多次指责康有为剽窃了自己的学术研究，康有为一直保持沉默，这是他对廖平作的唯一的一次答辩。

廖平的经学在辛亥革命以后变为讲“天学”“人学”。他的著作中收有经学《五变记》，指《大学》为人学，《中庸》为天学，其他各经或为人学，或为天学。那些议论中还掺杂佛教、医学、法家、刑名诸家的言论，已经不是儒家经术，成了地道的杂家，或什么家也不是。他的学生某人1918年作《经学五变记笺释》，越说越糊涂，不知所云。

崔适治经，最初以郑玄为宗，不分今、古文。后来读到康有为《新学伪经考》，大为佩服，极口赞誉。他说自己以前一直服膺纪昀、阮元、段玉裁、俞樾诸人的著作。它们证据确凿，然而也有可以反驳的地方，唯独《新学伪经考》没有，可谓古今无比。如果没有这部书，那他兼宗今、古文，至今尚在梦中。[②]他的《史记探源》《春秋复始》诸书，都据康有为的书加以引申发挥。1916年，崔适年近七十，尚在北京大学教课，讲《春秋复始》。据说这

---

① 康有为：《康南海文集》，共和编译局1914年版。

② 钱玄同：《重论经今古文学问题》，附康有为《新学伪经考》，中华书局1959年版，第383页。

是他用毕生精力完成的一部书，内容是对《公羊传》分类解释，要使人从那里看出孔子的《春秋》大义。其中有些考证足以取信。例如徐亨《公羊传疏》引戴宏序，讲《公羊》的传授世系，由子夏传公羊高，高传儿子平，平传儿子地，地传儿子敢，敢传儿子寿，至汉景帝时，公羊寿与齐国人胡母子都使《公羊》著于竹帛。《春秋复始》反驳说："戴宏序乃有公羊氏之世系及人名，何以前人不知而后人知之也？且合《仲尼弟子列传》《孔子世家》与《十二诸侯年表》、《六国年表》、《秦本纪》、汉诸帝纪观之，子夏少孔子四十四岁，孔子生于襄公二十一年，则子夏生于定公二年，下迄景帝之初，三百四十余年，自子夏至公羊寿甫及五传，则公羊氏世世相去六十余年，又必父享耄年，子皆宿慧，乃能及之，其可信乎？"[①] 五四运动以后强调过今文经学成就的钱玄同，认为康有为、崔适推翻刘歆伪造古文，在考证学上的价值比阎若璩的《古文尚书疏证》有过之而无不及。《史记探源》尽量发挥康有为《新学伪经考》的论点，凡《史记》上有"古文"二字或与古文说相同的，崔适都指为刘歆或后人窜改。周予同评论说，崔书虽然自诩为有许多见解是康有为没有讲过的，但书中行文过于简短，不能列举理由，以塞反对者的责难。在方法论方面，多有武断的缺陷。[②] 崔适认为自己的成就在今、古文真伪辨别上，钱、周的评论也是从这方面说的。崔适的研究限于书本子上的辩论，不涉及现实的思想理论问题。

古文学的情况：1913年，章太炎撰《自述学术次第》，分为十节，记述经学的只有简短的一节，主要说他专治古文，对兼讲古、今文的马融、郑玄也并无阿好。同年，他在北京聚众讲学，讲的内容是小学、文学、史学和玄学，没有单讲经学。1914年，章在袁世凯软禁下增删《訄书》，改为《检论》，增加了《易论》《尚书故言》《春秋故言》等篇目。这些都不是为了与今文学派继续争论，而是为了举出前人所没有讲过的话，发明"先圣"的"故言"。《訄书》重印本中的《客帝匡谬》《分镇匡谬》《解辫发》这时都删掉了。《检论》的编订，明显地是增加了"国故"，而减少了战斗性。鲁迅说，战斗的文章是章太炎一生最大最久的业绩，并非著者自视为学术华衮、粹然成为儒宗的那些东西，就是指的这种情形。

① 崔适：《春秋复始》。

② 朱维铮编：《周予同经学史论著选集》，第530页。

章太炎晚年的经学著作有《太史公古文尚书说》《古文尚书拾遗》《春秋左氏疑义答问》，以及书信中关于经学的论述。其中有些很重要的论点。例如说，孔丘述而不作，《春秋》系根据鲁史成书，笔削无几。褒贬之谈起于孟子。孟子说"孔子成《春秋》而乱臣贼子惧"，这不是说《春秋》是为乱臣贼子而作的。大抵古人作史，是为了呈给君上，而非给平民看的。司马光作《资治通鉴》献给宋神宗，就是证明。[①]又说，认为《春秋》是经非史，那是晚近经师的遁辞。《春秋》在孔子的编述中，成名垂后很晚，讲授时间短暂。它只是历史，不关性与天道，安得有所谓微言！这些看法都比较深刻，不过限于零散论述，没有构成新的系统，更与他以前的战斗没有什么联系。

吴承仕研究《尚书》古今文异同，认为古、今文《尚书》原本皆古文，传习皆今字，与龚自珍说今、古文近似。这也反映了古文研究与当时思想界没有什么联系的状况。

今文派与古文派现在哪一方都没有提出新的思想认识，去引起人们的注意。更重要的是今文派、古文派在孔丘评价上一向壁垒分明。如今这种界线趋于泯灭。今文派视孔丘为制作六经的大圣人，古文派只认为孔丘是传播六艺的历史家。今文派从他们的观点出发，要求"纪孔"，古文派反对"纪孔"，只主张给孔子以客观评价。辛亥革命以后，古文派与今文派在这个问题上进行了最后一场斗争。

1912 年，康有为从国外写信给他的弟子陈焕章、麦孟华，要他们在上海组织孔教会。1913 年，康有为在《不忍》杂志上发表《孔教会序》《以孔子为国教配享天坛议》等文。他又提出一个自己的《宪法草案》，规定以孔教为国教，他强调有孔教才有中国，舍孔教就没有中国了。梁启超早在 1902 年，就反对过康有为建立孔教的主张，对"保教党"坚决加以驳斥。1913 年 6 月，袁世凯下令各省尊孔祀孔。8 月间，陈焕章、夏曾佑等以孔教会的名义向临时的参众两院提出要求，请定孔教为国教。梁启超也列名其中。各地的尊孔团体纷纷活动。

同年 12 月，章太炎发表《驳建立孔教议》，反驳康有为等人的主张。他说，中国素无国教，孔子在中国的地位是保民开化的先驱，不是教主。孔教本非前代所有，今天无所谓废不废，没有废弃，也就无所谓恢复。学校瞻礼，

---

① 汤志钧：《章太炎年谱长编》下册，中华书局 1979 年版，第 924 页。

事在当行。“树为宗教，杜智慧之门，乱清宁之纪，其事不便”[①]。在另一篇文章里，章太炎对自己的论点作了进一步发挥。他说中国本无国教，孔子也本无教的名称。孔子表彰六经只在传播历史，著《孝经》《论语》只在开创儒术，与宗教毫不相干。现在孔教的名称起于妄人康有为，是今文经师流毒的表现。刘逢禄、宋翔凤等号曰通经致用，喜好口说而忌讳传记。他们以古文《周礼》出于周公，嫌恶儒术为周公、孔子的通名，于是特别提出孔教，这比宋儒“道统”说更加狭隘，纰缪更甚。又说，近世今文家如王闿运，认为墨家巨子即矩子，矩者，十字架也；“有朋自远方来”的朋就是凤，指凤凰自远方飞来。廖平认为《论语》上的“法语之言”，就是作法兰西语；“君子之道，斯为美”，是说俄罗斯一变而为美利加；“有马者借人乘之”，是表明孔子以前通行拼音字，马即号码，乘就是乘除。如此等等，荒诞离奇，有如梦呓。如果有人照此办理，以为孔丘应该解为空虚，本无其人，历史上流传下来的人物事迹，都是孔子仇家阳虎编造出来的，那又有何难！今文家的所教所学非使学术绝灭，把人变成狂夫和狰狞怪异的方相不止。[②]从这些语言中，可以看出双方争论的激烈，似乎没有妥协余地。

但事隔不久，古文派与今文派在尊孔问题上就变成了完全一致。

今文派方面，当康有为极力鼓吹建立孔教的时候，廖平也在继续讲他的独尊孔经，以拨全球之乱。1913 年，廖平作《坊记新解》说，春秋时代，中国由禽兽进于野人，大约与今天的海外程度相同，孔子拨乱反正，制定礼教，加以引导，用夏变夷，使人自知别于禽兽。由秦汉至今二千余年，人伦礼教无往而不在，都是至圣孔子所赐予的。自欧化东行，追随新学说的人，以为旧礼教完全无用，抛弃不顾，这是要用夷变夏。用进化的观点看，必须“独尊孔经，以拨全球之乱”。因为孔子的礼教对外国也适用，不会囿于中国一隅。[③]廖平同时又撰《伦理约编》，罗列一些西方事物和人物言论，与《公羊》拨乱反正的话凑在一起，宣传中国伦理的优越。他的门徒把那种札记式的文字，誉为“尊孔第一奇书”。廖平一直坚持独尊孔学，想要用孔学来拨全球之乱，以为孔子是所谓万世师表，甚至也是为其他星球立法的等等。廖信口

① 章太炎：《驳建立孔教议》，《章太炎政论选集》，第 688—693 页。

② 章太炎：《示国学会诸生》，同上书，第 694—697 页。

③ 廖平：《坊记新解》，第 1 页。

雌黄，原因不止一端，首先这是他站在封建主义立场上，头脑里充满了封建主义文化的离奇幻想和虚构，因此不遗余力地宣传那种幻想和虚构，而不知道自己可悲地离开现实世界是如何遥远了。其次也是表现了今文经学特有的怪异性，把孔子和孔学加以神化。今文学从董仲舒起，就带有某种巫术色彩。廖平在这一点上保存并发挥了今文经学的传统。又其次，中国遭受外国侵略，一些人丧失民族自信心，也使他想到用封建文化这个武器来与外来文化相对抗，所谓“推尊至圣，以挽已散之人心，御艰巨之外侮”[1]。他的办法是一面无限抬高孔子，一面任意贬低世界资本主义文明，怪诞荒唐，不讲道理。他翻来覆去就是讲出了一个尊孔，学术思想上没有什么可以汲取的东西。

古文派方面的情况，主要是章太炎的学术思想越来越倒退，最后对他当年的订孔、反孔表示忏悔，变为主张尊孔读经。

章太炎在《诸子学略说》里，说老子收藏的故书被孔子用诈术骗走。1910年有人问他这个说法的来源，他回答说，讲老子征藏故书为孔子所诈取，不是臆说，然后历举证据加以申述。1922年，他来了一个一百八十度转弯。前一年，南京高等师范学校教授柳诒徵在一篇讲诸子学的文章中，指名批驳章太炎，说他“好诋孔子”，《诸子学略说》等文纯出主观，逞其臆见，削足适履，创为莫须有之说，给孔子乱安罪名。现在孔学沦废，是章太炎等人的罪过。对于柳诒徵的这种尖锐批评，章太炎不但没有提出反驳，反而在1922年发表《致柳翼谋书》，公开检讨，完全接受柳文的指责。他说，大著“所驳鄙人旧说，如云‘孔子窃取老子藏书，恐被发覆’者，乃十数年前狂妄逆诈之论。以‘有弟兄嗁’之语，作‘逢蒙杀羿’之谈，妄疑圣哲，乃至于斯”。“足下痛予箴砭，是吾心也。感谢，感谢”[2]。在这封信里，他表示订孔、批孔旧说虽然早就放弃，绝口不谈了，现在想起来仍追悔莫及。希望同道能够引导青年后进，归于朴质，不要一味跟随新学说，浮华放纵，这才是对孔学有利的。章太炎早年“激而诋孔”，与“纪孔”“保皇”的今文学对抗，现在转过来维护孔学，维护他以前坚决反对的东西。在这个关键问题上，古文派与今文派的界线实际上不复存在。这时五四新文化运动正在继续发展。在这场思想运动中，批评孔学、推进新思想，与维护孔学、维护封建主义旧思想，

---

① 廖平：《伦理约编》，第1页。

② 章太炎：《致柳翼谋书》，《章太炎政论选集》，第763页。

两种观点、两个营垒鲜明对立。章太炎不是站在思想斗争的新营垒一边，而是倒退回去站在旧思想营垒一边，阻挡新思想运动前行的车轮。

尊孔必然要主张读经，非读经无以尊孔。1925—1927年，大革命正在南方蓬勃发展。军阀统治下的地区，号召读经的声音震撼人们耳鼓；同时，也受到了学术研究者的大声抗议。1926年，周予同在一篇题目叫《僵尸的出祟》文章中辩论说："如果你们顽强的盲目的来提倡读经，我敢作个预言家，大声地说：经不是神灵，不是拯救苦难的神灵！只是一个僵尸，穿戴着古衣冠的僵尸！它将伸出可怖的手爪，给你们或你们的子弟以不测的祸患。"[①]那种辩论，正说明五四运动以后，一些人仍然主张以读经来解决中国的社会问题。其中就有康有为、章太炎。

章太炎晚年多次宣传读经，主张读经救国。1935年，他在一篇《论读经有利而无弊》的文章中说："余敢正告国人曰：于今读经有千利无一弊。"[②]儒家的学问不外修己治人。经籍上所载的无非修己治人之事。中国民族精神就藏在经书里面。本人身预革命，深知民国能够肇造，就是得力于藏在人们脑中的反清复明思想。经籍上所讲的治人之道，虽然可以有所取舍，而对于保持国家民族的性格最为重要。至于说读经可以变为顽固，那是过虑。和尚学佛走入魔道的并不多见。我们为什么要因噎废食！在《与人论读经书》里说，近代经学荒废，自中学以下未尝通《论语》《孝经》。民国初年小学废经，至今已二十年，学者不知大禹周公，"若因循不改，又二十年，吾知汉族之夷于马来也"[③]。他要青年讽诵经书，并列举出经书各种篇目，要求中学读完五万四千字，高中读完十八万字，然后进入大学讲汉唐及清儒经学。[④]从讲古文经学，从事反满斗争，变为主张读经救国，这岂止是和尚学佛走入了魔道！在尊孔读经上，古文学派与今文学派终于合流。

---

① 朱维铮编：《周予同经学史论著选集》，第604页。

② 汤志钧：《章太炎年谱长编》下册，第950—951页。

③ 同上书，第950—951页。

④ 同上书，第971页。

（三）在新文化运动“打倒孔家店”的潮流下，经学统治地位最后结束

古文派与今文派一致宣传尊孔，受到了五四新文化运动的致命冲击。新文化运动把打击的矛头直接指向孔丘，大声宣布“打倒孔家店”。不管康有为、章太炎等人如何宣传尊孔，提倡读经，再也改变不了新的时代潮流的所向。

原来熟悉经学或讲过经学的人，现在也转换了方向。1918年，被称为“禀有汉学遗传性”的胡适著《中国哲学史大纲》。胡适宣布“我不主张今文，也不主张古文”[①]。《大纲》上虽然塞入不少经学讨论过的问题，但讲的完全是哲学史，不是经学。有的评论者说，胡适那部书像是一个研究中国思想史的美国人写的，但也没有说它扯到了思想史以外的问题。不主张今文，也不主张古文，表示胡适不赞成那种经学研究。1920年，梁启超著《清代学术概论》，书上很多地方讲经学问题。著者声明：他本人作为清代今文学运动的一员，书上不容不加以叙述。但那纯然是以现在执笔之梁启超，批评三十年前史料上的梁启超，所以它只是一部评述有清一代经、史、哲、文的学术著作，与讲经学的著作连不到一起。二十年代范文澜著《群经概论》，周予同著《经今古文学》等，他们是在介绍评价经学，不是参加今、古文争论。三十年代，钱玄同著《重论经今古文学问题》，推尊康有为《伪经考》的成就，符定一著《新学伪经考驳谊》驳伪经说。他们限于自拉自唱，几乎没有人注意到那种过时的争论。

顾颉刚、钱玄同是近代经学结束时的亲历者。顾颉刚叙述那种状况说：1920年我在北京大学毕业以后认识钱玄同。钱在日本留学时是章太炎的学生，回国以后又是崔适的学生。他兼通今、古文，又对今、古文都不满意。他不止一次地对我说：“今文家攻击古文经伪造，这话对！古文家攻击今文家不得孔子真意，这话也对！我们今天该用古文家的话来批评今文家，又该用今文家的话来批评古文家，把他们的假面目一齐撕破。”在那时，当许多经学家在今、古文问题上长期斗争之后，我觉得这是一个极锐利、极彻底的批评，是一个击碎玉连环的解决方法。我的眼前仿佛打开了一座门，让我们进去对这

① 胡适：《中国哲学史大纲》，商务印书馆1918年版，第98页。

个二千余年来学术史上的一件大公案作最后的判断了。[1]顾颉刚的叙述充分地讲出了近代经学如何走到了山穷水尽。人们已经认识到，这门学问的柳暗花明，到此为止，前面再没有什么好徘徊瞻望的。

近代经学是历史的产物，它完成了历史提出的必须完成的任务。今文学、古文学两派的激烈斗争，暴露了经学的重重矛盾和不合理性。这种矛盾和不合理性，是要由它的自我揭露来实现的，没有其他办法代替。五四新文化运动“打倒孔家店”的口号，宣告近代经学及其斗争成为过去；同时，是高声宣告了经学二千年统治地位的最后终结。

“六经”与《论语》《孟子》等孔学典籍，不再作为特定的统治思想体系发生作用，但这决不等于说，它作为古老传统文化的载体，作为社会历史资料，就不再在一定范围里成为客观的学术研究对象了。就从历史学领域看，《左传》《周礼》两部书，尤其《左传》是今文经学、古文经学斗争的集中点。《左传》基本内容的真伪，也关系古文真伪全局。

《左传》研究中一些难题，不会一下都能解决，再无异议。但刘歆伪造说，为当代研究者所否定。杨向奎分别研究《左传》与两汉经学，熟悉今、古文经学历史。他认为刘歆接受的是今文学教育，在思想体系上属于今文学派。刘向作《洪范五行传》，刘歆因之作《三统历谱》，都是今文学体系。刘歆治《春秋》，实际是以今文学义法讲古文学的《左传》。但他并没有篡改古文经《左传》，更谈不到“伪学”[2]。杨说有据，足以取信。

杨伯峻在《左传》研究中评论康有为、崔适的观点说：“康有为接受刘逢禄《左氏春秋考证》的论点，更加以穿凿附会，因此指《左传》等书为‘伪经’。《新学伪经考》《孔子改制考》等书，在当时政治上起的作用，自然应该另行论定。至于在学术上，那却毫无是处。章炳麟作《春秋左传读叙录》，一条条地驳斥刘逢禄，读者无妨把这两部书大致翻看一遍（按：章《叙录》也不全准确）。崔适作《史记探源》和《春秋复始》也和康有为之说同，同样不值一驳。因为他们只是臆测，不举可靠的证据，不依合理的逻辑。这是某些今文学者的通病。”[3]杨向奎、杨伯峻是致力于经学、《左传》研究的学者，

① 顾颉刚：《秦汉的方士与儒生》，上海古籍出版社1978年版，第6—7页。

② 杨向奎：《绎史斋学术文集》，第139—140页。

③ 杨伯峻：《春秋左传注》。

他们的看法，反映了现代研究者的一般看法。

今文学派提出的刘歆伪造古文说，那个在政治斗争和学海都掀起过波澜的学说，如今已经成为过去了。但也有持怀疑态度的，认为今古文两派各有困难，在新材料出现以前，这个问题将继续成为悬案。① 不过即使这样，那也仅仅是史实考证上的问题，与人们认识传统的思想理论再也没有多少牵连。前几年湖北荆门葛店出土的大批竹简，儒家的资料不少。据考定，竹简时间为公元前 300 年，约当战国中、晚期。颜渊、子路、曾子的名字，《仲尼闲居》篇名，都在上头。《仲尼闲居》一向被认为西汉人的作品，不受重视。葛店竹简说明那是错了。其他如马王堆帛书等，都是新的重要资料。它们将帮助人们进一步研究、了解孔学典籍和中国古代思想文化。

---

① 冯友兰:《中国哲学史新编》第 3 册，人民出版社 1985 年版，第 218 页。

结束语

（一）经学的功能在于阐述孔学。孔学的核心部分是建筑在小农经济基础上的关于血缘关系、等级制度、君权至上的伦理和统治秩序的教义。近代以前，经学地位的巩固和权威性，来自旧的经济基础、封建统治地位的巩固和权威性。中国近代沦为殖民地、半殖民地半封建社会，封建统治已经不能照旧运转。孔学的权威性在时代潮流冲击下，原有的地位、作用必定要随着改变。问题只在如何改变。

梁启超评论清末思想界的潮流说，那时主要有四支力量：一是梁启超和他周围的人鼓吹改良思想，输入外国学说；二是章太炎提倡种族革命，把考据学引向新方向；三是严复介绍西方功利主义学说；四是孙中山提倡社会主义。唯有它们才算思想界的重镇。梁启超这个话是从新营垒方面说的，符合事实。旧营垒里的经学在新思想传播中没有地位，但是作为传统文化的主流，它不可能在剧烈的社会变动、现实斗争中是站在一边，冷眼旁观，毫无作为的。

近代经学与当时的政治斗争，从正反两方面瓜葛相连。今文学同维新运动联系在一起，古文学同二十世纪初的资产阶级政治运动联系在一起。它们的传播宣讲，使那种运动在知识界的影响更加广阔，精神力量增强。经学封建意识形态的特性，决定它自己不能改造自己，去适应剧烈变化了和正在继续变化的社会生活的要求。但它又望风而动，参预到了尖锐的现实斗争之中。这说明它的封建性与民族性密切相关，二者难以分割。要看到它的封建正统性，也要看到它的民族文化特殊性。排除封建文化里面的民族性内容，对于今文学、古文学各自暂时与历史进步运动发生联系的事实就无法解释。中国近代民族丧失独立，社会生产落后两大基本矛盾的突出，把一切都变得格外复杂了。评价近代经学的地位，必须注意到这个情况。

从旧营垒方面看，经学对新思想的传播，也并非没有相当影响。近代经学在很大程度上所做的是破除旧思想桎梏的工作。它的鼓吹宣讲，出乎意料之外的正是自我揭发，自我否定。康有为的《新学伪经考》以及廖平等人的著作都起了这样的作用。《新学伪经考》宣布今文为真，古文为伪，使两千年来意识形态领域的最高权威第一次发生了极大的动摇，以至被形容为大飓风。辛亥革命以前章太炎的著作，刘师培等人的一些文章，也都起了这种作用。他们宣布古文为真，今文为妖妄荒诞，不能不使经学的地位再一次受到打击。一切外部学说，谁也不能代替经学自身的揭发来做到这一点。自我否定，同时也就取得了自我存在的价值。因为立新就要破旧，立新就要解除旧思想的桎梏。康有为、梁启超、章太炎都是这样做的。

（二）经学是中国封建阶级的意识形态，近代经学中却朦胧出现了民权、平等等西方资产阶级的口号和字眼，众口喧腾。今文经学在维新运动时所以引起了轰动，不能脱离其中加进了民权、平等思想。也就因为这样，康有为才被安上了“其貌则孔，其心则夷”的大罪名。古文经学所以在辛亥革命前受到一些人的注意，不能离开其中吸收了西方资产阶级民族主义。也就因为这样，章太炎才成了资产阶级民主革命的重要理论家。这里似乎发生了近代经学是否仍旧是封建阶级意识形态的问题。

近代经学多少存在形式与内容上的矛盾，但是并没有改变它的封建主义的意识形态的性质。其所以出现那种矛盾，无非是反映了中国半殖民地半封建社会那种特有的时代环境、社会矛盾。讲经学的主要人物的主张表明：孔学体系、封建意识形态，在经学讲论中仍然是压倒资产阶级意识形态的。张之洞谈经学，也谈西学。他强调“旧学为体，新学为用”，封建的纲常秩序、孔子学说体系不能改变。廖平讲经学，加意攀附西学，他一辈子都沉迷在孔学终归会统治环球的梦幻中。康有为讲西学，发起维新运动，他的著作仍然是讲的尊孔、尊经。皮锡瑞讲经学，也谈论西学，强调要先通中学，才能利用西学。章太炎一度批孔，最后又回到尊孔读经的老路上，尽管不能因此说他就是封建意识形态的代表者。事物矛盾的两面，有占主导地位的一面，有不占主导地位的一面。近代经学中占主导地位的，是封建主义的纲常伦理、孔学名教和它的整个体系，而非民权、平等那些观念。民权、平等观念出现，给争论火上加油，带来了爆炸性的效应，但它根本谈不上与封建意识形态相匹敌。经学的性质没有改变，也不可能改变。

中国近代社会是一个过渡性社会，新与旧相重叠。传统势力顽固，时代环境毕竟不可抗拒。近代经学所以出现这种新旧相夹杂的现象，犹如照相，那是把传统的东西与西方传入的东西重叠地摄在一张底片上。它从一个侧面反映出了近代中国过渡社会的特点。

（三）孔子学说的基本内容，是直接面对社会现实的。这是它的很大长处。同时，孔子生当礼崩乐坏乱世，要求恢复周礼，反对“攻乎异端”。这又使他主张复古，思想封闭。一面是现实精神，一面是复古主义，自我封闭。孔学的这种性格，是近代今文学与古文学来自基因的共同的性格。

近代经学不像清代正统汉学那样，生怕与现实生活相接触。从龚自珍、魏源起，已经开始把原始孔学的现实精神显示出来。维新运动中的今文派、辛亥革命前的古文派，进一步发挥出了这个长处。它们分别从评价孔子和孔学来表示出自己对现实的态度何等积极。今文学派说，孔子是一个热心关怀现实生活的人物，他积极地主张救民，主张改革。其改制主张上掩百世，下掩百世。他栖栖遑遑东奔西走，为的是创造新社会，拯救陷于痛苦的人群。他孜孜矻矻著述六经，也是抱着同一目的。古文学派说，孔子是一个历史学家，他关心当代，也关心后世。孔子所以修订《春秋》这部历史书，是为了对社会现实秩序中发生的混扰拨乱反正。《春秋》里面贯穿的夷夏大防的大义，则是后来中国民族精神不衰的支柱。章太炎强调的历史上四夷交侵，“令国性不坠，民知自贵于夷狄，非《春秋》，孰纲维是？”就是这个意思。关心现实的实际意义，是要投身于矛盾中去改造现实。维新运动中的今文派、辛亥革命前的古文派，就是这样。它们一个倡言“改制”“开新”，一个高扬“排满”“革命”。它们都不是徒托空言，都与一定范围的群众性活动联系在一起。这是近代经学最值得重视的部分。

然而，就在一转眼间，今文学与古文学又都转而宣传复古主义、封闭思想。康有为要求立孔学为国教，是他讲“新学伪经”“孔子改制”时不会想到的；章太炎提倡读经，是他写“订孔”“诋孔”论著时不会想到的。他们的提法不同，在对待孔学、对待社会现实上倒退，则没有两样。康有为参加张勋复辟以后，对他的晚年很少有人去论及。对于章太炎，鲁迅说，章氏原是拉车前进的好身手，腿肚大，臂膊也粗。到了晚年，车还是拉，然而，是拉车屁股向后。这是复古主义的悲哀。复古思想，自我封闭，是孔学体系中极大消极因素。日本学者远藤隆吉认为“孔子为中国祸本”[①]。看复古保守思想，

① 见章太炎《訄书·订孔》。

不能说全无根据。

东、西汉经学道不同，不相为谋。它们都解说孔学，又各有自己的性格，壁垒分明。这连及到近代经学两派的不同性格。

西汉今文学思想比较开放。其中“大一统”、三世中的“太平世”，都有“夷狄”与“中国”相互关系的解说。夷狄可以渐进为中国，中国可以变为“新夷狄”。界线只在是否遵行“先王之道”。也就是说，“夷狄”与“中国人”的区分，不是肤色外貌，而是文化。韩愈据此在《原道》里说：“孔子之作《春秋》也，诸侯之用夷礼者则夷之，夷之进入中国者则中国之。”美国学者拉铁摩尔把这个话翻译为：“几千年以前，孔子就发明了这样一个公式：让愿穿夷狄服装的人做夷狄，愿穿中国服装的人做中国人。”[①]是很形象的。用文化区分“中国”还是“夷狄”的认识，有益于中国民族融合。“三世”愈进愈文明，改制、变法，也都是开放的思想。它的一个大弊病，是宣传神学，求助于超自然的神性来解说社会生活秩序。今文学的这种性格，在很大程度上改变了孔学本来的面目。近代今文学充分发挥西汉今文学的开放思想，也接受其中的神秘性，不分青红皂白。它根据近代社会的环境现实，在更大程度上改变了孔学面貌。近代今文学就这样表现出了自己的性格。东汉古文经学缺少哲学思想。它寻求了解孔学原意，考证典章制度，训诂文字，目的是恢复孔学原貌。到了末流，完全脱离社会现实。古文学的这种性格，没有在全局上给孔学添加什么，但也没有把孔子学说变成另一个样子。近代古文学保持东汉和清代朴学传统，没有涂改孔子形象，政治态度因内部派系而异，或者拥清，或者反满。近代古文学就这样表现出了自己的性格。原始孔学中没有神与宗教的地位，对中国主流文化的演进，影响很大。前代与近代古文学都保持这种性格，这个传统在现实生活中的重要作用，是容易觉察出来的。

（四）经学从历史舞台退出，意识形态领域并没有显得空寂。“五四”前后，西方各种牌号的哲学，一窝蜂地被介绍到中国，宣传自己，争取阵地。美国实用主义哲学家杜威、英国逻辑实证主义哲学家罗素亲自来到中国布道，一时引人注目。马克思主义的介绍、讨论是那些新学说、新思想中的一种。对于中国传统文化，它们都是“外来异物”。它们中许多不为专业以外的知识界

---

① 拉铁摩尔夫妇：《中国简明史》。

所知，很快销声匿迹。最后马克思主义在中国广泛传播，并终于与中国固有文化结合起来了。原因究竟何在?

第一,中国先进分子一直指望向西方寻求到救国救民的真理,帝国主义残暴侵略中国的历史和现实，使那种指望破灭了。毛泽东说的中国人向西方学习，“为什么老师总是侵略学生呢”，道出了那种指望破灭的情景。走西方资本主义的老路救中国，此路不通。第二，俄国十月革命，布尔什维克建立起无产阶级领导的政权，马克思主义理论变为现实的社会制度。中国先进分子面前出现了一条新的道路：应用马克思主义，走社会主义的道路救中国。孙中山说，“马克思主义是三民主义的好朋友”，中国革命要“以俄为师”，是彻底的民主主义者首先说出的马克思主义对中国前途的意义。第三，马克思主义是一个科学思想体系。它关于基础与上层建筑的关系、生产力与生产关系的矛盾与适合、私有制社会里阶级矛盾与阶级斗争、社会制度由低级向高级发展的理论，深刻明晰。《共产党宣言》各种译本或内容介绍，首先出现。中国人依据自己的文化背景、现实生活，对这个思想很容易接受下来，把它作为改变半殖民地半封建中国命运的斗争武器。第四，马克思主义与中国传统文化中古典的朴素的唯物辩证法的思想是可以沟通的。也就是说，中国人接受马克思主义哲学思想有内在的根据。尽管中国古典哲学与马克思主义哲学产生于相隔遥远的历史时代，属于截然不同的社会意识形态、属于不同的世界观和思想体系，但中国古代典籍复杂多样，其中关于唯物辩证法的思想，一向是人们所熟知的。自然它的形式是中国传统的。

马克思主义哲学中互相联系的两个部分，一是唯物论，二是辩证法。中国传统哲学，首先是经学里面，就流传着这两者的科学要素。汉代人关于“实事求是”的思想和《易传》上的朴素辩证法，很能说明问题。《汉书·河间献王传》上提出“修学好古，实事求是”。“实事”与“好古”联系在一起，说明那是对讨论古代文献而言的。但同时，它又是说出了一个如何对待客观事物的普遍原则。前人和现代人对“实事求是”这个话的含义都有解说，意思不相违悖。简短地说，“实事求是”就是从客观存在的实际出发，进行分析研究，引出事物的固有客观规律性。在哲学上这个提法关系重大。它与中国程朱道学把主观的“理”看作客观实际，欧洲中世纪经院哲学中的“实证论”或“实证主义”哲学把精神看作独立的实体相反，“实事求是”是把客观存在看作第一性的独立于人的主观意识之外的东西。客观事物是人认识的出发点，规律性只能从客观事物的矛盾运动中引出。因此，“实事求是”是讲出了一个唯物论的道理，足当创见。清代朴学重视“实事求是”，前人长期没有努力应用这个原则去研究社会生活、研究自然界的种种，那不是原则本身的问题。《周易》上包含事物互相矛盾的观念，变易是它的一个基本观念。《易传》在一处叙述中认为，世界没有永恒不变的事物。“日中则昃，月盈则食。天地盈虚，与时消息”。事物所以运动变化，来源于事物本身对立面的相互作用。那种对立面叫作阴阳，一刚一柔。“一阴一阳之谓道”。“刚柔相推而生变化”。阴阳刚柔永远互相推动，不断地转换自己的位置，事物就这样改变着自己的面貌和性质。《易传》面里朴素的辩证法的观点，从古到今，不知道引起过多少人的讨论、解说，加以传播。例如胡适说，《易》的基本观念之一是变易。天地万物都不是一成不变的，都是时时刻刻在那里变化的。孔子看到滚滚流动时的河水时说，“逝者如斯夫，不舍昼夜”。天地万物都像那滔滔河水，才到现在，便又成了过去。这便是《易》的意义。所有的变动都起源于一个“动”字。天地间有刚性的“阳”与柔性的“阴”两种原动力。它们互相冲突，互相推挤，于是生出种种运动，种种变化。万物变化全是自然的，唯物的，不是唯神的。[1]这个看法，表达了不少近代人对《易传》变易思想的认识。与此同时，《老子》也把运动变化的原则看作世界事物的普遍原则，把运动变化的来源看作事物自身的对立面的相互依存与转化。辩证法思想同样明确。《老子》与《易传》形式不同，其中讲“无”与“有”的关系，形象生动。它同样不知受到过多少人的重视，研究解读。中国古代的唯物论思想和朴素辩证法，当然是带有臆测性和直观性的，需要应用建立在近代科学基础上的马克思主义哲学来加工，使之完善化。

以上四条，一、二、三条主要讲从中国近代社会历史、时代环境和斗争来看，第四条讲从中国传统哲学来看，说明马克思主义与中国国情相符合。马克思主义与中国传统文化相结合，是中国文化的自我更新，是中国文化现阶段的重要发展。孔子学说统治成为过去，近代经学结束，是历史朝前演进的必然，是合理的和不可避免的。为什么五四运动以后，西方各种牌号的新思想、新学说蜂拥进入中国，又都像昙花一现，转眼过去，唯有马克思主义终

---

① 胡适：《中国哲学史大纲》，第78—79页。

于落地生根，开花结果了？这四条就是回答。

（原载《明清论丛》第1辑，紫禁城出版社1999年12月出版，2000年6月姜涛据手稿重新校订。）